공동선을 추구하는 비즈니스

Originally published by InterVarsity Press as
BUSINESS FOR THE COMMON GOOD(CWI) by Kenman L. Wong & Scott B. Rae
© 2011 by Kenman L. Wong & Scott B. Rae.
Translated and printed by persmission of InterVarsity Press,
P. O. Box 1400, Downers Grove, IL. 60515, USA. www.ivpress.com.
All rights reserved.

Korean translation copyright © 2018 Abba Book House

이 책의 한국어판 저작권은 InterVarsity Press와의 독점계약으로 아바서원에 있습니다.
저작권법에 의하여 한국 내에서 보호를 받는 저작물이므로 무단 전재와 복제를 금합니다.

공동선을 추구하는 비즈니스

켄맨 웡·스콧 래 지음 | 지범하 옮김

아바서원

차례

역자 서문 / 7

서문 / 11

1. 당신의 일터는 제단이다 / 25
2. 비즈니스로의 부르심 / 58
3. 비즈니스와 영성 형성 / 91
4. 부, 성공, 야망 / 119
5. 비즈니스와 글로벌 경제 / 147
6. 직장에서의 윤리 / 177
7. 리더십과 경영: 직원을 섬기는 것 / 207
8. 마케팅: 고객을 섬기는 것 / 230
9. 청지기 정신과 지속 가능성: 하나님 동산과 이웃을 섬기는 것 / 252
10. 비즈니스의 새로운 동향 / 277

맺는 말 / 314

주 / 317

감사의 글 / 349

일러두기
이 책에 인용된 성경 본문은 새번역 성경(대한성서공회)입니다.

역자 서문

나는 지난 수년간 대학에서 경영학과 학생들의 비전 및 진로에 관해 지도하고 산업 현장에서 기독 청년들을 상담할 기회가 많았다. 그때마다 느낀 점은 의외로 그들 중 다수가 기업 경영에 대한 열정이나 부르심에 대한 확신이 강하지 않다는 것이다. 이는 우리 사회에 여전히 현존하는 사농공상이란 유교적 위계질서의 영향과 한국 교회 안에 형성된 영적 영역과 세속적 영역을 구분하는 이분법적 사고에 기인하는 것 같다.

이런 이원론은 본래 서구 사회의 정신적 바탕인 그리스 철학의 영향을 받은 것으로 현대인의 의식에도 깊이 스며들어 있다. 이로 인해 기업 경영을 비롯한 산업 현장의 대부분 직업은 세속적이고 낮은 영역으로 전락하여 존엄성과 영성과 내재적 가치는 물론 고결한 목적조차 없는 것으로 치부되고 있다. 그러나 참된 영성은 우리의 삶 전체, 즉 삶의 전 영역을 동등하게 다루고 그 모든 영역에 영향을 미쳐야 한다. 따라서 실재하는 것 가운데 영적이지 않은 것은 없다고 말하는 것이 성경적이다. 다시 말해, 우리는 삶의 영역을 상부와 하부, 거룩한 부문과 세속적 부문으로 나누면 안 되고 전 영역이 하나님의 뜻과 조화를 이루고 있는지 살펴야 한다.

또 다른 현상은 많은 크리스천들이 윤리적 측면에서 비즈니스에 대해 부정적 인식을 갖고 있다는 것이다. 요즘은 기업인들이 사리사욕을 위해 점점 더 착취하고, 환경을 파괴하며, 비도덕적인 행태를 보이고 있다는 비판의 목소리가 높다. 게다가 치열한 경쟁으로 인한 스트레스가 모든 기업 경영의 기반을, 특히 그 도덕성을 시험하곤 한다. 기업의 경영진과 관리자들이 당면한 문제를 해결하기 위해 부도덕한 행위를 서슴지 않는 것은 더 이상 놀라운 일이 아니다.

이처럼 이원론이 퍼져 있고 기업과 경영에 대한 부정적인 인식이 팽배한 시대에 켄맨 웡과 스콧 래가 공동으로 저술한 『공동선을 추구하는 비즈니스』가 번역 출간되는 것은 매우 시의적절하다. 이 두 사람은 각각 시애틀 퍼시픽 대학교와 탈봇 신학교에서 오랫동안 기업 윤리와 기독교 윤리를 가르쳐왔고, 수년 전 기독교 세계관에 근거해 신앙과 경영을 통합하고자 본서를 공동집필했다. 그들은 이런 질문을 제기한다. 비즈니스는 단순히 돈을 버는 수단에 불과한가? 일터는 다른 사람들을 섬기는 동시에 하나님 나라를 구현하는 통로가 될 수 있는가?

이런 도전적인 질문에 대한 답을 모색하는 일환으로 두 저자는 현대 사회에서 쟁점이 되는 비즈니스의 여러 측면들을 하나씩 기독교적 관점에서 분석하고, 일과 비즈니스에 대한 성경적, 신학적 비전을 제시하며, 기업 세계에서 좋은 모델이 되는 여러 기업들을 소개하고, 실천적 적용을 위한 아이디어를 제공한다. 그들의 주장인즉, 비즈니스는 우리가 하나님과 이웃을 섬기는 통로일 뿐 아니라 우리를 예수 그리스도를 닮은 존재로 빚어 가는 용광로이며, 궁극적으로 공동선을 위한 변혁적 섬김이라는 것이다.

성경적 경영 원리는 크리스천 기업인들 개개인뿐 아니라 경제 전반에 영향을 미쳐왔다. 크리스천들이 비즈니스의 판도 자체를 변혁시킨 종교개혁 이후 서구 산업 사회에서 이뤄진 발전이 그 대표적인 예이다. 오늘날에도 우리 사회는 그 시기에 초래된 변화의 과실을 누리며 살고 있다. 그러나 세계경제의 글로벌화가 급속히 진전되기 시작한 20세기 후반부터 비즈니스 현장에 몸담은 크리스천들은 급속한 환경의 변화로 인해 많은 윤리적 딜레마에 빠져있다. 그 부분적 이유는 지금은 포스트모더니즘의 시대라서 기업 윤리와 관련된 문제의 뿌리를 성경적 원리에서 찾지 않고 비기독교적인 사상에서 찾는 풍조가 팽배해졌기 때문이다. 예를 들면, 절대적 진리를 부정한다든지 성경에서 말하는 원죄와 양립할 수 없는 인간 본성에 대한 견해에 입각해 사회적 문제의 해결을 모색하는 것이다. 포스트모더니즘은 상대적인 가치관과 풍습을 주장하는데, 이러한 풍조는 젊은이들은 물론 그들이 몸담고 있는 기업 조직에도 영향을 미치고 있다. 그러나 크리스천 기업인은 여전히 경영의 모든 과정에서 성경에 기초한 윤리적 모범을 보여 줘야 할 사명이 있다. 이런 면에서『공동선을 추구하는 비즈니스』는 오늘날의 크리스천이 기업 현장에서, 그리고 우리의 삶 속에서 구체적으로 어떻게 행동해야 하는지, 즉 행동 지침과 의사 결정의 기본이 되는 성경적 준거 틀을 제공함으로써 비즈니스 현장에서 궁극적인 하나님 나라의 회복에 기여할 것으로 믿는다.

그동안 성경적 원리, 즉 기독교 세계관에 비춰 기업 경영의 여러 주제를 논의한 좋은 책들이 출판된 바 있다. 몇 권을 들자면 한정화 교수가 번역한 리처드 츄닝의『신앙의 눈으로 본 경영』(IVP)과 기독경영연구회에서 번역한 리처드 츄닝 편저의『기업 경영과 성경적 원리』(IVP), 그리고 내가 번역한 필립 클레멘츠의 편저『크리스천 경영 노트』(두란노) 등이다. 그러나 첫 두 권은 출간된 지 20년도 넘어서 그동안의 비즈니스 환경의 변화를 반영하지 못하고,『크리스천 경영 노트』는 개혁신학의 관점에서 기독경영 윤리의 이론 및 실천 근거를 제시하는 것에만 치중한 아쉬움이 있다. 이번에 출간되는『공동선을 추구하는 비즈니스』는 이런 한계를 충분히 뛰어넘고, 기업 경영 전반을 기독교 세계관에 입각해 이해하며, 기업인이 하나님이 주신 비전을 품고 이를 실천에 옮길 수 있게 할 만한 훌륭한 지침서라고 확신한다.

좋은 책을 번역해서 많은 사람의 유익을 도모하려는 갈망으로 번역에 착수했으나 전문 번역가가 아닌지라 수차례 수정을 거쳤음에도 여전히 아쉬운 부분이 남아 있다. 독자 여러분의 양해를 구한다. 출판계의 어려움에도 불구하고 이 프로젝트를 격려하고 기꺼이 출판해 준 협동조합 아바서원의 대표(홍병룡)와 편집진, 그리고 필요할 때마다 도전과 조언을 아끼지 않는 영원한 문서선교사 웨슬리 웬트워스에게 감사드린다. 또한 한동대학교에서 원서를 함께 읽으며 토론에 참여했던 제자들에게도 심심한 사의를 표한다.

끝으로, 아무쪼록 이 책이 기업 현장에서 일어나는 현상을 신앙의 눈으로 이해하고 자신을 향한 비전을 새롭게 발견하고 펼쳐 나가고자 하는 분들에게 작은 도움이 되기를 간절히 바란다. 그리고 장차 하나님께서 "잘 하였도다, 착하고 충성된 종아!"라고 칭찬하실 기업 세계의 일꾼들이 많이 배출되고 공동선을 추구하는 비즈니스들이 이 땅에서 더욱 꽃을 피우길 소망한다.

한동대학교에서

지범하

서문: 공동선을 위한 비즈니스

지난 사반세기에 걸쳐 언론에 보도된 비즈니스 관련 표제를 살펴보면 그동안의 비즈니스 변천사를 실감 있게 파악할 수 있다. 1980년대 중반에는 이제 거의 잊힌 저축 대부 조합의 금융 위기가 발생하는 바람에 업계 전체가 붕괴되다시피 하여 천억 달러가 넘는 구제 금융 조치가 취해지게 되었다. 1980년대 후반에는 밀켄과 보에스키 같은 사람들에 의한 악명 높은 정크 본드와 내부 거래 스캔들이 발생하였다. 1990년대 말에는 '아시아 경제 인플루엔자'가 글로벌 위기를 초래하여 상호 의존적 글로벌 금융 시스템의 일부로서 우리가 얼마나 취약한지를 날카롭게 인식하는 계기가 되었다. 새천년을 맞이한 후 '닷컴'의 붕괴와 엔론과 월드컴 같은 회계 스캔들로 인해 상당액의 개인 투자자의 재산이 파괴되었다. 그 후, 스톡 옵션의 소급 적용, 존경받던 뮤추얼 펀드 기업들의 변칙 거래 및 내부자 거래의 소문이 뉴스를 지배했다.

 2010년을 전후하여 대공황 이후 볼 수 없었던 경제 침체를 수반하는 국제 금융 위기로 인한 공포와 고통은 우리 주위에서 쉽게 느낄 수 있다. 노동 인구의 약 10%가 공식적인 실직자 그룹에 속하고, 그들 중 다수가 처음으로 실직을 경험하게 되었고, 나머지 사람들도 곧 그 그룹에 속할 것 같은 두려움에 빠져 있다. 자녀들을 대학에 보내거나 퇴직 후 생계를 위해 적립하였던 막대한 금액의 개인 투자 자산이 손실을 입게 되었다. 정부의 예산이 삭감되고 주택의 가치가 떨어졌으며, 오랫동안 명성이 높았던 기업이 큰 타격을 입기도 했다. 위기와는 별로 상관없다고 생각했던 일부 기업들도 현금 흐름의 관리에 필요한 신용 공여가 엄격히 제한되는 바람에 파산하고 말았다.

대출자, 신용 공여 기관, 정부 감독 기관 등 많은 사람들과 기관에 실패의 책임이 있겠지만, 현재의 문제의 대부분은 한때 사람들의 꿈을 실현시키는 기관으로 명성이 높던 금융 산업에서 시작되었고, 보다 최근에는 은행업의 목적이 심히 왜곡되어 가고 있는 것이 현실이다. 은행, 특히 서브 프라임 모기지에 관련된 은행들은 전통적인 대출 심사 지침을 완화하여 천문학적인 금액을 대출한 후 이를 재구성하여 투자자에게 분리 매각함으로써, 수익을 제고하는 동시에 위험과 범법 행위를 피하려고 시도한 듯하다. 당시 별 의미가 없는 행위처럼 보였던 것이 전 세계적 경제 위기의 중요한 원인이 되리라고 누가 상상했겠는가?

「하버드 비즈니스 리뷰」(Havard Business Review)에 실린 한 도발적인 기사, "도대체 비즈니스의 존재 목적이 무엇인가?"(What's Business For?)에서 경영 사상가 찰스 핸디는 "자본가들이 실제로 자본주의 체제를 무너뜨릴 수 있을까?"라는 의문을 다루고 있다.[1] 생산적인 경제 시스템을 발전시키고 유지하는 데 필요한 신뢰와 진실이 상실되었다는 사실이 21세기 초 기업 회계 사건들을 통해 밝혀진 만큼, 핸디가 제기한 의문은 우리 모두 진심으로 숙고해야 할 문제라고 생각한다. 핸디와 같은 사람들은 지난 수십 년 동안 경제의 변환점마다 그와 같은 기사를 충분히 쓸 수 있었고,

아마도 같은 정도의 반향을 불러일으켰을 것이다. 약간 달리 표현하면, 그가 처방하는 바는 현행 제도가 그 자체의 약점의 무게를 못 이겨 스스로 무너지고 있기 때문에 이를 극복할 수 있는 '새로운 비즈니스 이야기'의 출현이다.

지금은 모든 영역에서 사업이 과연 무엇인지, 우리가 현재 또는 장래에 사업에 참여하는 것이 무슨 의미가 있는지를 재고해야 할 중요한 시기이다. 우리 자신의 일, 사업체, 경제 시스템은 과연 어떤 목적을 추구해야 하는가? 오늘날의 이 모든 문제를 감안하면, 과연 비즈니스가 수정되고 개혁되어 우리가 '소명' 또는 '부르심'에 따른 열정으로 참여할 만한 영역이 될 수 있을까? 즉, 하나님과 우리 주변의 사람들을 섬기는 수단이 될 수 있을까?

비즈니스가 이익을 얻는 수단 이상의 것이 될 수 있다고 보는 것은 매우 도전적인 과제다. 이 점에서 우리의 교회들은 역사적으로 도움을 별로 주지 못했다. [최근에 일어난 "일터에서의 신앙"(Faith at Work)과 "선교로서의 비즈니스"(Business as Mission: BAM) 같은 운동으로 인하여 다소 개선되고 있는 것은 사실이다.] 전통적인 견해는 여전히 직업의 영적 가치를 평가할 때 비즈니스를 낮은 위치에 두고 있다.[2]

다른 유형의 직업에 종사하는 사람들은 일의 본질적 특성상 자연히 사회에 기여하는 것처럼 보인다. 예를 들면, 의사와 간호사는 치료에 종사하고 있다. 교사는 학생의 지성을 일깨우고 멘토의 역할을 하며 중요한 기술을 전수한다. 건축가는 아름답고 기능적인 공간을 만들어 낸다. 심리상담사는 감정적인 상처를 치유하고 가정을 살린다. 목사들은 하나님과 더욱 가까운 관계를 맺도록 교인들을 돕는다. 이런 직업군에 속하는 사람들은 "중요한 것은 소득이 아니라 일이라고!" 하고 말하는 경향이 있다. 이와 대조적으로, 많은 사업가들은 그 일의 목적에 관한 질문을 받을 때

"돈을 벌기 위해"라는 말에 고개를 끄덕일 수밖에 없다.[3] 인생 후반기에는 '의미'를 추구하도록 촉구하는 대중적인 책들은 이러한 의구심을 심화시킨다. 인생의 전반부는 개인적인 성공을 추구한 것 말고는 무의미했다는 점을 암시하고 있기 때문이다.

그러나 주의 깊게 살펴보면 문제가 그렇게 단순하지 않다는 것을 알게 된다. 비즈니스가 단순히 '돈 버는 방법'이란 생각이 대중화되기 오래 전에 영향력 있는 인물들이 마치 사실은 그와 다른 것처럼 생각했고 또 행동했다. 그들이 생각했던 비즈니스는 다른 사람들과 사회를 섬기는 직업이었다. 현대 자본주의의 아버지인 아담 스미스는 비즈니스를 개인적인 이익을 증진하기 위해 단순히 '돈을 버는' 수단으로 간주하지 않았다. 그의 유명한 저서의 제목, 『국부론』이 말해 주듯이, 그는 자본주의를 계몽된 자기 이익이 공공의 선에 기여하고 모든 사람의 복리를 증진시키는 방법으로 생각했다.[4]

J. C. 페니 같은 역사적으로 존경받는 기업인도 그와 비슷하게 생각했다. 원래 자신이 설립한 백화점에 "황금률"이란 호칭을 사용하였던 독실한 신자인 페니는 "사업은 과거에도 그랬고 장래에도 사람이 다른 사람을 섬기는 일 그 이상도 그 이하도 아니다"라고 생각했다.[5] 페니는 스톡 옵션이 보편화되기 오래 전부터 모든 점장에게 기업의 주식을 배분하였고, 그는 구매 능력이 없는 사람들에게 구매를 부추기려고 신용 카드를 제공하는 것을 피했다. 의도적으로 그는 지역 사회에 대한 봉사의 비용을 삭감함으로써 영업 수익을 크게 올린 점장을 징계하기도 했다.[6]

현재 대부분의 기업인들과 조직들은 양질의 제품이나 서비스를 생산 판매하고, 기일 내에 비용을 지불하며, 직원을 존중하는 가운데 조용히 활동하는 것도 사실이다. 이러한 활동들은 대체로 뉴스거리가 아니라고 보기 때문에 언론에 보도된 내용만 들으면 비즈니스에 대해 왜곡된 견해를 가질 수 있다.

다른 한편, 비즈니스를 더욱 폭넓은 목적과 의도적으로 연관시키려는 움직임도 진행 중이다. 예를 들어, 게리 하멜은 '경영학 1.0'을 질적으로 다른 '경영학 2.0'으로 대체할 것을 주장한다. 이 새로운 경영의 첫 번째 특징은 "경영 활동이 더 숭고한 목적을 추구하도록" 보장하는 것이라고 말하면서 하멜은 다음과 같이 조언한다.[7]

> 경영의 선각자들은 일상적인 비즈니스 활동에 명예, 진실, 사랑, 정의, 아름다움 등 깊은 영감을 불러일으키는 이상(理想)들을 주입시키는 방법을 찾아야 한다. 시대를 초월하는 이런 덕목들은 오랫동안 인류에게 탁월한 성취를 하도록 영감을 주었은즉 더 이상 경영의 변두리에 제쳐 놓을 수 없다.[8]

주주 소유의 일반 회사들을 포함한 많은 기업들은 이익의 극대화보다 훨씬 높은 차원의 사명 선언문과 기업의 목적을 표명하고 있다.[9] 다른 기업들은 자선 사업을 후원하고 지역 사회를 섬기도록 자원봉사자들을 격려한다.

이와 같은 발걸음은 장래의 전망을 밝게 하지만 할 일이 아직도 많이 남아 있다. 이른바 '평상시와 다름없이'(business as usual)라는 말이 많은 손해를 끼쳤음에도 불구하고, 상거래의 핵심적인 전제와 목표를 재설정하려는 시도는 여전히 강한 저항에 부딪힌다. 왜 비즈니스 개념의 재설정에 관심을 가져야 하는가? 결국, (몇몇 세계적 규모의 위기를 제외하고) 우리가 현재 운영하는 시스템이 잘 작동할 것이라고 확신하는 사람들도 있다. 어떤 사람들이 표현하듯이 "사업은 어디까지나 사업인데 무엇이 문제인가?"

그리스도를 좇는 이들은 비즈니스에 대한 더 넓은 비전을 개발하고 그 안에서 살아가는 문제에 대해 깊은 관심을 품어야 한다. 그것이 바로 우리가 가진 세계관에 의도적으로 충실하게 되는 것이기 때문이다. 슬프게도, 연구 조사자들에 따르면, 우리 삶의 모든 영역에서 복음 중심적인 세계관이 정당한 권위를 갖도록 허용하는 대신에, 많은 경우 "일요일과 월요일의 괴리"나 "분리된 삶"이 비즈니스에 몸담은 사람들에게서 나타나고 있다고 한다.[10]

최근의 세계 경제 위기는 일반 시민에게도 이러한 질문에 신경을 쓸 만한 좋은 이유가 있음을 다시 일깨워 주었다. 비즈니스는 우리가 먹는 음식, 입는 옷, 숨 쉬는 공기, 투자 자산의 가치, 이웃 나라의 근로 조건, 심지어 우리의 문화적 가치 등 인간 생활의 거의 모든 영역과 관계가 있다. 따라서 비즈니스에 종사하는 사람들과 조직이 그 목적과 사명을 어떻게 설정하는가는 모든 사람에게 영향을 미치게 된다.

비즈니스 종사자들이 사업을 도구적 가치(돈을 버는 것) 이상의 것으로 본다면, 그것은 우리가 우리의 일에 접근하는 방식에 깊은 의미를 지니게 된다. 예를 들어, 우리가 왜 그 일에 관여하는가(동기), 무엇을 성취하려고 하는가(성과), 얼마나 많은 에너지를 쏟아야 하는가(자원 배분), 우리의 열정과 헌신을 쏟을 가치가 있는가(소명) 등이 우리가 비즈니스를 어떻게 보느냐에 따라 영향을 받게 되는 쟁점들이다. 만일 이 모든 사항이 단순히 돈을 버는 수단으로 축소된다면, 우리가 어디에서 일하고 무엇을 생산하며 어떠한 서비스를 제공하는지는, 적절한 보상만 받는다면 전혀 중요하지 않을 것이다. 그러나 오늘날 조직 행동 분야의 연구자들은 직업의 의미 및 참여도와 전반적인 삶의 만족도 사이에 밀접한 관계가 있다고 한다. 예를 들어, 몇몇 연구는 직업을 더 큰 선(善)에 기여하는 '소명'으로 이해하는 경우 가장 높은 만족도를 얻었다는 사실을 입증했는데, 이는 단순한 물질적 보상보다 직업 자체에 의미를 부여한 결과로 해석되었다.[11] 만일 비즈니스가 영속적이고 숭고한 과업에 참여하는 수단으로 재해석될 수 있다면, 우리가 더 많은 열정으로 접근하고 그 결과에 더 많은 관심을 기울일 수 있게 될 것이다.

기독교나 다른 종교 또는 영적 전통에 속하지 않은 사람들도 이러한 쟁점에 관여하면 상당한 유익을 얻게 될 것이다. 실제로 최근 일어나는 일터에서의 영성 운동은 전혀 종교적이지 않고, 일과 삶의 목적 간의 뜻 깊은 연관성을 탐구하려는 동기를 갖고 있다.[12] 많은 사람들, 특히 새천년 세대의 사람들은 주위 세계에 유익을 끼치는 일을 매우 중요시하는 경향이 있다. 그러므로 비록 누군가가 사업의 '신성한 가치'를 인정할 만큼은 아니라도, 사업을 삶의 개선과 사회 발전에 공헌하는 통로로 볼 수 있다면, 그 일 자체가 동기를 유발하고 의미를 부여할 수 있을 것이다.

이런 점은 동기가 유발된 직원을 찾는 고용주도 주목할 필요가 있다. 최근 통계청 조사 보고서(2009년)는 이 기관이 관련 지표를 추적한 과거 22년 이래 직업 만족도가 가장 낮은 수치(조사 대상 중 불과 45%가 만족하고 있음)를 보였다고 한다.[13] 물론 이것은 한 연구 조사에 불과하지만 그 결과가 큰 경각심을 불러일으켰는데, 그 까닭은 조사된 시기가 실업률이 높은 때라서 보통은 직업에 대한 불만을 억제하는 효과가 있기 때문이었다.

일에 대한 애착이 결여된 결과도 심상치 않다. 한 갤럽 연구 조사는 "참여 의식이 있는 직원"은 "더 생산성이 높고…수익 증대에 더 기여하며, 더 고객 지향적일 뿐만 아니라 이직의 유혹을 견딜 가능성이 더 높다"는 결론을 내렸다.[14] 이 조사의 최근 자료에서 수집한 수치를 직접 살펴보면 직무에 적극적 참여 의식을 갖고 있다고 분류된 직원은 단지 29%인 반면, 그렇지 않다고 분류된 비율은 55%에 이르렀다. 더욱 놀라운 사실은 다른 15%는 "적극적으로 이탈하고 있다"고 분류된 바, 이들은 동료 직원들이 이룬 성과를 실제로 "손상"시키고 있는 부류라고 할 수 있다.[15]

더구나, 오늘날 비즈니스에 대한 폭넓은 사회적 기대감이 바뀌고 있는 것이 사실이다. "비즈니스는 어디까지나 비즈니스일 따름이야!" 또는 "주주 가치의 극대화"라는 주장은 갈수록 덜 수용되고 있다.[16] 경영 조직과 기업인들에 대한 공공의 최소한의 기대는 불공정한 노동 조건과 거짓말로 다른 사람에게 해를 끼치지 말라는 것이다. 그리고 보다 적극적으로는 지역 사회 발전과 환경 보전 등에 능동적 파트너가 되기를 기대하고 있다. 과거에 개발도상국에서의 노동 관계 면에서 평판이 좋지 않았던 나이키의 창업자 겸 회장인 필 나이트는 "나이키를 비롯한 모든 21세기 글로벌 기업들은 외형 성장 및 수익률에 못지않게 삶의 질에 끼친 영향에 의해 그 경영 성과가 평가될 것이다"라고 밝힌 바 있다.[17]

가정(假定), 접근 방법, 목표

비즈니스도 하나의 소명일수 있다는 생각은 점차 널리 인식되고 또한 수용되고 있다. 그러나 **비즈니스가 정확히 무엇으로의 부르심인가** 하는 문제는 더 많은 탐구가 필요하다. 이것이 바로 이 책의 중심 주제이다. 우리는 기독교 세계관의 틀에 기초해 개인, 조직, 제도 및 구조적 차원에서 비즈니스의 개념을 정립함으로써 이 주제를 다루고자 한다. 요컨대, 우리는 '새로운' 비즈니스 이야기를 개발하기 위해 고대의 전통으로부터 지혜를 가져올 생각이다. 우리의 주장인즉, 비즈니스는 변혁적인 섬김을 통해 공동의 선을 추구하려는 소명이라는 것이다.

우리가 다루게 될 구체적인 질문을 몇 가지 들어 보면 다음과 같다. 기독교의 이야기는 비즈니스를 좌우하는 비전, 사명 또는 목적의식에 대해 어떠한 함축적 의미를 갖고 있는가? 비즈니스의 어느 부분들이 '있는 그대로' 인정되고 실행될 수 있으며, 어느 부분들이 부정되거나 변혁되어야 하는가? 적은 수익과 치열한 경쟁, 단기 투자성과의 압력으로 특징되는 깨어진 세계에서 기독교의 이상을 실천하려고 할 때 어떠한 도전에 부덮히게 되는가? 기독교의 가치들은 인사 관리, 마케팅, 환경의 지속 가능성 등 비즈니스의 특정한 영역들에 어떻게 접목될 수 있을까?

먼저 이 책의 접근 방법과 내용에 영향을 주는 여러 신학적 신념을 밝히고자 한다. 일부 독자는 이를 잘 이해하고 있어서 설명이 불필요할지도 모른다. 그러나 이러한 쟁점들 중 일부에 대하여는 다양한 견해가 있음을 알 필요가 있다.[18]

첫째, 우리는 사회 변혁의 가능성을 인정하는 틀을 갖고 있을 뿐만 아니라 자신의 소명의 핵심은 하나님과 함께 그 과업의 협력자로서 참여하는 것이라는 신념을 견지한다. 그러므로 우리는 하나님이 그분의 창조 세계를 회복시키는 일을 열심히 하고 계시며, 우리는 지구상에서 그분의 대리인으로 부르심을 받았다고 믿는다.

둘째, 우리는 하나님이 종교적인 기관과 세속적인 기관 및 사회 구조를 통해, 그리고 다양한 종교적 배경을 가진(그리고 그런 배경이 없는) 사람들을 통해 일하신다고 믿는다. 이러한 현상을 자연법의 산물로 보든 일반 은총의 결과로 보든 상관없이, 우리는 참되고 선하고 아름다운 모든 것(기독교적인 것이든 아니든)은 창조주를 반영하고 있다고 믿는다. 따라서 그리스도의 제자들은 때로는 숭고한 가치를 추구하는 운동이나 조직을 이끌거나 시작해야 하겠지만, 때로는 기존의 운동이나 관행에 합류하거나 그런 것을 인정하는 데서 위안을 얻을 수도 있다.

셋째, 깨어진 세계는 여러 부작용을 낳고, 때로는 완전히 깨끗하거나 명확한 해결책을 얻지 못한다. 선과 은혜는 아직도 세상의 많은 부문에 여러 모양으로 존재하고 있지만, 우리는 하나님 나라의 가치들의 완전한 실현에 비춰 보면 '지금'(now)과 '아직'(not yet) 사이에 살고 있다. 우리의 현 상태에서는 알곡과 가라지가 나란히 함께 존재하고 있다. 의사 결정은 종종 혼합된 동기에 따라 이뤄지고, 제품과 서비스, 이를 만드는 사람들,

조직, 경제 시스템(종교적, 기독교적, 영적, 세속적인 것을 막론하고)은 선한 동시에 악할 수 있는 것이 현실이다.

깨어진 세계에 산다는 것은 우리가 규범적인 것(우리가 무엇을 해야 하는가)과 현실적인 것(우리가 무엇을 할 수 있는가) 사이의 괴리와 갈등 속에서 움직이고 있다는 뜻이다. 예를 들어, 많은 기업 소유주들은 충분히 생계를 유지할 만한 임금을 지불하고 좋은 근로 및 복지 혜택을 제공할 마음이 있다. 하지만 그럴 경우 제품 가격 인상이 불가피하여 사업의 경쟁력을 유지할 수 없다면 어찌할 것인가? 경우에 따라서는 어떻게든 최악의 상황을 벗어나거나 (완전하거나 최적은 아니더라도) 가장 현명한 행동을 취하는 것이 최선일 수 있다. 우리는 비록 이 세상에서 우리의 이상을 완전히 달성할 수는 없지만, 우리를 감동시키고, 인도하고, 적절한 동기를 부여해 주는 이상이 꼭 필요하다.

넷째, 신실한 크리스천의 생활은 규율이나 모범적인 공식으로 포착할 수 있는 것보다 더 복잡하다고 우리는 생각한다. 우리 삶의 기준이 되는 일련의 체크리스트가 더 쉽게 항해할 수 있게 할지는 모르지만, 이것이 하나님의 방법은 아닌 듯하다. 사실 방대한 성경의 내용을 고려할 때 직접적인 명령 내지는 조건문식 율법의 형태로 된 윤리적 지침이 부재하다는 점은 주목할 만하다.[19] 다수의 중요한 문제에 관해 성경은 우리에게 넘지 말아야 할 울타리 또는 경계선(넓은 패러다임, 명령, 또는 원리의 형태로)을 제공해 준다. 그러나 이러한 경계 내에서, 단순한 규칙에 따라 문제의 답을 찾을 수 없는 경우가 많다. 그래서 해답을 얻기 위한 탐색에는 하나님과의 관계와 신실한 공동체와의 관계를 통하여 얻는 지혜와 분별력이 필요하며, 결국은 성경이 제공하는 패러다임과 원리를 어떻게 표현하고 현실에 적용하는지에 대해서는 서로 다를 수 있다는 것을 인정하고 살 수밖에 없다.

깨어진 세계의 복잡성을 감안할 때 성경이 제공하는 규율이 비교적 적다는 사실을 전제로 삼아, 우리가 취할 접근방법은 비즈니스를 위한 틀을 제공하는 것이다. 이와 대조적으로, 제품과 서비스의 정당성을 판단하기 위한 공식적인 접근 방식은 종종 비즈니스가 처한 문제를 지나치게 단순화할 뿐 아니라 정당하게 예외적인 경우를 간과하게 된다.

다섯째, 혼합된(깨어졌으나 은총을 입은) 속성으로 인해 비즈니스는 변혁의 대상일 뿐만 아니라 변혁의 도구이기도 하다. N. T. 라이트가 인간의 번영에 대해 진술하듯이, "하나님의 새로운 창조는 당신에게 일어날 뿐만 아니라 당신을 통해서도 일어난다."[20] 따라서 비즈니스는 이미 하나님의 목적과 의도를 부분적으로 반영하고 있지만, 내부적 변화와 갱신을 통해 그 소명의 완전한 성취를 추구할 때에만 더욱 성장할 수 있다. 이 책은 주로 비즈니스를 그 비판자들로부터 변호하기 위한 변증이 아니고, 비즈니스를 공격하기 위한 시도도 아니다. 오히려 우리는 비즈니스의 일부 측면은 긍정하고, 또 다른 측면에 대해서는 개혁과 변혁을 촉구할 생각이다. 우리의 책과 "선교로서의 비즈니스" 운동의 차이점은 각주에 나온 책들을 참고하라.[21]

우리의 주요 관심은 전반적인 비즈니스의 변혁, 특히 기존 사업 조직의 개혁에 있으므로, 비록 일부 크리스천 지도자와 크리스천 소유 조직을 모범으로 제시하는 경우가 있더라도, 우리가 기대하는 독자층과 개진하는 아이디어의 적용 대상은 주류 경제계의 세속적인 산업 조직과 이에 종사하는 사람들이다. 또한 이 책은 가치의 차원과 관련된 문제들을 다루고 있기 때문에 윤리학 저술처럼 보인다는 점을 인정한다. 그러나 독자가 의미하는 윤리가 비즈니스 환경을 배경으로 삼아 사례 연구나 가설적인 상황을 통해 매우 구체적이고 복잡한 윤리적 딜레마에 대한 해결책의 모색을 가리킨다면, 우리는 이 책이 상당히 다르게 조명되기를 희망한다.

반면에 그 윤리란 말이 삶의 기준이 되는 포괄적인 이야기의 진전과 같이 폭넓은 목표를 다루는 고대 전통을 의미한다면, 이 책은 윤리와 매우 비슷하다고 할 수 있다. 하지만 우리는 이 책이 기독교 세계관에 바탕을 둔 하나의 철학으로, 또는 비즈니스 신학으로 간주되는 것을 훨씬 선호한다. 우리의 초점은 전반적인 접근 방식과 틀 같은 거시적인 문제가 될 것이다. 아울러 실제적인 이상의 구현 문제를 다루게 되겠지만, 솔직히 말하면, 이와 같은 구체적인 시도는 우리의 전공 영역을 훨씬 넘어서는 것이다. 우리는 주로 비슷한 이상을 성공적으로 현실에 접목한 비즈니스 리더의 사례와 이와 관련된 이야기들과 방향성을 제시하게 될 것이다.

이와 같은 맥락에서 이 책의 구성은 다음과 같은 흐름으로 전개된다. 1장에서는 모든 일의 신성함을 입증하기 위해 성경의 가르침을 검토한다. 우리는 일에 대한 몇 가지 일반적인 오해를 바로잡고, 특히 '세속적인' 직업이 어떻게 세상에서 하나님을 예배하는 제단이 되고, 하나님의 목적을 이루기 위해 하나님을 섬기고 그분과 동역하는 곳이 될 수 있는지를 탐구한다. 2장에서는 이런 일의 개념을 바탕으로 그 전제들을 비즈니스까지 확장시킨다. 우리는 비즈니스로 부름을 받는다는 것이 무슨 뜻인가 하는 핵심 문제를 탐구하며, 이 질문에 대답하기 위해 변혁적인 섬김을 통해 공동선을 증진하는 것을 비즈니스에 대한 크리스천의 비전으로 설정하고 이를 설명할 것이다.

3장에서는 하나님이 비즈니스를 어떻게 우리를 변혁시키는 도구로 이용할 수 있는가 하는, 최근까지 거의 검토되지 않은 질문에 초점을 맞추게 된다. 우리의 가치관이나 우리의 전(全) 존재를 일터로 가져와야 한다는 생각은 비교적 흔하지만, 이 장에서는 어떻게 우리의 일터를 이용하여 우리의 영성을 바람직하게 형성할 수 있는가 하는 문제를 탐구한다. 우리는 또한 과로나 일과의 지나친 동일시를 피하는 데 필요한 영적 훈련에 대해서도 다룬다. 4장에서는 부, 야망, 성공에 관한 성경의 가르침, 그리고 비즈니스 경력의 잠재적 결과로서 기독교의 가치관(예, 자족함이나 예수님이 친히 묘사하신 하나님 나라의 전복적인 성격)과의 심각한 긴장을 초래하는 속성들에 대해 탐구한다.

세계화의 맥락에서 비즈니스에 대한 크리스천의 비전은 5장의 주제이다. 특히 산업계와 경제적으로 빈곤한 사람들에게 전례 없는 기회를 제공하는 동시에 그 과정에서 걸림돌들을 효율적으로 파괴시키는 글로벌 경제에 우리가 과연 참여해야 할지 여부의 문제를 검토하게 된다.

6장은 직장에서의 윤리적 도전과 해결책 모색이 논의의 중심이다. 단기 성과에 대한 시장의 압력, 글로벌 경쟁, 생존 욕구 및 탐욕은 우리에게 원칙을 무시하라고 유혹하고 있다. 우리의 정체성에 대한 이런 시험을 어떻게 다룰 것인가? 어떻게 기업 조직은 비윤리적 활동을 억제하고 선한 행동을 권장할 수 있을까?

7장에서는 리더십, 권력의 사용, 기업이 어떻게 직원을 섬길 수 있는지에 초점을 두고 있다. 사람들의 가치와 지도자의 바람직한 자질에 대한 성경의 가르침에 기초하여, 우리는 비즈니스 조직 관리에 주는 의미와 시사점을 검토할 것이다.

8장에서는 하나님과 이웃을 섬기는 활동으로 보기가 가장 어려운 영역인 마케팅을 심층적으로 살펴보게 된다. 마케팅은 사람들에게 필요 없는 상품을 구입하게 하는 기술과 학문으로 종종 오해받고 있다. 우리는 이 분야가 고객의 번영을 도모하는 방향으로 어떻게 재설계되고 개혁될 수 있는지를 살펴볼 생각이다.

9장에서는 급성장 중인 글로벌 경제의 시대에 점차 대두되는 환경과 지속가능성의 문제에 주목하게 된다. 성경은 창조 세계의 돌봄에 대해 무엇을 가르치는지, 이것이 비즈니스의 경영 방법에 어떤 함의를 갖고 있는지를 살펴볼 예정이다.

10장에서는 새로운 비즈니스 관행과 조직이 사회 문제의 해결에 적극적이고 의도적인 동반자가 될 수 있도록 비즈니스를 활용하는 몇 가지 흥미로운 사례 및 추세를 소개한다. 특히 포괄적인 기업의 사회적 책임, 사회적 기업가 정신, 미소금융, 그리고 "선교로서의 비즈니스" 운동 등을 살펴본다. 더 나아가, 기업 지배 구조와 통제라는 매우 중요한 이슈를 탐구하는데, 이러한 요인들은 조직의 리더들에게 일을 통한 변혁에 참여하도록 자유와 잠재력을 부여하기 때문이다.

1
당신의 일터는 제단이다

오랜 친구인 톰과 제임스는 지금 20대 후반이다. 이들은 같은 대학을 졸업했고 같은 도시에서 직장을 잡아 지난 몇 년간 서로 가까운 곳에서 일을 해 왔다. 또한 그들의 아내들도 서로 친해서 정기적으로 부부 동반 모임을 가지기도 한다. 톰은 큰 국제 회계 법인에서 회사들의 재무 관리 시스템을 설계하고 관리하는 컨설팅 업무를 맡고 있다. 그는 현재 이 법인의 파트너로 일하고 있으며 그의 일은 다른 파트너들 사이에 좋은 평가를 받고 있다. 그는 자신의 일에 흥미와 보람을 느끼지만 어린애들이 있는데 근무 시간이 너무 길어 괴로울 때가 많아 그 모든 업무를 어떻게 다뤄야 할지 막막하기만 하다. 그래서 개인 사업을 시작하면 시간을 좀 더 유연하게 쓸 수 있지 않을까 하고 생각하곤 한다. 그는 직장 동료였던 몇 사람이 사표를 내고 직접 회사를 차린 케이스를 본 적이 있고, 그 자신에게 창업을 성공적으로 착수하는 데 필요한 자질-사람을 다루는 기술, 추진력, 창의력-이 있다고 생각한다. 자신이 직접 회사를 설립하여 사장이 되는 것을 상상하면 왠지 기분이 좋아진다.

제임스 역시 직장 생활을 하고 있는데 인생의 전환점에 서 있다. 그는 대학 시절부터 컴퓨터 소프트웨어 산업에 종사해 왔고 한동안 대기업에서 소프트웨어 영업 담당으로 일하고 있다. 최근에는 짬짬이 신학교 강의를 듣기 시작했다. 직장 생활을 하면서는 시간을 많이 낼 수 없기 때문에 학위를 위한 "8년의 대장정"이라고 농담 삼아 부르곤 한다. 또한 몇 년간 아내와 함께 교회 대학부를 섬겨 왔을 뿐만 아니라 남성 성경 공부 모임을 이끌고 있고, 아내는 여성 성경 공부 모임을 인도하고 있다. 대학부 담당 목사는 종종 제임스에게 대학부 집회에서 설교할 기회를 주곤 한다. 그래도 힘들다거나 준비하기가 부담스럽다고 생각한 적이 없다. 설교는 영업 계획 프레젠테이션보다 준비할 것이 훨씬 많은데도 강단에 서는 것이 매우 만족스럽다. 이런 제임스를 보고 대학부 목사는 직장을 그만두고 전임 교회 사역자가 되는 것이 어떻겠냐고 계속 권유하고 있다. 그가 섬기고 있는 교회 또한 제임스를 교회 사역자로 맞아들이고 싶어 한다. 그래서 제임스는 그 교회에서든 다른 교회에서든 전임 사역으로 전환할 수 있을 때까지만 생계유지를 위해 계속 영업 활동을 할 생각이다.

어느 날 톰과 제임스는 서로 직업에 대한 이야기를 나누다가 하나님이 그들 각자의 직업으로 무엇을 하도록 부르셨는지에 대해 고민하게 되었다. 제임스는 직장에 계속 다니는 것보다 전임 사역자의 길에 들어서는 것이 세상에서 하나님의 일을 증진시키기 위해 자기 능력을 최대한 사용하는 것이라 믿고 톰에게도 비슷한 전환을 고려해 보라고 권한다. 그러나 톰은 자기 일에 만족하고 자신의 재능이 현재 종사하고 있는 분야에 가장 적합하다고 느끼기 때문에 제임스의 권유에 공감하지 못한다. 그래서 제임스는 최근 대학부 학생들과 신참 직장인들에게 던진 어떤 강사의 도발적인 질문을 톰에게 이야기했다. "경영학 전공자 여러분, 그런 단조로운 세계에서 벗어나 타인의 삶에 기여하는 의미 있는 일을 하는 게 어떠세요?" 그 강연의 요지는 하나님을 위해 진정한 영향력을 발휘하려면 영리 사업이 아니라 교회 사역이나 선교, 또는 비영리 단체에 몸담아야 한다는 것이었다. 바로 이 말이 제임스에게 도전이 되었기에 그는 톰에게도 전달하려고 했던 것이다. 당신이 톰의 입장에 있다면 제임스에게, 그리고 그 강사의 관점에 어떻게 반응하겠는가?

한 가지 대응 방법은 교회와 비영리 단체도 '사역'을 하고 타인의 필요를 채우려면 자본이 필요하기 때문에 경영인이 있어야 한다고 주장하는 것이다. 따라서 비즈니스는 '사역'을 위해 성취할 수 있는 일이 있기 때문에 하나님의 경륜에서 가치를 지니고 있는 셈이다. 또는 제임스에게 직장을 그만두면 신앙을 삶으로 실천하는 전략적인 플랫폼을 잃는 것이라고 주장할 수도 있다. 그리고 그 강사에게 톰이 함께 일하는 동료들 중에는 교회를 찾아갈 사람이 거의 없다는 점을 상기시킬 수 있다. 그런 직장인들은 목사들이 그들과 다른 세계에 몸담고 있어서 그들과는 상관이 없다고 생각한다. 이와 같은 반응들은 왜 하나님이 사람들을 비즈니스의 세계로 부르시는지를 생각하게 해 준다. 비즈니스는 '사역'이나 다른 좋은 명분을 지원하는 수단으로서, 그리고 개인의 신앙을 나누는 통로로서 가치를 지니고 있다.

분명히 하나님은 이러한 이유들로 사람들을 사업에 종사하게 하실 수 있다. 하지만 이번 장의 논의는 부(副)의 창출이나 신앙의 실천을 위한 전략적 플랫폼 같은 수단적 가치보다 일 자체의 가치를 다루는 것이다. 앞에서 언급된 가치들은 타당하지만 이런 것은 성경에서 말하는 일의 가치를 충분히 설명하지 못한다는 점을 지적하고 싶다. 성경적 관점에서 보면 우리의 일터가 하나의 제단이기 때문에 존귀하다고 보는 것이 옳다고 우리는 주장할 것이다. 우리의 일터는 우리의 시간, 에너지, 재능, 능력을 쏟아서 하나님을 섬기는 매우 중요한 장소이며, 우리의 일은 하나님을 섬기는 데 특별한 가치를 지닌 사역이기 때문이다.

성경 시대의 일의 의미

기독교 세계관에 비춰 본 일에 대한 견해는 고전 시대(노동과 여가에 대한 고대 그리스 사상가들의 논의는 3장을 참고하라)와 오늘날의 문화와 뚜렷한 대조를 이룬다. 성경은 우리의 일에 대해 많은 이야기를 하고, 우리가 생계유지를 위해 하는 일은 하나님께 매우 중요하다. 예수님은 이 땅에 사시는 동안 대부분의 시간을 먹고 살기 위해 목수로 일하셨고 평범한 근로자들과 대부분의 시간을 보내셨다. 예수님의 많은 비유는 농업과 다양한 장사와 같은 1세기의 일상적인 직업 세계에서 끌어온 것이었다. 사도들조차 자급자족을 위해 일해서 그들이 섬기던 교회에 부담이 되지 않고자 했다.

성경 시대의 근로 환경은 오늘날과는 매우 달랐다. 대다수 사람들이 농업이나 상업, 또는 수공예에 종사하며 손으로 일했다. 산업 시스템이나 주식 시장 같은 것은 아예 존재하지 않았고, 육체를 많이 쓰지 않은 채 누군가의 지성을 자극할 만한 지식 기반 직업도 거의 없었다. 부유한 계급이 아니면 누구나 최소한의 생계유지를 위해 중노동을 해야 했고, 운 좋게 상업에 종사했던 사람들은 오늘날의 하위 중산층과 비슷한 수준의 삶을 살 수 있었다.

성경 시대의 사람들은 오늘날의 우리처럼 자기 일에 대해 의식적으로 생각하지 않았다. 어느 분야에서든 정직하게 일하면 자긍심이 높아질 수 있었지만, 사람들은 직업을 자아실현과 연결시키지 않았다. 대체로 일은 생존을 위한 것이었고, 만약 일꾼이 그 일을 통해 자부심을 느낄 수 있었다면, 그것은 일종의 보너스였다. 직업 선택의 여지가 많지 않았고, 보통은 부모의 직업(주로 아버지의 직업)을 물려받고 기술을 배웠기 때문에 어떤 직업이 의미 있는 삶을 선사하는지 고민하지 않았고, 이런 고민은 부차적인 것에 불과했다. 반면에 오늘날은 사람들이 자기의 직업이 자기의 정체성과 어떻게 어울리는지를 설명할 수 있는 시대이다.

고대 사회에서는 대부분의 사람들이 자발적인 은퇴를 생각할 수 없었다. 일반적으로는 더 이상 일하지 못할 만큼 몸이 쇠약해질 때까지 일했으며 이후엔 확대 가족의 부양을 받았다. 사람들에게 노후 대책용 저축이나 투자가 존재하지 않았고, 일을 하지 않고도 재정적으로 독립할 수 있었던 사람들은 부유한 지주층과 정치 지도자들뿐이었다. 그러므로 성경이 일에 대해 말할 때, 저자들은 사람들이 척박한 경제 환경에서 살아남기 위해 평생 일할 것을 가정하고 있다고 생각하면 된다.

성경을 통해 우리는 고대에 존재했던 일에 대한 견해를 이해할 수 있고, 우리가 일하는 이유에 대해 하나님은 많은 말씀을 하신다. 먼저 우리는 일을 통해 우리 자신과 우리 공동체의 유익을 도모할 수 있고, 더 나아가 이 세상에서 하나님의 일과 목적을 성취할 수 있다. 이제 첫 번째 이유에 초점을 맞춰 보자.

우리는 생계를 위해 일한다

우선 우리는 스스로 생계를 유지하고 공동체에 부담을 주지 않기 위해 일해야 한다. 사도 바울은 데살로니가 교인들에게 누구나 자신의 필요를 충족시키기 위해 일할 의무가 있다고 분명히 말했다.

> 형제자매 여러분, 우리는 [우리] 주 예수 그리스도의 이름으로 여러분에게 명령합니다. 무절제하게 살고 우리에게서 받은 전통을 따르지 않는 모든 신도를 멀리하십시오. 우리를 어떻게 본받아야 하는지는 여러분이 잘 알고 있습니다. 우리는 여러분 가운데서 무절제한 생활을 한 일이 없습니다. 우리는 아무에게서도 양식을 거저 얻어먹은 일이 없고, 도리어 여러분 가운데서 어

느 누구에게도 짐이 되지 않으려고, 수고하고 고생하면서 밤낮으로 일하였습니다.…우리가 여러분과 함께 있을 때에 "일하기를 싫어하는 사람은 먹지도 말라" 하고 거듭 명하였습니다. 그런데 우리가 들으니, 여러분 가운데는 무절제하게 살면서, 일은 하지 않고, 일을 만들기만 하는 사람이 더러 있다고 합니다. 이런 사람들에게, 우리는 주 예수 그리스도 안에서 명하며, 또 권면합니다. 조용히 일해서, 자기가 먹을 것을 자기가 벌어서 먹으십시오.

(살후 3:6-8, 10-12)

그러나 교회 안에는 이 보편적인 규칙이 적용되지 않는 예외가 있었다. 육체적 또는 정신적인 제약으로 일할 수 없는 사람들은 교회 공동체의 도움을 받을 권리가 있었다. 이들은 성경이 말하는 가난한 자들로서 구약과 신약 모두 공동체가 이들을 돌봐야 한다고 명시하고 있다(신 15:1-11, 눅 3:11, 갈 2:10, 약 2:15-17). 구약성경은 몸이 건강한 빈민을 위해 이삭줍기라는 사회 안전망을 마련했다(레 19:9-10). 이 제도는 농부에게 추수할 때 자기 밭의 곡식을 전부 훑어 가지 못하도록 규정했다. 경작할 땅이 없는 사람들을 위해 수확의 일부분을 남겨 둬야 했다. 그러나 가난한 이들도 밭에 나와서 자신이 할 수 있는 만큼 노력해서 추수를 하는 적극성이 필요했다. 육체적 또는 정신적으로 병약해서 도저히 일할 수 없는 사람들만 일할 의무에서 면제되었다.

가족과 친척을 보살피기 위해 일한다
성경은 어른이 자신의 가족들을 부양할 의무가 있다고 분명히 말한다. 사실 신약성경은 이를 매우 직설적으로 진술하고 있다. 바울이 디모데에게 도움이 필요한 사람들을 돌보는 방법에 대해 쓰면서 "누구든지 자기 친척 특히 가족을 돌보지 않으면, 그는 벌써 믿음을 저버린 사람이요"(딤전

5:8)라고 말한다. 이보다 더 강경하게 말할 수는 없을 것이다. 일할 수 있는 사람이라면 당연히 가족을 부양할 의무가 있다.

당시의 사람들은 더 이상 일할 수 없을 때까지 계속 일하는 것을 당연시했다. 일할 수 없는 상태가 되면 자녀들이 그 의무를 물려받았다. 디모데전서 5:4, 8에 따르면, 자녀들에게 부모와 친척을 부양할 의무가 있다고 한다. 성경의 저자들은 사람들이 자기의 필요를 채우기 위해 능력이 다할 때까지 일할 것으로 가정한 것이다.

궁핍한 사람을 돕기 위해 일한다

일하라는 하나님의 명령은 단지 우리 자신과 가족만을 부양하는 데 그치지 않는다. 궁핍한 사람들에게 도움을 베풀기 위해서 일하는 것이기도 하다. 우리는 보통 일을 이런 식으로 생각하지 않지만, 성경은 우리가 일하는 중요한 이유 중에 하나가 바로 경제적으로 가난한 사람들을 돕기 위한 것이라고 분명히 말한다. 물론 이는 우리에게 충분한 소득이 있고 가난한 이들을 도울 만한 재정적 여유가 있는 것을 가정한다. 바울은 "도둑질하는 사람은 다시는 도둑질하지 말고, 수고를 하여 [제] 손으로 떳떳하게 벌이를 하십시오. 그리하여 오히려 궁핍한 사람들에게 나누어 줄 것이 있게 하십시오"(엡 4:28)라고 날카롭게 지적했다. 이 구절은 도둑질을 그만두고 일해서 생계를 유지할 수 있게 하라고만 말하는 것이 아니다. 그건 당연하다. 이 구절의 요점은 충분치 못한 사람들을 돕기 위해 나누어 줄 것, 즉 여분이 있어야 한다는 것이다.

사실 초기 기독교 공동체는 꽤 가난한 형편이었다. 부유한 사람들도 일부 있었으나 대부분은 농부나 상인이라 비교적 가난한 사람들이었다. 불행한 일이 닥치면 꼼짝없이 빈민 신세가 되었다. 따라서 초기 교회에는 재정적인 도움이 필요한 사람들로 가득했다. 그래서 바울은 교회를 향해 생산적인 일을 위해 열심히 일하라고 말할 뿐 아니라 가난한 사람들에게 관대하게 자신의 소득을 나누라고 촉구한 것이다. 도움은 해당 공동체에 속한 가난한 자들뿐만 아니라 고대 세계 전역의 재정적으로 어려운 사람들에게도 베풀어졌다. 예를 들어, 바울은 고린도 교인들에게 예루살렘에서 극심한 기근에 시달리고 있는 사람들에게 그들의 풍족함을 관대하게 나누라고 격려한다(고후 8:13-15).

예수님은 가난한 사람들에게 관대한 것이 왜 중요한지에 대해 확실히 말한다. 그것을 비유로 표현하셨다.

네가 점심이나 만찬을 베풀 때에, 네 친구나 네 형제나 네 친척이나 부유한 이웃 사람들을 부르지 말아라. **그렇게 하면 그들도 너를 도로 초대하여 네게 되갚아, 네 은공이 없어질 것이다.** 잔치를 베풀 때에는, 가난한 사람들과 지체에 장애가 있는 사람들과 다리 저는 사람들과 눈먼 사람들을 불러라. 그리하면 네가 복될 것이다. **그들이 네게 갚을 수 없더라도**, 의인들이 부활할 때에, 하나님께서 네게 갚아 주실 것이다. (눅 14:12-14, 강조체는 추가됨)

강조된 부분은 예수님의 가르침의 핵심을 보여 준다. 우리는 보통 우리 자신의 어떤 이익을 위해서, 즉 개인적 이익에 따라 어떤 행위를 하게 된다. 그러나 예수님은 우리에게 돌아오는 것이 없더라도 가난한 사람들에게 도리를 지키라고 말씀하신다. (예수님은 가난한 사람들이 우리에게 재정적으로 되갚을 수 없다고 가정하고 계신다.) 좀 더 정확하게 말하자면, 그들이 우리에게 되갚을 수가 없기 **때문에** 그들을 도우라고 요청하시는 것이다. 예수님이 왜 이렇게 주장하셨는지를 생각해 보라. 그분은 가난한 사람들을 아무 조건 없이, 아무런 보답을 바라지 말고 도우라고 우리에게 요구하신다. 우리가 되갚을 수 없는 자들에게 관대하게 베풀 때, 그것은 아무런 조건 없이 우리를 돌보시는 하나님을 본받는 일이다. 따라서 가난하고 어려운 자에게 관대히 베푸는 것은 모두를 향한 하나님의 사랑을 반영하는 일이라 할 수 있다. 이 때문에 성경은 처음부터 끝까지 어려운 사람들을 돌보는 일을 그토록 강조하고 있는 것이다. 우리는 이 중요한 명령을 수행하기 위해, 그리고 하나님의 주요 성품 중 하나인 무조건적 사랑을 나타내기 위해서 일한다.

교회와 그 사역을 지원하기 위해 일한다

기독교인은 가난한 사람들을 도울 의무만이 있는 것이 아니라 교회와 그 사역을 지원하기 위해서도 일해야 한다. 성경은 하나님이 지역 교회나 선교 현장에서 일하는 것으로 생계를 유지하도록 부르신 사람들이 있다고 인정한다. 예를 들어, 구약성경에서 하나님은 제사장들과 레위 지파를 전임 사제직으로 불러 십일조로 생활하게 하셨다. 이들은 공동체로부터 재정적인 지원을 받았기 때문에 공동체에 의존해 있었다. 이와 비슷하게 신약 시대에도 하나님은 사도들을 부르셔서 세계 곳곳에 교회를 세우는 일을 하게 하셨다. 초기 교회 지도자들 대부분은 스스로의 생계를 위해 직접 일했고, 때로는 사도들도 자신이 섬기는 교회에 부담이 되는 것을 피하려고 일을 했다(살전 2:9). 하지만 사도들은 사도의 역할이 중요하다는 것을 자각하고 있었고, 자신이 섬기는 공동체의 후원을 받을 권리가 분명히 있지만 논란을 최소화하기 위해 그 권리를 자발적으로 포기했다(고전 9:1-15). 교회를 위한 그들의 노동은 물질적인 후원을 받을 권리를 그들에게 준 것이다. 성경은 처음부터 끝까지 교회의 전임 사역자들을 기꺼이 도우려는 공동체의 모습을 교회의 영적 건강의 척도로 간주했다(말 3:10). 그러나 전임 교회 사역으로 생계를 보장받을 권리를 얻은 사람들은 예외적인 경우임을 반드시 유념하라. 대다수는 노동, 가족, 여가로 구성된 일상에서 하나님을 순종하면서 날마다 생계를 유지하며 하나님을 섬기는 것이 정상이다.

우리의 신앙을 실천하는 플랫폼을 만들기 위해 일한다

마지막으로, 하나님은 우리의 신앙을 선언하고 그 실체를 보여 줄 기회를 얻게 하려고 우리를 일하는 존재로 부르셨다. 우리는 일을 통해 접촉할 가능성이 별로 없었을 사람들을 만나 관계를 맺고 관심과 배려를 베풀 수 있는 기회를 얻는다. 그리고 이러한 관계는 신앙을 실천하는 플랫폼을 제공하는 중요한 수단이 된다. 신약성경은 초기 교회에게 지역 사회에서 계속 존경받을 수 있도록 부지런히 일하라고 권면한다. 데살로니가전서 4:11-12에는 이렇게 나와 있다. "그리고 우리가 여러분에게 명령한 대로, 조용하게 살기를 힘쓰고, 자기 일에 전념하고, 자기 손으로 일을 하십시오. 그리하여 여러분은 바깥 사람을 대하여 품위 있게 살아가야 하고, 또 아무에게도 신세를 지는 일이 없도록 해야 할 것입니다." 노동은 지역 사회의 존경을 얻을 수 있는 하나의 방편이었다. 바울은 교인이 존경을 얻어야 할 이유가 그의 신앙을 매력적으로 제시할 때 걸림돌이 없게 하는 데 있다고 생각했다. 대부분의 목사나 선교사들은 일반인이 일하는 환경에서 영적인 이야기를 나눌 기회가 전혀 없다. 따라서 사업하는 사람들이나 비즈니스에 대해 모르고, 우리가 현장에서 부딪히는 문제를 공감할 수 없고, 할 말이 별로 없는 국외자로 비치게 된다. 다른 한편, 우리는 그들을 알고, 매일 그들과 함께 일하며 함께 어려움을 겪기 때문에 우리가 일상에서 신앙을 실천하는 모습을 보여 줄 수 있다.

일의 내재적 가치

하지만 일에는 우리의 재정적인 필요를 채우고 의무를 다하는 것 이외에도 많은 의미가 담겨 있다. **우리의 일터는 제단의 역할을 할 수 있다.** **하나님을 섬기기 위해** 우리의 은사와 기술, 그리고 달란트를 바치는 중요한 장소인 것이다. 기독교인은 일하러 갈 때 하나님을 섬기려고 우리 자신을 드리는 것이다. 우리는 일하러 갈 때 이 세상에서 하나님의 일에 기여할 수 있다. 물론 2장에서 설명하겠지만 한계가 있는 것도 사실이다. 하지만 그런 예외들을 제외하면, 하나님은 이 세상에서 그분의 일을 성취하기 위해 일터로 우리들을 부르신다고 할 수 있다. 목사가 되는 것이 교회에서의 하나님의 일이고, 선교 사역이 선교 현장에서 펼쳐지는 하나님의 일인 것과 똑같이 비즈니스 또한 세상에서의 하나님의 일이라고 볼 수 있다. 이 모든 일은 그 일의 가치 때문에 하나님께 귀중한 일이 되고, 특히 탁월하게 수행되었을 때는 그 일이 고유한 가치를 지닌 좋은 것이다. 목사와 선교사가 그 일로 하나님의 부름을 받았듯이 회계사, 관리자, 블루칼라 노동자, 조경사, 청소부, 그리고 요리사도 똑같이 그들의 일로 하나님의 부름을 받을 수 있다. 이들 모두는 그들이 하는 일의 미덕과 신앙을 실천하는 방식으로 하나님의 일을 각자의 일터에서 수행할 수 있다. 그리고 좀 더 나아가서, 하나님은 그분의 섭리 안에서 하나님의 일을 세상에서 성취하기 위해 우리의 직업을 통해 일하신다. 이것 또한 2장에서 좀 더 깊게 다루게 될 주제이다.

당신의 일터가 제단이 될 수 있는 이유는 그 일이 하나님께 심오한 가치를 지니고 있기 때문이다. 성경은 세 가지 중요한 이유로 인해 일이 매우 중요한 가치를 지닌다고 가르친다. 첫째, 하나님은 죄와 악이 세상에 침범하기 전에 일을 창조하셨다. 둘째, 하나님은 "다스리라"(청지기직을 행사하라)는 명령을 우리가 이행하게 하려고 일을 설계하셨다. 셋째, 일은 하나님의 형상으로 창조되었다는 뜻이 무엇인지 보여 주는 중요한 지표이다.

1. 당신의 일터는 제단이다

일은 죄가 세상에 들어오기 전에 제정되었다

일은 죄와 악이 세상에 들어오기 전에 하나님이 제정하신 것이라서 큰 가치를 지닌다. 창세기의 창조 이야기를 읽어 보면 죄가 무대에 들어오기 전에 하나님이 아담과 하와에게 동산을 돌보라고 명하셨다(창 2:15). 하나님은 아담과 하와의 불순종의 결과로 인간에게 일의 저주를 내리신 것이 아니었다. 일은 인간의 죄에 대한 벌이 아니다. 물론 일은 타락의 영향을 받아 더욱 힘들고 스트레스가 많고 덜 생산적인 활동이 되었으나(창 3:17-19), 그것이 원래의 설계는 아니었다. 원래의 설계는 인간이 생산적인 활동을 하면서 정기적으로 여가를 즐기며 쉬고 하나님의 축복을 즐거워하는 것이었다(출 20:8-11). 타락 이전의 낙원에서도 하나님은 아담과 하와에게 일을 하게 하셨다. 일은 인간을 위해 만든 하나님의 원초적 계획의 일부이기 때문에 하나님께 큰 가치를 지니고 있는 것이다.

일은 주님이 재림하신 이후의 세계에도 존재할 것이다. 이사야 예언자는 예수님이 돌아오신 이후의 세계를 민족들이 "칼을 쳐서 보습을 만들고 창을 쳐서 낫을 만들"(사 2:4) 곳으로 그리고 있다. 이 구절은 그 나라가 완성될 때는 전 우주적인 평화가 있을 것임을 보여 주고 있다. 그러나 흔히 간과되는 부분은 전쟁 무기들이 생산적인 일의 도구(보습과 낫)로 바뀔 것이라는 점이다. 그리스도께서 이 땅에 하나님의 나라를 온전히 세우실 때 생산적인 일 또한 그 나라의 시스템 중 일부가 될 것이라는 뜻이다. 따라서 일은 타락 이전에 제정된 것이고 완전히 실현될 하나님 나라의 프로그램의 일부이기 때문에 높은 가치를 지닌다. 인간 역사의 시작과 끝을 장식하는 낙원에서 하나님은 일을 제정하시는 것이다.

일과 통치권

하나님께 일이 소중한 것은 창조부터 존재한 또 다른 명령, 곧 땅을 다스리라는 통치 명령과 관련되어 있기 때문이다. 분명히 말하지만, 땅을 지배하라는 것은 무책임하게 사용하라는 뜻이 아니다(9장을 보라). 하나님은 인간에게 창조 세계의 책임 있는 청지기가 되도록 명령하시고 또 능력도 부여하셨다(창 1:28). 따라서 인간은 땅의 모든 자원과 환경을 관리하는 위임 통치자의 역할을 하도록 되어 있었다. 인간에게 그런 권한이 있다는 것은 창조물을 그들의 유익을 위해 사용할 뿐만 아니라 공동선을 위해 잘 관리할 책임도 있다는 뜻이다. 성경은 인간이 효과적으로 지배권을 행사할 수 있도록 창조 세계에 하나님이 그분의 지혜를 심어 놓으셨다고 말한다(잠 8:22-36).[1] 하나님은 일반 계시와 일반 은총을 베풀어 세계를 통해 그분의 지혜를 알게 하신다. 예를 들어, 인간의 삶을 개선시키고 죄의 영향을 완화하는 테크놀로지와 여러 발명들은 인류를 향한 하나님의 일반 은총의 결과이다. 위대한 과학적 발견이나 기술적 진보는 하나님이 방심해서 이룩된 것이 아니다. 인간은 완전히 자율적으로 이런 발견을 하고 또 일상에 적용하는 게 아니다. 그들은 창조 세계에 책임 있는 통치권을 행사하라는 명령을 보다 효과적으로 이행하기 위해 하나님의 일반 은총을 활용할 따름이다.

창세기 이야기에 따르면, 인간은 위임 통치자로서 창조 세계를 다스릴 기회와 책임을 부여받았다. 하나님은 인간에게 창조물에 대해 청지기직을 수행할 수 있는 능력과 책임을 주셨다. 통치 명령에 관한 한 하나님은 수단뿐만 아니라 목적까지 제정하셨다. 일은 창조 세계를 관리하는 인간의 책임을 다하도록 주어진 수단이다. 아담과 하와는 생산적인 용도로 사용하고 또 그 열매를 거두기 위해 동산에서 일했다. 그렇게 함으로써 창세기 1:28에 나온 통치 명령을 이행하고 있었다. 출산도 인간 공동체를 형성해서 위임 통치자로 섬길 수 있게 해 주는 또 하나의 수단이다. 창조에 대해 좀 더 자세하고 보충적인 기사를 담고 있는 창세기 2장을 보면(창 1장은 파노라마식 개요다). 하나님은 노동(2:25)과 출산(2:24)을 통치 명령을 수행하게 하는 주요 수단으로 삼으신다. 출산은 '인력'을 공급하고(물론 이것만이 출산의 목적은 아니다), 일은 하나님이 인간에게 명하신 중요한 과업을 달성하도록 방향을 제시한다. 즉, 일은 하나님이 인간에게 세계에서 할 일을 주실 때 유념하고 계셨던 중요한 방법 중 하나이다.

일은 창조 세계에 대한 통치 명령과 불가분의 관계에 있다. 일은 우리가 그럭저럭 살아가기 위해, 또는 우리의 생활 방식을 유지하기 위해 행하는 어떤 것이 아니다. 일은 언젠가 사라질 필요악도 아니고 여가를 즐기기 위한 수단도 아니다. 일은 큰 존엄성을 갖고 있다. 왜냐하면 인간이 받은 사명, 즉 창조 세계에 대한 청지기직을 책임 있게 수행하게 하려고 하나님이 지정하신 수단이기 때문이다. 그 명령은 오늘날도 여전히 유효하며, 하나님도 인간이 그분의 세계를 다스리는 효과적인 위임 통치자가 되도록 여전히 능력을 부여하고 계신다. 따라서 일은 통치 명령과 관련되어 있어서 본질적인 가치를 지닌다고 할 수 있다. 아담과 하와는 동산을 보살피고 창조 세계에 대한 책임 있는 관리자가 됨으로써 세상에서 하나님의 일을 수행하고 있었다. 우리도 일터에서 하나님의 일을 수행하는 셈인데, 그 모든 일이 세계를 다스리는 것, 곧 인간에게 주어진 과업과 관련되어 있기 때문이다.

어떤 이들은 우리의 일이 통치 명령과 관련되어 있다는 것과 일이 고귀하다는 것을 묘사하기 위해 **공동 창조**(cocreation)라는 용어를 쓴다.[2] 우리의 견해가 공동 창조의 개념과 공통점이 많지만—"창조 세계를 돌보기 위해 하나님과 함께 그리고 하나님 아래서 일한다는 것"[3]—이 용어는 오도할 소지가 있다. 영국 소설가 도로시 세이어즈는 우리의 일이 "하나님의 창조의 매개체"라고 말함으로써 그것을 하나님의 원초적 창조 행위와 비슷한 것처럼 묘사한다.[4] 또 어떤 이들은 이것을, 창조물을 돌보는 인간을 지나치게 높이 평가한 견해라고 결론지을 것이다. 우리는 오히려 우리가 창조 세계에 대한 하나님의 통치를 진전시킨다는 점에서 하나님과 '협력하고' 있다고 표현하고 싶다. 물론 여기에는 타락 이후 죄(악)가 세상에 침투하여 생긴 결과를 완화시키는 일도 포함된다.

물론 일이 본래 갖고 있던 존엄성을 많이 잃은 것은 사실이다. 세계가 깨어지는 바람에 일은 창조 세계를 보호하고 회복시키는 대신 오히려 비인간화시키고 소외시키며 파괴하는 도구가 되었다. 우리는 전반적인 일터에, 그리고 특정한 일에 미친 죄의 영향을 과소평가하면 안 된다. 이 영향은 일이 어떻게 통치 명령과 조화를 이루는지를 도무지 알 수 없게 만들어 버렸다. 분자 생물학자와 의사 같은 과학 분야의 전문가들은 양자의 관계를 쉽게 인지한다. 또한 남을 돕는 직업들의 경우도 공동선에 대한 기여와 죄의 영향에 대처하는 방식을 쉽게 볼 수 있다(이런 직업에서도 죄의 영향을 볼 수 있지만). 그런데 좀 더 단순한 노동인 공장 노동, 일관 작업대 노동, 청소, 햄버거 굽는 일 등은 어떤가? 이런 직업들을 보다 큰 목적과 연결시키기 어렵더라도, 그리고 우리는 꾸준히 일을 개선시키려고 노력해야 하겠지만, 이러한 직업들 또한 세상에서의 하나님의 일에 기여하고 있기 때문에 여전히 존엄성을 갖고 있다. 하나님은 그분의 섭리에 따라 이런 일터에서 중요한 것을 이루기 위해 일하고 계신다.[5] 예컨대, 하나님은 사람들을 먹이는 과업을 수행하기 위해 식량 생산 및 서비스와 관련된 모든 일터에서 일하고 계신다. 그분은 사람들에게 옷을 입히는 과업을 수행하려고 의류 공장에서 일하고 계신다. 하나님은 사람들에게 집을 공급하는 과업을 이루기 위해 건축과 관련된 직업에서 일하고 계신다. 하나님은 또한 세상에서 질서와 정의를 유지하는 목적을 이루기 위해 정부에서도 일하고 계신다(롬 13:1-7). 우리는 일터에서 하나님과 함께 협력하고 또 참여함으로써 하나님이 섭리에 따라 그분의 일을 이루어 가시게 한다. 하나님이 사람들을 비즈니스 세계로 부르시는 것도 그 일이 세상에서 하나님의 일을 이루는 데 큰 가치가 있기 때문이다.

더그와 카렌 부부의 경우를 보자. 몇 년 전 카렌은 휴가를 보내고 집으로 돌아오는 비행기에서 내리다가 의식을 잃고 병원에 갔더니 뇌종양이라는 진단을 받고 바로 신경외과 의사를 찾아갔다. 그 외과 의사는 카렌을 외래 환자로 둔 채 최첨단 기술로 종양 제거에 성공했고 그녀는 오늘까지 아무런 후유증을 앓고 있지 않다. 더그는 의술이 눈부시게 발전했고 다양한 제품과 서비스가 카렌을 치료하는 데 쓰일 수 있음에 감탄했다. 영상 의료 기계들, 그 기계들의 작동에 필요한 소프트웨어, 컴퓨터 조작에 필수적인 전기 부품들, 그리고 그것을 효과적으로 다루는 기술자들이 모두 함께 일한 결과였다. 또한 담당 의사가 카렌의 암을 진단하고 치료할 때 이런 제품들을 사용할 수 있도록 배려한 병원 비즈니스의 운영에 감명을 받았다. 아내의 치료가 끝난 후 그는 "이 모든 사람들이 '하나님을 섬기기 위해' 그 직장을 떠나라는 부름을 받지 않아서 기쁩니다"라고 말했다. 하나님을 아는 그 사람들은 그들의 직업을 통해 하나님의 소명에 순종하고 창조 세계의 청지기직을 수행하고 있는 것이다. 이들은 자신의 일로 하나님을 섬기고, 그 분야에서 악의 영향(여기서는 뇌종양의 형태를 지닌다)을 완화시키는 그분의 일에 참여하고 있다. 하나님은 그분의 섭리대로 카렌의 진단 및 치료에 관여한 다양한 사람들을 통해 카렌을 치유하려고 일하고 계셨던 것이다.

지금까지 일과 통치 명령에 대한 이 관점은 일이 창조 질서와 어떤 관계에 있는지에 초점을 맞추었다. 그런데 일은 구속의 질서 또는 현재 진행 중인 새 창조의 도래와는 어떤 관계에 있는가? 신학자 미로슬라브 볼프는 일의 개념과 통치 명령을 확장시켜 거기에 종말론적 차원을 부여했다.[6] 그는 일을 성령의 은사를 사용할 수 있는 곳으로 본 만큼 일에는 성령론적 요소가 있다고 할 수 있다. 그는 신약에서 말하는 영적 은사의 개념은 소위 "교회 활동"이나 교회 사역에 한정되지 않는다고 말한다. 신약시대에 하나님이 개개인에게 "은사를 주신" 것은 섬기는 일을 위해 그분의 백성을 준비시키기 위함인데(고전 12:7; 엡 4:11-12), 이는 교회와 공동선 모두를 위한 것인즉 하나님을 섬기는 일은 교회의 테두리 안에만 한정되는 것이 아니다. 따라서 모든 하나님의 사람들은 특정한 섬김의 사역을 위해 성령의 은사를 받으며 그 일은 교회와 세상 모두에서 수행되는 것이다.

우리는 일을 할 때 성령과 협력하는데, 이는 다른 영적인 삶의 영역에서 성령과 협력하는 것과 마찬가지다. 볼프는 다음과 같은 논리로 이 개념을 확장시킨다.

> 은사를 나누어 주고 은사를 통해 행하시는 성령은 새 창조의 실현을 보증하는 분이다(고후 1:22은 앞으로 올 변혁을 보장하시는 보증자라고 한다. 롬 8:23은 성령의 활동을 온 땅의 변화와 연결하고 있다). 이것이 만약 사실이라면, 일은 새 창조의 종말론적 변혁을 위한 하나님과의 협력이라고 할 수 있다.[7]

볼프는 이를 "기독교인들이 세상에서 단순한 일에 종사할 때, 성령은 그들이 하나님의 나라, 즉 '창조를 완성하고 하늘과 땅을 새롭게 하는' 그 나라에서 하나님과 협력하도록 그들에게 능력을 주신다"라고 요약한다.[8] 그래서 일은 통치 명령을 수행하는 도구일 뿐만 아니라 세상을 변혁하는 과업에 하나님과 협력함으로써 그분을 섬기는 것이기도 하다. 달리 말하자면, 일은 새로운 창조 세계에서도 하나님을 섬기는 변혁적인 과업이다.

일하시는 하나님

일은 고귀하다. 왜냐하면 일은 세상에 죄가 들어오기 전에 창조되었고,

창조물에 대한 통치권의 행사에서 하나님과 협력하는 수단이기 때문이다. 하지만 일이 하나님께 중요한 가치를 지니는 더 근본적인 이유가 있다. 하나님이 일꾼이시고, 인간도 그분의 형상을 따라 창조된 존재라서 일꾼이다. 달리 말하면, 우리가 일하는 이유는 하나님이 그런 분이시고 우리도 그분의 형상을 입었기 때문이다. 물론 하나님은 일꾼 이상의 존재이시고 우리도 그러하다.

일과 관련하여 하나님이 성경에 어떻게 묘사되었는지 잘 살펴보자. 창세기에 묘사된 첫 모습은 지혜로 세계를 만드시는 일꾼이다. 하나님은 창세기 1-2장에 주도력, 독창력, 열정, 그리고 혁신의 능력을 이용하여 세계를 창조하는 창조주로 묘사되어 있다. 오늘날의 언어로 말하자면 '기업가의'(entrepreneurial) 자질을 갖고 계시는 것이다. 성경 이야기의 처음부터 하나님은 좋은 세계를 만들고 유지하는 등 생산적인 일에 관여하시는 분으로 묘사되어 있다. 그리고 창조 기사의 끝에는 하나님이 "하시던 모든 일에서 손을 떼고" 쉬셨다고 한다(창 2:2). 하나님은 **"창조하시던 모든 일**에서 손을 떼고 쉬셨으므로" 안식일(제7일)을 축복하셨다(창 2:3, 강조체는 추가됨). 안식일에 쉬는 것은 하나님이 쉬셨기 때문이고(출 20:11), 다른 6일 동안 일하는 것은 하나님이 창조하는 일을 하셨기 때문이다(출 20:9). 창조의 패턴이 인간 생활의 패턴이 된 것이다. 따라서 우리는 하나님이 하셨던 것처럼 6일 동안 일하고 하루를 쉰다. 우리는 하나님의 형상대로 창조된 존재들이기 때문에 선(善)을 창조하기 위해 일한다. 우리가 선을 창조하기 위해 일할 때마다 모든 일에서 선을 창조하시는 하나님을 모방하는 셈이다.

지혜 문학(구약성경의 욥기, 잠언, 전도서 등: 역주)은 하나님의 창조 과정이 지혜의 안내를 받았다고 묘사한다(잠 8:22-31). 시편 기자는 하나님의 창조사역을 세계를 지속적으로 돌보시는 패턴과 같다고 말하며(시 104편),

태초의 천지 창조와 대홍수(시 104:3-9)를 언급하고 자신의 피조물을 돌보시는 하나님을 찬양했다(시 104:10-31). 하나님은 동물과 인간 모두에게 마실 물과 먹을 양식을 공급하고 자신이 창조한 세계에서 안전하고 지속적으로 살아갈 수 있는 기반을 마련해 주셨기 때문이다. 그는 "이 땅은 주님께서 내신 열매로 만족합니다"라고 요약한다(시 104:13). 이 시는 다음과 같은 어구로 끝을 맺는다. "주님은 친히 행하신 일로 기뻐하신다"(시 104:31). 하나님은 그분의 창조 세계를 돌보기 위해 부지런히 일하시며, 이는 하나님이 누구이신지를 부분적으로 보여 준다. 우리도 하나님의 형상대로 만들어졌기 때문에 일한다는 것은 우리가 누군지를 부분적으로 보여 준다.

이 주제는 신약성경에도 계속 이어진다. 예수님은 안식일에 한 남자를 치료하시는 바람에 안식일에 대한 바리새인의 전통에 어긋난다는 이유로 비판을 받고 종교 지도자들과 논쟁에 휩쓸리게 된다. 이는 안식일 율법을 어긴 것이 아니라 안식일에 대한 바리새인의 전통을 따르지 않은 것이었다. 이때 예수님은 매우 놀랄 만한, 그러나 종교 지도자들을 더욱 격분시킨 유명한 말씀을 하신다. "내 아버지께서 **이제까지 일하고 계시니**, 나도 일한다"(요 5:17, 강조체는 추가됨). 예수님은 하나님이 그분의 목적을 이루시기 위해 세상에서 계속 일하고 계심을 가르쳐 주셨다. 게다가 바울은 하나님과 더불어 예수님이 이 세계의 창조주이자 지탱자라고 선언한다(골 1:15-17). 이것이 예수님의 정체성의 일부이다. 하나님이 일하시기 때문에 그분의 형상대로 창조된 우리 또한 일하는 것이다. 도로시 세이어즈는 다음과 같이 말한다. "창조주의 형상대로 만들어진 인간에게 일은 자연스러운 활동이자 기능이다. 일은 일차적으로 우리가 생존하기 위해 수행하는 작업이 아니고, 우리는 일하기 위해 사는 것이다."⁹ 척 콜슨 또한 인간은 하나님의 형상대로 만들어졌기 때문에 "일하는 본능이 우리에게 내장

되어 있다"라고 말한다.¹⁰

일은 하나님과 그의 형상을 따라 창조된 우리의 정체성의 일부이다. 일이 하나님께 엄청나게 소중한 것은 인간이 하나님과 파트너가 되어 세계에 대한 통치권을 행사하는 수단이기 때문이다. 이것이 바로 전도서가 노동의 선함을 선언하는 이유이다.

사람에게는 먹는 것과 마시는 것, **자기가 하는 수고에서 스스로 보람을 느끼는 것**, 이보다 더 좋은 것은 없다. 알고 보니, 이것도 하나님이 주시는 것, 그분께서 주시지 않고서야, 누가 먹을 수 있으며, 누가 즐길 수 있겠는가? (전 2:24-25)

사람이 먹을 수 있고 마실 수 있고 **하는 일에 자족을 누릴 수 있다면**, 이것이야말로 하나님이 주신 은총이다. (전 3:13)

그리하여 나는, 사람에게는 **자기가 하는 일에서 보람을 느끼는 것**보다 더 좋은 것은 없다는 것을 알았다. 그것은 곧 그가 받은 몫이기 때문이다. (전 3:22)

그렇다. 우리의 한평생이 짧고 덧없는 것이지만, 하나님이 우리에게 허락하신 것이니, **세상에서 애쓰고 수고하여 얻은 것으로 먹고 마시고 즐거워하는 것**이 마땅한 일이요, 좋은 일임을 내가 깨달았다! 이것은 곧 사람이 받은 몫이다. 하나님이 사람에게 부와 재산을 주셔서 누리게 하시며, 정해진 몫을 받게 하시며, **수고함으로써 즐거워하게 하신 것**이니, 이 모두가 하나님이 사람에게 주신 선물이다. (전 5:18-19)¹¹

하나님은 모든 정당한 노동을 고귀하게 보시며 어떠한 직업도 다른 직업보다 우위에 있다고 보지 않으신다. 하나님의 경륜에서 직업의 귀천은 없다. 배수관 수리공이든, 보모이든, 세일즈맨이든, 회사 간부이든, 자동차 정비공이든, 목사이든 간에 이 모든 직업은 하나님의 형상을 반영하고 세계에 대한 통치 명령을 이행하는 일들이기 때문에 하나님께 매우 소중한 것이다.

죄가 일에 미친 영향

죄가 이 세상에 들어오면서 세상은 하나님이 본래 창조하신 모습에서 변질되었다. 하나님과의 친밀한 관계 속에서 살아가던 인간은 죄로 인해 하나님으로부터의 분리를 경험한다. 또한 영원히 건강하도록 지음을 받았음에도 불구하고 죄로 인해 죽음과 질병을 물려받게 되었다. 그뿐만 아니라 공의롭고 조화롭게 함께 살아가는 대신에 분쟁, 탐욕, 불의를 저지르게 되었다.

죄가 이 세상에 들어와서 일에도 즉시 극적인 영향을 끼쳤다. 죄가 들어오기 전에는 모든 일이 선했고 일은 본질적으로 선한 행위였다. 그러나 죄는 일을 혼합된 복으로 만들어 놓았다. 일은 하나님을 영화롭게 하는 행위이지만 온갖 잘못된 행동으로 빠질 수 있는 가능성이 다분해진 것이다.[12] 또한 항상 보람 있고 즐겁게 일하지 못하고 스트레스를 받으면서 힘들게 일하게 되었다. 하나님이 아담에게 말씀하신 죄의 결과가 창세기 3:17-19에 다음과 같이 기록되어 있다.

> 이제, 땅이 너 때문에 저주를 받을 것이다.
> 너는, 죽는 날까지 수고를 하여야만,
> 땅에서 나는 것을 먹을 수 있을 것이다.
> 땅은 너에게 가시덤불과 엉겅퀴를 낼 것이다.

1. 당신의 일터는 제단이다

너는 들에서 자라는 푸성귀를 먹을 것이다.

너는 흙에서 나왔으니,

　흙으로 돌아갈 것이다.

그때까지, 너는 얼굴에 땀을 흘려야

　낟알을 먹을 수 있을 것이다.

너는 흙이니,

　흙으로 돌아갈 것이다.

죄는 일의 세계에 깊은 영향을 미쳐 하나님의 본래 계획을 바꿔 놓았다. 죄가 들어오기 전에는 존재하지 않았던 노고, 긴장, 허무감이 생기게 되었다. 또한 생산물이 가시덤불과 엉겅퀴와 함께 자라기 때문에 일은 고통스러운 노역을 동반하게 되었다.

죄는 인간을 일 자체와 일의 과정으로부터 소외시킨다. 그래서 노동자들은 스스로 공장 기계의 부품이 된 것처럼 생각하게 되고 욕구 불만을 느끼게 된다. 또한 열심히 일해도 별 볼일 없다고 생각하게 된다. 그리고 죄는 일을 타락시켜 수치스럽고 비인간적인 일을 만들고 인간 속 하나님의 형상을 더럽히고 만다. 그뿐만 아니라 도덕적인 딜레마와 유혹을 초래하여 일터에서 원칙을 무시하게 만들기도 한다(6장을 참고하라). 죄는 공동선에 아무런 기여도 못하는 산업과 사업들을 유발했다. 죄 때문에 일은 혼합된 성격을 지니게 되었다. 유익한 측면이 있으면서도 사회적으로, 개인적으로 막대한 비용을 수반하게 된 것이다. 죄는 하나님이 세우신 본래 계획의 모든 긍정적인 요소들을 손상시켰다. 죄는 일의 성격을 하나님과 타인을 섬기는 활동에서 자기를 섬기는 활동으로 변질시킬 수 있다.

직업은 그저 직업에 불과할까?

하지만 현실을 직시해 볼 때, 우리의 일은 변하지 않을 것 같고, 우리가 열정을 품고 수행할 만한 것이 될 가능성이 별로 없는 듯하다. 아마 이 글을 읽는 동안 **직업이 그저 직업에 불과할까? 왜 내가 무척 좋아하는 일을 하면서 생계를 유지해야 하는가?** 라고 의문을 품는 독자들도 있을 것이다. 물론 우리가 열정적으로 할 수 있고, 만족감을 주고, 세상에서의 하나님의 일에 기여한다는 느낌을 주는 일을 하는 것이 이상적이다. 그러나 타락한 세상에서는 이런 조건을 항상 맞출 수는 없다. 죄로 물든 세상에서 살아가는 이상 모든 일이 이상적일 수는 없는 것이다. 우리가 그렇게 느끼든 말든 모든 합법적인 일은 분명히 고귀하지만, 때로는 '하나의 직업에 불과하다'고 느끼기도 한다. 만족스러운 일을 선택하기 힘든 개발도상국의 대다수 사람들은 이렇게 생각하기 쉽다(이는 고대 사회와 비슷한 듯하다). 사도 바울의 경우에는 천막 만드는 일이 그런 직업이었다. 그가 열정적으로 했던 일은 교회 개척이었다(그렇지만 그는 분명히 양질의 천막을 만들었다). 예수님도 두루 다니며 가르치는 일에 열정을 품으셨고, 목수는 그분의 직업이었으며, 이 일을 훌륭히 수행하셨다. 목수 일과 천막 만드는 일 둘 다 예수님과 바울에게 고귀한 직업이었고, 하나님이 각각 그 일로 부르신 게 확실하지만, 그들이 그런 일에 열성적이진 않았던 것 같다. 어쩌면 우리도 그럴지 모른다. 평생 하고 싶은 일을 하는 것이 지금은 가능하지 않을지 모른다. 하지만 나중엔 가능할 수도 있고, 그 변화를 하나님이 일으키실지 모른다고 생각해 보는 것도 좋겠다.

우리가 직업을 '그저 먹고 살기 위한 일'로 생각하고 있을지라도 실은 그보다 더 많은 의미를 갖고 있을지 모른다. 하지만 분명히 기억할 것이 있다. 일터는 제단이라는 것, 즉 우리 자신을 하나님께 드리고 세상을 변화시키는 하나님의 사업에 참여하는 장소라는 사실이다. 하나님은 모든 합법적인 일에 큰 가치를 부여하셨은즉 우리가 그 일에 동참할 때는 세상에서 진행되는 하나님의 일을 하고 있는 셈이다. 더 나아가서, 우리는 하나님을 본받고 또 그분의 형상으로 만들어진 존재로서 그 본분을 다하고 있는 것이다. 우리는 또한 창조 세계를 다스리는 사명을 수행하고 또 세상의 종말론적 변혁을 위해 하나님과 협력하고 있는 것이다. 우리의 직무로 하나님의 뜻을 행하고 있다고 느끼지 못할지라도 그런 느낌과 그 실상은 서로 다른 별개의 것일 수 있다.

예를 들어, 비즈니스맨의 경우 자신의 일에 신성한 차원이 있음을 배우는 것은 무척 유익하다. 솔직히 말하면, 내(켄맨)가 가르친 거의 모든 대학원생(MBA)은 그들의 일이 신성한(아니, 심지어는 더 큰 지상의) 목적을 이룰 수 있다는 것에 관해 생각해 본 적이 없다. 기독교인들조차 이만큼 생각한 적이 없고, 비즈니스가 현실적인 목적보다 더 깊은 의미를 지닐 수 있다는 생각을 간과하고 말았다.

처음 몇 주 동안 강의 시간에 가능한 상호 관계를 모색한 후 그들은 그들의 일이 어떻게 하나님의 목적과 사명과 연결되는지, 그리고 어떻게 더 큰 기여를 할 수 있는지 생각해 보라는 질문을 받는다. 그리고 그들은 그들 자신의 대답에 놀라고 기뻐한다. 여기에 그 대답 중 몇 가지를 실어 보았다.

나는 택배 회사의 매니저로 근무하고 있습니다. 내가 매일 운전기사들을 다루는 방식이 그들의 삶과 일에 대한 생각에 영향을 미칩니다. 휴가철이 되면 소포들이 제대로 배달될 수 있도록 나도 도움을 줍니다. 과도한 물량을 덜어 주기 위해 내가 트럭을 운전할 때도 있다는 뜻입니다. 지나치게 감상적으로 들릴 수도 있겠지만, 정말로 크리스마스 날 제때 배달한 아이의 선물만큼 나를 미소 짓게 하는 것은 없습니다.

나는 항공기의 효율적인 제작에 기여하고 있습니다. 별로 대단한 일이 아닌 것처럼 들릴지 모르겠지만 내 일은 세계의 사람들을 가깝게 연결시켜 주는 일입니다. 비행기는 여행, 비즈니스 수행, 가족 및 친구 방문, 그리고 여가를 보낼 수 있게 하는 이동 수단이기 때문입니다.

큰 소프트웨어 회사에서 일하는 나는 내 직업을 소명으로 보는 것이 어려웠습니다. 하지만 이 주제를 생각하기 시작하면서 내 일이 인터넷에서 안전한 전자 상거래를 가능하게 하여 사람들이 민감한 금융 정보 노출에 대한 두려움 없이 쇼핑을 하고 돈을 절약할 수 있게 해 준다는 것을 깨달았습니다. 조금 더 확장한다면, 인터넷 거래는 교통수단 이용을 줄임으로써 환경 보호에 기여하고 있다고도 볼 수 있습니다.

나는 회계 부서에서 근무합니다. 마지막 직장은 스포츠 용품 회사였는데 나름대로 사회에 기여하는 곳이었습니다. 지금은 구명 의학 용품을 제작하는 회사의 회계사로 일하고 있습니다. 내 역할 없다면 회사의 업무 효율은 저하될 것이고 아마 더 적은 생명을 구하게 될 것입니다.

물론 이런 관계를 맺는 법을 배우게 되면 한계점과 긴장 관계, 그리고 우리의 일이 비즈니스에 대한 기독교적 관점과 갈등을 일으키는 부분을 볼 수 있게 된다. 게다가 일부 사람은 노력을 기울여도 그들의 현재 직장을 어떻게 다시 생각할 수 있는지를 모르곤 한다. 그런 경우에는 슬프게도 직장을 바꾸는 수밖에 없을 것이다. 하지만 사람들이 자신의 직업을 단순히 돈을 벌기 위한 수단 이상으로 보고 그 영역에서 인간의 번영을 돕는 하나의 통로로 생각하게 되면 새로운 면을 발견하고는 매우 놀라곤 한다.

1. 당신의 일터는 제단이다

일은 하나님을 섬기는 것

당신이 어떻게 생각하든 간에, 성경은 우리의 일터가 세상에서 하나님을 섬기는 곳, 즉 하나의 제단과 같다고 가르친다. 건설 노동자의 건설 현장, 보육 교사가 일하는 어린이집, 행정 요원이 근무하는 사무실, 교사의 교실, 목사의 강단, 과학자의 실험실, 요리사의 레스토랑 등은 그들이 하나님을 섬기려고 자신을 드리는 제단인 것이다. 모든 정당한 일은 하나님께 신성하고 하나님을 섬기는 신성한 장소이다. 이것이 바로 바울이 일터에서 일하는 신자들에게 준 권면이었다. "무슨 일을 하든지 사람에게 하듯이 하지 말고, 주님께 하듯이 진심으로 하십시오.…여러분이 섬기는 분은 주 그리스도이십니다"(골 3:23-24). 문맥상 이 권고의 대상이 노예였다는 점을 주목하라. 궁극적으로는 주님을 섬기고 있기 때문에 자신의 주인을 신실하게 섬기라는 권면을 한 것이다. 말하자면, 그들은 천하고 단조로운 일을 통해 주님을 섬기고 있었던 셈이다.

우리는 각자 충실하게 또 탁월하게 자신의 일을 수행함으로써 주님을 섬기게 된다. 배관공은 물이 새는 파이프를 고침으로써 주님을 섬기고, 주식 중개인은 투자 상담을 함으로써 주님을 섬기고, 웨이터는 음식을 나름으로써 주님을 섬기고, 선교사는 선교지에서 주님을 섬기고, 건강 관련 전문인은 병원, 진료소, 또는 치과에서 주님을 섬기고, 소프트웨어 엔지니어는 컴퓨터 앞에서 주님을 섬긴다. 어떤 직업이든 주님을 섬기는 면에서는 똑같다.

우리의 일은 충분히 의미 있는 사역이 될 수 있다. 사실 사역(ministry)이라는 단어는 섬긴다는 뜻이다. 사역을 한다는 것은 한 마디로 하나님을 섬긴다는 의미이다. 사역(ministry)의 어원은 그리스어 단어 '디아코니아'(diakonia)에서 유래했는데 이를 번역하면 '섬김'이다. 그리고 교회의 직분 중에 하나인 집사(deacon)도 이 단어에서 유래되었다. 신약성경에 보면 초대교회에는 '집사'라는 직분을 가진 사람들이 있었는데(행 6장) 이들은 사도들이 설교하고 가르치고 기도할 수 있도록 돕는 자들이었다. 그들의 **사역**은 무엇이었는가? 식탁에서 교회 공동체의 과부들을 시중드는 일이었다. 그다지 영적인 일로 보이지 않을지 모르지만 사실 그것은 영적인 일이었고 초대교회에 꼭 필요한 사역이었다. 이와 같이 우리가 비즈니스 현장에 있다면 우리의 일터는 하나님을 섬기는, 즉 사역하는 장소가 될 수 있다. 그것이 바로 제단인 것이다. 교회에서, 이웃들 사이에서, 그리고 전 세계적으로도 섬겨야 할 일들이 많이 있기에 직장이 우리의 유일한 사역 장소라고는 할 수 없다. 하지만 사역은 비즈니스와 대치되지 않는다. 비즈니스는 사역, 곧 세상에서 이뤄지는 하나님의 일이다. 우리가 그리스도를 좇는 사람들이라면 우리 모두는 전임 사역에 몸담고 있고, 우리가 신앙을 갖기 시작했을 때부터 전임 사역을 하게 된 것과 다름없다. 따라서 우리 모두는 세상에서든, 교회에서든, 선교지에서든 상관없이 모든 시간에 하나님을 섬긴다. 섬기는 장소가 다를 뿐이지 모두 하나님께 중요한 의미를 지닌다.

전임 사역이라는 말은 섬김의 분야가 아니라 섬김에 대한 자세를 언급하는 용어로 사용되어야 한다. 하나님을 섬기는 것으로 간주되는 특정한 활동들이 아니라(물론 예외는 있다) 하나님을 섬기려는 태도를 묘사해야 한다는 뜻이다.

이것이 바로 톰 채플(Tom Chappell)이 안식년 동안에 알게 된 사실이다. 톰은 생활용품 회사 톰즈 오브 메인(Tom's of Maine)의 창립자이다. 그는 꽤 성공했지만 기독교인으로서 더 많은 일을 할 수 있어야 한다는 생각이 뇌리를 떠나지 않았다. 그래서 회사를 일 년 쉬면서 매우 다른 일에 도전해 보기로 했다. "그의 소명을 찾기" 위해 하버드 신학대학원에 등록한 것이다. 그 기간의 끝 무렵에 그는 자신의 소명이 비즈니스라는 확신을 품고, 그의 일에 대한 새로운 관점과 회사를 다음과 같이 경영하겠다는 새로운 의욕을 품고 돌아왔다. "무슨 일을 하든지 사람에게 하듯이 하지 말고, 주님께 하듯이 진심으로 하십시오.…여러분이 섬기는 분은 주 그리스도이십니다"(골 3:23-24). 톰은 회사 경영이 하나님이 자신에게 주신 거룩한 과업이라는 사실과 하나님이 세상을 변화시키기 위해 경영인의 은사를 주시고 그를 사용하신다는 사실을 깨달았다.[13] 즉, 톰에게는 톰스 오브 메인 회사의 사무실이 세상을 변화시키는 일을 위해 그 자신을 하나님께 드리는 제단인 것이다. 이러한 생각이 그 자신의 일을 보는 관점을 혁명적으로 바꿔 놓았다.

사역으로서의 비즈니스

하지만 오늘날의 많은 교회들이 비즈니스와 사역을 이분법적으로 생각한다. 예를 들어, 사람들이 목사나 선교사가 되려고 결심할 때 '사역에 진입한다'라는 표현을 쓰곤 한다. 우리는 교회 일과 선교사의 일을 '사역'이라 부르고, 이러한 일을 직업으로 삼는 사람들을 '전임 사역자'라고 부르면서 이들을 교회나 선교지에서 시간제로 일하거나 자원봉사자로 일하는 사람들과 대비시킨다. 그래서 목사가 은퇴하거나 선교사가 선교지에서 돌아와서 다른 비즈니스를 시작하면 '사역을 떠났다'라는 표현을 쓴다.

이렇게 비즈니스와 사역을 구별하는 행습은 하나님 나라를 위해 자신의 영향력을 극대화하고 싶다면 '전임 사역자'가 되어야 한다고 생각하는 잘못된 관념의 핵심에 있다. 전통적으로, 교회나 선교 단체에서 일하는 것을 사역으로 여겨 왔다. 이러한 이분법은 사업가들(그리고 비영리 부문이나 남을 돕는 직업까지도)로 하여금 기껏해야 교회나 비영리 단체에서 전임으로 일하는 이들을 지원하는 (주로 재정적인) 역할을 할 뿐이고, 그들의 일은 하나님을 섬기는 것과 관련이 없다고 생각하게 했다.

일과 사역을 구별하는 행습은 오랜 역사를 갖고 있다. 중세에는 사제, 수도승과 수녀들 등 '전임 사역'에 종사하는 사람들은 하나님의 가장 중요한 일을 하는 사람들로 인식되었다. 그러나 종교개혁 기간에 마틴 루터와 존 칼빈을 포함한 여러 개혁가들은 "세상적인 소명"이라는 개념을 대중화시켰다. 그들은 하나님이 사람들을 넓고 다양한 직업으로 부르셨고, 그 모든 직업들이 사제, 수도승과 수녀와 같이 거룩한 소명임을 정확히 알고 있었다. 또한 온 세상이 하나님의 영광을 나타내는 무대임을 알고, 세상에서 일하는 것이 하나님께 고귀하다는 점을 분명히 알았다. 이것이 바로 종교개혁이 남긴 위대한 유산 중 하나이다. 하나님의 소명은 모든 정당한 일을 포함한다. 그래서 마틴 루터는 사형 집행자가 자신의 일을 훌륭히 해낸다면 그것도 하나님의 일이라고 말했다. 루터는 "교회뿐만 아니라 가정, 부엌, 창고, 작업장, 마을 사람들과 농부들의 들판까지 온 세상은 하나님을 섬기는 일로 가득 차 있다"라고 말했다. 그는 성스러운 것과 세속적인 것을 구분하는 이분법을 거부하고, "세속적으로 보이는 일도 하나님을 예배하고 하나님께 순종하며 하나님을 기쁘시게 하는 일이다"라고 주장했다.[14] 마찬가지로, 존 칼빈은 정치 영역에서도 하나님이 영광을 받으실 수 있다고 옳게 주장했다. 종교개혁자들의 견해는 유럽 사회를 근본적으로 바꾸어 놓았다. 한 사람이 세속적 직업으로 부름을 받을 수 있다는 생각은 산업 혁명의 밑거름이 되었고 자본주의가 뿌리를 내릴 수 있게 했다.[15]

종교개혁자들은 소명이나 부르심을 매우 폭넓게 정의했고, 돈을 버는 직업은 한 사람의 전반적인 부르심의 일부에 불과하다는 점을 강조했다. 분명히 말하자면, 성경의 전문 용어인 부르심(calling)은 바꿀 수 없는 영구적인 것들을 가리키는 데 국한된다. 하나님은 구원, 성화, 그리고 섬김을 위해 우리를 부르신다. 이 부르심은 영구적이라 변경이 불가능하다. 그러나 성경은 성막을 지을 때 필요했던 기술자들과 여성들과 같은 아주 드문 경우를 제외하고는(출 35:31-36) 개인의 직업을 소명이라고 부른 적이 없다. 따라서 소명이라는 단어는 영적인 삶의 폭넓은 측면을 가리키는 데 국한되는 것 같다. 우리는 섬김으로 부름을 받았지만, 우리가 하나님을 섬기는 영역은 바뀔 수 있다. 우리가 특정한 직업이나 직장으로 부름을 받아서 그것을 절대로 바꿀 수 없는 것이 아니다.

그래서 우리도 신중하게 소명이라는 단어를 성경적으로 사용해야 한다. 만약 하나님이 나를 이 직업으로 부르셨다고 말한다면, 그것은 당신에게 주어진 재능, 기술, 은사에 가장 잘 맞는, 하나님을 섬기는 분야라는 뜻이다. 우리가 잘할 수 있는 바로 그 영역을 '소명'이라고 부르는 것이다. 성경이 '소명'이라는 용어를 개인의 직업을 가리키는 데 쓰지 않는다는 사실을 우리가 이해하는 한, 이 용어는 개인이 자신의 재능, 기술, 은사를 극대화시킬 수 있는 장소를 찾는 일을 가리키는 데 편의상 사용될 수 있다. 리 하디(Lee Hardy)는 이 중요한 차별성을 끌어내기 위해 "일반적" 소명과 "특정한" 소명이라는 유용한 범주를 사용한다. 일반적 소명이란 모두에게 적용되는 영구적인 소명을 일컫는다. 반면에 특정한 소명은 우리가 동시에 여럿을 가질 수 있다. 예를 들어, 한 사람은 친구로, 공동체의 일원으로, 자원봉사자로, 배우자이자 부모로, 그리고 직장의 일꾼으로 섬기는 특정한 소명들을 가질 수 있다.[16]

소명 찾기

많은 사람에게 가장 절박한 문제는 일의 영역에서 자신의 특정한 소명을 찾는 것이다. 어떤 이들에게는 자신의 일에서 새로운 비전을 찾는 것이고 (앞서 말한 MBA 학생들의 경우가 그렇다), 어떤 이들에게는 다른 일자리를 찾는 것이 될 수 있다. 자신의 소명이 무엇인지 알아내는 것은 어려운 주관적인 문제일 수 있으나, 직업과 진로를 탐색할 때 알아야 할 몇 가지 지침을 제시하고자 한다.

첫째, 당신이 가지고 있는 재능, 기술, 은사를 꼼꼼히 조사하라. 당신이 잘하는 일이 무엇인가? 당신의 강점은 무엇인가? 어떤 일을 잘하고 어떤 영역에서 서투른가? 보다 공식적으로는 진로 상담사가 추천하는 여러 형태의 적성 검사를 해 볼 수도 있고, 비공식적으로는 나를 알고 내가 믿을 수 있는 주변 사람들로부터 당신의 강점과 약점에 관한 솔직한 얘기를 들을 수 있다.

둘째, 당신의 열망, 열정 또는 관심사를 파악하라. 장래에 무슨 일을 꿈꾸고 있는가? 하나님의 일을 할 수 있는 다양한 영역 중에 당신의 마음에 드는 곳이 어디인가? 관심 분야가 무엇인가? 당신이 행동을 취하도록 압력을 가하는 절박한 이슈가 있는가? 비즈니스와 사역을 이분법적으로 생각하지 말고 솔직하게 당신의 열망을 평가해 보라.

셋째, 당신의 재능과 열정을 쏟을 수 있는 다양한 직업이나 분야에 스스로를 노출시켜 보라. 그 직업을 갖고 산다는 것이 어떤 것인지, 구체적으로 무슨 일을 하는지, 어떻게 그 일을 통해 하나님을 섬기는지 등 현재 거기에 종사하는 사람들과 이야기를 나누어 보라. 사실 연봉과 만족도보다 가장 우선적인 평가 기준은 하나님과 타인을 어떻게 섬기는가 하는 것이 되어야 한다. 할 수만 있다면 인턴이나 자원봉사자로 직접 체험하는 것도 좋다. 그리고 지역 교회나 시민 단체가 자신의 소명을 찾는 사람들이 다양한 분야에서 일하는 사람들과 더 쉽게 연결되도록 다리 역할을 하기를 권장한다. 특히 지역 교회는 교회나 선교지에서 하나님을 섬기고 싶어 하는 사람들에게 좋은 네트워크를 제공할 수 있다. 하지만 그와 동시에 '세상에서' 다양한 직업으로 하나님을 섬기는 사람들과도 연결시켜 줘야 할 것이다.

넷째, 이런 여러 질문들에 대해 답을 얻기 위해 자기보다 나이와 경험이 더 많은 사람을 멘토로 삼아라. 단, 멘토는 당신이 잘되기를 진정으로 바라고 당신이 이런 문제로 고민하는 것을 돕기 위해 정기적으로 당신과 만날 의향이 있는 사람이어야 한다. 중년에 이 문제를 다시 고민하는 사람은 후원자 네트워크를 통해 피드백을 받는 것이 필요하다.

다섯째, 중간에 진로를 바꾸는 것을 두려워하지 말라. 당신에게 맞는 유급 직업을 찾는 것은 시간이 오래 걸릴 수 있고 바뀔 수도 있다. 오직 시행착오를 통해 분명히 찾을 수도 있다. 사실은 이 책의 저자인 우리 둘은 이직으로 대학교수가 된 경우이다. 이 직업이 나에게 맞는지 알아보기 위해 도전하는 것을 두려워하지 말라. 그것만이 딱 맞는 직업을 찾을 수 있는 유일한 방법일 수 있다.

우리의 열정을 추구하라는 하나님의 명령은 영적인 부르심이다. 하나님은 개인의 재능, 기술, 은사, 그리고 열정이 가장 잘 사용되어 하나님을 섬길 수 있는 분야로 우리를 부르신다. 종교개혁자들은 세상이 하나님의 영광을 드러내는 극장이고 모든 정당한 직업은 각각 하나님을 영화롭게 하고 우리가 하나님의 일을 할 수 있는 통로라고 말했다. 우리의 일터는 하나의 제단이며, 세상에서 하나님의 일을 하도록 설계된 곳이다. 프레드릭 뷰크너는 우리의 직업을 어디서 찾아야 하는지에 대해 훌륭하게 요약했다. "하나님이 당신을 부르시는 장소는 당신의 큰 기쁨과 세상의 깊은 갈망이 만나는 곳이다."[17]

결론

이번 장에서 우리는 하나님의 경륜에서 일에 가치가 있다는 입장을 개진했다. 일은 죄가 세상에 들어오기 전에 하나님이 제정하신 것이었다. 일은 하나님의 창조 세계에 책임 있는 통치권을 행사하라는, 인간에게 주신 명령의 중요한 일부이기 때문에 아주 큰 가치를 지닌다. 그뿐만 아니라, 일은 하나님이 누구신지와 하나님의 형상대로 만들어진 인간이 누군지를 반영하기 때문에 큰 가치를 지닌다. 또한 우리는 일이 죄의 영향을 깊이 받았다는 점도 지적했다. 하지만 죄는 일을 악하게 만든 것이 아니라 일에 대한 원초적 계획을 오염시킨 것이다.

우리는 일이 여전히 하나님의 본래 계획을 반영할 수 있고 또 반영한다고 확신한다. 일은 세상을 변혁시키는 섬김이란 말이다. 그러나 모든 일이 다 선한 것은 아니고, 모든 일이 다 하나님께 가치 있는 것도 아니다. 하지만 우리는 일이 하나님을 섬기는 통로인 만큼 가치가 있다는 명백한 입장을 개진하고 있다.

다음 장에서는 보다 구체적으로 비즈니스가 (하나님과 공동체에게) 세상을 변화시키는 통로라고 주장하고, 3장에서는 비즈니스가 일터에서 개인의 영성을 형성하는 영역임을 주장할 것이다. 우리는 모든 비즈니스가 공동선을 위한 것이라고 주장하는 것이 아니라, 하나님이 비즈니스를 그 자신과 공동체를 섬기도록 제정하셨다고 주장한다. 그래서 비즈니스가 변혁을 위한 섬김으로서 그 역할을 수행하기 위해 필요한 몇 가지 척도와 지침을 제시할 것이다. 이 지침들은 엄격한 점검표가 아니라 지혜롭게 적용될 필요가 있는 지도 원리의 역할을 한다. 이와 비슷하게, 3장에서 우리는 비즈니스가 영성 형성이 일어나는 곳이지만, 그와 동시에 사람이 다양한 유혹에 넘어가는 장소가 될 수 있다는 입장을 개진할 생각이다.

2
비즈니스로의 부르심

앤은 사회 복지사로 일하다가 서른여덟 살에 은행으로 이직했다.[1] 그녀가 금융업에 몸담게 된 것은 아버지가 작은 마을의 은행 매니저로 오랫동안 성공적으로 일하다가 은퇴한 경력이 있기 때문이었다. 가능한 한 빨리 매니저가 되는 것이 그녀의 목표지만 우선 발을 들여놓기 위해 큰 금융 기관의 소비자 대출 부서에서 일하기로 했다. 고객 관리는 프로모션 캠페인이 주기적으로 강조하는 분야라서 앤은 곧 이 기관에 매료되었다.

그 부서에서 6개월 동안 일한 후 앤은 첫 번째 실적 평가를 받는데, 거의 모든 부문에 고득점을 받고 계속 이렇게 일한다면 고속 승진하여 최단기로 매니저 자리에 오를 수 있을 것이라는 칭찬까지 듣는다. 단 한 가지 조금 부족한 것이 있다면 대출 포트폴리오의 규모가 좀 작다는 것이다. 그래서 그녀는 상사의 조언을 받아 더 많은 고객을 확보하기 위해 분발하거나 기존 고객들에게 더 많은 대출을 권유하기로 한다.

어느 날 오후 앤은 흥미로운 전화를 받는다. 한 남자가 자신이 인터넷에서 만난 사람을 위해 자동차를 구매할 생각인데 돈을 빌릴 수 있는지 물어본다. 앤은 다음날 아침 그 남자를 만나기로 한다. 그리고 앤은 그 자리에서 이 남자가 단지 이메일로 편지를 주고받던 한 여성을 순수하게 도와주고 싶어서 이런 문의를 하게 되었다는 사실을 알게 된다.

그 남자의 모습과 이어지는 대화로 미루어 보아 이 잠재 고객은 정신적으로 또 정서적으로 '좀 모자라는' 것 같다고 앤은 결론을 내린다. 그는 대출의 조건을 분명히 알아들었고 대출금을 갚을 만한 능력도 있었지만, 그녀는 그 남자가 혹시 금융 사기 피해자가 되거나 자신의 장래를 위태롭게 만들 선택을 할지 모른다는 걱정이 들었다. 그는 나이도 많고 외로워보였으며, 빨리 끝낼 수 있는 대화인데도 계속해서 말을 이어 가려고 했다. 앤은 어떻게든 만류하려고 했으나 그 남자는 떠나면서 오후에 대출 계약을 성사시키는 데 필요한 서류를 갖고 돌아오겠다고 말한다.

앤은 무척 고민이 되어 상관에게 보고했으나 상관은 대출을 해 주라고 촉구한다. 상관은 "앤, 우리는 대출 사업을 하는 것이지 사회 복지 사업을 하는 게 아냐"라고 말했다. 그러고는 목소리를 낮춰서 "게다가 너의 출세와 나의 출세, 그리고 우리의 보너스까지, 아울러 우리 회사의 분기 실적이 모두 신규 대출의 창출에 달려 있단 말이야. 그 사람이 신용 불량자가 아니라면 오늘 오후 그가 돌아올 때 대출을 꼭 성사시켜야 해. 그게 팀플레이야. 아니면 내가 직접 처리하겠어"라며 앤을 설득했다.

상사와의 대화 후 앤은 마음이 매우 혼란스러워졌다. 앤은 기독교적 가치관 때문에 아버지를 모델로 삼아 은행업에 뛰어들었다. 은행업은 괜찮은 수입을 보장하면서 꿈을 이루려는 다른 사람들에게 건전한 재정 서비스도 제공하는 업종으로 보였다. 누군가를 위태롭게 만들 수 있는 대출을 거절하는 일 때문에 승진과 양심이 위협을 받을 것은 상상도 하지 못했다. 앞으로 이런 일이 자주 발생한다면 또 다른 직장을 알아봐야겠다는 생각이 들었다.

앤과 상사의 의견 충돌은 비즈니스의 근본 목적을 둘러싼 중요한 기본적인 이슈들에 기반을 두고 있다. 비즈니스는 누구의 이익에 기여해야 하는가? 비즈니스는 돈을 벌기 위해 존재해야 하는가, 아니면 돈을 버는 과정에서 남이 더 나은 삶을 살도록 돕기 위해 존재해야 하는가? 암묵적으로, 앤이 은행원으로서(그리고 그녀의 은행과 다른 비즈니스들이) 어떤 목적을 이뤄야 하는가?

1장은 일반적인 의미에서 일의 고귀함을 지지하는 입장을 개진했다. 이번 장에서는 좀 더 구체적으로 비즈니스로의 부르심의 내용을 살펴볼 것이다. 비즈니스의 핵심적인 목적에 대한 몇 가지 일반적인 관점들을 검토한 후 비즈니스의 목적에 대한 기독교적 관점을 정립하기 위해 성경에서 지침을 얻을 것이다. 우리는 (개인의 차원과 기관의 차원에서) 비즈니스가 세상에서 하나님의 목적을 달성하는 일을 돕는 신성한 파트너의 역할을 해야 한다고 주장할 것이다. 간단히 말하자면, 비즈니스는 우리 자신과 타인들의 삶이 하나님이 의도하신 삶의 패턴을 반영할 수 있도록 사회를 변혁시키는 일을 돕는 하나의 소명이다.

일반적인 이야기

비즈니스에 관한 지배적인 관점들이나 이야기들은 주요한 많은 전제들과 행습들을 만드는 역할을 했다. 다음에 나오는 것이 총망라한 목록은 아니지만, 한 가지 흔한 관점은 비즈니스는 오직 돈을 버는 것을 목표로 삼아야 한다는 것이다. 어떤 직업이라도 이 관점에서 접근할 수 있지만 비즈니스는 특별히 더 그런 영역인 것 같다. 개인적인 차원에서는, 이 견해가 많은 비즈니스 전문가들이 자신의 직업을 묘사할 때 언급하는 실용주의에 반영되어 있다. 비즈니스 분야의 직업은 각종 청구서를 지불하기 위해 소득을 얻고, 정말로 의미 있는 삶의 다른 영역을 지원하는 것을 목적으로 삼는다. 일부 대학원생들은 이렇게 말한다. "인생이 공짜라면 음악가나 고등학교 선생 같이 개인적으로 좀 더 의미 있는 일을 했을 것이다. 그러나 삶은 비싼 돈이 들고, 앞으로 부양할 가족도 생길 것이라서 할 수 없이 비즈니스에 종사하게 된 것이다. 나는 정직하고 성실하게 내 일을 하려고 노력하지만, 내가 정말로 열정을 쏟는 대부분의 것들은 내 일의 영역 밖에 있다." 이러한 관점을 취할 경우, 앤과 같은 사람은 양심의 가책 없이 생활비도 벌고 승진을 하고 싶다면 삶을 이분화시켜 "일은 한갓 일일 뿐이다" 또는 "비즈니스는 어디까지나 비즈니스다"라는 식으로 생각해야 할 것이다.

어떤 이들은 비즈니스가 자신의 물질주의적 야망을 달성할 수 있는 최고의 통로라고 대놓고 말하기도 한다. 지난 몇 년 동안 일부 학생들이 비즈니스 분야에 끌리는 이유가 '편안한 상류층 생활 방식'을 영위할 수 있도록 고소득을 얻는 최고의 방법이기 때문이라고 거리낌 없이 말하는 모습을 자주 보았다. 좀 더 노골적인 경우는 이미 수백만 달러, 아니 심지어 수억 달러의 재산을 소유한 부유한 사업가들이 '정말로 부자'인 기분이 어떨지 느껴 보고 싶어서 더 많은 돈을 원하는 경우다. 극단적이긴 하지만 생생한 실례로 넷스케이프(Netscape)의 창시자 짐 클라크를 들 수 있다. 다음은 짐 콜린스가 마이클 루이스(Michael Lewis)의 책 『뉴뉴씽: 세상을 변화시키는 힘』(*The New New Thing*, 굿모닝미디어)에 나오는 클라크 이야기에 관해 논평한 것이다.

그의 인상적인 약력에도 불구하고 클라크는 금전적인 쳇바퀴에 갇힌 사람으로 보였다. 그는 더 많은 것을 쫓아다니는 데 중독된 듯하고, 계속 달리면서 왜 그런지 묻기 위해 멈추는 순간이 없다. 책의 후반부에서 루이스는 이 이슈에 대해 클라크에게 강하게 질문하는 장면을 묘사한다. 예전에 클라크는 자신이 "납세 후 진짜 억만장자"가 되면 은퇴하겠다고 말한 적이 있다. 이제 그의 재산은 30억 달러였다. 그의 은퇴 계획은 어떻게 되었을까? "나는 단지 래리 엘리슨보다 더 부자이고 싶을 뿐이오"라고 그가 말한다. "이유는 모르겠소. 하지만 래리 엘리슨보다 부자가 되면 만족할 것 같소."

그러나 루이스는 한층 더 밀어붙였다. 약 6개월 만에 클라크가 순자산에서 엘리슨을 추월할 것이었다. 그러면 어떻게 되는가? 클라크는 빌 게이츠보다 더 많은 돈을 원했을까? 루이스는 이렇게 쓴다. "아니, 그렇지 않다"라고 핀잔을 주며 내 질문을 우스꽝스러운 생각들을 모아 놓은 한쪽 구석으로 밀어 넣었다. "그런 일은 결코 일어나지 않을 거요." 몇 분 후 대화가 다른 주제로 넘어간 다음 그는 속마음을 털어놓았다. "사실 말이죠, 진짜 딱 한 순간이라도 최고 부자가 되고 싶소. 그저 한 순간만이라도."[2]

우리는 클라크의 끝없는 욕심에 놀랄지 모르지만, 더 작은 규모로 우리도 비슷한 생각을 품고 있지 않았는가? 행복은 항상 곧 올 것처럼 보인다. 물론 현재 우리의 재정형편과 상관 없이 이것은 사실이다.

기관의 차원으로 보면, 비즈니스가 오로지 돈을 벌기 위해 존재한다고 보는 견해는 의문의 여지가 없는 문화적 가정(假定)의 지위에 도달했다. 앞에 등장했던 앤의 상관은 분명히 그렇게 믿고 있다. 오제이즈(The O'Jays)의 "돈을 사랑하기 때문에"라는 주제곡으로 항상 시작되는 텔레비전 쇼 〈어프렌티스〉(The Apprentice)는 이 소리를 온 세상에 외친다. 이윤이 최우선이라는 심사기준을 가지고 매주 콘테스트를 평가하고, 이윤이 그 끔찍한 회의실에서 쇼의 스타인 도널드 트럼프에게 누가 "해고되는가?"라는 극적인 질문의 해결책이다.

이 견해는 대중문화를 지배할 뿐더러 철학적 뒷받침을 받고 있고 재무와 경제 분야의 전통적인 견해이기도 하다. 노벨 경제학상을 받은 고

(故) 밀턴 프리드만은 「뉴욕 타임즈 매거진」(The New York Times Magazine, 1970)에 기고한 글에서 기업, 특히 상장 기업의 경우 유일하게 정당한 목적과 목표는 소유주들, 즉 주주들의 이익을 극대화하는 것이라는 생각을 대중화시켰다. 기업이 법을 준수하고 "윤리적 관습"을 지키는 한 다른 목적들, 예를 들어 노인 고객에 대한 우대, 직원의 개발, 또는 환경 보호같이 "숭고한" 목적들도 (그것이 장기적인 이윤 추구가 아니라면) 소유주들에게서 도둑질하는 것과 마찬가지라고 말했다.[3] 프리드만의 견해는 오늘날 여전히 널리 수용되고 있다(그리고 논쟁되기도 한다).[4] 이 관점으로 보면, 앤은 남을 돕는 것이 그녀의 일차적 동기라면 비영리 기구의 재정 상담 쪽으로 직업을 바꾸는 것도 고려해 봄직하다. 결국 비즈니스가 경제적 척도로만 측정되는 가치 창출을 위해 존재한다면, 그녀가 그 자리에 남을 경우에는 똑같은 상황이 계속 반복될 것이 분명하기 때문이다.

분명히 말하건대, 프리드만의 주장은 단기적인 탐욕을 찬성하는 것이 아니다. 그의 관점은 (정부 규제에 반대되는) "시장"이 사태를 정리하도록 내버려 두었을 때 사회가 가장 잘 돌아가며, 사유 재산(부)이 보호되고, 자기 이익이 인간 행위 배후의 일차적 동력으로 작동한다고 믿는 철학에 근거한다. 또한 프리드먼은 자기 주장을 개인 기업을 포함한 비상장 기업까지 확장하지 않는다는 사실도 주목해야 한다. 비상장 기업 또는 미공개 기업의 목적은 소유주들이 원하는 어떤 방향으로든 나갈 수 있고, 여기에는 자선 활동도 포함된다고 했다.

하지만 이윤 극대화 관점과는 대조적으로, 요즘은 소유주, 고객, 공급자, 주변 공동체와 환경을 포함한 폭넓은 "이해관계자들"을 고려한 경제적 가치와 사회적 가치를 모두 창출해야 한다는 견해가 갈수록 더 지지를 받고 있다. 기업은 주주들에게 이익을 만들어 줄 의무가 있지만, 기업의 전략적 결정은 일종의 이해관계를 가진 다른 주체들의 유익을 증진시

키는 것과 균형을 맞춰야 한다는 것이다.[5]

"이해관계자 이론"은 일종의 나침반 구실을 하는 다양한 철학적 관점과 "규범적인 핵심"에 근거하고 있다. 홀푸드(Whole Foods)의 창립자이자 CEO인 존 맥케이의 이론은 기업 소유권에 관한 느슨한 견해와 인간 본성에 대한 긍정적인 평가에 기초한다. 이 견해에 따르면, 사유 재산은 공공의 이익을 위해 의도적으로 사용되어야 하며, 인간의 본성이 편협하고 이기적이라는 가정에 기초해 경제 시스템을 세운다면 인간은 점점 더 편협하고 더 이기적인 방향으로 행동하게 될 뿐이다. 반면에 인간에게 최선의 것을 기대한다면 더 나은 사회적 결과를 바라볼 수 있을 것이다.[6] 이런 이해관계자 중심의 견해는 앤이 직면하고 있는 긴장을 줄일 수 있을지 모른다. 물론 균형이 어떤 모습을 지닐까 하는 당장의 질문에는 여전히 답변을 줄 수 없겠지만 말이다.

앞의 내용은 현재 비즈니스에 대한 지배적인 견해들을 몇 가지 소개한 것일 뿐이다. 이 가운데 일부(특별히 '돈 벌기'를 목표로 삼는 견해들)는 우리의 문화적 가치관에 깊이 박혀 있어 잘못된 점을 지적하기가 쉽지 않다. 결국 돈은 살아가는 데 필요한 것인데, 살면서 더 좋은 것(물질)을 획득하는 것은 아메리칸 드림(요즘에는 글로벌 드림)의 일부처럼 보인다. 게다가, 번 돈의 액수가 아니면 기업의 성공을 도대체 어떻게 평가할 수 있겠는가?

이런 관점들은 잘못되었다기보다는(물질을 사랑하는 것은 그럴지 모르지만) 심하게 불완전하다. 일의 폭넓은 범주와 관련하여, 비즈니스를 단 하나의 목적을 위한 수단으로 보는 것은 너무도 부족한 견해다(1장을 보라). 그렇게 보면 일과 삶의 나머지 부분에 의미를 부여하는 가치들 사이에 존재하는 소위 "일요일과 월요일의 괴리 현상"을 지지하는 셈이다. 게다가, 그러한 관점은 비즈니스의 "외부적 선(善)"에만 초점을 맞추고, 일 자체의 가치와 비즈니스가 도모할 수 있는 폭넓은 기여를 무시하는 것이다.[7] 이 주제와 관련해서 나중에 할 말이 많지만, 특히 이윤 극대화를 포함해 비즈니스를 보는 기존의 관점들은 하나의 결과에만 초점을 두는 편협한 시각이란 이유로 미흡하다고 할 수 있다.

비즈니스에 대한 기독교적 비전

비즈니스에 대한 기독교적 비전(개인의 차원과 기관의 차원에서)은 근본적인 세계관과 궁극적인 목표의 차원에서 방금 묘사한 견해들과 확연히 다르다. 그런 비전은 피조물에 대한 하나님의 목적에 좌우되는 삶의 방식에 기반을 두고 또 그 방식을 모델로 삼는다. 이 패턴을 제대로 알려면 세상에서 이뤄지는 하나님의 사명의 목적과 내용과 범위, 그 속에서 인간의 역할, 사람들과 기관들과 사회 구조의 속성 등 여러 신학적 개념들을 탐구할 필요가 있다.

성경은 하나님의 궁극적인 목적 또는 사명이 **모든** 피조물을 구속하심으로써 자신을 영화롭게 하시는 것이라고 말한다. 전반적인 "창조, 타락, 구속, 그리고 완성"의 서사적인 구조와 특정한 구절들을 통해 구속의 범위가 물리적, 영적, 물질적(경제적), 그리고 사회적 측면을 모두 포함하는 통전적(다차원적)인 것임을 알 수 있다. 요약하자면, 하나님은 인간이 하나님과의 관계를 통해 번성하고(신 6:4-6; 마 22:34-46; 요 15:4), 물리적인 풍요를 누리고(출 3:8; 전 2:24; 3:12; 욥 3:18; 딤전 6:17), 다른 사람들 및 땅과 조화롭게 살기를 원하신다(요 13:35; 롬 12:18; 골 3:12-15).

일부 경건주의 기독교인들은 화목케 하라는 하나님의 사명(그리고 인간 번성의 범위)을 하나님 자신과 인류의 관계('영적인' 변화에만)에 국한시킨다. 이로 말미암아 (비즈니스든 아니든) 세상에서 행해지는 우리의 일이 복음 전도란 일차적 목적을 지향해야 한다는 견해가 생긴다. 이 견해를 가진 사람은 "왜 언젠가는 다 파괴될 사업이나 세상의 일을 개선하기 위해 일해야 하는가? 하나님은 우리의 영혼을 염려하시기 때문에 우리의 사명은 오직 사람들을 하늘로 인도하는 일이다!"라고 말한다.[8]

하지만 성경을 자세히 살펴보면 하나님의 구속 사역은 그보다 훨씬 폭 넓은 개념임을 알 수 있다. 예를 들어, 히브리어 '샬롬'(shalom)은 하나님 사명의 핵심을 담은 단어다. '사(Sar) 샬롬'(평화의 왕)은 메시아의 사역을 묘사하는 데 쓰인 구약의 이름들 중 하나이다(사 9:6). '샬롬'이란 단어는 온전함, 건강, 평화, 안녕, 번영, 안식, 조화, 불안이나 불화가 없는 상태 등을 의미한다. 게다가, 히브리의 법 중 많은 조항이 개인적으로 또 공동체적으로 신체적인 필요를 채워 주고, 이웃과 공동체 밖의 사람들과 땅과의 관계가 정의와 자비를 구현하도록 규정하고 있다(출 22:25-27; 23:10-11; 레 19:33-34; 25; 신 15:1-18; 16:18-20; 24:17-22).

신약성경에 기록된 예수님의 삶 또한 통전적인 관심을 보여 준다(마 11:2-4; 25:31-46; 눅 4:16-21). 이를 켄 엘드레드는 이렇게 표현한다. "예수님의 사역은 하나님이 사람들의 영적, 경제적, 사회적 조건들을 바꾸는 데 관심이 있으심을 잘 보여 준다. 그는 배고픈 자들을 먹이셨고, 개개인을 거룩한 삶으로 부르셨고, 아픈 자를 고치셨고, 회당에서 가르치셨고, 수많은 사람에게 복음을 전하셨고, 버림받은 자들을 영접하셨다."[9]

하나님은 모든 사람을 화목케 하려고 애쓰시지만, 성경은 그분이 소외된 자들을 특히 가슴에 품고 계셨다고 말한다. 소외된 자들에 대한 관심은 출애굽 이야기와 많은 히브리 율법 등이 가난한 자와 과부와 고아를 보호하는 것을 중시하는 점에 반영되어 있다. 예언자들도 사회 정의와 공동체의 정의를 추구하는 일을 하나님의 마음과 연결시켰다. 이사야 58:5-8은 억압된 자들의 사슬을 풀고 배고픈 자들과 음식을 나누는 일을 금식 같은 종교적 규율과 정의 같은 내면의 성품과 연결시켜 그 중요성을 분명히 밝히고 있다. 마찬가지로, 예레미야 22:16은 가난한 자와 궁핍한 자의 사정을 변호하는 일과 하나님을 아는 것을 동일시한다.[10] 이러한 가르침은 시편(시 10:17-18; 82:2-4)과 지혜서(전 14:31; 22:2)에도 반영되어 있다.

예수님의 가르침 중에 특히 하나님 나라의 선포는 이러한 주제들과 맥을 같이한다. 산상설교(마 5-7장)에서 예수님은 세상의 가치관과 아주 반대되는 하나님 나라의 성격 또는 통치를 말씀하셨다.[11] 요컨대, 하나님의 나라는 첫째가 꼴찌가 되고, 환영받지 못한 자들이 잔치에 초대받아 연회장을 가득 채우며, 패배자로 보인 사람들조차 복을 받게 될 포용적인 나라이다(눅 14:10-14). 이 주제는 신약의 서신들로도 계속 이어진다. 예를 들어, 야고보에 따르면 참된 신앙의 징표는 과부와 고아를 돌보아 주는 것이다(약 1:27). 여기서 과부와 고아란 사회에서 가장 취약하고 소외받는 계층을 지칭한 것이며, 따라서 전통적으로 억압받던 다른 계층들도 포함하는 말이다. 이러한 하나님 나라의 특징은 비즈니스 및 넓은 의미의 공동체를 섬기는 일과 관련되기 때문에 우리에게 매우 중요하다. 글렌 스타센과 데이비드 거쉬는 "[하나님 나라의] 특징이 무엇인가 하는 것은 기독교 윤리와 기독교의 제자도, 그리고 기독교인의 삶과 믿음(신실함)의 반응에 매우 중요하다"라고 말한다.[12]

하나님의 사명의 범위는 통전적 내용과 소외된 자들에 대한 특별한 배려 외에도 개개인의 변화, (비즈니스 조직 같은) 사회 기관의 변화, (글로벌 경제 체제 같은) 구조의 변화 등을 포함하며, 이 모두가 온전한 샬롬을 더욱 반영하는 것을 지향한다. 하지만 다양한 전통들(예, 개혁주의와 재침례파)이 가능한 변화와 변혁의 정도와 수단에 관하여 의견을 달리한다는 점을 주목할 필요가 있다. 예를 들면, 직접적 사회 참여를 지지하는 입장과 대안적 실체를 만들자는 입장으로 나뉜다. 그럼에도 불구하고, 대다수가 동의하는 바는 하나님의 나라가 이 땅에서 완전히 실현되지는 않겠지만 우리는 소망을 품고 현재 열심히 일해야 한다는 것이다.

일부 기독교인들은 변화가 개개인에게 국한되고, 따라서 일터에서도 개인적인 청렴함과 올바른 태도를 취하는 일에만 초점을 둔다. 하지만 인간의 경험에서 알 수 있듯이, 타락한 제도와 구조는 "통치자들과 권력자들"(엡 6:12)로 작용해서 더 나은 세상을 만들려는 우리의 능력을 제한한다. 앤이 맞닥뜨린 상황이 바로 그렇다. 중요한 가치들을 견지하는 일과 '성공하는' 것 중 하나를 선택해야만 하는 현실이 바로 그녀가 몸담은 넓은 맥락의 깨어진 성격을 보여 주고 있다. 서브프라임 모기지처럼 신문의 헤드라인을 장식하는 많은 스캔들에서 볼 수 있듯이, 정직하게 일하는 사람들과 기업들이라 할지라도 현실 세계에서는 심각한 금융 손실을 입을 수 있다.

제도와 구조의 변화도 하나님의 의도 안에 포함되어 있음을 성경으로부터 알 수 있다. 오늘날 문자 그대로 적용되는 것은 아니지만 옛날 히브리의 율법은 개인적인 도덕률에 못지않게 사회적 차원도 포함하고 있었다. 이는 이스라엘을 "제사장 나라이자 거룩한 민족"(출 19:5-6)으로 변화시키기 위함이었다. 즉 개개인의 삶뿐만 아니라 **민족 공동체** 자체를 변화시키려는 의도를 가진 것이다. 따라서 히브리인의 법은 실제로 고대 이스라엘의 사회와 제도를 구축하는 역할을 했다. 레위기 25장은 그 당시 유일한 생산 자본이었던 부동산의 거래 방법을 규정했다. 그 거래 방법은 희년과 토지 무르기였는데, 이는 사람들로 하여금 먹고 살 방안을 어떻게든 마련해 주기 위해서였다(4장 참조). 희년은 50년째 되는 해에 모든 토지를 원래 주인에게 돌려주고 모든 노예를 풀어 주도록 명령했다. 토지 무르기는 어떤 이가 경제적인 어려움 때문에 땅을 팔게 되었을 때, 여유가 있는 친척이 이를 사서 원래 주인에게 돌려주게 하는 제도로 자기 가족을 부양하는 의무에서 벗어나지 못하게 하는 즉각적인 효과가 있었다.

개인적인 변화와 사회적 질서의 정립 등을 강조하는 모습은 하나님 나라를 바라보는 예언자의 비전에서도 잘 드러난다. 예를 들어, 메시아의 부분적인 이미지는 개개인을 구원하는 것뿐만 아니라 열방에 정의를 베풀기 위해 오는 이로 그려져 있다. 이사야 42:1-4을 보면 야훼의 종(메시아)은 정의를 베풀어 약한 자들에게 불의, 억압, 소외가 없게 하실 것이라고 약속한다. 즉, 예언자가 예언한 하나님의 나라는 개인적으로는 사람들이 영적으로 새롭게 되고 사회적으로는 사람들 사이의 관계와 집단 및 제도가 하나님의 공의를 구현하는 등 개인적 요소와 사회적 요소를 모두 갖고 있다. 마찬가지로, 신약의 에베소서에도 사도 바울이 우리의 싸움은 단지 인간의 세력뿐만 아니라 "통치자들과 권력자들"을 대상으로 삼는다고 말한다. 맥스 스택하우스는 "여기에 나오는 권력자들은 그리스어(exousia)로…종종 힘 있는 공직자들과 연계되어 있으나, 그런 직책들의 상징적인 힘과 그들이 공동 생활에서 수행하는 역할, 즉 통치권, 권세, 또는 주권과 연계되는 경우가 더 많다"라고 지적한다.[13]

인간의 번영이란 개념은 너무 복잡해서 작은 지면에서 다룰 수 없지만, 우리는 잠정적으로 이렇게 정의할까 한다. 인간의 번영은 샬롬의 온전한 뜻을 담고 있고, 통전적(물리적, 정서적, 영적, 사회적) 성격을 갖고 있으며, 폭넓은 범위(개인, 공동체, 시스템을 포함하는)를 지니고 있는 개념이다.

일단 우리가 하나님의 사명의 내용, 목적, 범위를 파악하고 나면, 우리의 역할을 아는 것 또한 비즈니스에 대한 기독교적 비전을 개발하기 위해 필요하다. 하나님은 자신의 목적을 이루시는 데 우리를 보조 파트너로 불러 주셨다. 창세기의 창조 이야기를 보면 인간은 땅에 대한 통치권과 청지기직을 부여받았고, 또한 땅에서 하나님의 섭정 내지는 대리인이란 중요한 역할도 위탁받았다(창 1:28; 2:15). 그뿐만 아니라 우리에게 주어진 역할은 너무 중요해서 영원히 지속될 것이다. 신학자 미로슬라브 볼프는 하나님이 "새 하늘과 새 땅"을 만드실 때 모든 것을 다 파괴시키고 새로 시작하시지 않고(무로부터의 창조), 이 세상에서 우리가 이룬 것을 소재로 삼아 그것을 완전하게 하실 것이라고(세상의 변혁) 주장한다.[14]

또 다른 기본 개념은 사람들, 조직, 사회 구조 또는 시스템의 본질에 대한 이해다. 이 지식은 우리에게 상황에 대한 인식을 주고 변화에 대해 현실적인 기대감을 품게 한다. 인간은 이기심, 교만, 탐욕 등 악덕으로 기울어지는 타락한 존재이다. 하지만 성경은 우리가 또한 하나님의 형상으로 창조되어 도덕적 선, 합리적인 사고, 창의성, 관계 맺기 등이 가능한 존재라고 말한다. 요컨대, 우리는 하나님의 형상으로 만들어졌으나 그와 동시에 손상되고 깨어진 존재이다. 따라서 선과 악을 모두 갖고 있다. 경제 시스템과 기업의 행습은 이러한 인간의 이중성을 전제로 삼아야 한다. 인간의 부정적 측면만을 강조하는 것은 인간에 대한 기대를 너무 낮추게 하고 편협한 자기 이익을 추구하게 하고 아예 이기적인 행동을 부추길 수 있다. 반대로 인간 본성의 선한 측면만 강조하는 것은, 적어도 부분적으로는, 인간이 자기 이익에 좌우되고 흔히 책임감의 결여로 귀결된다는 현실을 무시하게 된다.

인간 조직은 하나님의 형상으로 창조되었다고 할 순 없지만 어쨌든 이런 이중성을 반영한다. 세상에 완벽한 기업은 없으며 가장 타락한 기업이라도 뜻밖에 구속(救贖)의 요소를 갖고 있을 수 있다. 예를 들어, 시애틀에서 최고의 고용주들을 보유하고 있다고 소문난 한 가족 기업은 급여 담보 소액 대출 사업을 하고 있는데, 놀랍게도 고리대금업이라고 불릴 정도로 취약 계층이나 지불 능력이 없는 고객들에게 높은 이자율을 부과한 것으로 논란의 대상이 되고 있다.

글로벌 경제와 같은 사회 구조 역시 선하기도 하고 악하기도 하다. 이 주제는 5장에서 더 자세하게 다루겠지만, 글로벌 경제는 엄청난 부와 물질적 풍부함을 생산하여 많은 유익을 준다. 하지만 그와 동시에 엄청난 위험과 불확실성과 혼란, 그리고 생태학적 위기와 문화적 손상으로 사람들의 삶을 위협하기도 한다.

이 세상의 것들이 지닌 이중적인 속성을 이야기하는 것은 선과 악을 혼동케 하려는 것도 아니고 선과 악의 경계를 긋지 말아야 한다고 주장하는 것도 아니다. 오히려 우리가 몸담은 복잡한 상황에 빛을 비추고 있는 중이다. 우리는 때때로 불완전하고 까다로운 선택을 해야 한다. 현재 우리가 당면한 과제는 하나님의 의도를 반영하는 비즈니스의 측면을 증진하기 위해 분별력을 사용하고, 그렇지 않은 측면을 과감하게 창조적으로 변화시키는 것이다. 윌리엄 슈바이커는 다음과 같이 날카롭게 말한다.

> "이 세상은 완전히 타락했다"라든가 "이 세상은 분명히 '하나님의 몸'이다"라는 말처럼, '세상'이라는 단어의 뜻을 단 하나의 평가로 축소시키는 것은 실제 경험에도 맞지 않고 복합적인 기독교적 사고에도 못 미친다.…사회적·문화적 실체에 대한 올바른 기독교적 반응은 그것이 선하게 창조되었다고 인정하고, 그것이 타락했기에 저항하고, 그것을 변화시키기 위해 일하고, 그것이 구원받을 것을 소망하는 것이다.[15]

변혁적 섬김으로서의 비즈니스

이제 앞서 언급된 기본 개념들을 바탕으로 비즈니스에 대한 기독교적 비전의 윤곽을 잡아 볼까 한다. 간단히 말해서, 하나님의 사명에 능동적이고 적극적인 파트너가 되기 위해서는 비즈니스가 반드시 인간의 번영에 지속적으로 기여해야 한다. 생산되는 제품과 서비스가 사용자의 삶과 지역 사회를 향상시켜야 한다는 뜻이다. 인간은 경제적 단위나 노동력이 아니라 하나님의 형상으로 지음을 받아 영원한 가치를 지니고 있기에 존엄성을 지닌 존재로 대우받아야 한다. 또한 하나님이 자연을 만드시고 인간으로 하여금 그 가운데 조화를 이루며 살도록 하셨고 그에 따라 창조 세계는 우리의 번영에 직접적 영향을 미치기 때문에 책임 있게 관리되어야 한다(9장 참조). 그뿐만 아니라 하나님은 소외된 자들을 돌보시는 분이시기에 글로벌 경제 구조와 더 구체적인 비즈니스 의사 결정에는 힘없는 자들의 "머리를 짓밟지" 못하도록 면밀한 주의가 기울여져야 한다(암 2:6-7).

최근 발간된 한 책 제목이 말하듯이, 비즈니스는 "세계의 모든 문제를 해결"하지는 못한다. 비즈니스는 매우 강력한 도구이지만 다른 사람들과 제도들과 구조들과 함께 협력해야 한다.[16] 게다가, 비즈니스는 경쟁 사회라는 현실에 자리하다 보니 여러 이해관계자들에게 받는 압력과 한정된 시간과 자본 때문에 당연히 해야 할 일과 실제 가능한 일 사이에 괴리가 생기게 된다. 그러다 보면 완벽한 선택 대신에 현명한 행동을 취하거나 사람들 사이에서 무난히 타협하면서 살아가도록 강요받게 된다. 이것 또한 나중에 자세히 논의하게 될 것이다.

이제 비즈니스로의 부르심이란 주제를 다루기 위해 '공동선을 위한 변혁적인 섬김'을 하나의 대안으로 제시하는 바이다. '변혁적인'과 '섬김'은 모두 하나님의 사명과 깊은 관련이 있는 성경적 개념들이다. 이 두 단어를 합치면 (다른 전문 직종과 사회 기관을 포함해) 비즈니스에 대한 규범적인 관점을 제공한다.

변혁이란 단어는 인간의 번영을 위해 우리 자신, 타인, 그리고 사회 기관들이 긍정적인 방향으로 변화하는 것을 뜻한다. 또한 **변혁하다**('재건하다'의 반대말)라는 말은 비즈니스가 이미 하나님의 의도를 어느 정도 반영하고 있음을 함축하고 있다. 과장된 말일지도 모르지만, 로버트 시리코는 "예수님을 당신의 일터로 불러오려고 하지 말라. 오히려 그분이 이미 그곳에 계심을 발견하려고 하라"고 말한다.[17] 따라서 건물에 비유하자면, 많은 경우 우리의 일은 기존의 건물을 다 무너뜨리고 완전히 새로 짓는 것이 아니라 리모델링을 하는 것과 유사하다. 물론 일부분은 완전히 철거한 후 재건축이 필요하겠지만 말이다.

섬김이란 단어는 성경에 나오는 대단히 중요한 주제 중 하나라고 볼 수 있다. '첫째가 된 사람이 꼴찌가 된다'는 개념은 예수님이 마태복음 19-20장에서 묘사하신 하나님 나라의 핵심 부분이다. 이사야 53장은 오실 메시야를 고난받는 종(섬기는 자)으로 묘사했고, 복음서들은 예수님이 전 생애를 통해 '섬김의 정신'이 무엇인지 직접 보여 주신 것을 기록하고 있다(7장 참조). 사람들은 그들의 메시야가 세상적인 영광에 둘러싸여 나타날 것을 기대했지만 예수님은 구유에서 태어나셨고, 초라한 환경에서 지내셨으며, 흔한 죄수에게 어울리는 방식으로 죽임을 당하셨다.

예수님을 따르는 사람들에게 섬김은 그저 도덕적 의무나 다른 사람을 위하는 성향에 그치지 않고 풍성한 삶으로 인도하는 행습 또는 영적인 훈련이다. 사실 요즘 떠오르고 있는 긍정의 심리학 분야에서는 다른 사람을 섬김으로써 풍부한 삶을 살라고 하는 성경의 지혜가 과학적 근거가 있음을 밝혀내고 있다. 또한 "나를 위하여 자기 목숨을 잃는 사람은 목숨을 얻을 것이다"(마 10:39, 16:25)라고 말씀하신 예수님의 정신과 맥을 같이하여 연구자들은 감사, 친절, 이타심(여기에 높은 연봉이 꼭 포함되지는 않는다) 등이 인간의 행복감을 북돋울 수 있는 행동들에 속하고, 이는 건강에도 좋은 영향을 끼칠 수 있다고 말한다.[18]

섬김(service)은 종종 비즈니스에서 소비자들을 위하는 성향과 섬기는 리더십(servant leadership)의 개념을 묘사하는 데 쓰인다. 하지만 서비스의 어원인 라틴어 '세르비티움'(*servitium*, 종의 신분)을 생각하면, 섬김은 그저 상대가 원하는 것을 해 주는 수동적인 모습을 연상시킨다. 따라서 보통 누구를 섬기는가, 섬김의 내용이 적절한가, 그리고 큰 목표가 정당한가 등의 질문들이 간과될 수 있다. 어떤 소비자와 직원들의 필요나 욕구는 (해롭기 때문에) 충족되어서는 안 된다. 하나님이 주신 사명의 본질을 감안하면, 섬김의 특질은 인간의 삶과 기관을 변혁시켜 하나님의 의도대로 번성하게 만드는 것을 목표로 삼아야 한다.

일단 비즈니스에 대한 기독교적 비전의 윤곽을 잡은 만큼 이제는 이를 바탕으로 우리의 사고와 접근을 바꿔야 한다. 변화는 우리의 안목의 변혁과 함께 시작된다. **개인적** 차원으로 보면, 이는 우리가 비즈니스 분야에 몸담은 이유와 동기를 바꾸는 것을 뜻한다. 생계비를 버는 실용적인 이유, 믿음의 삶을 보여 줄 기회, 또는 개인의 재능을 사용할 기회 등은 모두 고귀한 선의에 해당되는 만큼 제쳐놓으면 안 되지만 방금 말했듯이 분명히 불완전하다. 이런 동기들은 하나님과 이웃을 섬긴다는 적절한 맥락 안에 둘 필요가 있다.

목적 재설정(repurposing) 또한 **기관의** 차원에서 이루어져야 한다. 이윤 극대화라는 전통적인 목적과 철학, 그리고 이해관계자들의 이익을 골고루 생각하자는 대안은 모두 미흡하다. 이윤 극대화라는 척도만 갖고 기업의 성공을 평가하는 것은 다른 목적들이 얼마나 잘 달성되는지를 설명하지 못하기 때문에 환원주의적이다. 이해관계자 이론은 이상(理想)에는 가깝지만 (이해관계자들에 대한 의무를 묘사하려고) **진전**(advancing)이나 **균형**(balance)과 같은 애매모호한 단어들을 쓰며, 큰 이야기나 가치관 또는 세계관의 도움이 없는 상태라 어려움이 있다. 공동선을 위한 변혁적 섬김이야말로 그런 길잡이를 제공할 수 있다.

여기서 짚고 넘어갈 중요한 의문은 이윤이 어떻게 우리가 말하는 비전에 들어맞을 수 있는가 하는 것이다. 사실 어떤 독자들은 이윤을 평가절하하는 것에 반대하고, 서비스 또한 자기 이익이나 재정적 이익과 상관없이는 할 수 없는 것이 아니냐고 반문한다. 결국 재정적인 이익을 바라지 않고 서비스를 제공하는 것은 정부와 비영리 단체의 역할이지 비즈니스의 역할이 아니지 않는가? 이와 반대로 생각하는 사람들은 왜 이윤이 필요한지 모르겠다고 말한다. 예컨대, 우리는 비즈니스와 신학 교수 모임에 속한 적이 있어서 신학 교수들이 결국 이런 식으로 말할 것을 예상할 수 있다. "우리가 비즈니스에 대해 더 많이 이해하기에 이르렀으나 아직도 왜 이윤 창출이 필요한지 모르겠다."

우리는 기독교적 비전 아래서도 이윤을 비즈니스의 한 가지 목표로 삼을 수 있는 여러 정당한 관점들을 알고 있다. 첫째, 이윤은 기업 조직의 다른 서비스들을 지속하는 데 필요한 재정적 자원을 공급하는 수단으로 볼 수 있기 때문에 정당하다. 예를 들어, [『포춘』(Fortune) 지가 선정한 500개 기업 안에 속한] 가구 제작 회사 허먼 밀러(Herman Miller)의 전 CEO 맥스 드 프리는 "이윤의 일차적 역할은 회사의 미래를 위한 기금을 만드는 것이다"라고 말한다.[19] 홀푸드의 CEO 존 맥케이도 다음과 같이 주장한다.

> 높은 이윤을 남기는 것은 홀푸드의 핵심 사명을 수행하기 위한 수단이다. 우리는 양질의 식품과 더 나은 영양공급을 통해 이 세상 모든 사람의 건강과 안녕을 증진시키고 싶고, 우리의 수익성이 높지 않으면 이 사명을 달성할 수 없다. 높은 이윤은 미국과 전 세계에서 회사가 성장할 수 있게 하는 원동력이 된다. 사람이 먹지 않으면 살 수 없는 것처럼 회사도 이윤을 남기지 않고는 살아남을 수 없다. 그러나 대다수 사람이 먹기 위해 살지 않는 것처럼 비즈니스도 이윤을 남기기 위해 사는 것은 아니다.[20]

이익을 남길 것이란 전망이 없다면 비즈니스를 건강한 상태로 유지하는 것이 훨씬 더 힘들어진다. 예를 들어, 어떤 기업이 적정한 이윤을 남기지 않는다면 자본에 드는 비용이 늘어날 것이고 기업의 다른 목적들을 이룰 역량에 부정적인 영향이 미친다. "마진이 없으면 사명도 없다"라는 속담이 옳다.

둘째, 이윤을 부산물이나 보상으로 생각할 수도 있다. 이윤에 초점을 맞추기보다는 훌륭한 상품이나 서비스를 개발하는 것, 고객을 섬기는 것, 직원들을 존중하는 것, 재정을 신중히 관리하는 것, 그리고 지역 사회를 섬기는 것 등 핵심 목적을 이루어 가다 보면 이윤이 그 결과로 생길 수 있다. 존슨 앤드 존슨(Johnson & Johnson)의 신조가 훌륭한 예이다. 이 기업은 주주들에게 돌아가는 공정한 수익을 의사, 간호사, 환자, 직원과 지역 사회에 대한 의무를 다한 **다음에** 지불하는 "마지막 책임"으로 여긴다.[21]

마지막으로, 이윤 창출을 기업의 발전과 성장을 위해 자기 자본의 위험을 감수한 회사 소유주와 주주들을 **섬기는** 직접적인 수단으로 볼 수 있다. 이윤을 꼭 탐욕과 같은 부정적인 것과 연루시킬 필요는 없다. 많은 주주들(또는 그들의 돈을 관리하는 기관들)은 은퇴 준비나 자녀들의 대학 학자금 등 숭고한 목적을 위해 투자한다. 어떤 사람들은 회사 주식을 자선 단체에 기부하기도 한다. 자선 단체들도 그들의 핵심 사명을 수행하기 위해 가용할 수 있는 자금을 극대화할 목적으로 주식 시장에 투자한다. 투자금의 경제적 가치를 키우는 일은 투자자들에 대한 직접적인 섬김이다.

지금까지 이윤에 대한 올바른 견해를 포함하여 비즈니스의 목적을 새롭게 인식한 만큼 이제는 이런 개념이 비즈니스 전체에 확산되고 침투하게 할 수 있다. 그런 정밀 조사에서 어느 영역도 면제되면 안 된다. 변혁적인 섬김은 모든 영역에 적용될 필요가 있다. 예를 들어, 어떤 기업은 고객을 잘 대우하지만 공급 사슬에서 누군가가 착취당해야 한다고 생각하면서 그 직원들이나 원자재 거래처를 쥐어짤 수 있다. 일부 기업들은 생색을 내며 자선 사업에 기부하지만 그 상품이나 서비스가 환경을 파괴하고 있다는 사실을 묵인하기도 한다. 이런 유형의 불협화음은 최대한 밝혀져야 한다.

이와 마찬가지로, 변혁적인 섬김으로서의 비즈니스는 사업을 운영하는 방식뿐만 아니라 **우리가 몸담은 사업체의 종류**에도 영향을 끼친다. 이미 1장에서 일을 소명으로 여기는 것이 일의 영역보다는 태도와 더 관계가 있다고 말했지만 일하는 구체적인 장소도 중요하다. 우리 기업이 생산하는 제품이나 서비스가 사용자들과 지역 사회에 기여하고 있는가? 시장에는 수익성은 있지만 완전히 해로운 제품과 서비스들이 많다. 또한 시장의 많은 '제품들'은 품격과 부러움을 지나치게 이용하여 특정 계층의 소비를 조장한다(그래서 경제적 계층으로 사람들을 분열시킨다). 어떤 제품들은 값싼 일회용이라 쓰레기 매립장을 오염시킨다. 비록 착취가 없는 노동력으로 만들고 가장 투명한 거래 방법으로 시장에 내놓더라도 정말로 그 상품이 만들어질 만한 가치가 있는지 고려되어야 한다. 리 하디는 『이 세상의 구조』(The Fabric of This World)에서 이렇게 말한다.

우리가 도덕적인 문제가 없는 영역으로 들어가더라도, 하나님 나라의 우선순위를 감안하면 분명히 어떤 직업들을 다른 직업들보다 선호하기 마련이다. 여기서 모든 것이 허용되지만 모든 것이 다 유익한 것은 아니다. 어떤 직업들은 다른 직업들보다 이웃을 섬기는 면에서 더 못하다.…단순히 올바른 태도를 갖는 것은 기독교인의 태도로서 충분치 않다. 자신의 일이 사회적 맥락에서 어떤 의미를 갖는지도 고려해야 한다. 나는 내 직업을 통해 사회에 긍정적인 기여를 하고 있는가? 나는 정당한 필요를 채우는 일을 하고 있는가? 나는 인간의 삶에서 진실하고, 고귀하고, 가치 있는 것을 증진시키고 있는가?[22]

물론 이런 범주들은 항상 쉽게 판독할 수 있는 것은 아니며, 자칫하면 우리가 어떤 산업, 어떤 제품이나 서비스를 '허용될 수 없는' 범주에 넣는 판단조의 율법주의에 빠질 수 있다. 이 복잡한 세상의 대부분의 것들은 말끔하게 분류될 수 없고, 단순한 공식은 종종 정당한 예외들을 간과하게 만든다. 정직한 질문을 던지고(이번 장의 뒤편에 나오는 것처럼) 최선을 다해 이상을 추구하는 것이 더 현실적이고 우리에게 필요한 것이 아닐까 싶다.

또한 사람들이 세상의 불완전한 부문들을 변화시키도록 전략적으로 부름을 받았을 수 있다는 가능성도 열어 두는 것이 중요하다. 우리는 평판이 좋지 않은 산업과 조직에서 변혁을 위해 일하는 전문인들을 알고 있다. 한 사람은 물의를 일으킨 유명한 인물이 이끄는 힙합 음반 회사에서 임원으로 일하고, 또 한 사람은 호러 장르의 영화를 제작하는 일을 시작했다. 이런 사람들은 역사적으로 늘 있어 왔다. 우리가 종종 신실한 사람들로 손꼽는 많은 구약의 인물들(예, 요셉과 다니엘)은, 인간 번영을 증진시킨다는 척도로 평가하면 좋은 점수를 받지 못했을 '조직'과 지도자들을 위해 일했다. 성경은 하나님이 그분의 목적을 성취하기 위해 불완전한 인간, 기관, 그리고 시스템을 사용하신 것을 길게 기록한 책이다.

마지막으로, 비즈니스는 그 사업이 발언권이 없는 자들에게 어떤 영향을 끼치는지에 대해 민감할 필요가 있다. 하나님이 항상 소외된 자들에게 신경을 쓰시는 것처럼, 경제 시스템의 구조와 사업상의 의사 결정과 진행 과정은 늘 가난하고 취약한 사람들을 특별히 고려해야 한다(이는 자선 사업에 기부하거나 자원봉사 활동을 하는 것과 대비된다). 사업체의 직원들 중에는 사회적인 지위가 가장 낮고 봉급도 가장 적은 사람들이 있을 것이다. 이런 배려는 재정적인 이득을 얻기 위한 것이 아니지만, 장기적인 연구 결과에 의하면 조직의 낮은 수준에 속한 직원들에게 투자한 기업이 실제로 그로 인해 수익성이 향상되었다고 한다. 이는 저소득층이 손쉽게 대체

가능한 인력이라든가 수익성에 그다지 중요하지 않다는 전통적인 견해와 상반된다.²³

간격이 얼마나 클까?

이 지점에서 기존의 비즈니스에 구속적인 면이 있는지에 대해 의문을 제기하는 것도 타당하다. 이미 비즈니스는 사람들과 지역 사회를 위해 많은 가치를 창출하고 있지 않은가? 물론 우리는 기업의 긍정적인 면이나 기업이 이미 하나님의 의도를 반영하고 있다는 점을 간과하면 안 된다. 비즈니스는 돈을 버는 것을 넘어 부분적으로 인간 번영에 기여하는 측면이 있다. 특히 창조하고 유지하고 공급하고 관리하는 일 등을 지속적으로 수행함으로써 변혁적 섬김의 비전에 기여하고 있다.

사업가들과 기업체들은 필요한 제품과 서비스를 발명하고 제작하고 분배하는 일을 통해 하나님의 창조성을 반영한다.²⁴ 대부분의 경우는 옛날의 단순한 물물 거래 시스템이나 오늘날의 정부와 비영리 기구보다 훨씬 더 효과적이고 효율적으로, (아마도) 더 공정하게 이런 과업들을 수행하고 있다. 사람들과 공동체들이 폭력을 이용하지 않고 필요한 물품들을 얻을 수 있게 된 것은 시장 중심의 경제 시스템 덕분에 생긴 비교적 최근의 현상이다.

비즈니스는 구명 의료 기구, 컴퓨터, 비행기, 아이팟, 그리고 오븐 같은 것들을 발명하고 생산한다. 이와 같은 고가의 제품들은 연구 개발(R&D)에 엄청난 투자를 하는 만큼 기부금이나 세금으로 충당하기는 거의 불가능하다. 그리고 비즈니스는 서적을 출간하고, 영화를 만들고, 음반을 녹음하고 배포하는 일에 관여하며, 또한 '제3의 장소'(집이나 직장이 아닌 커피숍 같은 장소)를 제공하여 사람들이 서로 만나고 공동체를 세우도록 돕는다.²⁵

비즈니스는 또한 부를 창조하고 고용 기회를 만듦으로써 하나님의 공급 활동을 반영한다. 5장에서 더 많이 설명하겠지만, 시장 기반 경제(그리고 그 안에서 중대한 역할을 맡는 비즈니스)는 사람들이 경제적 가난에서 벗어나도록 새로운 부를 창출할 수 있는 유일한 시스템이다. 좀 더 직접적으로는, 비즈니스가 많은 일자리를 창출해서 높은 임금과 좋은 복지 혜택으로 사람들에게 경제적 안정을 제공하는 일을 한다. 비즈니스는 미국인 인력의 약 55%를 고용하는 것으로 알려졌으며, 특히 소기업이 새로운 일자리 창출의 일차적 통로인 것으로 나타났다.[26] 일자리 창출 또한 승수 효과를 보인다. 경제학자들은 한 분야(기술 분야 등)에 좋은 연봉의 일자리가 하나 새로 생기면 다른 산업, 정부, 그리고 비영리 분야에 두세 개의 일자리가 더 창출된다고 말한다.

비즈니스는 소득을 얻는 기회를 제공할 뿐만 아니라 개인적 발달을 촉구하는 도전과 기회를 제공하고, 독창성과 창의성을 발휘하고 타인과 협동할 수 있는 기회를 줌으로써 최소한 부분적으로 성취와 공동체를 향한 욕구를 충족시켜 주는 '좋은 일자리'를 창출할 책임도 갖고 있다.

비즈니스는 또한 납세를 통해 많은 정부 서비스의 비용을 충당할 뿐만 아니라 자선과 사회 복지에 수많은 돈과 봉사 시간을 쏟아붓기도 한다. 물론 일부, 아니 대다수의 경우에 이 '기부'는 홍보를 위한 것이라 일종의 투자로 간주될 수 있지만 어쨌든 지역 사회는 그 혜택을 입게 된다. 예를 들어, 홈디포는 종종 카붐!(KaBOOM!, 미국 전역에 걸쳐 아이들이 걸어갈 수 있는 거리에 놀이터를 만들자는 취지로 세워진 비영리 단체: 역주)과 협력하여 자발적으로 놀이터를 세운다. 이로써 홈디포가 직원들을 훈련시킬 추가적인 장소를 얻고 홍보 효과를 누리고 더 매력적인 직장으로 비치게 되지만, 지역 사회가 그 혜택을 누리는 것은 틀림없는 사실이다.

그뿐만 아니라, 기업이 커뮤니티 활성화와 평화, 시민 의식의 함양에 미치는 영향도 무시되어서는 안 된다. 상호 교역을 하는 나라들과 지역들

은 어떤 갈등이 생길 때 전쟁으로 치닫기보다는 평화롭게 해결할 유인이 다분히 존재하기 때문이다.[27]

비즈니스가 세상에서 수행하는 유익한 일이 매우 많은 동시에 하나님의 나라/샬롬의 이상에 반대되는 요소들도 많이 있다. 예를 들어, 세계 경제 시스템은 결함이 너무 많아서 활발한 경제 성장은 실제로 낭비적이고 과시적인 소비의 증가(이는 사회적, 정신적, 환경적 문제를 유발한다)에 달려 있다는 주장을 얼마든지 개진할 수 있다.

비즈니스의 많은 부분은 하나님의 질서와 정반대되는 세계관이나 가치관 아래서 운영되고 그런 세계관을 홍보한다. 꼴찌가 된 사람이 첫째가 되는 하나님의 나라와 동떨어진 비즈니스의 세계에서는 힘 있는 자들이 보통 선두에 서게 된다. 예를 들어, 경제가 안 좋다는 뉴스가 들릴 때마다 부유한 사람들은 시장을 조작할 방법을 찾아 더욱 치부하게 된다. 부동산이든, 첨단 기술 주식이든, 담보 대출이든 간에 어떤 '거품'만 생기면 힘 있는 자들은 재빨리 돈을 챙기고 붕괴가 일어나기 한참 전에 빠져나가고, 손해는 납세자들과 개미 투자자들에게 고스란히 돌아간다. 게다가 이에 대한 배상은 거의 이루어지지 않는 것이 현실이다.

마찬가지로, 힘 있는 경영진은 회사의 영업 성과를 불공정한 방향으로 분배하곤 한다. 보통 경영진과 직원들이 받는 보수는 상관관계가 없는 편이다. 또한 회사의 리더들은 회사가 매각되는 사태가 생겨도 책임을 지지 않고 고액의 퇴직금과 함께 유유히 떠나기도 한다. 고용 계약서가 있으면 리더가 일을 제대로 못해서 해고될 경우에도 고액의 보상금을 보장받는 반면, 일반 직원들은 똑같이 회사의 성공에 기여했어도 그런 혜택을 받지 못한다. 이렇듯 비즈니스는 정의, 샬롬, 그리고 꼴찌가 첫째가 되는 전복적 성격을 지닌 하나님의 나라와 반대되는 원리들에 따라 움직인다. 교만하고 힘 있고 부유한 자들은 복이 있다!

2. 비즈니스로의 부르심

다른 본보기들은 눈에 덜 띄지만 여전히 어두운 면을 지니고 있다. 예를 들어, 많은 기업들이 타인들을 섬긴다고 주장하지만 실제로는 그들 자신을 섬긴다. 그들이 비즈니스를 서비스로 여긴다고 말은 하지만 이는 단지 사람들의 기대에 부응하려는 제스처이거나 순수익을 올리기 위한 소리일 뿐이다. 직원들에게 잘해 주는 것도 옳기 때문이 아니라 좀 더 짜내기 위한 동기가 깔려 있다. 친환경적 기업을 표방하여 '그린' 제품을 만드는 회사의 속내도 지금은 환경 친화적인 제품이 높은 이윤을 보장하기 때문이 경우가 많다.

이처럼 많은 전통적인 경영 이론은 물질주의적이고 개인주의적인 동기에 의존하고 있는데, 이는 인간의 악한 본성에 근거하고 물질적인 수익만을 강조하는 동기 유발 테크닉과 동기 부여 시스템을 만들어 냈다. 반면에 인간 번영의 다른 측면들(예, 심리적, 영적, 생태적)을 무시하고 또 저해하는 결과를 초래했다.[28]

가이드라인

비즈니스가 선하면서도 불완전하다는 사실을 감안할 때 우리는 거기에 어떻게 관여해야 할까? 공동선의 비전에 입각한 목표에 기여하는 활동과 어긋나는 활동을 어떻게 구별할 수 있을까? 이를 위해 표 1이 좋은 틀이 될 수 있고, 서술한 내용은 연속선상에 있는 것으로 보면 된다(두 번째 칸은 독자가 채우도록 일부러 비워 뒀다). 이 틀은 점검표나 공식으로 사용하도록 만들어진 것이 아님을 강조하는 바이다. 그보다는 어떤 비즈니스나 제품, 또는 서비스도 완전히 달성할 수 없는 이상형임을 우리도 알고 있다. 하지만 목표라는 것은 우리가 달성할 수 있는지 여부를 떠나서 하나님의 기대에 맞추어 세워야 한다.

다음은 표 1을 보충하기 위해 만든 질문들이다.

표 1. 공통선을 위한 비즈니스의 틀

	반대하고 개혁할 점	관용할 점	이상향, 긍정할 점
사명/목적	단기 이익 성취. 다른 이해관계자들이나 부러의 희도들이 희생으로 얻어지는 풍족함.		모든 이해관계자들을 위해 최적화된 영구적이고 통전적인 가치 창출. 궁극적 목적이 모든 활동과 결정에 배어 있고 반영됨 (공표, 계조, 마케팅, 회계 등).
관계 (하나님, 타인, 그리고 자아와의)	다른 주체들을 단지 우리 목적을 위해 존재하거나 움직일 대도로 취급함. 취약 계층은 잘 보이지도 않고 목소리도 내지 못함. 어느 쓸데없이 사람들을 구분짓어 갈등과 갈등을 유발함. 탐욕, 부정직함. 그리고 비인간화를 조장함. 어느 건강한 자아상을 해침. 그 결과 물질적 실제, 개인의 재정적인 성공, 야망, 자기 자신, 그리고 판매 등을 섬기게 됨.		다른 주체들을 목적의식을 지닌 존엄한 존재로 존중하는 태도로 대우함. 취약 계층을 발언권을 가짐. 사람들은 화합과 조화의 정신으로 함께함. 너그러움, 둘봄, 정직, 그리고 검손이 장려됨. 건강한 자아상이 고취됨. 하나님을 더욱 예배하고 타인의 아름다움이 증진됨.
자원 (경제적 자원, 물질적 자원 등)	장기적인 영향을 고려하지 않고 부주의하게 관리함.		장기적 정신과 신탁 관리자의 정신을 존중하는 방식으로 관리함. 장기적인 영향과 미래 세대에 대한 삶을 충분히 고려함.
제품/서비스 (우리가 어떤 비즈니스에 종사하는가)	삶을 증진시키는 데 별로 도움이 되지 않고 물리적 환경을 고려하지 않는 제품과 서비스.		삶을 향상시키고 진실, 아름다움, 신앙, 그리고 화합을 증진시켜 사람들이 삶을 풍요롭게 하는 제품과 서비스.
방법 (비즈니스를 어떻게 운영하는가)	부정직하고, 영악하고, 불임한 방법. 자기 자신과 타인을 존중하지 않는 방법. 고객, 직원, 공급자, 주주 또는 공동체 멤버의 임장을 배려하지 않는 방법.		정직하고, 위엄 있고, 훌륭한 방법. 타인을 가족 대하듯 대함. 다른 이해관계자들의 임장에 가까이 서 보겠다는 태도.

사명/목적. 우리 비즈니스는 왜 존재하는가? '돈을 벌기' 위해서인가, 삶의 질을 향상시키기 위해서인가? 사업의 목적이 우리의 모든 활동에 어떻게 반영되어 있는가?

관계. 사람들은 우리 비즈니스에 참여한 결과 무엇을 또는 누구를 더 숭배하는 경향이 있는가?[29] 우리의 의사 결정과 활동이 우리와 접촉하는 사람들의 내적 자질에 어떤 영향을 미치는가?

기업과 관련된 사람들(직원, 납품업자, 고객, 주주 등)이 존중받고, 존엄성을 인정받고, 공정한 대우를 받는가?

우리 비즈니스는 사람들이 서로 조화롭게 살도록 만드는가? 예를 들어, 우리가 설정한 직무와 보상 시스템은 직원들 사이에 신뢰와 팀워크를 구축하는가, 아니면 치열한 경쟁과 질투심을 조장하는가? 우리의 마케팅 방법은 경제적 지위와 불안감에 호소하여 불필요한 구분을 짓는가?

우리의 행동은 그 영향을 받되 스스로를 변호할 힘이 없는 사람들의 삶에 도움이 되는가, 해가 되는가? 우리는 그들과 입장을 바꿔 놓고 우리의 사랑하는 가족을 그들의 입장에 놓아 보려는 마음이 있는가?

우리는 정직하게 소통하여 구성원들이 올바른 정보를 갖고 의사 결정을 내리게 하는가, 아니면 대체로 우리에게 유리한 반쪽 진실만 소통하여 다른 이들의 복리를 무시하는가?

자원. 우리는 하나님의 의도를 존중하는 방법으로 자원(물질적, 자연적, 재정적 등)을 관리하는가? 우리는 임금, 고객에게 제공되는 가치, 투자에 대한 수익, 지역 사회에 대한 서비스 등과 관련하여 공정한가?

우리의 제품과 서비스와 공정 과정이 자연에 대해 주인 행세를 하지 않고 청지기의 역할을 잘 수행하고, 인간의 복리를 보호하고, 특히 미래

세대를 고려하는가?

제품/서비스. 우리가 생산하는 제품과 제공하는 서비스는 인간의 복리를 증진시키는가? 복리를 증진시킬 목적으로 설계되었는가?

방법. 우리는 타인을 진실하게, 존경하는 마음으로, 품위 있게 대하는가? 우리는 기꺼이 직원, 고객, 공급자, 거래 상대 등과 입장을 바꿔 볼 생각이 있는가? 우리는 매일 저녁 배우자, 자녀, 친구, 그리고 우리의 조언을 바라는 사람들에게 우리의 사업 방식을 자랑스럽게 말할 수 있는가?

"현실 세계"

지금 우리가 설명하고 있는 비전은 대담한 것임이 분명하다. 이런 비전이 세계적인 경쟁이 치열하고 단기 수익의 압력을 받는 현실에서 살아남을 수 있는지 물어볼 필요가 있다. 이런 목표를 도입하려는 기업들이 과연 성공할 수 있을까, 아니면 직업을 잃거나 사업에 실패하지 않을까? 견고한 소유권과 통제력이 이윤 극대화를 추구하는 대신 우리가 제안한 방식대로 움직일 수 있는 역량을 좌우하지 않을까?

물론 회사의 소유권과 통제력과 자본화 구조는 매우 중요하다. 기관 투자자 및 개인 투자자들이 분기마다 높은 수익(순수한 것이든 '관리된' 것이든)을 창출하라고 압박하고 '대박을 치기' 원하는 것이 현실이다. 사회적인 목표를 위해 이윤을 줄이려고 하면 금방 월 가의 분노를 느끼게 될 것이다. 최소한 일부 투자자들은 이탈할 것이며, 이론적으로는(때로는 실제로) 주주들에 대한 신탁 의무를 이행하지 못한 사유로 소송을 당할 수도 있다.

더욱이, 대규모 주주를 가진 주식 회사가 기존의 사명 선언문에다 "하나님과 이웃을 섬김"이란 문구를 넣을 것으로 기대하면 그것은 순진한 생각이다. 10장에서 회사 소유권의 혁신에 대해 더 논의하겠지만 전통적인 소유권 구조 내에 작지만 희망을 주는 징조들이 있다. 다양한 산업에서 점점 더 많은 주식회사들이 회사의 정관과 사명 선언문에 이윤 창출을 넘어서서 인간 번영에 기여하는 활동에 참여하는 것을 포함시키고 있다. 그 가운데 다수는 재정 상태도 매우 양호하다. 콜린스와 포라스 같은 연구가들은 이런 기업들이 성공하는 이유는 바로 이윤에만 집중하지 않고 더 큰 목적의식과 사명감(핵심 가치)을 갖고 있기 때문이라고 주장한다.[30] 그런 실례로 허먼 밀러를 이번 장의 끝에서 다루겠지만, 이와 비슷한 사례들은 이 책 전반에 걸쳐 계속 소개되고 있다.

이런 유형의 기업의 리더들은 투자자들에게 만약 이해관계자들을 배려하는 회사의 결정에 불만이 있으면 다른 곳에 투자하라고 용감하게 말한다.[31] 게다가, 요즘에는 '사회적 책임'을 중시하고 '사회적' 투자를 하는 부문들이 성장하고 있는 추세이다. 많은 기관 및 개인 투자자들은 수익을 얻는 동시에 투자액으로 사회에 긍정적인 영향을 끼치길(또는 최소한 부정적인 영향을 주지 않기를) 원하고 있다. 이런 투자자들은 경제적 가치와 사회적 가치를 함께 창출하는 기업에 더 관심이 있을 것이다. 일부 연구 결과에 의하면 투자가들은-전문적 훈련을 받은 투자가들도-손익 계산만으로 투자처를 결정짓지 않는다.[32] 일부 투자가들은 경영자에게 수익성이 없는 일도 할 수 있는 재량을 더 많이 주고, 사회적 영향력을 위해 수익을 덜 얻는 것도 감수할 의사가 있다. 마찬가지로, 어떤 소비자들은 값을 더 지불하더라도 사회적 책임이 있는 제품(공정 무역 커피 등)을 구매하고자 하며, 점점 더 많은 직장인들이 자기네 가치관을 공유하는 회사에서 일하기를 희망한다. 이론상으로는 이와 같은 이해관계자들을 끌어들일 수 있는 회사가 '선순환(악순환의 반대)' 구조를 형성해서 결국 시장에서 재정적인 우위를 확보할지 모른다.

물론 기업, 산업, 그리고 대중의 기대는 시간이 지나면서 바뀔 수 있고 또한 실제로 바뀐다. 따라서 우리 자신이 먼저 이러한 이해관계자가 되어 영향력을 행사해야 한다. 즉 어디에서 구매하고, 무엇을 사고, 어디에 투자하고, 어디에서 일할지를 의도적으로 결정할 필요가 있다.

기독교적 비전에 충실하기

이번 장은 비즈니스에 대한 기독교적 비전에 충실하면서도 세상적인 기준으로도 성공한 기업들의 예를 들며 마칠까 한다. 분명히 말하지만, 이 사례들은 재정적인 성공을 위한 공식도 아니고 "네가 신실하면 하나님이 복을 주실 것이다"라는 주장을 뒷받침하는 것도 아니다. 솔직히 기독교적 비전을 추구하다 보면 어려운 일도 많이 발생하고 이윤을 희생해야 할 경우도 있다. 물론 하나님은 신실한 자들을 축복하시지만 그 축복이 반드시 더 큰 수익의 형태로 나타나는 것은 아니다.

키엘 모기지(Kiel Mortgage). "일을 해낼 만큼 크고 섬길 만큼 작다"는 구호는 워싱턴 라디오 채널에서 키엘 모기지를 홍보할 때 나오는 복고풍의 시엠송 가사다. 이 노래의 주인공인 키엘 모기지는 워싱턴 주 켄트 근교의 시애틀에 위치한 부동산 담보 대출 회사이다. 1996년부터 한 기독교 가정이 소유하고 운영하는 이 회사는 높은 윤리적 기준과 지역 사회 봉사 기업으로 알려져 있다.

신앙을 원동력으로 삼는다는 키엘은 이윤보다 가치를 우선시하는 방법으로 회사를 경영한다. 다수의 경쟁사들과는 달리 키엘은 항상 고객의 이익을 최우선으로 삼으려고 노력해왔다. 다른 회사들은 고객을 끌어들이기 위해 (곧 원위치 되고 말) 티저 금리(변동 금리 모기지 차입자의 일부에게 상환 기간 중 첫 2-3년간 적용되는 낮은 금리: 역주)를 홍보해서 엄청난 돈을 벌고 있었지만 키엘은 고객들을 오도할 수 있는 그런 방법을 배격했다. 또한 차용인들이 이해하기 어렵고 때로는 거짓된 소득 신고나 가옥 가치 평가를 용인하는, 그리고 (적어도 단기간에) 높은 수익을 보장하는 서브프라임에 손을 대지 않았다. 많은 경쟁사들이 금방 부유해지는 환경에서 원칙을 고집하면 경쟁사의 많은 수당을 눈여겨보는 직원들을 잃을 수 있고, 그런 가치들을 포기하라는 압력이 대단하다.

회사의 공동 창업자이자 사장인 로라 키엘은 회사의 관행에 기초해 워싱턴 모기지 브로커 위원회의 위원으로 섬기면서 소비자 보호법과 모기지 규제법과 같은 입법안을 발의하고 통과시켰다. 또 그녀는 자선 단체에 기부하고 회사에서의 강한 동료 의식을 중시하는 인물로 유명하다. 예컨대, 회사는 최근에 회사 건물을 증축해서 모든 직원이 매주 한 번은 다 함께 점심 식사를 할 수 있게 했다.[33]

허먼 밀러(Herman Miller). 세계에서 가장 큰 사무 용품 제조 회사였고 수년 전 「포춘」지 선정 500대 기업에 들기도 했던 허먼 밀러는 한때 큰 경영 위기를 맞았다. 「비즈니스 위크」(*Business Week*) 지에도 실렸듯이, 한 연구원이 허먼 밀러의 대표 제품인 임스 의자(Eames Chair)가 열대 지방의 견목으로 만들어졌다는 사실을 지적했다. 이 사실을 알게 된 사장은 의자의 원자재를 좀 더 환경 친화적인 자재로 바꾸는 것은 "의자를 죽이는 일"과 같다고 말했다. 이 회사 역시 상장된 기업이었지만(지금도 그렇다) 회사의 중역들은 환경에 대한 책임감을 포함한 회사의 전통과 가치관에 따라 원자재를 바꾸기로 결정했다.

서부 미시간에서 독실한 기독교인들이 창립하고 아직도 그곳에 본사가 있는 허먼 밀러는 수익에 불리한 결정이라도 원래의 핵심 가치들을 지키기 위해 열심히 노력해 온 훌륭한 사례이다. 또 다른 본보기로는 윤리와 참여적 관리 스타일에 대한 강한 신념을 들 수 있다. 전설적인 인물인 전 CEO 맥스 드 프리(Max De Pree, 창시자의 아들)가 회사를 운영할 때는 우리사주 조합을 결성하여 효과적으로 직원들의 노후 보장 수단의 역할도 하면서 비우호적인 기업 인수의 위험에 대한 방어책이 될 수 있었다.[34]

가치를 지키는 일은 대가가 따르는 것이 확실하다. 기업의 신념은 재정적인 성공을 보장하는 마술적인 청사진이 아니다. 일부 주주들은 낮은 수익률 때문에 매우 달가워하지 않았고, 2002년에는 닷컴 기업의 붕괴로 수익이 줄어 많은 직원을 해고해야 했다. 에어론 의자(Aeron Chair)가 닷컴 회사들에게 매우 인기였다가 그 회사들이 붕괴하자 의자 또한 시장을 잃어버린 결과였다.

금전 그 이상의 것

사업체(그리고 거기에 개입하는 것)를 (주주를 위해서든, 생활비를 충당하기 위해서든, 부자가 되기 위해서든) 돈을 버는 수단으로 축소시키는 것은 사회적 차원과 영적 차원에서 그 가치를 과소평가하는 처사이다. 하나님은 비즈니스가 경제적 이익의 추구를 넘어 생명을 주는 통로가 되기를 원하신다.

비즈니스를 이윤으로 축소시키는 일은 마치 인간의 몸을 피나 산소로 축소시키거나 존 맥케이가 말했듯이 "먹기 위해 사는 것"과 별반 차이가 없다.[35] 사람의 몸을 은유적으로 사용하자면 피와 산소와 영양분은 생명의 유지에 필수적이다. 하지만 우리가 병에 걸렸을 때를 제외하면 하루 종일 피, 산소, 또는 음식에 관해 생각하는 것은 정상이 아니다. 인간을 피, 산소 또는 음식 섭취의 필요로 축소하는 것은 우리의 빛나는 역량, 즉 육체적 활동, 창의성, 이성적 사고 및 관계 등을 간과하는 것이다.

그런데 비즈니스 역시 사업체가 행하고 있고 또 행할 수 있는 모든 선한 일을 포함하는 넓은 실체로 인식되지 못하고 종종 최소한의 차원으로 축소되곤 한다. 휴렛 패커드의 공동 창립자 데이브 패커드는 이렇게 말했다.

많은 사람들이 회사가 단순히 돈을 벌기 위해 존재한다고 잘못 생각하는 것 같다. 물론 이윤은 회사의 존재가 낳는 중요한 결과이지만 우리의 진짜 존재 이유가 무엇인지 깊게 생각할 필요가 있다. 이 문제를 곰곰이 생각해 보면, 일단의 사람들이 회사라고 불리는 조직으로 함께 모여 존재하는 것은 따로따로 할 수 없는 일을 다 함께 이루기 위한 것이란 결론에 이르게 된다. 이렇게 함께하는 사람들이 사회에 공헌한다는 말은 진부하게 들리겠지만 역시 근본적인 이유가 아닐 수 없다.[36]

이번 장은 앤의 이야기로 시작했다. 앤은 자신의 소중한 가치, 곧 남을 섬기고 싶은 마음이 일과 조화될 수 없어서 은행과 비즈니스 세계를 결국 떠나야만 했다. 앤이 직면한 그런 긴장이 한꺼번에 사라지리라고 기대하는 것은 너무 비현실적이겠지만 조금씩 줄어들 수는 있다. 그리고 비즈니스가 하나님과의 신성한 파트너십을 반영하는 모습으로 다시 구상된다면(그리고 개조된다면) 앤과 같은 사람들은 큰 열정과 목적의식을 품고 헌신할 수 있을 것이다.

3

비즈니스와 영성 형성

배리 로완은 비즈니스 인생 25년 중 가장 심각한 도전에 부딪혔다. 하버드에서 MBA 학위를 받고 휴렛 패커드에서 일을 시작한 그는 기술 분야의 벤처 회사와 상장 기업에서 중역으로 꽤 성공적인 경력을 쌓았다. 벤처 회사에서는 CFO로 일하다가 사장이 되었고, 상장 기업에서는 CFO와 지역 총괄 책임자로 활약했다. 그러다 최근에는 라틴 아메리카의 주민과 회사를 상대로 무선 전화기를 공급하는 한 통신 회사의 CFO로 고용되었다. 나중에는 브라질 자회사의 CEO로 임명되었는데 거기서 심각한 상황에 처하게 되었다.

이 통신 회사의 자회사는 브라질 국립 통신 회사와 경쟁하여 미개척된 광대한 시장에 휴대폰 개통 서비스를 제공할 수 있는 권한을 획득했다. 그런데 그 권한을 획득하기 위해 회사가 2년 안에 80개의 도시(약 1억 2천500만 명)에게 서비스를 개설하되 절반을 첫 번째 해에, 나머지 절반을 두 번째 해에 개설해야 한다는 까다로운 조건을 수락해야 했다. 이를 위해 이 회사는 다른 두 휴대폰 회사의 합작 투자를 받아 그 프로젝트에 필요한 전문가들과 수백만 달러의 투자금을 확보했다. 그리고 서비스를 수행할 4,000명의 직원을 채용했다. 프로젝트는 로켓처럼 솟아올라 서비스를 개통한 지 첫 열 달 만에 50만 명의 고객을 유치함으로써 그 당시로서는 세계에서 가장 빠르게 성장하는 통신 사업자로 급부상했다. 로완이 CEO로 부임하던 첫 해에 회사의 주식은 주당 3달러에서 10달러로 오르는 등 3배가 넘게 껑충 뛰었다.

로완은 겉으로는 모든 것이 순조롭게 흘러가는 것처럼 보였으나 속으로는 점점 틈이 보이기 시작했다고 당시를 회고했다. 전 CEO의 임기가 끝나자 주주들은 로완을 새 CEO로 임명해서 브라질로 이사하게 했다. 로완은 거기서 이전에 경험하지 못한 사업 환경을 접하게 되었다. 먼저 경호원을 대동한 채 방탄차를 타고 다녔으며, 도착한지 약 2주 후에는 금융 시장이 심각하게 위축되기 시작해서 더 이상의 사업 확장을 매우 어렵게 만들었다. 그러자 합작 투자를 했던 회사 중 하나가 다음 자금 지원을 하지 않겠다고 선언하여 기존 사업 계획에서 1억 천만 달러 정도의 자금이 부족하게 되었다. 당시 상황을 볼 때 그들이 약속했던 성과를 달성하지 못할 것이 분명해졌다. 그리고 그 무렵 로완은 고객들 중 상당수가 통신료를 지불할 능력이 없다는 사실을 알게 되었다. 유치된 50만 명의 고객 중에서 최대 20만 명, 즉 고객의 40%가 계약을 해지해야 했다. 신용조사가 너무 느슨한 탓이었다. 로완이 CEO 직책을 맡고 브라질로 파견되었던 때는 바로 회수가 불가능한 돈이 그 정도나 되고, 한 사업 파트너가 다음 프로젝트에 더 이상 돈을 투자하지 않기로 결정했으며, 나스닥 지수가 50% 가까이 하락하는 등 금융 시장이 붕괴될 조짐을 보이게 된 무렵이었다.

그는 회사를 살리기 위해선 대대적인 금융 및 운영의 구조 조정이 필요하다고 판단했고, 그때의 결정을 다음과 같이 표현한다. "나는 브라질에 도착했을 때 맨 먼저 '우리가 회사를 바로잡을 거야'라고 생각했다.

4,000명의 직원 중 1,500명을 해고해야 했을 때도 '우리가 회사를 재조직해서 정상으로 되돌려 놓을 수 있을 거야'라고 생각했다. 하지만 4개월이 지나고 나서는 '이건 망할 수도 있겠다. 주가가 올라갈 기미가 없을 뿐 아니라 바닥을 치겠다'는 생각이 떠올랐다. 실제로 그런 일이 일어날 수도 있다는 사실, 정말 실패할 것 같다는 예감이 나를 망연자실하게 만들었다. 예전에도 작은 규모로 실패한 적이 있지만 이만큼 큰 재난은 없었다." 당시 그는 매일 일하러 갈 때마다 받는 스트레스 때문에 몸이 아플 지경이었다. 그의 말에 따르면, 그의 경호원이 매일 아침 방탄차를 지하 주차장에 세울 때 토하고 싶은 느낌이었다고 한다.

로완은 그 어려웠던 때를 회상하면서 하나님이 그런 위기를 통해 그의 영혼을 만지시는 등 일터에서 강력하게 일하고 계심을 깨달았다. 돌이켜보면 당시가 그의 인생 중에 영적 성장을 도모한 가장 중요한 시기 중의 하나였음을 알게 된다. "내가 그처럼 대단히 어려운 상황에 처해 있을 때 하나님은 내게 정말 무슨 일이 일어나고 있는지를 보여 주고 계셨다. 극적인 비즈니스 실패가 고통스러웠지만 그것이 내 영혼의 고뇌 앞에 서는 무색해지고 말았다. 그분은 내가 왜 영적으로 그토록 괴로운 공황상태에 빠졌는지를 그 고통의 와중에, 그리고 몇 달에 걸친 고독 속에서 내게 보여 주셨다. 나는 업적을 나의 우상으로 삼았었다. 그래서 업적이 멀리 사라지자 비로소 내 우상도 사라진 것을 알게 되었다."

로완은 브라질에서의 경험을 이해하려고 노력할수록 하나님이 더욱더 그를 깊이 다듬어 가고 계심을 깨달았다. "절망의 구렁텅이에 빠졌을 때 예수님의 말씀이 내 마음을 관통했다. '너희 가운데서 누구라도 자기 소유를 다 버리지 않으면 내 제자가 될 수 없다.' 이 말씀에 대해 나는 '지금 나한테 줄 것이 하나도 없는데 도대체 무엇을 더 버리라는 말씀입니까?'라고 하나님께 부르짖었다. 그때 나는 하나님이 더 많이 내놓으라고 요구하고 계신다는 무서운 결론에 도달했다. 나는 내 미래에 대한 모든 권리를 포기할 마음이 있는가? 내가 속한 문화와 이제껏 배운 교육이 주는 권고-'네 일을 계획하고 계획한 바를 시행하라'와 '끝을 염두에 두고 일을 시작하라'-를 따르지 않고 현재의 순간을 온전하게 살면서 하나님의 뜻에 따라 내 인생의 패턴이 펼쳐지는 것을 허용할 마음이 있는가? 하나님과 함께한 내 삶이 굴복으로 시작되었지만, 내가 내 인생을 하나님께 드렸을 때 모래에 구두자국이 났음에도 불구하고, 하나님은 내가 도무지 헤아릴 수 없는 수준의 포기를 요구하셨던 것이다."

5년의 세월이 흐른 후 그는 그 경험을 이렇게 묘사한다. "그 고통스러운 경험을 통해서 하나님은 나의 시간관을 완전히 바꿔 놓으셨다. 내 소명은 미래에 대한 내 계획이나 과거에 대한 추억으로 살아가는 것이 아니라 현 순간에 완전히 깨어 있는 것임을 보여 주셨다. 나는 삶의 매순간을 하나의 성례로 보기 시작했다. 그것은 내게 일종의 두 번째 회심이 되었다. 놀라운 일은 내가 업적을 우상으로 삼았음을 깨닫고-이는 몇 달이 걸렸다-고백한 후에 정말로 심오한 기쁨과 자유를 맛보게 되었다는 것이다. 나는 성공이 주는 아드레날린을 위해 살았지만, 몇십 년 동안 그걸 전혀 깨닫지 못했다. 하나님이 고통과 실패를 통해 나에게 이 실체를 보여 주셨을 때에야 비로소 나는 자유롭게 되었다. 내가 하나님께 제발 그 상황에서 벗어나게 해달라고 간청해도 하나님은 나를 거기서 구출하지 않으셨다. 오히려 그분은 그 상황을 통해 나를 구출하셨던 것이다."

그는 이런 영적인 관점도 덧붙인다. "예수님은 '와서 나를 따르라'는 말씀으로 제자들을 부르신다. 그분은 우리에게 그분과 함께 최대의 모험을 하자고 손짓하고 계신다. 그러나 모험으로 사는 인생은 그분의 생각에 달린 것이지 우리에게 달린 것이 아니다. 예수님은 나에게 '와서 나를 좇아 다음 수준의 포기까지 감행해라. 네가 가진 모든 것을 포기해라'라고 말씀하고 계셨던 것이다. 그분이 계속 나를 점점 더 깊은 포기의 수준으로 이끌어 가실수록, 나는 붙들고 있기보다 포기하는 데 더 많은 힘이 든다는 것을 깨달았다. 겟세마네 동산에서 예수님도 그랬다. 그러나 우리가 예수님께 굴복할 때, 예수님은 듣기는 했지만 맛보지는 못했던 그분과의 친밀함과 자유와 기쁨을 알게 해 주셨다. 점점 더 짙어지던 흑암에서 나를 건지셔서 내가 생각지도 못했던 수준의 자유와 영적인 빛으로 인도하셨다. 그곳은 내가 거의 방문한 적도 없었고, 있었더라도 아주 잠깐 머물렀던 그런 영토였다. 나는 브라질에서의 고통을 통해 하나님을 경험했다. 하나님의 설계대로 우리가 하나님과 누리는 그 친밀한 관계는 말로 다 표현할 수 없는 기쁨을 주고, 이 기쁨은 세상의 다른 어떤 기쁨과도 비교할 수 없다."

"내 직업은 내 영혼을 빚어 내는 호된 도가니였고, 이 경험은 내가 실제로 체험한 것 중에서 가장 드라마틱한 것들 중의 하나이다. 나는 삶의 매 순간에 하나님이 함께하셔서 그분이 염두에 두신 모습대로 우리를 빚어가고 계심을 갈수록 더 보게 된다. 우리는 단지 하나님을 찾고 그분이 우리 영혼 속에서 하시는 일에 순종하면 된다. 요즘에는 하나님이 나에게 사랑을 가르치고 계신다. 한계가 있는 인간적인 사랑이 아니라 하나님의 순수한 사랑 말이다. 아마 이것도 시간이 꽤 걸릴 것이다."[1]

로완의 경험과 회고는 우리가 이번 장에서 밝히고 싶은 강력한 진리를 잘 보여 준다. 하나님이 비즈니스를 우리를 변화시키는 장소로 쓰실 수 있다는 진리다. 비즈니스(그리고 일의 모든 분야)는 우리의 성품과 영성을 빚어 내기 위해 하나님이 사용하실 수 있는 중요한 장소인 것이다.[2]

비즈니스에 몸담는 것은 그 안에서 성품상의 중요한 자질이 형성되고 하나님과의 개인적인 친밀함이 개발될 수 있는 일종의 도가니이다. 로완이 말하듯이, "나의 경우에는 하나님이 [내 영혼을 빚어 내기 위해] 사용하신 전지가위 중 일부가 비즈니스에 몸담고 마주친 시련들이었다."

일터에서 형성되는 영성

지금까지 신앙과 비즈니스의 관계에 대한 일반적인 견해는 우리가 신앙과 가치들을 일터에 적용해야 한다는 일방적인 관계로 보았다. 이보다 덜 명백하고 덜 탐구된 견해는 비즈니스와 신앙이 상호 작용을 하는 가운데 비즈니스가 우리를 긍정적으로 형성하는 데 사용될 수 있다는 생각이다. 물론 비즈니스는 또한 우리를 여러 악덕(예, 탐욕과 우상숭배)에 옭아매고 우리의 성품을 타락시킬 수도 있다(4장 참조).

하나님이 비즈니스를 통해 우리의 성품을 다듬어 가시는 방법이 사람마다 다르고 구체적인 상황을 통해 다양한 미덕을 개발하시기 때문에 일반화하기는 어렵다. 그리고 비즈니스에서 부딪히는 어려움에 대응하는 방식도 사람마다 다르다. 로완의 경우에는 신앙심이 깊어지고 성품이 다듬어졌으며 하나님과 더욱 친밀해졌다. 하지만 어떤 이들은 비슷한 경험을 하고도 신앙을 버리고 성품 개발이 좌절되고 하나님과의 친밀한 관계가 영적 안일함으로 변질되기도 한다.

우리가 여기서 제안하는 것은 성공적인 비즈니스에 필요하고 그러한 활동으로 개발되는 성품 및 미덕에 관한 몇 가지 개념이다. 다음에 열거하는 미덕은 총망라된 것은 아니지만, 먼저 하나님이 중요한 성품상의 자질과 미덕을 개발하기 위해 비즈니스를 어떻게 이용하실 수 있는지 생각해 보려고 한다. 그다음에는 과로 또는 일과 지나치게 동일시되는 것 등 일의 부정적 측면에 대한 해독제의 역할을 하는 중요한 영적 훈련을 살펴보게 될 것이다.

우선 섬김의 미덕에 관해 생각해 보자. 우리가 2장에서 설명한 틀로 접근하면, 비즈니스가 번창하기 위해 거기에 몸담은 사람들과 조직들이 그 고객들을 잘 섬겨야 한다. 회사는 고객들의 필요를 채워 주고, 비판을 잘 경청하고, 그들을 공정하게 대하는 등 고객을 섬기는 일에 헌신해야 한다. 만약 고객을 잘 섬기지 못한다면, 그들은 자신을 더 효과적으로 섬길 다른 기업에게 가 버릴 것이다. 조지 메이슨 대학의 경제학자 월터 윌리엄스는 "당신이 굳이 동료 인간을 좋아해야 할 필요는 없지만 그들을 잘 섬겨야 한다"라고 말한다.[3] 더 나아가, 직원들은 반드시 회사를 섬겨야 하고, 회사의 구성원들은 서로서로 섬기는 법을 배워 더욱 상호 의존적이 되어야 하고, 매니저는 자기에게 보고하는 사람들과 관리의 대상들을 섬겨야 하며, 경영진은 조직 전체를 섬길 책임이 있다. (섬기는 리더십에 대해서는 7장에서 다룰 것이다.) 리더와 매니저들이 자신에게 보고하는 사람들을 잘 섬기지 않는다면 직원들의 사기와 생산성이 떨어지게 된다. 일반적으로, 비즈니스는 타인을 섬기는 성향을 요구하고 또 개발하는 특성이 있다. 물론 특정 고객층에 대해 끝없이 봉사해야 한다는 뜻은 아니다. 대다수의 상황에서는, 그리고 분명히 성경 시대에는 종들이 주인에 대해 경계선을 그을 수 있는 권리가 전혀 없었다. 어떤 개인의 권리도 없었기 때문이다. 따라서 예수님을 종으로 비유하는 데는 한계가 있다. 궁극적인 종이신 예수님은 제자들과의 시간을 확보하기 위해서나 하나님과 개인적인 시간을 갖기 위해 군중을 섬기는 일에서 잠시 물러나는 등 그의 섬김에 경계선을 그으셨기 때문이다. 이와 같이 섬김의 미덕과 경계선의 존재가 공존할 수 있는 것이다. 사실 강요에 의해서보다는 스스로의 선택에 의해 남을 섬기는 것이 더 의미가 있다는 입장을 충분히 개진할 수 있다.[4]

비즈니스는 또한 **신용**, **신뢰성**, **공정성**과 같은 덕목을 요구하고 개발한다. 단골 고객에 의존하는 대부분의 사업체들은 그들을 붙잡기 위해 신용과 공정성이 반드시 필요하다. 고객이 불공평한 대우를 받았다고 느껴 기업이 신용을 잃어버리면 그들이 얼마나 재빨리 거래처를 바꾸는지 생각해 보라. 사람들은 어떻게든 자기가 신뢰하는 회사와 사람과 거래하기 마련이다. 또한 자신이 믿을 수 없는 사람과는 거래를 하고 싶어 하지 않는다. 실은 신뢰할 수 없는 방식으로 움직이는 회사들이 많다. 이 사실이 대중에게 알려지면, 그 사업체는 오래 버티기가 힘들 것이다. 사업체가 번창하려면 그 조직 내에서 서로 신뢰하는 것(팀워크)이 매우 중요하다. 신뢰도가 낮은 기업은 모니터링과 절차 준수 기제에 따른 비용이 늘어난다. 또한 일에 대한 직원의 헌신도의 하락과 변화에 대한 부적응 등으로 보이지 않는 비용도 추가된다. 낮은 사기와 높은 인력 변동을 고려하면 사람들을 **존엄한** 존재로 **존중**하며 대우하는 것이 좋은 리더십에 필수적이고 효과적인 경영의 중요한 부분임을 알 수 있다.

비즈니스는 **주도권**과 **인내**의 미덕도 개발해 준다. 비즈니스는 "**창의성**을 포함하는 기업가적인 자질"을 장려한다.[5] 기업이 장기적인 성공을 이루려면 복잡한 문제에 대한 창의적인 해결 방안이 필요하다. 또한 중요한 목적을 달성하기 위해 짧게는 몇 달, 길게는 몇 년까지도 계속 노력할 수 있는 끈기가 필요하다. 예를 들어, 영업부 직원들은 매일 주도권을 쥐고 세일즈에 성공할 때까지 잠재 고객을 끈질기게 설득해야 한다. 회사가 비용을 낮추기 위해, 시장 점유율을 높이기 위해, 새로운 고객들을 찾아내고 직원들의 사기를 높이 유지하기 위해 주도권을 쥐지 않는다면, 그들은 내리막길로 접어들 것이다. 임원진은 시장에 내놓을 새로운 제품과 서비스를 구상하고, 소비자들의 필요를 예측하고, 적절한 고용 수준을 유지하고 그들의 장래를 위해 적당한 재무 상태를 확보하는 일과 관련해 창의적으로 생각할 수 있어야 한다. 이와 같은 창의성은 리더십에 필수적이며, 이것이 없으면 계속 변하는 글로벌 경제 환경에서 마주치는 불확실성에 제대로 대응하지 못할 것이다. **인내** 역시 기업의 장기적인 성공에 필요한 미덕이며, 인내가 없으면 끈기로 돌파구를 찾을 수 있는 시점에 대개 포기하는 경향을 보이게 된다. 예를 들어, 대부분의 신생 기업은 자리를 잡기까지 매우 어려운 걸림돌을 접하게 되는데, 기업가들은 보통 성공과 실패의 기로에서 그들의 결단력이 어떤 변화를 초래했는지 증언하곤 한다.

인내에서 **역경을 다루는 능력**이 생긴다. 이제 인내와 함께, 우리는 하나님이 비즈니스를 사용해 하나님과의 개인적 관계를 개발하시는 영역으로 들어간다. 야고보서 1:2-5은 역경이 기독교인의 삶의 일부라고 말하며, 비즈니스는 우리의 성품과 하나님과의 친밀함이 연마되는 도가니의 하나이다. 해고를 당해 본 사람, 직원을 해고했거나 공장을 폐쇄해 본 사람은 그것이 얼마나 고통스러운 일인지 안다. 이에 덧붙여, 일반적인 경기 침체를 다루다 보면 역경을 다루는 어렵고도 유익한 기회를 얻게 되고, 그에 수반되는 미덕, 즉 겸손, 지혜, 인내를 개발하게 된다. 더 나아가, **하나님에 대한 신뢰**를 개발하게 되어 개인의 안전과 복지, 그리고 기업의 안정을 온전히 하나님께 의뢰하게 된다. 기업인과 하나님의 친밀한 관계는 종종 실패의 예상이나 해고 가능성, 또는 윤리적인 딜레마와 씨름하면서 지혜를 구하고 또 개인의 도덕적 신념을 좇을 힘을 요청하는 가운데 개발되기 때문이다. 예를 들어, 로라 내쉬는 크리스천 CEO들과의 인터뷰를 통해 역경이나 윤리적 딜레마를 다룰 때 자주 기도하게 되었다는 점을 발견했다. 그들은 그런 상황에 처했을 때 기도하는 것이 매우 중요하다고 느꼈으며, 기도 시간을 통해 개발된 신념이 때로는 당면한 난제에 대한 실질적인 해결책을 주었다고 말했다.[6]

역경을 다루는 문제가 배리 로완의 이야기의 중요한 부분이었다. 그는 하나님이 비즈니스를 통해, 특히 역경을 통해 그를 영적으로 단련하셨다고 분명히 말했다. 사업 중에 맞닥뜨린 도전들은 그에게 "순종의 리더십"을 길러 주었고, "자급자족의 개념"에서 벗어나 "상호 의존"의 정신으로 움직이게 했다. 이는 조직을 이끄는 것과 관련하여 중요한 의미를 갖고 있

3. 비즈니스와 영성 형성

었다. 그는 이렇게 말한다. "이제는 내가 책임을 맡아서 나 혼자 잘하는 것이 중요하지 않음을 알게 된다. 그보다는 다른 사람들이 하나님이 유념하시는 존재로 성장하도록 그들의 잠재력을 끌어내는 것이 중요하다. 그래서 하나님이 자급자족에서 벗어나 상호 의존관계로 움직이게 하셔서 각 사람의 가치를 인식하게 하신 것은 바로 성품의 차원이라고 나는 생각한다. 이는 또 다른 성품으로 이끌어주는데, 그것은 진정한 겸손이다."

비즈니스가 개발해 주는 다른 미덕들 중에는 어려움을 예방해 주는 것도 있다. 물론 역경은 우리가 어찌할 수 없는 상황 때문에 생긴다. 그러나 어떤 어려움은 사전에 예방할 수 있다. 잠언은 게으름이 경제적 불행을 자초할 수 있다고 분명히 경고한다(잠 6:6-11; 10:4-5; 12:11, 14; 13:11; 24:30-34). 비즈니스는 **부지런함**과 **절제**를 요구하며, "심은 대로 거둔다"라는 원리를 몸소 배우는 곳이다. 유명한 저자 스테판 코비는 성공하려면 미리 계획하고, 매일 주어진 일에 충실하며, 마감일까지 중요한 일을 미루지 말아야 한다는 이른바 "농장의 법칙"을 묘사한다. 만약 우리가 농장의 법칙을 무시한다면 풍부한 추수를 거둘 수 없을 것이라고 말한다.[7] 물론 어떤 사람들은 힘들게 노력하지 않아도 성공하는 것이 사실이지만 그것은 표준이 아니다. 보편적으로, 비즈니스는 근면을 요구하고 개발하며, 게으름과 무절제를 싫어한다.

영적 훈련과 소명의 그늘

비즈니스는 우리의 신앙, 영성, 성품을 연단하는 장소가 될 수 있지만, 우리가 매우 조심하지 않으면 우리에게 부정적 영향을 미칠 수도 있다. 예로부터 알려진 악덕(예, 탐욕과 욕심) 뿐만 아니라 소명의 '어두운 면'인 과로 및 일과의 지나친 동일시도 있다.

이와 같은 문제들의 배후에는 세계적 경쟁, 고용주의 기대, 두려움, 탐욕, 테크놀로지(컴퓨터 중독) 등 많은 이유가 있지만, 우리의 일을 소명과 동일시하는 것(특히 1장에서 다룬 폭넓은 영적 맥락, 즉 일을 여러 소명 중 하나로 보는 것을 놓쳤을 때)이 그런 문제를 초래한다.

오늘날의 연구 조사에 따르면 사람들은 일을 일거리, 경력, 또는 소명으로 생각하는 경향이 있다고 한다. 이렇게 일을 보는 삼중적인 방식은 로버트 벨라와 그 동료들의 영향력 있는 저서 『마음의 습관』(*Habits of the Heart*)에 의해 대중화되었다.⁸ 사람들은 보통 자신의 일을 다음 세 가지로 본다고 한다. (1) 일거리, 즉 직장 밖에서의 활동에 필요한 것을 공급하는 수단, (2) 경력, 높은 수준의 헌신을 포함하지만 재정적 소득의 증가와 승진에 초점을 두는 것, 또는 (3) 소명, 즉 만족감과 일 자체의 가치 그리고 사회적인 목적을 가장 중요한 요소로 생각하는 것. 후속 연구 결과는 일을 소명으로 생각하는 사람들이 더 높은 직업 만족도를 갖고 있지만, 일이 본인의 삶 전체와 너무 얽혀 있을 위험이 존재할 수 있다고 말한다. 예를 들어, 아미 뢔제즈니브스키와 그 동료들은 "소명감이 있는 사람들은 자신의 일을 그들의 삶과 불가분의 관계로 본다"라고 말한다. 이는 전반적으로 긍정적인 효과(삶과 일에 대한 높은 만족도 등)를 낳지만 많은 시간을 일에 쏟아붓는 경향이 있다.⁹

(전부는 아니지만) 많은 연구 결과에 의하면 미국인은 10-20년 전보다 훨씬 더 많은 시간을 일하는 것으로 나타났다. 우리의 동료들 중에는 휴가를 거의 쓰지 않는 사람들이 꼭 있다. 그뿐만 아니라, 가족과 친구와의 관계를 거의 희생시킨 채 사업의 성공을 위해 모든 것을 바친 늙은 중역이 가장 중요한 모든 것을 잃게 될까 봐 두려워서 퇴직을 못한다는 이야기도 종종 듣는다.

성경은 과로와 일과의 지나친 동일시에 대한 해독제로 넓은 의미의 몇 가지 영적 훈련을 제시한다. 이 훈련들은 총망라된 것은 아니라도 영성 형성의 과정에서 하나님과 협력하기 위해 개발되는 마음과 행동의 습관이다. 달라스 윌라드는 "영적 성장과 활력은 우리가 일상에서 하는 일, 우리가 기르는 습관, 그리고 거기서 초래되는 성품에서 나온다"고 말한다. 단순하게 말하자면, 영적 훈련과 행습은 영적 성장과 성품 개발을 위해 "적절한 조치를 취하는 것"과 같다.[10] 리처드 포스터는 그런 훈련을 "몸에 밴 습관"을 부수고 자유로워지는 수단으로 묘사한다.[11]

우리의 영성 형성에 필요한 영적 훈련들(예, 기도, 침묵, 단순함)이 많이 있지만, 일과의 지나친 동일시를 방지하려면 다음 세 가지가 특히 중요하다. (1) 안식일을 기억하고, (2) 세월을 아끼며, (3) 일에 대한 올바른 관점을 유지하는 것이다.

안식일을 기억하라

앞으로 논의할 내용에 영향을 미칠 배경부터 짚고 넘어가자. 고대 세계와 오늘날 사이에는 중요한 차이점이 몇 가지 있다. 첫째, 성경 시대에는 일터와 집이 거의 분리되어 있지 않았다. 대다수의 일이 집 안이나 근처에서 수행되었기 때문에 일과 가정이 별로 양분되지 않았다. 고대 경제는 농업과 상업이 지배했고 부모는 일을 하면서 자녀를 양육했다. 이렇듯 겹치는 부분이 많았기 때문에 일과 가족 사이에 균형을 맞추는 일이 그다지 어렵지 않았다. 하지만 산업혁명과 함께 일은 가정에서 점차 분리되었고 사람들, 대부분의 남자들은 낮 시간 동안 일을 하려고 집을 떠났다. 좀 더 최근에는 여자들도 전례 없이 많은 숫자가 직업전선에 뛰어들면서 그들도 일과 가정의 이중적 요구와 씨름하게 되었다. 이 긴장은 여자들, 특히 일부 기독교 진영에 속한 여자들에게 매우 심한 편이다. 왜냐하면 그런 가정은 남자가 '돈을 벌고' 여자는 집에서 아이를 양육해야 한다는 전통적인 견해를 갖고 있기 때문이다. 예전보다 많은 여자들이 직장을 다니고 있지만 자녀 양육의 책임은 여전히 그들에게 돌아간다. 맞벌이가정에서 여자가 집안일에 대해 더 많은 부담을 안고 있는 것으로 이미 입증된 바 있다.

더 나아가, 점점 더 많은 사람이 먼 직장에서 일하면서도 통신 장비로 끊임없이 통신할 수 있게 된 만큼 일과 가정의 경계선을 긋기가 10년 전보다 더 어려워졌다. 이러한 현상을 보면 옛날처럼 집과 일터가 거의 분리되어 있지 않은 상황으로 돌아가는 듯하다.

두 번째 차이점은 고대 세계가 일과 대비시켜 여가를 어떻게 보았는지와 관련이 있다. 예를 들어, 고대 그리스인들이 생각하던 일과 여가의 관계는 오늘날과 매우 달랐다. 아리스토텔레스는 『니코마코스 윤리학』(Nicomachean Ethics)에서 여가가 우선이고 일은 부차적인 것이라고 주장했다.[12] 이는 여가를 일을 하지 않는 시간에 즐기는 활동으로 보는 오늘날의 견해와 매우 다르다. 예나 지금이나 사람들은 일보다 여가를 선호하고, 실제로 여가를 목표로 삼고, 일은 그 목적을 위한 수단일 뿐이다. 그리스어로 여가는 '스콜레'(scholē)인데, 여기서 학문(scholarship)과 학교(school)라는 단어들이 나왔다. 일은 **여가의 부재**로 정의되었고, 그리스인들은 일을 정의하기 위해 '아스콜리아'(ascholia)란 용어를 사용했다. 말하자면, 일은 여가 다음에 따라왔고 한가하지 않을 때 하는 활동이었다. 이것이 바로 고대 사회와 오늘날의 사회가 일과 여가를 보는 큰 차이점이다. 특히 오늘날의 서구 사회에서는 일을 우선시하고 여가는 부차적인 것으로 여긴다. 즉 우리는 일에 입각해서 여가를 규정하지 거꾸로 접근하지 않는다.[13]

그뿐만 아니라, 고대 세계는 여가에 대한 견해도 매우 달랐다. 당시에 여가는 아리스토텔레스가 "놀이"라고 부른 것, 즉 일로부터의 휴식이나 오락을 가리키는 말이 아니었다. 오히려 일에서 벗어나서 지성적인 삶을 가꾸고 지적인 추구에 몰두하는 것, 즉 좋은 삶을 살기 위해 꼭 필요하고 본질적으로 가치가 있는 활동을 가리켰다. 이런 유형의 여가는 오늘날의 여가와는 매우 달랐고, 아리스토텔레스에 따르면 진정한 행복을 위한 필수요건인 지적인 미덕의 개발과 사색하는 활동을 포함했다. 분명히 말하건대, 아리스토텔레스의 견해는 "주말을 위해 일한다"는 오늘날의 쾌락주의가 결코 아니었다.

그래도 일과 여가에 대한 과거와 오늘의 관점 사이에 한 가지 유사점은 있다. 고대인들은 일을 오로지 여가를 제공하는 수단으로 본 나머지, 일을 본질적으로 고귀한 것으로 보는 기독교적인 관점과는 거리가 멀었다. 아리스토텔레스는 먼저 행복을 얻기 위해서는 약간의 현세적인 재화가 필요하고 이 재화들을 얻기 위해서는 일이 필요하다고 주장했다. 둘째로, 일은 여가를 가능하게 한다고 주장했다. 따라서 아리스토텔레스에게 일은 그저 여가를 제공해 줄 수 있는 것이란 점에서 도구적인 가치만 지니고 있는 셈이다. 오늘날 여가의 성격은 고대와 매우 다름에도 불구하고 아리스토텔레스는 일을 목적을 위한 수단으로만 봤다. 이는 오늘날 우리 문화에 속한 많은 사람들이 가진 견해, 즉 일이 가치 있는 이유는 사람들이 자신에게 정말로 중요한 것-철인 3종 경기를 위한 훈련이든, 가족과 시간을 보내는 것이든, 상급교육을 받거나 자원봉사를 하는 것이든-을 실행할 수 있는 기회를 주기 때문이라고 생각하는 것과 비슷하다. 일은 우리가 놀거나 여가를 즐기지 않을 때 하는 활동이다. 이 견해는 우리가 1장 및 2장에서 제시한 견해, 즉 일은 다른 무엇을 성취하든지 상관없이 그 자체로 고유한 가치가 있다는 견해와 뚜렷이 대비된다.[14]

성경은 이러한 고대 세계를 배경으로 이런 중요한 일과 여가의 개념을 말했다. 하나님은 처음부터 인간이 그들의 번영에 기여하게 될 방식으로 살도록 설계하셨다. 일찍이 창세기 1장에 나오는 주요 관심사 중의 하나는 일과 여가를 함께 묶을 필요성이다. 양자는 하나님이 설계하신 인간이 되는 데 꼭 필요하기 때문이다. 사실 하나님은 이 점을 강조하기 위해 창조하실 때 본을 보이셨고 십계명에 법으로 제정하셨다. 이것은 명령으로 전수되어 왔지만 본래는 선물로 주어진 것이었다. 하나님이 안식일을 제정하신 것은 사람들의 일이 그들의 삶을 장악하지 못하게 하려는 의도였다. 출애굽기 20:8-11에서 하나님은 7일에 하루를 쉬는 패턴을 제정하셨다. 이는 일을 멈추고 삶의 다른 측면, 즉 사색하고 예배하는 것과 우리의 영혼과 하나님과의 관계를 돌보는 데 방해가 되는 모든 일의 걸림돌을 제쳐 놓는 것을 뜻한다. 참고로 히브리어로 '샤바트'(shabbat)는 단순히 '멈추고 쉬다'라는 뜻이다. 하나님의 의도는 사람들이 안식일을 지킴으로써 할 일의 목록을 제쳐 놓고 예배, 묵상, 그리고 하나님과의 관계에 특히 주의를 기울여 다시 생기를 되찾게 하려는 것이었다. 하나님이 그럴 필요성을 강하게 느끼신 나머지 이스라엘의 역사 내내 주기적으로 이 명령을 반복하셨다. 예를 들어, 신명기에서 이스라엘 민족이 약속의 땅에 들어가기 직전에 십계명을 다시 말씀하실 때 안식일 명령을 다시 주시되 그 토대가 달랐다. 신명기 5:12-15에서 하나님은 이스라엘 민족에게 안식일을 상기시키시되 이번에는 그 토대를 이집트에서의 노예 경험에 두셨다. "너희는 기억하여라. 너희가 이집트 땅에서 종살이를 하고 있을 때에, 주 너희의 하나님이 강한 손과 편 팔로 너희를 거기에서 이끌어 내었으므로, 주 너희의 하나님이 너에게 안식일을 지키라고 명한다." 400년에 걸친 이집트에서의 종살이 때문에 하나님은 안식일을 지키라고 명령하신 것이다.

이집트에서의 체류와 안식일의 준수 필요성 사이에 무슨 관련이 있을까? 이스라엘 민족이 이집트의 노예 상태였을 때는 모든 삶을 다 바쳐 쉬지 못한 채 일해야 했었다. 사실은 그들이 쉼을 요청하자 노예 감독이 더 과중한 책임을 맡겨 더 많은 시간과 에너지를 일에 쏟아붓게 만들었다. 그래서 하나님은 그들이 더 이상 노예가 아니기 때문에 노예처럼 살지 말아야 한다고 말씀하시는 것이다. 안식일을 지키길 거부하는 것은 일의 노예가 되었다는 뜻이었다. 안식일 명령은 일의 노예처럼 살면 안 된다는 것을 상기시켜 주기 위한 것이었다. 더 나아가, 안식일이 일을 도모하기 위해 창조된 날이 아님을 염두에 두어야 한다. 달리 말해, 안식일을 '에너지를 재충전'하거나 더 효과적인 일꾼이 되기 위한 목적으로 준수하면 안 된다. 예나 지금이나 우리는 안식일을 선물로 받아야 한다.

안식일을 지키는 것은 또한 믿음의 행위이기도 했다. 따라서 안식일을 지키길 거부하는 것은 하나님이 소득을 주실 것을 신뢰하지 않는다는 뜻이었다. 출애굽기 31:12-17에서 하나님은 안식일이 이스라엘 민족과 맺은 언약의 징표라고 말씀하신다. 이스라엘 민족은 안식일을 지킴으로써 이 언약 관계에 따라 하나님이 그들을 돌봐 주실 것으로 믿는다는 것을 표현하는 셈이다. 그래서 하나님은 안식일을 추수할 때와 파종할 때에도 반드시 지켜야 한다고 더 강하게 강조하셨다(출 34:21). 농업 사회에서는 그 두 시기가 연중 가장 바쁜 때인데, 이때 쉰다는 것은 소득의 손실을 감수하는 일이었다. 이는 흡사 공인 회계사에게 연말 소득 정산 마감일 몇 주 전에도, 또는 대학생들에게 기말고사 직전에도 안식일을 꼭 지키라고 말하는 것과 같다.

하지만 안식일 계명의 핵심은 삶에는 일 이상의 것들이 있고 우리는 노동자 이상의 존재라는 것을 일깨우는 사랑의 지표이다. 물론 자기 일을 좋아하지 않는 사람이나 그저 부지런히 일하는 사람에게는 일을 지나치게 하고픈 유혹이 별로 없다. 반면에 성공해야겠다는 많은 기업가와 전문인들, 또는 업무량과 스트레스가 매우 많은 직업에 종사하는 사람들에게는 일의 압력이 실로 엄청나다! 특히 사무실에 있지 않을 때와 심지어 휴가 중에도 일과 관련해 자주 연락을 받는 사람들은 더욱 그러하다. 안식일 계명은 **우리가 곧 우리의 일은 아니며**, 일이 우리 삶의 중요한 부분이

긴 해도 궁극적으로 우리가 누구인지 규정짓지 못하고 우리의 정체성의 일차적인 근원이 아니라는 점을 상기시켜 준다. 따라서 정기적인 휴식은 우리 자신과 우리의 공동체에게 삶은 일보다 더 크다는 것을 말해 주는 것과 같다.

그러나 어떤 사람들은 안식일 계명은 구약 시대의 이스라엘 민족에게 내린 명령이지 우리에게 적용되는 명령은 아니라고 반론을 제기한다. 어느 면에서는 그들이 옳다. 신약 시대의 교회는 이스라엘 민족과 같이 모세의 율법 아래 있지 않다. 따라서 우리는 안식일 계명을 문자 그대로 지킬 의무가 없다. 즉 이스라엘 민족이 그랬던 것처럼 문자 그대로 하루를 완전히 쉬어야 할 필요가 없다. 그렇게 하는 것이 좋은 생각이 아니라는 뜻은 아니다! 우리는 그 법을 그대로 따를 필요가 없다는 뜻이다.

하지만 안식일 계명과 묶여 있는 좀 더 일반적인 원리(들)이 있는 만큼, 이 점은 우리가 오늘날 진지하게 여길 필요가 있다. 안식일 명령은 처음부터, 죄가 세상에 들어오기 전부터, 창조의 질서에 기초한 것이기 때문에(창 2:2-3; 출 20:11), 하나님은 우리를 정기적으로 쉬도록 설계하셨던 것이다. 하나님은 여전히 우리가 소득에 대해 그분을 신뢰하길 원하시고, 정기적인 휴식은 언약 관계의 징표는 아니라도 우리가 그분을 의지한다는 표시이다. 그리고 하나님은 여전히 우리가 일에 매몰되지 않기를 바라신다. 정기적인 휴식은 여전히 우리는 우리의 일이 아니라는 것을 의미한다. 우리는 문자 그대로 7일 중에 하루를 쉬어야 한다는 명령 아래 있는 것은 아니지만, 안식일 명령의 이유는 오늘날에도 여전히 유효하며 우리에게 **안식의 관점과 생활 방식**을 개발하도록 권유한다. 일터가 곧 우리의 제단이긴 하지만 우리의 모든 시간을 거기에 쏟아부어야 한다는 뜻은 아니다. 또한 우리의 일을 숭상하도록 부르심을 받았다는 뜻도 아니다. 물론 안식의 생활 방식은 단지 개인적인 문제만이 아니다. 공동체와 제도의 문제이기도 하다. 안식일은 원래 공동체에서 함께 지키도록 계획된 것이지 홀로 지키는 날은 아니었기 때문이다. 따라서 우리가 속한 조직이 안식의 관점을 존중하지 않는다면, 개개인이 그런 삶의 패턴을 실천하는 일이 훨씬 어려워진다.

전도서는 일과 여가를 포함해서 인생의 모든 것을 하나님의 좋은 선물로 즐기라고 권면하고 있다. 이런 구절들은 1장에서 언급하면서 하나님이 일을 본래 선하게 만드셨다고 설명했다. 하지만 여가도 좋은 선물로 축복받았다는 점은 언급하지 않았다. 전도서는 이 점도 분명히 밝힌다. 예를 들어, 전도서 8:15은 이렇게 말한다. "나는 생을 즐기라고 권하고 싶다. 사람에게, 먹고 마시고 즐기는 것보다 더 좋은 것이 세상에 없기 때문이다. 그래야 이 세상에서 일하면서, 하나님께 허락받은 한평생을 사는 동안에, 언제나 기쁨이 사람과 함께 있을 것이다." 이런 구절들은 우리에게 올바른 관점에서 인생을 조망하고 일과 여가를 모두 즐기되 어느 하나라도 우리의 정체성을 규정짓지는 못하게 하라는 권면이라고 우리는 생각한다.[15]

기회를 선용하라: 시간을 구속하라

성경이 우리에게 일을 통해 일어나는 영적 변화를 인정하고 인식할 여유를 갖도록 강하게 권장하고 있음을 아는 것과, 그것을 정기적으로 실천하는 것은 별개의 문제이다. 특히 요즘과 같이 기술의 발달로 언제 어디서나 업무와 관련해서 접촉이 가능한 사회에서는 실천하기가 특히 어렵다. 기독교인의 관점에서 일과 여가의 균형을 맞추려면 **독특한 시간관**이 필요하다. 타락 이후 인생은 너무 짧고 세월이 너무 빨리 지나간다. 그래서 성경은 우리에게 "날을 세는 법"(시 90:12)을 배우고 "세월을 아끼십시오"(엡 5:15-16; 골 4:5)라고, 즉 시간을 현명하게 사용하라고 권고한다.

대부분의 사람들은 이런 말씀을 들으면 "하나님의 나라를 위해 바쁘게 일하고", 시간을 낭비하지 말고, 삶의 매 순간을 소중히 여기고, 모든 시간을 생산적으로 보내는 데 써야 한다는 뜻으로 받아들인다. 이런 해석은 비즈니스 분야의 시간관리 전문가가 말하는 것과 별반 다를 바 없어 보인다. 이는 성경보다 비즈니스 스쿨에 더 어울리는 관점이다. 성경에는 시간을 제대로 쓰라는 권고가 가득하지만, 이는 하루를 생산적인 활동에 쓰느라 바빠야 한다는 말은 아니다. 오히려 하나님의 시간관에 충실해지기 위해 더 많이 일하기보다 더 적게 일하라고 충고하고 있는지도 모른다.

"날을 세는 법"(시 90:12)이란 시편 기자의 어구를 생각해 보자. 이스라엘 민족이 약속의 땅에 들어가기 몇 년 전에 광야에서 모세가 시편 90편을 지었다. 그 기간에 그는 이 땅에서 우리의 수명이 얼마나 짧고 훌쩍 지나가는지 직접 목격했다. 광야에서 이스라엘 민족을 이끄는 동안 200만 여 명에 달하는 한 세대가 모두 죽는 것을 목격했는데, 평균적으로 날마다 수십 명씩 죽은 셈이었다. 그래서 모세는 시간이 얼마나 빨리 흘러가는지를 잘 알고 있었다. 이런 면에서 성경적 관점에서 시간에 관한 충고를 주기에 적합한 인물이었다.

이 시편의 앞부분에서 그는 우리의 수명이 얼마나 빨리 끝날 수 있는지에 대해 말한다.

> 주님께서 생명을 거두어 가시면,
> 인생은 한 순간의 꿈일 뿐,
> 아침에 돋아난 한 포기 풀과 같이 사라져 갑니다.
> 풀은 아침에는 돋아나서 꽃을 피우다가도,
> 저녁에는 시들어서 말라 버립니다. (시 90:5-6)

모세는 광야에 살면서 매일 풀을 보았던 만큼 이 자연 법칙을 인간에게 적용했던 것이다. 이어서 우리의 삶이 얼마나 급하게 지나가는지 묘사한다.

우리의 연수가 칠십이요
강건하면 팔십이라도,
그 연수의 자랑은 수고와 슬픔뿐이요,
빠르게 지나가니, 마치 날아가는 것 같습니다. (시 90:10)

이를 배경으로 모세는 하나님께 "우리에게 우리의 날을 세는 법을 가르쳐 주셔서 지혜의 마음을 얻게 해 주십시오"(시 90:12)라고 부탁한다. 날을 잘 세는 것은 지혜롭게 사는 것과 직결된다. 그런데 '우리의 날을 잘 센다'는 것은 도대체 무슨 뜻일까? 문자적으로는 '우리의 날 수를 계산한다'는 뜻이다. 그러면 실제로 우리의 날 수를 계산해 보자. 모세는 이미 평균 수명이 70년에서 80년 사이라고 말했다. 당시에는 오늘날과 같은 의료 기술이 없었으므로 상한치인 80세의 날을 세는 것부터 시작해 보자. 일 년에 365일씩 80년이면 평생은 총 29,200일이다. 예를 들어, 지금 50세인 사람이 있다고 가정해 보자. 이 사람은 이미 총 18,250일을 살았고 이제 10,950일이 남아있다는 뜻이다. (당신의 현재 나이를 가지고 한 번 계산해 보기를 바란다.) 만약 우리가 그 50세의 사람이라면 인생이 얼마나 빨리 흘러갔는지, 그리고 그에 비해 남은 날 수가 얼마나 적은지를 보고 깜짝 놀랄 것이다. (당신이 정말로 진지해지고 싶다면 매달 말에 30일이나 31일을 빼고, 그것이 불편하면 연말마다 365일을 빼면 된다.) 하지만 모세의 취지는 단순히 날을 계산해 보라는 것이 아니라 **계산의 효과**를 포착하라는 것이다. 세월이 얼마나 빨리 흘러갔는지에 깜짝 놀라 절박감을 느껴 시간을 지혜롭게 사용하라는 것이 모세의 충고이다. 이는 시간에 대한 우리의 관점을 바꾸려는 것이지 특정한 시간관리 전략을 주려는 것이 아니다. 우리의 날들이 중요성을 지니게 하려고 우리의 날들을 세어야 하는 것이다.

보통은 '우리의 날을 세어 보라'는 권고를 우리의 시간을 의미 있는 과업으로 채우라는 명령, 즉 바빠지라는 명령으로 바꾸기가 쉽다. 그리고 "세월을 아끼십시오"(엡 5:16; 골 4:5)라는 신약의 명령도 그런 생각을 강화시킬 수 있다. 그런데 이 말은 정확히 무슨 뜻인가? 신약성경에는 시간을 가리키는 단어가 두 가지 있다. **연대기적**(chronological)이라는 용어의 어원인 '크로노스'(chronos)는 시계상의 시간을 의미한다. 우리가 시간을 어떻게 쓸지 생각할 때와 기업의 시간 관리 컨설턴트들이 염두에 두고 있는 것이 바로 이 시간 개념이다. 그러나 신약이 시간을 가리킬 때 사용하는 또 다른 단어는 '카이로스'(kairos)인데, 이 용어가 에베소서 5장과 골로새서 4장에 사용되고 있으며 그것은 '기회'라는 뜻이다. 이 때문에 이 어구는 종종 "모든 기회를 선용하십시오"라고 번역되는 것이다.

그리스에는 카이로스에 대한 매우 흥미로운 신화가 있다.[16] 그리스 고전 문학에 의하면 카이로스는 키가 작고, 아주 빠르며, 머리 뒤쪽의 긴 머리를 제외하면 대머리인 신(god)이었다. 카이로스가 사람들에게 돌진하면 사람들은 그 꽁지머리를 붙들어 그를 잡으려고 한다. 물론 그는 너무 빨리 오기 때문에 많은 사람들이 그를 놓치지만 드물게 그를 잡은 사람들은 "시간을 붙잡은" 것으로 전해졌다. 즉 그들은 기회가 재빨리 지나가기 전에 기회를 붙잡았다는 뜻이다. 이 때문에 많은 번역본이 에베소서 5장과 골로새서 4장에 나오는 "시간을 구속하라"는 명령을 "모든 기회를 선용하라"는 어구로 번역한 것이다. 이 두 구절에서도 우리의 시간을 잘 사용하는 것은 좋은 삶을 살고 삶을 지혜롭게 사는 데 꼭 필요하다.

신약성경에서 시간을 잘 사용한다는 것은 전통적인 시간 관리와 별로 관계가 없다. 후자는 시간을 '크로노스'로 보기 때문이다. 전자는 하나님이 우리에게 주시는 기회를 잘 활용하는 것과 관계가 있다. 물론 어떤 사람들은 시간을 그만 낭비할 필요가 있다. 그러나 다수에게는 시간을 구속한다는 것이 더 빠르게 움직이기보다 속도를 늦추라는 뜻이 아닐까 생각해 본다. 우리는 정말로 중요한 일을 위해 약간의 여유를 남겨 둘 필요가 있다. 예를 들어, 하나님이 자녀들과 함께 우리에게 주신 기회를 잘 살리려면 우리 부모들은 스케줄이 없는 시간을 만들어서 아이들과 함께 있을 필요가 있다. 그래야 아이들과 함께하면서 가르치는 순간도 활용할 수 있기 때문이다. 마찬가지로, 우리의 이웃과 동료와 직원을 위해서도 우리가 속도를 늦추고 하나님이 주시는 기회를 활용해서 그리스도의 사랑을 보여 주고 때로는 중요한 주제에 관해 대화할 필요가 있다. 사실 우리는 너무 빨리 움직이는 바람에 하나님이 그분의 나라에 기여하도록 우리에게 주시는 기회를 활용하기는커녕 알아채지도 못할 때가 많다.

올바른 관점을 유지하라

성경에서 깨어진 세상에서의 일이란 주제에 대해 전도서만큼 직접적으로 다룬 책은 없다. 솔로몬은 영원의 이편에서 사는 삶에 대해 성찰하고 있다. 전도서는 냉정한 현실을 다루면서도 닻을 잃은 세상에서 사는 법에 관해 현명하고 유익한 조언을 제공한다. 솔로몬은 지혜와 부와 일 등 다양한 주제를 다루면서 그 모두를 '헛됨' 또는 '무의미함'으로 묘사한다. 어떤 사람들은 일을 헛된 것으로 보는 솔로몬의 관점이 일의 고유한 가치를 주장하는 우리의 견해에 대한 적절한 반론이라고 생각할지 모르겠다. 하지만 솔로몬이 의도한 바는 일(그리고 다른 여러 추구)이 절대적 의미에서 무의미하다는 것이 아니었다. 성경의 다른 부분에서는 지혜(잠 8장), 부(딤전 6:17-19), 그리고 일(창 2:15)이 그 고유한 선을 갖고 있다고 긍정하기 때문이다. 오히려 이런 것들은 **솔로몬이 그것들을 사용하는 의미**에서, 즉 삶에 궁극적인 의미와 일관성을 부여하는 요소로서 의미가 없다는 것이다. 솔로몬이 전도서에서 다루는 영역들 중 어느 것도 삶의 진정한 의미를 열어 주는 열쇠를 제공할 능력이 없다.[17]

타락한 세상에서의 일에 접근하는 것과 관련해 솔로몬의 충고를 생각해 보자. 전도서 2:18-26은 일에 관해 생각할 때 접하는 세 가지 냉정한 현실을 말해 준다. 첫째, **우리는 우리가 이뤄 놓은 일을 누가 물려받을지 모른다**. 솔로몬은 다음과 같이 말한다. "세상에서 내가 수고하여 이루어 놓은 모든 것을 내 뒤에 올 사람에게 물려줄 일을 생각하면, 억울하기 그지없다. 뒤에 올 그 사람이 슬기로운 사람일지, 어리석은 사람일지, 누가 안단 말인가? 그러면서도, 세상에서 내가 수고를 마다하지 않고 지혜를 다해서 이루어 놓은 모든 것을, 그에게 물려주어서 맡겨야 하다니"(전 2:18-19). 즉, 우리는 우리가 떠난 후 우리의 일에 무슨 일이 생길지, 그리고 어떤 사람이 우리가 한 투자를 이어 갈지 모른다는 뜻이다. 예를 들어, 나(스콧)는 친한 친구와 함께 대학과 대학원을 다닐 때 여름 방학마다 농구 캠프를 운영했다. 그리고 우리가 '진짜 직업'을 얻을 때가 되자 그 캠프를 한 친구에게 팔았는데, 그 친구는 곧바로 다른 직업을 구하는 바람에 캠프를 운영할 수 없게 되고 말았다. 제대로 운영해 보기도 전에 접고 만 것이다. 그 사업에 쏟았던 우리의 감정적인 투자가 그 친구에게 넘긴 뒤 순식간에 물거품이 된 것이다.

둘째, 누가 우리의 발자취를 따라올지 모르지만, 솔로몬은 **우리의 후계자는 우리보다 주인 의식을 덜 느끼게 될 것이라고** 지적한다. 왜냐하면 그 사람은 우리가 일을 시작한 뒤 많은 어려움을 헤쳐 나온 과정에 함께하지 않았기 때문이다. "세상에서 애쓴 모든 수고를 생각해 보니, 내 마음에는 실망뿐이다. 수고는 슬기롭고 똑똑하고 재능 있는 사람이 하는데,

그가 받아야 할 몫을 아무 수고도 하지 않은 다른 사람이 차지하다니"(전 2:20-21). 이 사람은 우리가 그 일을 시작할 때 쏟은 만큼의 헌신이 없이 그 일의 성과를 누리고 있는 것이다. 종종 기업인이 자기 회사를 자식들에게 물려주거나 다른 사람에게 팔 때 우리는 이런 광경을 목격하곤 한다. 한 사람이 비즈니스를 창업할 때를 생각해 보라. 그 사람은 모든 재산과 인생을 걸고 그 사업이 순조롭게 이륙하도록 헌신한다. 많은 경우에는 그 사업이 자기가 돌보는 또 다른 자녀와 같이 된다. 그러다가 그 사업을 매각할 날이 올 때, 인계받은 사람이 그것을 수입의 근원으로만 여기는 모습을 보면 참으로 마음이 아프다. 하지만 솔로몬은 이것이 타락한 세상에서는 충분히 이해할 수 있는 일이라고 주장한다. 그 기업인은 상식적으로 후계자가 자신이 쏟은 열정과 같은 열의를 품기를 바랄 수 없다. 결국 그 사람은 사업을 시작했고, 거기에 모든 것을 걸었으며, 사업을 성공시키려고 여러 해 동안 자신의 삶과 에너지를 쏟아부은 것이다. 솔로몬도 이러한 일을 직접 겪었다. 이스라엘 나라를 아들 르호보암에게 넘겨주었는데, 르호보암은 왕위를 받자마자 잘못 통치하여 민족이 이스라엘과 유다로 분열되고 통일을 보지 못하고 죽었다(왕상 12장).

마지막으로, 솔로몬은 **일 중독자에게 경고하며** 올바른 관점에서 일을 조망하지 못할 때 무슨 일이 생기는지 말한다. "사람이 세상에서 온갖 수고를 마다하지 않고 고군분투하지만, 무슨 보람이 있단 말인가? 평생에 그가 하는 일이 괴로움과 슬픔뿐이고, 밤에도 그의 마음이 편히 쉬지 못하니"(전 2:22-23). 이건 쳇바퀴 돌듯 매일 자기를 혹사하는 유형의 사람을 묘사한다. 그는 결코 일의 압력에서 벗어나지 못하는 듯하다. 때로는 그런 압력이 주변 환경에서 오지만 내면에서 오는 경우가 더 많다. 이런 사람들은 갈수록 더 높은 기대치에 부응하도록 계속 부추기는 마음속의 엔진이 있다. 크게 성공한 사람들이 그런 경우가 많다. 하지만 이들은 종종 일 중독에 따르는 대가를 깨닫지 못한다. 처음엔 달콤한 성취의 맛이었던 것이 점차 덫으로 변하고, 과거의 실적을 유지하려는 노력이 잔인한 작업 감독의 모습으로 나타난다. 그로 인한 육체적, 정신적, 관계상의 피해가 실로 엄청날 수 있다. 그런데도 일에 사로잡히면 대가가 눈에 보이지 않는다. 어떤 경우에는 심장마비, 우울증, 탈진 등 몸에 이상이 생길 때에야 변화를 도모한다. 사실 우리가 살아가는 현대 사회에서는 암과의 투병만이 일을 쉴 수 있는 합법적인 이유라는 말이 나올 정도이다.

요약하자면, 솔로몬은 전도서에서 죄의 저주 아래 있는 일의 현실적인 모습을 묘사하고 있다. 물론 성경과 솔로몬은 일이 큰 가치와 고귀함을 가진 것으로 묘사하면서 일에 대한 본래의 의도와 타락한 세계에서의 일의 현실을 균형 있게 보여 준다. 그러나 솔로몬은 이런 비관적인 관점으로 결론을 맺지 않는다. 오히려 일이 하나님의 설계에 따른 존엄성과 죄의 현실에 따른 비존엄성을 모두 갖고 있는 세상에서 살아가는 법에 관해 귀한 충고를 한다. 즉 일과 여가 모두에 전념하고, 양자를 선한 하나님의 선물로 즐기는 자세를 취하라고 독려한다. "사람에게는 먹는 것과 마시는 것, 자기가 하는 수고에서 스스로 보람을 느끼는 것, 이보다 더 좋은 것은 없다. 알고 보니, 이것도 하나님이 주시는 것, 그분께서 주시지 않고서야, 누가 먹을 수 있으며, 누가 즐길 수 있겠는가?"(전 2:24-25).

인생은 맞바꿈의 연속이다

우리 문화는 우리가 모든 것을 가질 수 있다고 잘못 선전한다. 기독교적 관점에서는 모든 것을 가질 수 있는 곳은 천국 밖에 없다. 영원의 이편, 즉 죄 아래 있는 삶은 맞바꿈(tradeoff)의 연속이다. 선택은 그에 따른 결과를 수반하고 그에 따른 비용을 고려해야 한다. 특히 일과 가족과 개인 생활에 대한 올바른 관점을 유지하려면 더욱 그렇다. 그렇다고 해서 의료,

목회, 또는 많은 비즈니스처럼 시간이 많이 소요되는 버거운 직업들을 자동적으로 배격해야 한다는 뜻은 아니다. 단지 그런 직업이 요구하는 대가를 진지하게 고려해야 하고, 그런 영역에서 올바른 관점을 갖고 균형 있게 사는 것이 무척 힘들다는 뜻이다.

나(스콧)의 친구 짐의 예를 들어 보자. 그는 대학을 졸업하고 나서 뉴욕의 큰 광고 회사에서 일하게 되었다. 장시간 근무와 잦은 출장을 요구하는 회사였다. 그 스케줄은 짐이 싱글이었을 때와 신혼 때까지는 괜찮았다. 제때에 승진을 하였고, 승진할 때마다 더 큰 책임이 뒤따랐으며 근무시간이 늘어나고 출장도 더 많아졌다. 광고 업계에서는 흔한 일이었기에 그는 대수롭게 생각하지 않았다. 누구나 장시간 근무를 했고 모두에게 일이 최우선순위였다.

이후 짐 부부는 아이를 가졌다. 가정을 이루기 전에 짐의 아내는 뉴욕에서 회사 변호사로 일하면서 짐보다 스트레스를 더 많이 받고 있었다. 그러다가 그녀가 가정을 갖고 싶어 하자 회사는 일을 그만두라고 했고, 그녀는 동의하고 첫 아이를 낳으면서 집에서 전업주부가 되기로 결정했다.

다른 한편, 짐은 계속 승진했고 마침내 해외 출장을 더 많이 가기 시작했다. 게다가 유럽 지사를 책임지게 되어 해외 출장이 더 잦아지게 되었다. 해외 출장으로 보내는 날이 1년에 272일이나 될 정도였다. 한 사건을 계기로 짐은 심각한 문제를 주목하게 되었다. 그는 아시아에서 보내던 3주간의 출장 중 2주차에 할로윈을 맞아 집에 전화를 걸었다. 그의 아내와 아이들은 동네에서 재미있는 놀이를 하고 막 돌아온 참이었는데, 세 살 된 딸이 엄마에게 **"아빠가 언제라도 집에 온다면** 이 할로윈 의상을 입은 나를 볼 수 있을까요?"라고 말한 것이다. 짐은 그 말을 듣고 무척 상심했지만 매우 버거운 일에 붙잡혀 그의 삶을 다시 통제할 수 있는 길이 보이지 않았다.

그 친구가 남부 캘리포니아 지부의 책임자로 발령받아 이사를 왔을 때 나는 그를 만났다. 그는 뉴욕 본부의 최고 책임자 자리에 오르기 위해 준비해 오던 중이었고, 캘리포니아 지부는 그가 지부를 효과적으로 운영할 수 있는지를 시험하는 장소였다. 그런데 애초의 2년 임기가 5년으로 연장되었고, 그동안 짐과 그의 가족은 캘리포니아와 사랑에 빠져 뉴욕으로 돌아갈 마음이 없어졌다. 하지만 회사는 그가 뉴욕으로 돌아와 뉴욕 본부의 최고 책임자답게 높은 스트레스, 장시간 근무, 장거리 출퇴근을 감수하며 일해 주기를 기대하고 있었다.

짐은 뉴욕 본부로 돌아갈 날을 고대하고 있지 않았다. 이미 캘리포니아의 느린 속도와 5분밖에 안 걸리는 출퇴근에 익숙해진 탓이었다. 캘리포니아에서 근무하는 동안 처음으로 일과 가정의 균형을 제대로 맞추고 있다고 느꼈다. 그래서 결국 뉴욕으로 돌아오라는 회사의 요구를 거절하여 동료들을 충격에 빠뜨렸다. 반면에 가족은 기뻐했다. 결국 잘나가던 회사를 그만두고 뉴욕에서는 아무도 모르는 그 지방의 작은 광고 회사에 들어갔다. "나는 삶다운 삶을 살고 싶어"라고 그가 말했다.

짐은 모종의 맞바꿈이 있어야 한다는 것을 깨달았다. 적어도 캘리포니아로 이사하기 전에 생각했던 방식으로는 자기가 모든 것을 다 가질 수 없음을 알았던 것이다. 가족을 위해 책임을 다하려면 뉴욕에 살았을 때처럼 자주 출장을 다닐 수 없고 또 장시간 근무할 수도 없다는 사실을 깨달은 것이다. 월급은 절반밖에 되지 않았고, 그는 여전히 매우 유능하지만 광고 업계의 최고 자리에 올라가는 것도 이제는 물 건너가고 말았다. 당연히 아주 어려운 선택이었다. 하지만 그는 좋은 선택을 했다고 믿는다.

그의 자녀들이 대학을 가고 어느 정도 독립하게 되면, 짐은 뉴욕으로 돌아가서 더 많은 시간을 요구하는 광고 업계에 몸담을 수도 있을 것이다. 그가 가족을 우선적으로 선택했다고 해서 기독교인이라면 업무량이 많은 직장을 피해야 한다는 뜻은 아니다. 특히 변혁적 섬김의 과업을 달성하고픈 열망이 있다면 더욱 그러하다. 그러나 이런 결정을 할 때는 그 대가를 신중하게 고려해야 한다. 누구든지 자기 일을 변혁적 섬김으로 보기 위해 일 중독자가 될 필요가 없고, 성공하기 위해 개인적인 삶을 망칠 필요도 없다고 말하고 싶다.

결론

비즈니스는 개인의 성품과 영성을 드러내고 또 정련하는 일종의 훈련장이다. 비즈니스에 몸담는 것은 섬김, 신뢰, 그리고 인내의 덕목을 요구하고 또 개발하게 된다고 우리가 주장했다. 더 나아가, 비즈니스는 영성 형성이 일어나는 도가니의 역할을 할 수 있고, 흔히 비즈니스를 하면서 필연적으로 경험하게 되는 역경을 다룰 때 그렇게 된다. 개인의 영성 형성을 위해 일터를 최대한 활용하고 싶다면 몇 가지 영적 훈련이 필요하고, 삶의 다른 중요한 측면들과 일을 균형 있게 볼 수 있는 관점이 필요하다. 우리는 이 논의를 4장과 7장에서 더욱 확장시켜, 비즈니스가 개인의 영성 형성에 큰 기여를 하는 이유는 바로 돈과 권력과 연관이 있기 때문임을 살펴볼 것이다. 성경은 이 두 가지(돈과 권력)가 개인의 영적 성숙도를 가리키는 중요한 지표라고 분명히 말한다. 예수님은 돈이 개인의 내적 상태를 보여 주는 척도라고 가르치신다(마 6:19-24). 그뿐만 아니라, 성경은 권력의 남용에 대해 경고한다. 그것은 하나님 나라에서의 위대함의 개념과 어울리지 않기 때문이다(눅 22:24-26). 부와 성공이라는 주제는 4장에서 논의할 생각이고, 권력의 행사는 7장에서 다룰 예정이다.

4

부, 성공, 야망

부, 성공, 야망에 대한 욕구는 비즈니스 전반에 스며들어 있다. 우리는 흔히 많은 재산 축적의 꿈을 실현하고픈 욕망에 따라 움직이는 문화에 몸담고 있는 만큼 이는 그다지 놀랄 일이 아니다. 하지만 성경은 이런 것을 추구하는 일이 위험하다고 단도직입적으로 경고한다. 그렇다면 기독교인은 어떻게 비즈니스에 성공하는 동시에 신실한 제자로 살아남을 수 있을까?

우리는 대학 교수이기 때문에 때때로 깜짝 퀴즈를 내는 특권을 행사하곤 하는데, 보통은 사람들로 하여금 당면한 주제에 대해 생각하게 만들기 위해서다. 여기서도 마찬가지다. 당신이 이번 장에서 다루는 주제에 대해 생각해 보도록 독려하기 위해서다. 퀴즈의 내용은 성경이 돈, 성공, 야망에 대해 어떤 관점을 갖고 있는지 맞추는 것이고, 모두 정답 또는 오답으로 답하는 형식이다. 이제 문제를 풀어 보라. 답에 대한 힌트는 이번 장을 진행하면서 알려 주겠다. 이번 장의 끝에 같은 퀴즈가 답과 함께 다시 나올 터이니 꼭 다시 풀어 보기 바란다.

1. 성경은 천국과 지옥에 관한 이야기보다 돈에 대해 더 많이 말하고 있다. (정답, 오답)

2. 성경은 당신에게 필요한 것 이상으로 당신을 위해 부를 축적하는 것이 잘못이라고 가르친다. (정답, 오답)

3. 야망은 자족과 반대되기 때문에 성경은 야망을 장려하지 않는다. (정답, 오답)

4. 예수님과 그분의 제자들은 매우 가난한 환경에서 자랐기 때문에 가난한 사람들과 쉽게 동일시될 수 있었다. (정답, 오답)

5. 성경은 가난이 사람들로 하여금 하나님을 신뢰한다는 말의 뜻을 이해하도록 돕는 미덕이라고 가르친다. (정답, 오답)

6. 성경은 개인의 돈에 대한 태도를 그의 전반적인 영적 건강과 연결시킨다. (정답, 오답)

7. 가난한 사람과 어려운 사람을 돌보는 태도가 없이는 하나님을 신실하게 따르는 것이 불가능하다. (정답, 오답)

8. 초대교회는 모든 물질적 재산을 처분하고 모든 소유를 공유했다. (정답, 오답)

9. 예수님이 젊은 부자 관원에게 주신 충고-"네 모든 것을 팔아 가난한 사람들에게 나누어 주라"-는 오늘날 기독교인의 표준이다. (정답, 오답)

10. 자기 회사의 CEO가 되는 것을 목표로 삼는 사람은 너무 야심적이고 자족할 줄 모르는 사람이다. (정답, 오답)

11. 당신의 정직성이나 신앙을 타협하지 않고도 비즈니스에서 성공할 수 있다. (정답, 오답)

12. 성경이 경고하는 유혹들(탐욕, 우상숭배, 질투)에 굴복하지 않고는 부유해질 수 없다. (정답, 오답)

이 모두는 사실 복잡한 질문들이다. 만약 일터가 하나님을 섬기기 위해 우리 자신을 드리는 장소라면, 우리는 야망과 성공과 돈의 이슈에 대해 생각하는 것을 피할 수 없다. 탁월하고 성실하게 일할 때 이런 것들이 따라오는데, 일을 잘하면 종종 출세의 가능성이 열리기 때문이다. 사실 대부분의 사람은 열심히 일하고 생산성을 높이면 그에 대한 보상으로 승진과 사회적 신분 상승을 기대한다. 이 기대감은 일을 자족과 물질주의에 대한 성경의 가르침과 통합시키려는 사람들에게 상당히 어려운 문제를 제기한다. 성공과 부에 대한 태도는 그 사람의 영적인 성숙도를 가리키는 중요한 지표이다(질문 6번).

이번 장에서는 3장에서 시작한 비즈니스와 영성이란 주제를 계속 이어 간다. 3장에서는 비즈니스가 개인의 영적인 삶이 도전받고 개발될 수 있는 연단의 장이라고 주장한 바 있다. 우리는 이제 한 걸음 더 나아가 물질주의를 억제하고 부의 영향력을 저지하려는 노력은 영적 성장을 **도모하고** 영적인 성숙을 **반영할** 수 있다고 주장한다.

고대 사회에서의 부와 성공

돈과 경제와 관련해서 고대 세계와 오늘날의 차이점은 과장하기가 힘들 정도이다. 고대 사회의 특징은 극단적인 부와 극단적인 빈곤이었고, 종종 상업에 종사하는 중하층 계급이 나란히 공존했다. 예수님은 목수 집안이라 중하층 계급이었던 것 같다. 오로지 농사에만 의존하지 않고 시장성이 있는 직업을 갖고 있었기 때문이다(질문 4번). 제자들도 어느 정도의 재정 수단을 가지고 있었던 것으로 보이는데, 만약 매우 가난했다면 예수님을 따르기 위해 모든 것(그들의 사업과 생계 수단)을 버렸다는 말을 할 수 없었을 것이기 때문이다(마 19:27). 당시 대다수 사람들은 최저 생활 수준의 농업, 목축, 상업에 종사했고 농장이 일차적인 생산 자산이었다. 절대 다수는 기본적인 자급자족을 위해 일했고, 소수의 엘리트가 대다수의 부를 통제해서 지주 엘리트층과 대중 사이의 경제적인 불평등이 매우 컸다.[1] 그 결과 대부분의 사람은 정기적으로 경제적 불의를 당했고 경제적으로 취약한 상태에 놓여 있었다.

고대 경제는 대체로 경제학자들이 말하는 소위 '제로섬'(zero sum) 상태였다. '제로섬'이란 경제적 자원이 비교적 고정되어 있어서 어떤 사람이 앞선다는 것은 다른 사람의 희생을 바탕으로 그렇게 된다는 것을 의미한다. 역사학자 더글라스 오크맨은 이렇게 설명한다. "낮은 생산성과 사회의 불평등은 어차피 자원은 한정되어 있고 삶의 재화는 이미 배분이 끝난 상태이기 때문에 절대량은 증가할 수 없다는 인식을 낳았다."[2] 경제를 파이로 비유하면, 한 사람이 큰 조각을 가져가면 다른 사람이 작은 조각을 갖는 것과 같은 이치였다. 경제적인 승자와 패자 사이에 인과 관계가 있어서 부자가 더 부유해질수록 가난한 사람은 더 가난해지게 되었다. 대부분의 경우 부자들의 부는 가난한 사람들의 희생으로 얻어지는 구조였다. 이 때문에 고대 사회에서는 부의 축적 그 자체가 문제가 될 수 있었다. 부의 축적은 오늘날보다 누군가의 가난과 더 밀접한 관련이 있었고, 특히 엄청난 부와 엄청난 가난이 나란히 공존했던 시대였기 때문이다.[3]

이것이 바로 구약의 예언자들이 가난한 사람들의 약점을 이용해서 그들을 억압했던 자들을 강하게 질타했던 이유였다. 예를 들어, 아모스는 고대 이스라엘의 부자들을 이렇게 비난했다.

> 이스라엘이 지은 서너 가지 죄를,
>   내가 용서하지 않겠다.
> 그들이 돈을 받고 의로운 사람을 팔고,
>   신 한 켤레 값에 빈민을 팔았기 때문이다.

그들은 힘없는 사람들의 머리를

　　흙먼지 속에 처넣어서 짓밟고,

　　힘 약한 사람들의 길을 굽게 하였다. (암 2:6-7)

또한 예레미야는 이렇게 표현한다.

　　불의로 궁전을 짓고,

　　　불법으로 누각을 쌓으며,

　　동족을 고용하고도, 품삯을 주지 않는 너에게

　　　화가 미칠 것이다.…

　　그런데 너의 눈과 마음은

　　　불의한 이익을 탐하는 것과

　　무죄한 사람의 피를 흘리게 하는 것과

　　　백성을 억압하고 착취하는 것에만 쏠려 있다. (렘 22:13, 17)

반대로, 가난한 사람을 돌보는 이들은 칭송을 받았다.

　　"그는 가난한 사람과 억압받는 사람의 사정을 헤아려서

　　　처리해 주면서, 잘 살지 않았느냐?

　　바로 이것이 나를 아는 것이 아니겠느냐?"

　　　나 주의 말이다. (렘 22:16)

잠언도 이 점에 대해 다음과 같이 명확하게 단언한다.

가난한 사람을 억압하는 것은 그를 지으신 분을 모욕하는 것이지만,
궁핍한 사람에게 은혜를 베푸는 것은 그를 지으신 분을 공경하는 것이다. (잠 14:31)

가난한 자를 어떻게 억압하고 그들의 약점을 어떻게 이용하는지에 대해 예를 들어 설명해 보겠다. 한 남자가 작은 땅을 소유하고 가족을 위해 농사를 짓는다고 가정하자. 가뭄, 게으름 또는 잘못된 관리 때문에 더 이상 가족을 부양할 수 없는 처지가 되었다. 이때 재원을 소유한 사람이 와서 어려운 시기를 이겨 낼 수 있도록 돈을 빌려 주겠다고 제안하는데, 그 이자가 너무 높아서 결국 갚지 못할 것이 분명해 보인다. 물론 그 남자는 재산이 땅밖에 없어서 그 땅이 담보가 된다. 그 남자가 돈을 갚을 수 없는 상황에 이르면 채권자는 땅을 가져가고, 그 남자는 소작인이 되어 가족의 입에 풀칠할 수 있을 정도의 생산물만 갖고 나머지는 다 새로운 주인에게 바치게 된다.

이것은 부자가 가난한 사람을 이용하는 하나의 사례일 뿐이다.[4] 이러한 행습이 바로 예언자 이사야가 정죄하는 것인 듯하다.

너희가, 더 차지할 곳이 없을 때까지,
집에 집을 더하고, 밭에 밭을 늘려 나아가,
땅 한가운데서 홀로 살려고 하였으니,
너희에게 재앙이 닥칠 것이다! (사 5:8, 강조체는 추가됨)

이것이 바로 구약의 율법에 어떤 사람이 파산하면 그 친족들로 하여금 그 땅을 사서 본래 주인에게 돌려주게 하라는 조항이 있는 이유이다. 그래야만 그 사람의 가족이 생계 수단이 없이 궁핍해지는 것을 막을 수

있었다(레 25:25-28). 그 조항을 보면 당시의 법이 가난한 사람이 피해자가 되지 않게 보장하고, 땅의 소유권이 경제적 안정과의 일차적인 연결 고리라고 생각했던 것을 알 수 있다.[5] 이런 법의 정신은 고리대금을 금지하는 데서도 드러나는데, 당시의 고리대금은 상업 자금 대출이 아니라 생활 필수품을 사는 사람들에게 매기는 이자를 뜻한다. 달리 말하면, 한 사람이 심각한 경제적 위기에 처할 때 그것을 비즈니스의 기회로 삼으면 안 된다. 즉, 그 경제적인 취약성을 이용하려고 하면 안 된다는 뜻이다. 오히려 그런 사람들은 자선적 도움이 필요했던 것이다.[6]

고대 사회에서는 개인이 정당하게 부를 축적할 수 있는 방법이 매우 적었다. 정치 권력을 가진 사람들이 세금을 명분으로 평민들로부터 돈을 갈취하는 것이 흔한 일이었다. 지배자들은 이런 식으로 재산을 모았고 예수님 시대의 세리들도 다르지 않았다. 솔로몬 왕 또한 통치 기간에 자신의 제국을 건설할 비용을 충당하기 위해 세금을 광범위하게 부과하고 백성들의 노동력을 동원했다. 어떤 사람들은 도적질로 부를 축적하기도 했다. 또한 가난한 사람들을 쥐어짜냄으로써 더 큰 부를 모으기도 했다. 고대 사회에서 거래나 상업으로 부유해진 사람은 매우 드물었다. 물론 아브라함과 욥이 그렇긴 했지만 그들은 예외적인 경우였다. 사람들은 종종 도덕적으로 미심쩍은 수단을 통해 다른 사람을 희생시키면서 부유해졌다.[7] 성경은 부를 좇다 보면 유혹이 따르기 때문에 부를 좇지 말라고 권고하는 것이다(딤전 6:9). 그리고 부를 추구하다가 도덕적 덫에 걸릴 것을 예상한 이유는 당시에는 부도덕한 행위를 사용하지 않고는 부유해질 방법이 매우 드물었기 때문이다. 그래서 성경이 부를 회의적으로 바라보는 것이다. 부 자체가 본질적으로 잘못된 것이 아니라 부를 얻기 위한 수단들이 너무나 자주 도덕적, 영적 타협을 수반했기 때문이다.[8]

야망도 마찬가지이다. 고대 세계에서는 사람들이 출세할 기회가 많지 않았다. 대체로 한 사람의 사회 경제적 지위는 태어난 집안에 의해 결정되고 유지되기 마련이었다.⁹ 그래서 사회적 신분 변동도 드물었고 야망을 실현할 합법적인 길도 별로 없었다. 이 때문에 성경은 자족함을 매우 강조하고, 자족의 반대가 야망이 아니라 질투인 것이다(질문 3번). 예를 들어, 바울은 데살로니가 교인들에게 "조용히 살도록 힘쓰며 각각 자기의 직업을 가지고 자기 손으로 일해서 살아가십시오"라고 조언했다(살전 4:11). 그 부분적인 이유는, 자족은 하나님이 필요한 것을 적절히 공급하시리라고 믿을 수 있기 때문에 하나님을 궁극적으로 의존한다는 것을 의미했기 때문이다. 이것이 시기하지 말라는 말씀의 근거이다. 하나님이 물질적 재화를 충분히 채워 주신다고 가정하기 때문에 탐욕을 금지했던 것이다(출 20:17; 신 5:21). 반면에, 사회 경제적 출세에 대한 야망은 보통 부도덕한 사람과 미심쩍은 행습과 결탁되지 않고서는 실현되기가 불가능했다.

고대 세계에서는 '무일푼에서 부자'가 된다는 생각은 사실상 들어 본 적이 없다. 한 사람이 부자가 되는 동시에 선행을 한다는 것은 성취하기가 매우 힘든 시나리오였다. 하지만 근대에 산업 자본주의가 도래함에 따라 경제 체제가 근본적으로 바뀌었고, 따라서 제로섬 게임은 옛말이 되었다. 오늘날에는 개인이나 기업이 합법적으로 이윤을 얻을 수 있고, 파이의 크기가 늘어난다. 사전적 정의에 의하면, 이윤은 부의 창조이다. 빌 게이츠나 워렌 버핏 같은 사람들이 엄청난 부를 갖고 있다고 해서 꼭 다른 사람들이 경제적으로 빈곤해졌다는 뜻은 아니다.¹⁰ 또한 빌 게이츠나 워렌 버핏이 다른 사람의 희생으로 이득을 취했다고 볼 수도 없다. 현대의 시장 경제에서는 부가 지속적으로 창출되고 있기 때문에 성경이 경고하는 유혹에 굴복하지 않고서도 부자가 될 수 있는 것이다(질문 11번). 오늘날의 시장 경제 체제는 옛날의 농경 생존 경제 체제보다 훨씬 더 쉽게 부자인 동시에 덕스럽게 되는 것을 가능케 한다. 하지만 개발도상국에 속한 일부

나라는 여전히 고대 사회의 경제 형태를 가지고 있다. 그리고 그런 나라에서는 제로섬 게임이 여전히 어느 정도 적용된다. 사람들이 일상적으로 경제적 불의를 당하고 있고, 다수가 개선되리라는 희망조차 없이 위험한 빈곤 상태로 살아간다. 많은 개발도상국에선 극심한 빈부 격차가 존재하고 있는데, 이는 고대의 경제와 비슷하다고 할 수 있다.

오늘날 시장 자본주의가 번성하는 나라에서는 무일푼에서 부자가 되는 경우가 더 이상 드문 일이 아니다. 사회 계층의 이동도 열심히 노력하고 교육을 받는다면 충분히 가능하다. 물론 오늘날에도 인구 중의 일부가 가난에 갇혀 있지만 많은 사람은 열심히 일해서 가난을 극복하고 중산층으로 편입하기를 기대한다. 오늘날 시장 경제에서는 도둑질, 과다한 세금 부과, 또는 억압에 의지하지 않고도 부유해지는 것이 가능하다. 수많은 기업이 사람들의 필요를 파악하여 합법적인 방법으로 생산한 물품과 서비스를 공급하여 성공을 한다. 도덕적으로 정당한 방법으로 부를 획득하는 것이다. 물론 오늘날에도 여전히 불법적이고 부도덕한 수단으로 부자가 되는 사람들이 있다. 심지어 합법적인 비즈니스의 모양은 갖추고 있지만 실상은 노동 착취적이거나 치밀하고 기만적인 재정 수단을 사용하여 부자가 되는 것도 가능하다. 또한 출세를 위해 윤리적인 타협을 감행하는 사람들도 분명히 존재한다. 그러나 오늘날은 합법적인 비즈니스와 근면한 노력과 야망이 합쳐져서 사회적인 신분 이동과 어느 정도의 부의 축적에 이를 수 있고 또 그런 일이 실제로 일어난다.

부(富)와 기독교 세계관

고대 세계와 오늘날은 경제 생활이 많이 다르기 때문에 부와 소유에 관한 성경의 가르침을 이해하는 것이 좀 복잡할 수도 있다. 복잡한 이유 중의 하나는 이 이슈를 다루는 성경 자료가 상당히 많다는 사실이다. 성경에는 천국이나 지옥에 대해 언급한 것을 합친 것보다 돈에 대해 언급한 자료가 더 많다(질문 1번). 사람들은 경제적 문제에 관한 성경 구절을 읽을 때 순진하게도 물질주의는 근본적으로 마음의 문제이고 마음은 2,000년이 넘는 기간 동안 변하지 않았다고 가정하며, 돈에 대한 성경의 가르침이 오늘날에도 곧바로 적용된다고 생각한다. 하지만 고대의 경제와 현대 정보화 시대의 경제의 차이점에 비추어 성경을 읽는 것이 매우 중요하다. 경제 생활에 관한 성경의 구체적인 명령 가운데 다수는 오늘날 그대로 적용하기 어렵다. 예를 들어, 당시에 땅을 처분하는 법(희년과 기업 무름)은 단순한 확대 가족의 소유권을 가정하고 그 가족들 안에서 땅이 유지될 수 있도록 제정되었다. 이 율법들은 오늘날의 복잡한 부동산 시장에 적용되거나 지적 재산권 같은 새로운 형태의 소유권을 설명하기가 너무 어렵기 때문에 진지하게 희년이나 기업 무름을 재도입하자고 주장하는 사람이 아직까지 없는 것이다. 또는 사도 바울이 사람들에게 근면의 표시로 "손으로 일을 하십시오"라고 하면서 육체 노동을 명한 것은(살전 4:11) 많은 사람이 정신 노동을 하고 소수만 수공업에 종사하고 있는 정보화 시대에는 문자적으로 적용될 수 없다. 성경에 돈에 대한 가르침이 많은 만큼, 우리는 문화와 상황을 초월하는 일반 원리들을 찾아내어 매우 다른 사회 경제적인 상황에 적용할 수 있어야 한다. 따라서 우리는 돈, 부, 야망을 이해하는 데 필요한 성경적 원리들을 몇 가지 제안하고자 한다.[11]

1. 하나님은 우리의 모든 물질적 소유의 궁극적인, 최후의 주인이시다. 우리가 소유하는 모든 것은 궁극적으로 하나님께 속해 있다. 시편 기자는 다음과 같이 말한다. "땅과 그 안에 가득 찬 것이 모두 다 주님의 것, 온 누리와 그 안에 살고 있는 모든 것도 주님의 것이다"(시 24:1). 우리의 소유와 부는 주님이 선물로 주신 것이다(시 115:16). 구약성경에서 이 원리가 구현

된 한 가지 사례는 이스라엘 민족이 고대 사회의 일차적인 경제적 자산이 었던 땅을 거래하는 방법이었다. 땅은 영구히 사거나 팔 수는 없고 오직 빌릴 수만 있었다. 희년이 되면 땅은 원래 주인에게 돌아가야 했다. 그 이유는 이렇게 분명히 설명되어 있다. "땅을 아주 팔지는 못한다. **땅은 나의 것이다.** 너희는 다만 나그네이며, 나에게 와서 사는 임시 거주자일 뿐이다"(레 25:23, 강조체는 추가됨).[12] 우리가 어떤 부를 소유하고 있든지 모두 하나님의 좋은 선물이므로(전 5:19-20; 딤전 6:17) 우리는 즐기고 책임 있는 수탁자가 되어야 한다.

우리가 소유물의 주인이 아니라 청지기라는 개념은 성경에 나오는 중요한 주제이다. 우리의 자원에 대한 청지기 직분은 구약과 신약에 줄곧 나오는 주제이고, 예수님의 주된 비유 중에 하나인 달란트의 비유를 예로 들 수 있다(마 25:14-30). 그 비유를 보면 주인이 각각의 종에게 자원을 맡기고 떠났다가 다시 돌아와서 그 자원을 생산적으로 사용했는지 그들에게 책임을 묻는다. 이 비유의 핵심은 주인이 그가 없는 동안 종들이 맡은 자원을 생산적으로 활용하길 기대한다는 것이고, 주인이 그 자원의 활용으로 이익을 취하는 것은 문제가 없다는 것이다. 물론 여기서 자원은 돈보다 더 넓은 개념이지만 달란트가 원래 종들에게 속한 것이 아니라는 점은 분명하다. 따라서 종들은 자신에게 맡겨진 자원을 관리하는 청지기일 뿐이고 주인을 위해 자원을 올바르게 사용해야 할 책임이 있다.

2. 인생은 무언가를 축적하는 것 이상의 의미가 있다. 예수님은 "재산이 차고 넘치더라도, 사람의 생명은 거기에 달려 있지 않다"(눅 12:15)라고 명확하게 말씀하신다. 부를 좇는 사람들에게는 "먼저 하나님의 나라와 하나님의 의를 구하라. 그리하면 이 모든 것[물질적 필요]을 너희에게 더하여 주실 것이다"(마 6:33)라는 말씀으로 훈계하신다.

나(스콧)는 세상을 떠난 친척들의 유품들을 정리하는 과정에서 이 엄숙한 교훈을 깨닫게 되었다. 그들이 세상을 떠난 후 우리 부부가 남은 자산들을 처리해야 했다. 재산이 별로 없었던 한 친척의 경우는 오래된 사진이 가득한 가방 하나만 우리가 보관하고 나머지는 쓰레기 수거인을 불러 전부 버려 달라고 했다. 두 번째 친척의 경우에는 그가 소유했던 거의 모든 것을 누군가에게 주거나, 상당히 할인된 가격에 팔거나, 그냥 버렸다. 우리는 정서적 가치가 담긴 물품만 보관했다. 그 과정의 놀라운 점은 한 사람이 평생 모은 것들이 가차 없이 내다 버려진다는 것이었다. 이 작업은 한 사람의 일생에 비춰 보면 소유물이 얼마나 하찮은지를 강력하게 상기시켜주었다. 우리가 보관한 것은 고인의 인생의 추억이 담겨 있는 소중한 물품들뿐이었다. 이 과정을 통해 우리는 세상에 올 때 아무것도 가지고 오지 않았고 갈 때도 마찬가지라고 한 사도 바울의 진술(딤전 6:7)을 생생하게 경험할 수 있었다.

3. 부와 소유물을 꽉 붙잡지 말고 너그럽게 나눠 주라. 만약 한 사람이 소유한 모든 것이 궁극적으로 하나님께 속해 있다면, 그리고 인생이 무언가를 소유하는 것 이상의 의미가 있다면, 우리의 소유를 꽉 붙잡지 않는 행동이 논리적으로 따라온다. 성경은 관대함이 하나님 백성의 특징이라고 분명히 말한다(딤전 6:18). 강요에 의해서가 아니라 자발적으로, 기쁜 마음으로 주는 것이다.(고후 9:7). 특히 가난한 자에게 나눠 주고 그들의 필요를 돌보는 일을 강조한다(엡 4:28). 돈을 다루는 방식, 특히 돈과 관련해 얼마나 너그러운가 하는 것은 그 사람의 영적인 삶을 보여 주는 지표이다. 예수님도 우리의 마음이 우리의 돈을 따라간다고 말씀하셨고, 우리가 돈을 어디에 투자하는지를 보면 우리의 마음이 어디에 있는지 알 수 있다(마 6:19-21, 질문 6번). 그래서 예수님은 젊은 부자 관원에게 모든 재산을 나누어 주라고 말씀하신 것이다. 그러나 이는 오늘날 꼭 지켜야 할 규범은 아니다. 초대교회에는 부유하면서도 예수님을 따랐던 다양한 사람들이 있

었던 것을 보면 재산의 축적 자체를 성경이 금하는 것이 아님을 알 수 있다(질문 9번). 하지만 젊은 부자 관원의 경우는 그의 재산이 그의 마음의 상태를 가리키고 있었기 때문에 그의 재산을 처분하는 것만이 그 문제를 해결하는 유일한 방법이었다.

사도행전 초반에 묘사된 교회는 모든 물품을 공동으로 소유한 것처럼 보이기 때문에(행 2:44) 어떤 사람들은 그 교회가 공동 생활의 초기 형태였다고 주장한다. 모든 소유를 다 포기하는 것이 규범은 아니었지만, 교회가 교인들의 재정적 필요를 채워 주기 위해 그들의 소유물을 느슨하게 붙잡고 있었던 것만은 사실이다. 사도행전 2:42이 명시하듯이, 초대교회의 교인들이 재산을 팔았던 것은 무소유의 원칙 때문이 아니라 **즉시 도움이 필요한 사람들을 위해서였다**.[13] 그들은 절박한 경제적 필요를 채우는 면에서 매우 관대했지만 모든 소유물을 다 처분하지는 않았다. 초대교회는 항상 관대했고, 때로는 세상 저편에 있는 필요를 채우는 일에도 적극적으로 참여했다(행 11:27-30; 고후 8:1-12). 하지만 사도들은 또한 개개인이 자기 자신, 가족, 그리고 가난한 사람을 부양하기 위해 일할 책임이 있다는 점도 강조했다(엡 4:28; 살후 3:6-10). 따라서 일하기 싫어하는 사람은 교회 공동체의 자원을 공유할 자격이 없었다.

성경은 가난한 사람과 경제적으로 취약한 사람들에게 나누어 주는 것을 특별히 강조한다. 성경을 통틀어서 가난한 사람에 대한 태도는 영성의 중요한 척도로 간주되어 왔다(질문 7번). 예언자들은 개인적으로 가난한 사람을 돌보는 행위와 국가적으로 이스라엘이 가난한 계층을 돌보는 것을 영적인 헌신과 연관시켰다. 예를 들어, 이사야는 진정한 종교적 준수는 의식과 의례에 있지 않고 가난한 자를 돌보고 경제적 정의를 추구하는 데 있다고 말한다.

내가 기뻐하는 금식은,

부당한 결박을 풀어 주는 것,

　멍에의 줄을 끌러 주는 것,

압제받는 사람을 놓아 주는 것,

　모든 멍에를 꺾어 버리는 것,

바로 이런 것들이 아니냐?

또한 굶주린 사람에게 너의 먹거리를 나누어 주는 것,

　떠도는 불쌍한 사람을 집에 맞아들이는 것이 아니겠느냐?

헐벗은 사람을 보았을 때에 그에게 옷을 입혀 주는 것,

　너의 골육을 피하여 숨지 않는 것이 아니겠느냐? (사 58:6-7)

앞에서 우리는 예레미야가 가난한 사람을 돌보는 것을 하나님을 아는 것["그는 가난한 사람과 억압받는 사람의 사정을 헤아려서 처리해 주면서, 잘 살지 않았느냐? **바로 이것이 나를 아는 것이 아니겠느냐?** 나 주의 말이다"(렘 22:16, 강조체는 추가됨)]과 연관시켰고, 잠언이 그것이 하나님을 경외하는 것["궁핍한 사람에게 은혜를 베푸는 것은 그를 지으신 분을 공경하는 것이다"(잠 14:31)]이라고 가르친다고 지적한 바 있다.

예수님도 지상 사역에서 가난한 사람을 돌보는 것에 우선순위를 두셨다. 사실 예수님은 가난한 자를 돌보는 일을 하나님의 나라를 열기 시작했음을 보여 주는 일차적인 증거로 삼으셨다. 누가복음에 기록된 예수님의 첫 번째 공적 사역을 읽어 보면 그분의 사명을 이렇게 말한 것을 알 수 있다. "가난한 사람에게 기쁜 소식을 전하게 하셨다. 주님께서 나를 보내셔서, 포로 된 사람들에게 해방을 선포하고, 눈먼 사람들에게 눈 뜸을 선포하고, 억눌린 사람들을 풀어 주고"(눅 4:18). 당시에 변두리 인생을 섬기는 예수님의 사역은 메시아의 도래에 관한 예언이 실현되는 것으로 간

주된 것이다. 마찬가지로, 세례 요한의 제자들이 예수님께 그분이 메시아인지 직접 물었을 때도 "가서, 너희가 듣고 본 것을 요한에게 알려라. 눈먼 사람이 보고, 다리 저는 사람이 걸으며, 나병 환자가 깨끗하게 되며, 듣지 못하는 사람이 들으며, 죽은 사람이 살아나며, 가난한 사람이 복음을 듣는다"(마 11:4-5)라고 대답하셨다. 성경은 우리에게 관대함을 개발해야 한다고 분명히 말한다. 그런데 우리의 관대함의 일차적 대상 중 하나가 바로 가난한 사람들이라고 구체적으로 또 반복적으로 가르치고 있다. 야고보 역시 구약 성경이 말하는 우선순위를 반복하고 있다.

> 하나님 아버지께서 보시기에 깨끗하고 흠이 없는 경건은, 고난을 겪고 있는 고아들과 과부들[고대 사회에서 가장 경제적으로 취약한 계층]을 돌보아 주며, 자기를 지켜서 세속에 물들지 않게 하는 것입니다. (약 1:27)

4. 성경은 우리의 인생과 자원을 하나님의 좋은 선물로 즐기는 것을 인정한다. 우리의 번영은 궁극적으로 하나님이 우리 인생을 축복하신 결과이다. 성경은 우리의 근면함도 한몫을 한다고 분명히 말하지만(잠 10:4) 궁극적으로는 한 사람의 모든 소유가 하나님께로부터 온다. 따라서 재산을 합법적으로 벌고 돈에 대해 관대하기만 하다면, 부를 소유하고 그것을 하나님의 좋은 선물로 즐기는 것은 본질적으로 문제가 없다. 전혀 잘못된 일이 아니다(질문 2, 12번). 전도서는 "하나님이 사람에게 부와 재산을 주셔서 누리게 하시며, 정해진 몫을 받게 하시며, 수고함으로써 즐거워하게 하신 것이니, **이 모두가 하나님이 사람에게 주신 선물이다**"(전 5:19, 강조체는 추가됨)라고 말한다.[14] 하나님은 이스라엘 민족에게 "젖과 꿀이 흐르는 땅"을 주시겠다고 약속하셨는데, 이는 풍성한 복을 가리키는 비유적 표현이다.[15] 그분은 이스라엘 민족이 그 풍성한 복을 즐기기를 원하셨던 것이 분명하

다. 또한 창세기에 나오는 에덴동산과 계시록에 나오는 새 예루살렘도 풍성한 것을 공급하시는 하나님의 모습을 묘사한다. 오늘날의 복은 모세의 시대처럼 민족의 번영에 국한되지는 않지만, 하나님이 자기 백성에게 풍성한 복을 주기 원하신다는 원리는 분명한 것 같다. 물론 이것은 어려운 사람에게 관대함과 연민을 베풀라는 명령과 균형을 이룬다. 그렇다고 해서 번영 신학의 주장처럼 하나님이 의로움과 신실함을 반드시 물질적 번영으로 보상하신다는 뜻은 아니다. 하나님은 진정 신실함을 그의 복으로 보상하시지만, 그 복이 반드시, 아니 일반적으로 재정적인 복은 아니다. 오늘날에는 한 사람의 부와 하나님에 대한 그의 신실함 사이에 필연적인 관계가 없다.

성경에서 가난이 미덕인 것도 아니다. 가난한 자와 마음이 가난한 자가 복을 받는 것은 가난하기 때문이 아니라 하늘나라가 그들의 것이기 때문이다(마 5:3; 눅 6:20, 질문 5번).[16] 지혜 문학에서 가난은 종종 근면함, 지혜, 도덕적 성품의 부족과 관련되어 있다(잠 6:6-11; 10:4; 24:30-34). 비록 오늘날에는 개인의 성품과 아무런 상관없이 가난할 수밖에 없는 구조적인 문제가 있지만 말이다. 따라서 부유함이나 가난함 그 자체가 반드시 개인의 영성을 가리키는 것은 아니다. 성경 전체에는 본인의 영적 성숙도와 상관없는 이유로 악인은 번성하고 의인이 가난에 시달리는 예들이 나온다. 예를 들어, 시편 기자는 악인의 부유함과 안락함에 대해 이렇게 한탄한다.

그것은, 내가 거만한 자를 시샘하고,
    악인들이 누리는 평안을 부러워했기 때문이다.⋯
그런데 놀랍게도, 그들은 모두가 악인인데도
    신세가 언제나 편하고, 재산은 늘어만 가는구나. (시 73:3, 12)

다른 한편, 신약성경도 삶을 즐기는 것을 하나님이 그분의 백성에게 주신 복으로 인정한다. 예를 들어, 바울은 디모데에게 자신의 가르침을 전수하라고 당부한다. "그대는 이 세상의 부자들에게 명령하여, 교만해지지도 말고, 덧없는 재물에 소망을 두지도 말고, 오직 우리에게 모든 것을 풍성히 주셔서 즐기게 하시는 하나님께 소망을 두라고 하시오"(딤전 6:17, 질문 2, 12번). 즉 하나님은 **자족**('가지고 있는 것만을 원하다'로 정의됨), (돈이 아니라) **하나님에 대한 신뢰**, 그리고 **관대함**을 명령하심으로써 하나님의 좋은 선물로서 삶을 즐기라는 명령과 균형을 이루게 하신다.

5. 한 사람에게 안정과 정체성을 부여하는 궁극적인 신뢰의 원천은 하나님과 그분의 베푸심이지 돈이 아니다. 성경은 재물을 하나님의 좋은 선물로 인정하지만, 그렇다고 해서 부의 추구나 소유가 유혹에서 자유롭다는 뜻은 아니다. 성경이 자주 말하는 부의 위험 중 하나는 부와 우상숭배의 관련성이다. 예수님과 사도들을 신실하게 좇는 사람들 중에 부자들도 있는 만큼 그것은 필연적인 관련성은 없지만 경고를 받을 만한 사안이다. 다양한 형태의 우상숭배에 굴복하는 것은 심각한 문제인데, 하나님의 자리에 재산을 올려놓는 것은 흔히 빠지기 쉬운 유혹이다. 그래서 성경은 경제적인 안정을 위해 부를 신뢰하지 말라고 거듭 경고하는 것이다. 시편 기자는 부를 신뢰하는 사람에 대해 한탄하는데, 그것은 돈이 하나님 앞에서 우리의 생명을 구원할 수 없기 때문이라고 한다(시 49:6-7). 예언자들도 세상에서의 궁극적인 안정을 위해 부, 지혜, 또는 권력을 신뢰하지 말고 하나님을 신뢰하라고 촉구한다(렘 9:23). 신약성경도 하나님 대신 부를 신뢰하는 것에 대해 경고한다. 왜냐하면 부는 너무나 신뢰할 수 없는 반면 하나님은 완전히 신실하셔서 우리의 필요를 채우시기 때문이다(딤전 6:17). 예수님도 재물이 하나님 나라에 들어가는 데 방해물이 될 수 있음을 분명히 말씀하셨는데(막 10:24), 이는 부를 쌓는 과정에 부도덕한 활동이 자주

개입될 뿐만 아니라 하나님을 신뢰하는 대신에 부를 신뢰하게 되는 영적인 위험도 존재하기 때문이다.

한 사람의 재정 상태표가 정체성이나 안정성의 평가 수단으로 사용되어서도 안 된다.[17] 크레이그 게이는 "돈 자체가 일종의 목표가 되고 수많은 사람에게 최종 목적이 된 것"이 위험하다고 말한다.[18] 그래서 한 사람의 순자산이란 개념은 문제가 많다. 왜냐하면 가치를 엄밀히 재정적으로 측정하고, 한 사람의 가치를 재정적 진술로 계량화될 수 있는 것으로 축소하기 때문이다. 게이는 한 사람의 세계관이 돈에 지배될 때 이런 위험이 있다고 한다. "인생 자체를 상품화된 의미, 가치들, 의의가 뒤섞인 일종의 혼합물로 경험하게" 되는 나머지 모든 것이 돈으로 계량화되어 그 가치가 결정되는 위험이다.[19] 사회학자 로버트 우드노도 "돈은 주관적으로 우리의 자기 정체성과 연결되어 있어" 한 사람이 자신을 어떻게 보는지를 결정하는 중요한 요소가 된다고 결론을 내린다.[20]

그리고 사람들을 볼 때 그들이 구입하는 것-집의 위치나 크기이든, 자동차의 종류이든, 문화적으로 사람을 귀중한 존재로 보이게 만드는 소유물들이든-으로 그들의 신분을 파악하면 안 된다.[21] 이것은 소비자 문화가 소위 '브랜딩'(branding)과 너무나 동일시되어 버린 오늘날에는 더욱 미묘한 문제다(8장을 보라). 브랜딩이란 소비자들이 특정한 상품의 브랜드-옷이든, 자동차든, 전자 제품이든-에 문화적 가치를 부여하는 방식을 말한다. 가톨릭 신학자 톰 보두인은 이렇게 지적한다. 브랜딩은 소비자들이 자기 신원을 파악하는 데 영향을 미칠 수 있고, 자신이 특정한 그룹이나 하위문화에 적합한지를 결정해 주고, 심지어 성공의 정의(定義)까지 형성해 준다. 특히 정체성이 개발되고 있는 젊은이나 십대에게는 다양한 브랜드가 의미와 정체성을 전달할 수 있다고 한다. 보두인은 소위 "인생을 브랜딩한다"는 개념에 대해 "만약 젊은이들이 그로써 자기 정체성을 선언하는 특정한 브랜드에 정착하게 되면 성인과 중년에 접어들면서도 그 브랜드를 자기정체성의 일부로 삼을 가능성이 많다"고 지적한다.[22] 이것이 광고의 장기적인 목표 중 하나이다. 광고주들은 소비자들이 특정한 브랜드 상품에 개인적 의미를 부착해서 그 상품과 동일시되게 만들었을 때 그들이 성공했다는 사실을 간파하고 있다.[23]

우리 문화에 고질적으로 자리 잡은 물질주의를 해결하는 한 가지 방법은 (게이에 따르면) "가벼운 마음"으로 돈에 접근하는 것인데, 이는 궁극적으로 하나님이 우리의 필요를 채워 주신다는 믿음에서 나오는 것이다. 가톨릭 신학자 고(故) 리처드 존 뉴하우스는 부에 대해 "엉뚱한" 관점을 취하라고 권한다.

> 핵심은 부(富)란 것-소유하거나 생산하는 것-은 정말로 그리 중요하지 않다는 것이다. 소유물에 사로잡히게 되는 탐욕스러운 자들과 공정한 경제 질서를 위한 설계를 홍보하는 종교적인 이론가들 모두 이 핵심을 놓치고 있다. 양자 모두 재물을 너무 심각하게 여긴다. 경제 생활과 부의 생산에 대한 올바른 신학적 이해는 우발적이고 우연하고 예측 불가능한 경제 생활의 현실에도 불구하고 엉뚱한 생각과 경이감으로 채색되어야 한다.[24]

물론 경제적으로 어려운 시기에는 이와 같이 생각하기가 힘들 수 있다. 그럼에도 불구하고 그 중요성은 변치 않는다. 하지만 당신 자신과 부양가족을 돌보는 일에 부지런하고 책임을 다하는 것이 중요하다는 점은 여전히 사실이다.

기독교 세계관에 비춰 본 성공과 야망

언뜻 보면 성경은 야망을 가볍게 취급하는 것처럼 보인다. 바울이 "조용하게 살기를 힘쓰십시오"라고 교회에게 명하듯이 말이다(살전 4:11). 성경에서 야망을 칭송한 부분은 디모데전서 3:1에서 바울이 감독의 직분을 장려한 것밖에 없다. 고대의 상황에 비추어 보면 개인이 경제적인 야망을 추구하기에 타당한 출구가 별로 없었기 때문에 충분히 이해할 수 있다. 그렇다고 해서 성경이 오늘날 성공하려고 열심히 일하는 사람들에게 할 충고가 없다는 뜻은 아니다. 1세기 무렵에 사회 경제적인 신분 변화를 할 수 있는 방법이 별로 없었다고 해서 성경이 비즈니스의 성공을 추구하는 사람들을 낮춰 본다고 생각해서는 안 된다(질문 3, 10번). 어쨌든 성경은 숭고한 '세상적인' 성공 사례들을 여럿 보여 주고 있다. 아브라함과 욥은 부유한 사람들이었고, 요셉은 이집트의 총리 자리까지 올라갔으며, 느헤미야는 바벨론 포로 시기 이후에 페르시아의 고위 관료였다. 또한 다니엘은 바벨론 문화에서 성공하여 60년 동안 여러 왕을 섬기며 사실상 제국을 이끌었고, 신약 시대에는 예수님과 사도들을 후원하던 사회적으로 성공한 소수의 부자들이 있었다. 따라서 하나님께 신실한 동시에 성공하거나 야망을 품는 것은, 그 동기가 성경의 가르침과 일치한다면, 본질적으로 전혀 문제될 것이 없어 보인다(질문 11번).

그러나 기독교 세계관에 비춰 볼 때 무엇이 성공인지는 분명히 할 필요가 있다. 이 성공이 개인의 재정 상태표와 반드시 관련이 있는 것은 아니다. 또한 영향력 있는 자리를 갖고 있는 것과도 별로 상관이 없다. 유명해지는 것도 성공과 큰 관계가 없다. 어쨌든 사람은 여러 가지 일로 유명해질 수 있고 그중에 일부는 감옥에 갇히게 될 수도 있다! 우리 문화는 이 모든 것을 성공으로 여기지만 사실은 다 그릇된 척도들이다. 당신의 일터가 당신의 제단, 곧 진정 하나님을 섬기는 변혁적인 장소라면, 이런 세상적인 기준으로 성공을 측정해서는 안 될 것이다.

나(스콧)의 친구 벤이 법조인으로 일하기 시작했을 때 그는 미국에서 가장 유명하고 부유하고 잘 알려진 소송 변호사들 중 한 사람을 위해 일했다. 이 변호사는 법조계에서 선망의 대상이었고, 그 회사의 많은 변호사들이 그의 직업적, 재정적 성공을 동경했다. 하지만 벤은 그 변호사를 알면 알수록 그의 개인적인 삶은 동경할 만하지 않다는 사실을 알게 되었다. 그는 완전히 일 중독자라서 일 외의 개인 생활은 없었고, 여러 번 결혼 관계에 실패했을 뿐만 아니라 모든 자녀들과도 멀어져 있었다. 사실 심장마비로 입원했다가 퇴원할 때 그를 집으로 기꺼이 데려갈 사람은 그의 비서밖에 없었다. 가족 중에는 그를 집으로 데려다 주려는 사람이 없었다. 이 변호사는 문화적 기준으로는 성공한 사람이었지만, 성공의 사다리를 올라갔다가 결국 그 사다리가 엉뚱한 벽에 기대고 있다는 것을 발견한 대표적인 사례이다.

이와 비슷하게, 통제할 수 없는 야망이 도미닉 오르의 인생을 거의 망쳐 놓았다. 그는 「포춘」지의 표지 제목 "어느 CEO의 고백"이란 이야기의 주인공이었다. 스스로를 "무자비하게 공격적인" 인물로 묘사한 오르는 전형적인 일 중독자였다. 성공적인 CEO로서 두 개의 실리콘 밸리 첨단 기술 공개 기업을 경영했지만, 이 때문에 결혼 관계가 깨지고 두 자녀로부터 거의 영구적으로 멀어지고 말았다. 그는 9년 동안 치료와 우울증과 긴 휴직의 기간을 거친 뒤에야 비로소 올바른 관점을 되찾았다. 그는 심하게 밀어붙이던 과거의 방식이 잘못된 것임을 깨닫고 어느 신생 기업의 CEO로 복귀했다. 자신의 인생이 결국 통제 불능으로 치닫고 있음을 깨닫게 된 계기는 아들이 부지깽이와 스케이트보드를 가지고 아빠의 자동차로 왔을 때였다. 아들이 "아빠한테 중요한 것을 부숴 버리려고 했어"라고 말했다. 마침내 오르는 기업 세계에서는 꼭대기에 있지만 개인의 삶에서는 바닥에 있다는 사실을 깨달았다. 그는 일하는 방식을 고통스럽게 바꾸었고, 비록 결혼 관계는 회복이 불가능했으나 두 자녀와의 관계를 회복할

수 있었다.[25]

이와 대조적으로, 세계에서 가장 추앙받는 인물인 테레사 수녀를 생각해 보자. 테레사가 남긴 유산은 그녀의 죽음 이후에도 살아 있다. 테레사 수녀는 생애 대부분을 거의 무명으로 일하며 캘커타의 빈민 지역에서 가난한 사람 중에서도 가난한 사람들을 섬겼다. 인생의 말년에 가서야 수십 년 간의 이타적인 섬김이 조명을 받게 되었고 노벨상까지 수상하게 되었다(그녀는 모든 상금을 기부했다!). 테레사는 우리 문화가 성공으로 여기는 것들, 즉 부유함, 지위, 또는 명성(물론 말년에 그녀가 원치 않았는데도 유명해지긴 했지만)을 전혀 이루지 못했다. 우리 문화의 기준으로 보면 그녀는 인생을 낭비했다는 결론을 내려야 할 것이다. 반면에 기독교적 관점으로 보면 그녀의 삶은 결코 낭비가 아니었다. 사실은 그녀가 부름받은 하나님의 일을 증진시키려는 야망이 참으로 컸고, 다른 한편 문화적인 성공의 기준을 모두 배격했다.

우리는 앞서 비즈니스가 변혁적인 섬김에 관여함으로써 세상에서 하나님의 일을 할 수 있는 장소라고 주장한 바 있다. 따라서 비즈니스를 통해 세상에서의 하나님의 통치를 증진시키려는 야망은 적절한 형태의 야망이며, 직함과 지위는 탁월함을 추구할 때 생기는 부산물이라고 생각한다. 그러나 별로 섬기려는 마음이 없이 직함과 지위를 원하는 것은 노골적인 야망일 뿐이며 목표와 부산물을 혼동하는 것이다. 다시 정리하자면, 비즈니스에 종사하는 사람의 목표는 변혁적인 섬김이며 지위나 직함은 부산물이다. 이를 거꾸로 생각해선 안 된다.

기업가가 되는 것을 목표로 삼는 학생들에게 비즈니스에서 무엇을 하고 싶으냐고 물으면 대부분이 "나는 내 회사를 경영하고 싶어요"라고 대답한다. 좀 더 구체적으로 어떤 종류의 회사를 시작하고 싶으냐고 물으면 그들이 별로 생각해 본 적이 없다는 사실을 알게 된다. 그들의 목표는 자기 회사를 경영하는 것이지만, 그 회사가 하는 일은 그들이 자기 사업체를 운영하고 '스스로 사장이 된다'는 사실보다 덜 중요한 것 같다. 하지만 회사가 무슨 일을 어떻게 행하는지는 한 사람이 그 회사를 운영하는지 여부보다 훨씬 더 중요하다.

성경은 두 가지 기준으로 성공을 측정한다. 바로 **탁월함**과 **신실함**이다. 성경이 탁월함을 요구하는 이유는 우리의 궁극적인 상사는 하나님이고 그분을 기쁘시게 하는 것이 우리의 목표이기 때문이다. 그리고 우리의 일이 제단이라면, 우리의 조직과 더 넓은 공동체에 진정한 장기적인 가치를 더하도록 탁월하게 일할 의무가 있다. 바울이 골로새서 3:23-24에서 말한 것을 기억하라. "무슨 일을 하든지 사람에게 하듯 하지 말고, 주님께 하듯이 진심으로 하십시오.…여러분이 섬기는 분은 주 그리스도이십니다."

우리는 또한 **하나님이 우리의 모델**이시기 때문에 탁월함을 추구한다. 하나님이 창조하신 피조물은 애초에 매우 좋았다(창 1:31). 표준에 못 미치는 일은 하나님을 기쁘시게 하지 못하며 하나님과의 온전한 관계를 보여 주는 모델이 되지도 못한다. 보통 평범함에 안주하는 사람은 의미심장한 변화를 일으킬 가능성이 별로 없다. 성경은 탁월함을 추구하는 일에 근면하고 인내하라고 명령하고 있다(잠 10:4-5; 20:4). 지혜로운 사람과 나태한 사람의 대조적인 모습은 잠언에 늘 나오는 주제이며, 열심히 일하는 것은 덕스러운 데 반해 게으름은 어려운 때를 초래하는 것이 분명하다(잠 6:6-11; 24:30-34).

하지만 많은 경우 우리가 성공하는지 여부는 우리의 손에 달려 있지 않다. 물론 성공과 열심히 일하는 것은 상관관계가 있지만, 궁극적으로 우리가 이루는 성취는 하나님께 달려 있다.(전 5:19). 우리의 부는 하나님의 선물이고, 우리의 지위는 종종 우리의 신실함에 대한 보상이며, 우리가 얻는 명성은 분명히 하나님으로부터 온다. 부, 지위, 또는 명성은 본질적으로 문제가 없지만, 이런 것은 우리의 일에서 탁월함을 신실하게 추구하는 삶의 부산물이다. 성경은 **신실한** 사람을 동경의 대상으로 삼게 한다. 잠언만 봐도 "신실한 사람은 많은 복을 받지만"이라고 말하고 있다(잠 28:20). 예수님도 작은 일에 충성하여 더 큰 책임을 맡게 된 "착하고 신실한 종"을 칭찬하셨다(마 25:21; 눅 19:17). 따라서 우리는 우리 문화의 시각에서 성공한 사람이 아니라 **신실한** 사람이 되어야 한다(고전 4:2). 신실하게 산다는 것은 하나님이 부르신 일터에서 인내하며, 일을 정직하고 탁월하게 수행하고, 일을 우리의 믿음을 실천하는 통로로 삼는 것을 뜻한다.

이미 3장에서, 사람들이 일을 일거리, 경력, 또는 소명으로 접근한다고 묘사했던 로버트 벨라와 아미 롸제즈니브스키의 연구 조사를 언급했다.[26] 그들의 결론에 따르면, 부와 지위, 또는 명성을 추구하는 사람들은 일반적으로 일을 **경력**으로 생각하고, 사다리를 타고 올라가는 것이 가장 중요하며, 목표를 성취하기 위해 수행하는 일의 성격은 그만큼 중요하지 않다. 다른 한편, 탁월함과 신실함에 전념하는 사람들은 일반적으로 **소명**을 추구하는데, 이들에겐 무슨 일을 하는지가 가장 중요하다. 승진이나 보상은 일하는 과정에서 얻는 부산물일 뿐이다. 우리의 일은 제단이고 비즈니스는 변혁적인 섬김이라고 생각한다면, 우리가 어떤 일을 하느냐가 직업적으로 얼마나 빨리, 얼마나 높이 승진하느냐보다 훨씬 더 중요하다.

궁극적으로, 기독교적 관점에서 본 성공은 한 사람이 이루는 업적보다 그가 **어떤 사람인가**와 더 관계가 있다. 이것이 비즈니스와 영적 변화라는 개념의 중심에 있다. 예수님은 제자들에게 이 점을 날카롭게 지적하셨다. "사람이 온 세상을 얻고도 제 목숨을 잃으면, 무슨 이득이 있겠느냐? 사람이 제 목숨을 되찾는 대가로 무엇을 내놓겠느냐?"(막 8:36-37) 달리 말해서, 사람이 최대한 노력해서 온갖 성공을 이룬다고 해도, 그 과정에서 자신의 성품과 삶의 질을 희생시킨다면, 결국은 아무것도 얻지 못한 셈이다. 이는 '좋은 삶'을 물질적인 열망을 뛰어넘는 것으로 이해했던 많은 고대 철학자들의 생각이기도 하다. 일례로 아리스토텔레스는 행복과 좋은 사람이 되는 것을 연관지어 "행복은 **미덕을 따르는** 영혼의 활동이다"라고 말했다. 고대 철학자 에피쿠로스 또한 "신중하게, 명예롭게, 그리고 정의롭게 살지 않고는 즐거운 인생을 사는 것이 불가능하다"라고 말했다.

결론

이제 다시 퀴즈를 풀 준비가 되었는가? 풀고 나서 먼저 내놓은 답과 비교해 보라.

1. 성경은 천국과 지옥에 관한 이야기보다 돈에 대해 더 많이 말하고 있다. (정답, 오답)

   성구 사전을 참고하면 예수님이 천국과 지옥에 관해서보다 재물에 대하여 더 많이 언급하신 것을 알 수 있다. 이를 통해 왜 오늘날 개인의 영적인 삶에서 돈 문제가 그토록 중요한지 이해할 수 있다. (정답)

2. 성경은 당신에게 필요한 것 이상으로 당신을 위해 부를 축적하는 것이 잘못이라고 가르친다. (정답, 오답)

   성경은 탐욕을 정죄하고 관대하라고 명령하지만, 또한 삶을 즐기는 것을 하나님의 좋은 선물로 권하기도 한다. 전도서는 부와 부를 누리는 것 모두 하나님의 선물이라고 말한다. 신약성경 역시 개인적 번영을 누리는 것을 하나님의 좋은 선물로 인정한다(딤전 6:17). (오답)

3. 야망은 자족과 반대되기 때문에 성경은 야망을 장려하지 않는다. (정답, 오답)

성경에서 야망은 강조되지 않는다. 왜냐하면 당시에는 한 사람이 경제적인 열망을 실현할 수 있는 도덕적으로 정당한 방법이 거의 없었기 때문이다. 이 때문에 성경에서는 자족을 중요한 주제로 다루어 왔다. 하지만 자족의 반대는 질투이지 야망이 아니다. 하지만 야망이 하나님 나라의 견지에서 정의될 필요가 있다. (오답)

4. 예수님과 그분의 제자들은 매우 가난한 환경에서 자랐기 때문에 가난한 사람들과 쉽게 동일시될 수 있었다. (정답, 오답)
예수님과 그분의 제자들은 뼈저린 가난에 시달리는 길거리 아이들처럼 자라지 않았다. 부유하진 않았지만 거래 수단을 갖고 있었기 때문에 중하층 정도에 속했다. 제자들은 명백히 어느 정도의 재정을 가지고 있었다. 그렇지 않았다면 예수님이 모든 것을 버리고 그분을 따르라고 권고하신 것이 의미가 없었을 것이다. (오답)

5. 성경은 가난이 사람들로 하여금 하나님을 신뢰한다는 말의 뜻을 이해하도록 돕는 미덕이라고 가르친다. (정답, 오답)
가난이 사람들로 하여금 하나님을 신뢰한다는 것이 무엇인지 이해하도록 도울 수도 있지만 성경은 또한 자기 자신과 부양가족을 위해 일할 필요가 있다는 것도 강조한다. 가난한 자들이 복이 있는 것은 천국이 그들의 것이기 때문이지 그저 가난해서가 아니다. 또한 성경에는 부유하면서도 의로운 사람들이 많이 있다. (오답)

6. 성경은 개인의 돈에 대한 태도를 그의 전반적인 영적 건강과 연결시킨다. (정답, 오답)
예수님은 이 점에 대해 매우 분명하다. 사람의 마음과 소유물은 서로 연결되어 있고, 사람들이 돈으로 무엇을 하는지를 보면 그들의 마음을 알 수 있다(마 6:19-21). (정답)

7. 가난한 사람과 어려운 사람을 돌보는 태도가 없이는 하나님을 신실하게 따르는 것이 불가능하다. (정답, 오답)

이것이 바로 구약의 예언자들이 가난한 자를 돌보는 것과 진정으로 하나님을 아는 것을 연결시킨 이유이고, 이는 예수님의 중요한 가르침 중 하나이다(사 58:6-7; 렘 22:16). (정답)

8. 초대교회는 모든 물질적 재산을 처분하고 모든 소유를 공유했다. (정답, 오답)

초대교회는 모든 물질적 재산을 처분하지 않았다. 하지만 궁핍한 사람들에게 놀라울 정도의 관대함을 베풀었다. 이 관대함은 "일을 싫어하는 사람은 먹지도 말라"는 바울의 훈계에 의해 균형이 잡힌다(살후 3:6-10). (오답)

9. 예수님이 젊은 부자 관원에게 주신 충고-"네 모든 것을 팔아 가난한 사람들에게 나누어 주라"-는 오늘날 기독교인의 표준이다. (정답, 오답)

이것이 오늘날의 표준이 아닌 이유는 그리스도를 가장 가까이 따르던 사람들 중의 일부는 영향력이 큰 부자들이었기 때문이다. 성경 어디를 봐도 그들이 부유하기 때문에 온전한 제자에 못 미친다고 암시하는 구절은 없다. (오답)

10. 자기 회사의 CEO가 되는 것을 목표로 삼는 사람은 너무 야심적이

고 자족할 줄 모르는 사람이다. (정답, 오답)

이런 목표를 갖고 있다고 해서 너무 야심적이고 자족할 줄 모른다고 말할 수는 없다. 올바른 동기를 품고 있는 한 CEO를 꿈꾸는 것은 아무런 문제가 없다. 자족과 야망은 상호 배타적인 개념이 아니다. (오답)

11. 당신의 정직성이나 신앙을 타협하지 않고도 비즈니스에서 성공할 수 있다. (정답, 오답)

고대 사회에서는 가난한 자를 억압하고 권력을 남용하지 않고는 성공하기가 매우 힘들었다. 그러나 오늘날에는 경제적으로 성공하는 동시에 선한 일을 하는 것이 가능할 뿐만 아니라, 어쩌면 이것이 산업 자본주의의 표준이기도 하다. (정답)

12. 성경이 경고하는 유혹들(탐욕, 우상숭배, 질투)에 굴복하지 않고는 부유해질 수 없다. (정답, 오답)

성경 전체에 의롭고도 부유한 사람들이 등장한다. 예수님의 가까운 제자들 가운데도 있었다. 하지만 우리는 부를 소유하는 것과 그와 동시에 그런 유혹에 저항하는 것이 어렵다는 것을 과소평가하면 안 된다. (오답)

5

비즈니스와 글로벌 경제

1999년 11월의 어느 날 저녁 평소에는 느긋했던 시애틀에서, 석양을 뒤로 받으면서 주홍빛 연기가 긴 건물 그림자 사이로 땅에서 굽이치며 올라가는 것이 보였다. 보통은 평화로운 시내의 거리에 혼란과 폭력이 발생하자 최루탄 캔과 고무 총알을 빠르게 쏘아 대는 천둥 같은 폭발음이 비명 소리조차 덮어 버렸다. 빈틈없이 조직된 시위대는 세계무역기구(WTO) 대표단의 모임을 몸으로 막으려다 폭동 진압용 장비를 갖춘 경찰과 곧바로 충돌했고, 급작스럽게 **세계화**(globalizaton)라는 단어를 공중에게 널리 인식시켰다.

그 상황을 목격한 많은 사람은 당시 눈에 띄지 않았던 기구의 대표들의 모임이 그토록 큰 논쟁과 열렬한 반대를 불러일으킬 수 있고, 보통은 평화로운 행사를 물리적 대치, 불타는 쓰레기통, 깨진 유리창의 현장으로 돌변시킬 수 있다는 사실에 충격을 받았다. 관료들이 모여서 국제 무역 쿼터를 정하는 일과 같이 밋밋한 주제를 논의하는 행사가 무엇 때문에 이제는 악명 높은 '시애틀의 전투'(Battle in Seattle)로 변하여 불같은 논쟁으로 발전되고 이후 있었던 많은 회동에서 그와 비슷한 저항을 불러일으키게 되었을까?

그 회동을 계획했던 사람들과 참가자들, 그리고 지역 경찰들은 경계를 늦추고 있었다가, WTO 회의가 세계화의 모든 문제점을 폭로하는 표적이 되는 바람에 당황하게 되었다. 시위하는 사람의 대다수는 폭력적이지 않았고, 환경, 노동, 개발도상국 문제를 포함한 다양한 이해관계를 대변하였다. 다수의 시위자들은 그들이 소위 **반(反)세계화주의자**가 아니라 다른 세계화의 비전을 옹호하고 있다는 점을 강조했다.[1] 그들의 도전에 힘을 실어 준 것은 공통된 신념, 즉 장차 수많은 사람들-대다수는 어떤 방식으로도 자신의 이익을 대변할 수 없는-의 삶에 극적인 영향을 줄 정책을 정하는 데 기업의 재정적 추구가 지나치게 큰 영향을 미치고 있다는 신념이었다.

열성적인 시위대는 흔히 성경의 핵심 관심사와 연관된 어휘들-**공평, 정의, 소외된 자, 발언권이 없는 자**-을 사용했고, 그로 인해 더 넓고 더 진지한 주목을 받았어야 했다. 그러나 이런 관심사는 눈앞에 벌어지는 폭력을 끊임없이 전달하는 매체에 묻혀 잊혀졌다.

최근 세계화에 관한 책이 많이 출판되었는데, 도발적인 제목의 영향력 있는 책들도 포함되어 있다. 『세계는 평평하다』(The World Is Flat, 21세기북스), 『기업이 세계를 지배할 때』(When Corporations Rule the World), 『세계화를 변호하며』(In Defense of Globalization), 그리고 『왜 세계화는 효과가 있는가?』(Why Globalization Works) 등.[2] 이밖에 기독교의 도덕적 관심사를 명시적으로 담은 책들도 있다. 『하나님과 세계화』(God and Globalization), 『세계화와 하나님의 나라』(Globalization and the Kingdom of God) 등이다. 그런데 세계화란 도대체 무엇인가? 그리고 왜 그 내부의 비즈니스와 기업의 영향력이 한편으로는 격렬한 반대에 직면하고, 다른 한편으로는 강렬한 지지를 불러일으키는 것일까? 세계화의 힘은 사업체가 변혁적 섬김의 행위자가 되는 데 필요한 조건을 갖추는 일을 도와주는가, 아니면 방해하는가?

이번 장은 세계화와 그 논쟁적인 면을 소개할 것이고, 특별히 비즈니스에 기초한 영향력과 관계된 것들을 다룰 것이다. 이후 세계화에 접근하고 또 세계화를 이해하기 위한 틀을 만들어 보고자 한다. 무엇보다도, 세계화는 사람들의 삶을, 특히 가난한 사람들의 삶을 바꾸고 또 긍정적인 영향을 줄 수 있는 전례 없는 기회로 접근해야 한다고 우리가 주장할 것이다. 그러나 동시에, 세계화가 하나님의 계획을 제대로 반영하기 위해서는 몇 가지 측면이 변화될 필요가 있다고 주장할 생각이다.

세계화라는 용어는 최근에 상용어가 되었지만, 이 용어는 복잡하고 종종 긴장이 가득하고 진화하는 현상을 묘사하고 있어서 쉽고 깔끔하게 정의할 수 없다. 그러나 세계화를 이해하는 한 가지 방법은 그 현상을 사람, 문화, 경제, 기술, 그리고 정부의 통합으로 보는 것이다.[3] 이 가운데 어느 것도 그리 새롭지 않지만(어떤 이들은 로마제국의 초기 세계화의 실례라고 주장할 것이다) 몇 가지 측면은 오늘날의 독특한 모습이다. 예를 들면, 작가이자 「뉴욕 타임즈」(*The New York Times*) 칼럼니스트인 토마스 프리드만은 다음과 같이 말한다.

> 세계화 체제는 냉전 체제와는 다르게 고정되지 않고 지속적으로 진행되는 역동적인 과정이다. 그런 이유로 나는 세계화를 다음과 같이 정의한다. 세계화는 시장과 국민 국가와 기술을 전례가 없을 정도로 가차 없이 통합하는 현상으로서 개인, 기업, 국민 국가가 세계 전역에 그 어느 때보다도 더 멀리, 더 빨리, 더 깊이, 더 저렴하게 도달할 수 있게 하고. 또 세계가 개인, 기업, 국민 국가에 그 어느 때보다도 더 멀리, 더 빨리, 더 깊이, 더 저렴하게 도달할 수 있게 하는 것이다. 세계화의 과정은 또한 이 새로운 체제에 의해 잔인한 대우를 받거나 뒤처진 사람들로부터 엄청난 반발을 사기도 한다.[4]

프리드만의 논지는 상황을 과장한다는 비판을 받았고 2008년에 시작된 세계적 불경기로 인해 반동 현상(탈세계화)도 어느 정도 발생했지만, 세계화의 가시적 징표는 우리 주변 어디에나 있다.[5] 변화를 알아챌 만큼 나이가 든 사람에게는 원산지가 표시된 옷의 라벨이 가장 눈에 띄는 징표이다. 예를 들면, 온두라스, 캄보디아, 스리랑카, 아프리카 국가들에서 만든 옷이 많이 눈에 띄고 미국산은 점점 적어지고 있다. 뜻밖의 발전 양상은 다수의 혼다와 도요타 자동차들이 지금은 자동차 제조업의 원조인 미국의 중서부에서 제조되고 있다는 사실이다. IBM(한때 미국 기업의 건강의 상징이자 지표)의 노트북 브랜드 싱크패드는 중국계 회사인 레노버에 매각되었다.

음악과 연예, 프로 스포츠와 같은 문화적 산물 또한 지구촌이 좁아지고 있다는 느낌을 준다. 빅맥은 방콕 같은 곳에서도 주문할 수 있고, 팟타이 같은 태국 음식은 서양의 주요 도시들 어디서나 먹을 수 있게 되었다. 미국, 캐나다, 라틴 아메리카의 최상급 축구 선수들은 프리미어 급의 유럽 팀 선수 명단에서 그 이름을 쉽게 찾을 수 있고, 야오밍(중국 선수)을 비롯한 전 세계(유럽, 아프리카, 호주, 라틴 아메리카를 포함해서) 출신의 수많은 선수들이 미국 프로 농구 무대(NBA)에서 활약하고 있다. 그리고 (이제는 '고전'이 된) 록밴드 저니(Journey)는 새로운 리드 보컬리스트 아넬 피네다(이전의 리드 싱어 스티브 페리와 음색이 거의 같다)를 발굴한 후 다시 순회공연을 하고 있다. 이 보컬리스트는 홍콩 클럽에서 노래하던 필리핀 출신이었는데 유튜브를 통해 알게 된 인물이었다. 데이비드 핫셀호프[〈나이트 라이더〉(Knight Rider), 〈베이워치〉(Baywatch), 〈아메리카스 갓 탤런트〉(America's Got Talent)로 유명한 인물]는 독일에서 유명한 녹음 기술자이다. 물론 변화의 속도를 증명하려고 여기에 제시한 예들이 처음엔 충격을 주겠지만 조만간에 전혀 놀랍지 않은 일이 될 것이다.

오늘날 세계화를 주도하는 요인들로는 여행의 편리, 테크놀로지, 미디어, 자유 무역 정책(예, 무역 협정 수립, 국경 제한의 완화, 수출 구역의 지정, 공동 통화의 사용) 등이 있다. 나(켄맨)는 몇 년 전 열 쌍의 부부들과 아이를 입양하러 중국의 시골 마을로 가는 여행을 준비하다가 이런 요인들이 상호 작용하는 것을 관찰할 수 있었다. 탑승하기 전에 우리는 국내 입양 기관으로부터 통역관과 중국 입양 기관 직원들을 위한 작은 선물을 준비해서 문화적으로 현명하게 행동하라는 조언을 받았다. 특히 우리의 고향의 상표나 브랜드가 새겨진 물건을 좋아할 것이라고 했다. 중국에도 NBA 팬이 많으니 시애틀 슈퍼소닉스(현재의 오클라호마시티 선더) 로고가 있는 선물이 환영을 받을 것이라고 말해 주었다.

'외국인'이 이제 중국에 쉽게 갈 수 있다는 사실과 한때 폐쇄적이었던 공산국가의 아이를 합법적으로 입양할 수 있다는 사실은 비교적 부담이 없고 쉬운 여행, 국경 제한의 완화, 그리고 정부 차원의 국제적 협조 등의 산물이다. 테크놀로지와 미디어도 한몫을 담당했다. 이제 온 세계의 사람들은 버려진 아이들을 입양할 필요를 인식하고 있고, 중국의 시골 사람들도 시애틀 같은 도시와 NBA를 알고 있다. 여행을 함께 갔던 우리에게 가장 의외의 아이러니는 우리가 선물용으로 미국에서 구입한 거의 모든 물건이 중국에서 생산되었다는 사실이었다! 이 사실과 중국의 빠른 성장과 세계 경제로의 통합은 시장과 무역의 성장을 허용하는 전 세계적인 정부의 정책을 보여 주고 있다.

기업과 세계화 논쟁

앞서 말한 요인들(여행, 기술 등)이 오늘날의 세계화를 형성하고 추진하는 데 영향력이 컸지만, 가장 강력한 힘을 발휘한 것은 기업의 이익, 말하자면 대규모 다국적 기업의 이익이라 할 수 있다. 가장 논란이 되는 주제는

('시애틀의 전투'에서 보듯이) 이 영향력의 범위와 바람직한지 여부와 관련이 있다.

대기업들과 그 투자자들에게는 세계화가 전례 없는 기회를 뜻한다. 예를 들면, 인도 방갈로의 소프트웨어 대기업인 인포시스(Infosys)의 설립자이자 회장인 나라야나 머티는 이런 기회를 다음과 같이 간단하게 설명한다. "나는 세계화를, 국경을 염려하지 않은 채 가장 비용 효율적인 곳에서 생산하고, 이윤이 가장 많은 곳에서 판매하고, 가장 저렴한 곳에서 자금을 조달하는 것이라고 정의한다."[6]

분명히 세계화 덕분에 기업의 핵심적인 활동을 더욱 효율적으로 할 수 있게 되었다. 기술, 원자재, 노동력을 끌어올 수 있고, 완제품이나 거의 완성된 제품은 전 세계 어디에서나 생산이 가능하고, 정확한 수송 계획 시스템을 통해 배송된다. 자본 역시 전 세계로 돌아다닐 수 있고, 가장 많은 수익을 얻을 수 있는 곳에 투자되는 한편, 새로운 방법으로 위험을 최소화하는 것이 가능하다. 제품과 서비스가 매매될 수 있는 새롭고 거대한 시장도 열렸다. 게다가, 가상의 팀은 시간대를 유리하게 이용해서 문자 그대로 24시간 일할 수 있으며, 마감 시간을 앞당긴다.

시애틀 거리를 행진했던 사람들과 현재 세계화의 방향에 불만을 가진 사람들처럼 비판적인 사람들은 대규모 다국적 기업의 힘이 너무 강해져서 정부들에게 책임을 지지 않는다고 생각한다.[7] 개발도상국의 빚과 환경적 기준 같은 문제들과 관련해 기업이 WTO와 같은 규제 기관에 미칠 수 있는 영향력은 '자유화된 무역'에서 혜택을 얻지 못하는 사람들의 희생에서 나온다. 예를 들면, 미국의 제조 산업에서 일하는 근로자들과 세계 시장에 팔 것이 거의 또는 전혀 없는 개발도상국의 국민들을 생각해 보라. 더 나아가, 비판의 목소리는 기업의 효율성 추구(그리고 그로 인한 더 큰 이윤 추구)가 더 큰 불의와 환경의 황폐화, 지역 문화와 전통과 공동체 생활

의 파괴를 낳는다고 주장한다.[8]

티모시 고린지는 기독교적 관점에서 현대의 (다른 기구들 중에서) 세계적 기업들은 에베소서 6:12에 나오는 "통치자들과 권세자들"을 대변한다고 주장하며 제국주의를 부추기는 것으로 본다.[9] 신시아 모 로베다는 루터 신학에 대한 해석을 기반으로 세계화는 기독교인들이 저항해야 할 세력이라고 주장한다.[10]

이와는 대조적으로, 세계화의 현재 모습에 찬성하는 사람들은 기업의 힘이 늘 과장되어 왔다고 주장한다.[11] 정부들은 통상적으로 기업의 행동을 규제하는 법안을 통과시킬 수 있고 실제로 그렇게 하고 있으며, 시장은 책임의 소재가 내장되어 있다고 한다. 게다가, 세계화는 기업의 이익을 도모할 뿐만 아니라 경제 성장과 부의 창출을 통해 가난한 사람들에게 전례 없는 경제적 기회(그로써 사회적, 정치적 힘까지)를 제공한다. 브라이언 그리피스는 기독교 신학의 관점에서 시장 경제에 기반을 둔 세계화는 이런 이유로 기독교적 이상과 맥을 같이한다고 주장한다.

> 부의 창출은 창조 명령의 직접적인 의미이다. 사람들이 자유롭게 제품과 서비스를 사고 팔 수 있고 재산권이 법으로 보호되어 있는 시장의 존재는 개인적인 자유를 강화시킨다. 이것은 그 자체로 가치가 있고, 개인과 가정이 발전하고 번영하도록 허용하고, 국가의 경제 생활 통제에 대항할 완충 장치를 만들어 낸다.…세계화의 맥락에서, 무역과 투자의 증가는 시장의 혜택을 개발도상국까지 확장시키고 그 과정에서 빈곤을 줄이도록 돕고 있다.[12]

기업과 세계화

전 세계에, 특히 미국, 아시아, 유럽에 기반을 둔 기업들이 오늘날의 세계화를 형성시키는 데 도움을 주었지만, 특히 한 회사가 그 안에서의 기업의 역할을 상징하게 되었다. 공정한지 여부를 떠나, 월마트(Walmart)는 세계화에서의 기업의 영향과 관련해 긍정적인 면과 부정적인 면을 모두 대변하는 피뢰침이 되었다.[13] 여러 면에서 이 회사의 경영 방식은 세계화의 큰 그림을 보여 주는 창문의 역할을 해 왔다. 듀크 대학교의 개리 그래페티 교수에 따르면, 월마트는 모든 산업의 모든 사업체의 모델이다.[14] 실은 지금까지 소위 "월마트 효과"에 대한 많은 연구 조사 결과가 발표되었다.[15]

월마트는 세계에서 가장 거대한 회사 중 하나로 2008 회계 연도에만 3,750억 달러의 매출액을 기록했고 아칸소 주의 벤톤빌에 본사를 두고 있다. 월마트는 더 많은 이윤을 낼 목적으로 더욱 세계적인 운영 체계로 나아가기 위해 기술(특히 재고 관리 시스템)과 무역 협정(예, 미국과 중국의 협정)에 편승했다. PBS의 〈프런트라인〉(Frontline) 방송에서 "월마트는 미국에 도움이 되는가?"라는 주제로 토론이 진행된 것처럼, 이 회사는 한때 '국산품 애용'(Buy American)전략을 채택했다가 더 이상 효과가 없어지자 급하게 내팽개쳐 버렸다. 이윤 마진을 확대하고 고객에게 낮은 가격으로 제공하겠다는 약속을 지키기 위해 회사는 거대한 소비력을 이용하여 납품업자들에게 비용 절감에 협조하도록 공격적으로 압력을 가하기 시작했다. 그 결과, 많은 납부 업체들이 상품을 제조하기 위해 외국으로, 특히 중국 같은 곳으로 가지 않을 수 없었다. 월마트는 하청을 줄 뿐만 아니라 미국 남부에서 소박하게 시작한 사업을 공격적으로 확장시켜 다른 나라들에 강한 소매업소를 설립하기에 이르렀다.

그래서 월마트의 운영 방식이 보편화되었다. 비판적인 목소리에 따르면, 이런 방식은 세계화가 국내와 세계에 많은 문제를 야기하고 있음을 잘 보여 준다고 한다. 국내에서는 생산 비용을 절감하기 위해 월급이 많은 일자리를 없애고 그 자리에 시급이 낮은 "알바"로 채우게 된다. 제조업 일자리가 없어지는 것은 미국의 주요 경제 부문에 "구멍이 나는" 것으로

언급되어 왔다.[16]

　더욱 최근에는 컴퓨터 프로그래밍이나 경제 분석과 같이 화이트칼라 일자리에도 그 고민이 옮겨 가서 이미 일부가 해외로 나가 버렸다.[17] 소기업들도 종종 거대 소매업자들의 손아귀에서 고통을 받는 것으로 알려져 있다. 옛 시내의 쇼핑 구역이 하향 곡선을 그리는 것은 보통 그 인근에 생긴 월마트와 연결되어 있다. 가족이나 지역 토박이가 운영하는 사업체들은 가격이나 선택의 면에서 월마트와 같은 대기업의 소매점들과 경쟁할 수가 없다. 일거리가 해외로 나가면서 일자리가 없어질 뿐 아니라 더 많은 상품들이 수입되어야 하므로 미국 무역의 적자가 천문학적으로 늘어난다. 월마트가 그저 부분적인 역할만을 할 뿐이나 미국 무역 수지는 2008년에 대략 7천억 달러의 적자가 났다(중국과의 무역 적자는 2,680억 달러이다).[18]

　월마트의 문제뿐만 아니라 일자리를 '얻은' 나라들에도 중요한 문제가 발생한다. 비용 절감으로 계약을 따내려는 가격 경쟁이 너무 심해서 개발도상국의 농업 및 제조업은 착취 공장에 불과한 현실이다. 노동자들은 장시간 지극히 낮은 임금을 받고, 위험한 노동 환경에 처해 있으며, 정신적·육체적 학대에 노출되어 있다. 다수는 허술한 환경 기준이나 법률 집행으로 고통을 받기도 한다.

　막강한 서구 회사들이 제품과 서비스를 새롭게 홍보하고 판매하는 신생 시장이나 개발도상국에 대해서는 비판가들이 문화적 둔감함과 서구의 패권주의를 지적하고 있다. 코카콜라, 맥도날드, MTV는 전 세계 어디서나 볼 수 있고 흔히 미국 문화가 점령한 예로 제시된다[예, 코카콜라 식민지화(Coca-colonization), 맥도날드화(McDonaldization)]. 서구의 무례함이나 문화적 둔감함으로 악명이 높은 더 구체적인 사례로는 중국의 600년 된 금단의 도시에 열었던(지금은 논란거리가 되어 문을 닫았지만) 스타벅스와, 미국 국경 남쪽에서 '멕시코' 음식을 팔려고 했던 타코벨의 시도를 들 수 있다.

더 많은 우려를 낳는 것은 강력한 문화적 변화가 일어날 것이라는 전망이다. 특히 젊은이들은 광고에 더 많은 영향을 받아 그들의 독특한 전통과 가치관을 상실하기 쉽다. 그래서 그들은 부유한 서구인들과 똑같이 개인주의적, 물질주의적 꿈을 좇는 동질화된 소비자들이 되기 쉽다. 이러한 가치관의 변화는 젊은이들의 영적, 육체적, 정신적 건강을 해치며, 공동체사이에 그리고 세대 간에 분쟁을 일으킬 수 있다.[19] 톰 사인은 이러한 현상을 다음과 같이 말한다.

세상의 젊은이들은 아주 간단한 이유로 목표물이 되고 있다. 그들은 부모 세대보다 세계적 쇼핑몰의 가치들에 더 잘 순응한다. 경제학자 조셉 퀸란(Joseph Quinlan)에 따르면, 어른들은 종종 기존의 문화적 관습을 선호하는 한편, 젊은이들은 "차보다는 코카콜라를, 샌들보다는 나이키를, 밥보다는 치킨 너겟을, 현금보다는 신용 카드를 좋아한다." 맥도날드 세계(Mc World)의 마케터들은 전 세계의 젊은이들에게 상품을 파는 것에만 관심이 있는 것이 아니다. 그들은 젊은이들의 가치관을 바꿔서 모두가 같은 상품을 사고 싶게 만들고자 하는 의도가 있다. 우리가 그것을 인식하든 못하든, 믿음의 사람들은 차세대의 마음과 생각을 얻기 위한 범세계적인 경쟁에 몸담고 있다.[20]

소비자 지향적 삶의 방식을 채택하는 것은 또 다른 부정적인 영향을 미친다. 지위를 추구하고 일회용품을 사용할수록 더욱 많은 쓰레기와 오염을 낳는다. 만약 중국(세계에서 가장 인구가 많은 나라)나 인도에 사는 가정의 절반이 실용성보다는 유행과 칭찬 때문에 차 두 대와 텔레비전 세 대를 소유하고, 많은 일상 용품을 바꾸는 서양의 생활 방식을 따른다면, 지구에 미칠 피해는 상상조차 할 수 없다는 말을 자주 듣는다. 건물과 도로를 포함한 사회 간접 자본 시설의 개발과 생산 및 제조 설비의 빠른 성장으로 인한 오염과 더불어 낭비적인 소비 지상주의는, 환경(그리고 이로써 인간의) 건강에 관한 한, 중국과 같은 나라에서는 갑절의 강한 영향을 주고 있다(이는 2008년 베이징 올림픽 기간에 목격할 수 있었다).[21]

이와 대조적으로, 현재 진행되는 세계화의 방향에 우호적인 사람들은 완전히 다른 각도에서 조명한다. 그들의 주장에 따르면, 정부의 간섭에서 대체로 자유로워진 무역은 자본주의가 가능한 한 가장 효율적인 방법으로 "창조적인 파괴"의 일을 하도록 허락한다.[22] 어느 정도의 고통(예, 일시 해고)은 시장이 비효율적인 옛 산업을 버리고 새로운 산업을 창조하는 데 꼭 필요하다고 주장한다. 일부의 주장에 따르면, 무역이 더 이상 국경에서 끝나지 않는 경제가 번영하도록 돕기 때문에, 무역 적자와 같은 척도에 초점을 맞추는 것은 잘못이라고 한다.[23] 게다가, 시장 경제는 인간의 자유와 사유 재산권을 허용하므로 하나님의 설계를 일부 반영하고, 죄의 실재를 설명하는 만큼, 사회주의와 같은 대안적인 체제들보다 권력의 남용에 대해 훨씬 큰 저항력을 갖고 있다.[24]

세계화를 지지하는 이들은 세계화로 인해 고통받는 이들이 혜택을 받는 사람들보다 훨씬 눈에 잘 띄기 때문에 일반 대중을 설득하기가 어렵다고 지적한다. 환경 오염과 해외의 착취 공장, 그리고 폐허가 된 국내 공장은 시각적으로나 정서적으로 설득력 있는 이미지를 만들어 내지만, 세계화의 영향으로 이익을 얻는 사람들은 거의 보이지 않는다. 전 클린턴 정부 재무부 장관이자 하버드 대학 총장(그리고 오바마의 경제 고문)인 로렌스 슈머즈는 다음과 같이 말한다.

NAFTA(북미자유무역협정)를 홍보하는 것은 분명 아주 어려웠다. 시장 개방을 설득하는 일은 항상 어렵기 때문이다. 시장 개방에는 기본적인 비용이 발생하는데, (예를 들면) 일자리를 잃는 사람이 있을 수 있다(이것은 아주 눈에 띄는 현상이다). (하지만) 이익은 별로 확실히 드러나지 않는다. 누가 크리스마스에 "맙소사, 감사해요, 시장 개방이 아니었다면 우리 아이에게 줄 장난감을 지금의 반밖에 못 샀을 거예요"라고 말했는가? 또는 누구든지 "있잖아요, 나는 대단한 근로자는 아니지만, 이렇게 수출 수요가 급증하는 상황에서 나를 승진시키지 않고는 방법이 없었겠지요"라고 말하는 사람이 있는가? 반면에, 국제적인 무역과 조금만 관계가 있으면, 일자리를 잃은 사람은 모두 발언을 한다. 그래서 보이지 않는 수혜자와 보이는 피해자의 문제는 무역의 정치 경제학에 큰 걸림돌의 하나이다.[25]

동남아시아, 중국, 인도 같은 나라에 사는 사람들은 정부나 기부자 지원 프로그램보다 시장의 역할(그리고 자유 무역의 역할)이 가난한 사람들을 가난에서 해방시키는 데 훨씬 더 효과적임을 보여 주는 주요 사례로 제시되었다. 국제통화기금(IMF)의 자한지르 아지즈의 말에 따르면, 중국은 대략 지난 30년 동안 시장기반 경제 개혁을 실시한 이래 1억 2천만 명을 새로 고용했고 3억 명을 가난에서 벗어나게 했다.[26]

세계화를 옹호하는 사람들은 노동 착취나 환경 오염의 폐해를 부인하지는 않으면서도 '공장'을 주로 거대한 '착취 공장'으로 보기보다는 경제적 기회를 제공하는 것으로 본다. 중국과 같은 나라들의 경우, 노동은 주요 수출 품목이 되었다. 경제 이론의 용어를 사용하자면, 그 나라의 '집단 비교 우위'(comparative advantage)의 기반이 되었다. 서구의 관점에서 보면, 새롭게 생긴 공장 일자리의 대부분(비교적 저임금이다)은 이상적이진 않지만 다른 대안들에 비해서는 매우 매력적이다. 예를 들면, 시골에서 주요 산업 지역으로 이주하기로 결정한 많은 젊은이들은 공장 일거리가 없으면 가족 농장에서 겨우 생계만 유지해야 할 것이다. 더 나아가, 제조업/산업의 단계는 꼭 필요하지는 않을지라도 개발도상국의 경제에서 역사적으로 흔했던 단계였다.

니콜라스 크리스토프와 셰릴 우던은 「뉴욕 타임즈 매거진」에 실린 "스웨트샵을 위한 변명"(*Two Cheers for Sweatshops*)[어빙 크리스톨의 저서 『자본주의를 위한 변명』(*Two Cheers for Capitalism*)을 패러디한 것]이란 도발적인 기사에서 스웨트샵(착취 공장)의 일자리가 부유한 나라와 개발도상국에서 어떻게 다르게 인식되는지를 묘사한다. 많은 서구인들은 그런 공장을 비극적이라고 보는 반면, 많은 지역 주민은 공장 일자리를 기회로 받아들인다. 저자들은 단 10여 년 동안 중국의 주강 삼각주인 펄 델타(Pearl Delta) 지역에서 일어난 변화에 크게 놀란 것도 얘기한다. 그 지역을 정기적으로 방문하는 동안에 임금이 상승하고 중산층이 출현하는 모습을 목격했다.[27] 중국과 인도 같은 나라에서 임금이 상승하고 전문인 계층과 기술자 계층의 일자리가 창조되고 있다는 증거는 문헌으로 입증된 바 있다.[28] 어떤 경우에는, 임금이 너무 빨리 올라서 어떤 연구자들은 비교 우위의 기반이 되는 저임금이 실제로 사라지지 않을까 하고 생각한다.

일부 농부들과 소규모 수공업자도 세계화로부터 혜택을 받았다. 어떤 농부들은 테크놀로지를 이용해 기상 예보와 실시간 세계 시장 가격을 알아내어 더욱 현명한 재배 선택을 할 수 있었고 작물을 제대로 팔지 못하는 사태를 피할 수 있었다. 다른 사람들도 새로운 작물을 기르거나 새로운 시장에 작물을 공급한다. 예를 들어, 동남아시아와 아프리카의 커피 수출은 극적으로 증가하였고, 칠레나 멕시코 같은 나라에서 재배된 포도 같은 농산품은 국내 과일이 "제철"이 아닐 때에도 슈퍼마켓에서 찾아 볼 수 있다. "공정 거래" 공예품을 위한 소매 시장도 조성되어 토박이 공예업자들이 만든 상품을 팔 수 있는 새로운 유통 경로가 생겼다.[29]

세계화를 옹호하는 사람들은 다른 국내 이점들도 가리킨다. 예를 들어, 소비자의 입장에서 훨씬 폭넓고 다양한 제품과 서비스를 선택할 수 있게 된다. 로렌스 슈머스가 말했듯이, 많은 상품의 가격이 낮아졌는데, 만일 세계적인 물류로 비용을 절약하지 못했다면 지금보다 가격이 더 높았을 것이다. 미국 경제 조사국의 한 연구에서는 월마트의 낮은 가격이 인플레이션의 비율을 낮추는 데 효과가 있었다는 결과를 발표했다.[30] 그 연구는 월마트가 일반적으로 경쟁하는 슈퍼마켓보다 음식을 15-25% 낮은 가격으로 파는 것을 예로 들었는데, 이 요인은 정부의 소비자 물가 산정에서는 포함되지 않는 통계이다. 이 사실을 고려한다면 공고된 물가 인상 비율을 최대 0.42%p 낮추거나, 연간 최대 15%를 낮출 수 있게 되는 것이다.[31]

낮은 가격은 특히 국내의 저소득층에게 혜택을 주며, 이 계층은 월마트가 특별히 집중하는 대상이다. 비판의 목소리는 소도시들과 그곳의 근로자들에게 미치는 월마트의 해로운 영향에 초점을 맞추지만, 하버드 경영학과 교수 판카즈 게마왓은 만약 가난한 **소비자**들을 고려한다면 분배 정의의 문제가 다뤄져야 한다고 지적한다. 게마왓은 월마트가 가장 가난한 주들에서 주로 영업하고, 이런 주들 안에서도 가장 가난한 지역의 가장 가난한 소비자를 대상으로 한다는 것을 강조한다. 그러므로 가난한 사람들은 "식품에 대한 지출이-주거 문제 다음으로-두 번째로 큰 가계 지출이다."[32]

낮은 가격에 더해서 소비자들은 더욱 좋아진 편리성의 이득을 누린다. 인도와 필리핀 같은 나라의 콜센터는, 제공되는 서비스의 질은 만족스럽지 못하더라도, 정규 업무 시간 외에도 언제든지 기술적인 문제나 신용카드 결제상의 의문점에 대해 답변을 해 준다. 좀 더 개인적인 차원에서는, 우리는 해외의 인력을 고용해 예약을 하고, 출장 계획을 세우고, 교신을 타이프로 치고, 녹음을 속기하고, 우리를 대신해서 이메일을 처리하는 등의 일을 시킬 수도 있다.

투자자들은 새로운 기회(예, 신생 시장의 회사나 경제)에 접근하는 것과, 더 넓은 범위의 자산에 걸쳐 포트폴리오 위험을 분산시키는 능력을 통해 혜택을 보게 된다. 예를 들면, 국내 경제(그리고 국내의 회사들)가 실적의 어려움을 겪고 있다면, 투자자들은 더 잘되는 타국의 사업에 투자함으로써 위험을 줄일 수 있다.

미국의 일자리를 해외로 옮기는 특히 까다로운 문제와 관련해서, 자유 무역을 옹호하는 사람들은 해외 아웃소싱 현상에 관한 통계치가 꽤 과장된 경향이 있으며, 특히 화이트칼라 일자리에 대해서는 더욱 심하다고 주장한다.[33] 다른 사람들은 해외 아웃소싱은 장기적으로는 윈-윈 할 수 있는 계획이고, 다른 나라에서 수익을 늘리고 노동 임금을 절약해서 얻은 이익이 결국은 미국 경제에 자연스럽게 이익이 될 것이라고 말한다.[34] 더 구체적으로 말하면, 무역이 어느 정도 일자리를 없애지만 반면에 다른 일자리를 만들어 낸다고 주장한다.[35] 그러나 순효과는 국제 무역의 역할이 아니라 노동력을 가진 사람의 숫자이다. 고용 데이터를 사용한다면, 일자리(화이트칼라든 블루칼라든)가 사라지기보다는 덜 효율적인 분야에서 더 효율적인 분야로 **이동한다**고 말하는 것이 더욱 정확할 것이다. 그들은 무역이 고임금 직업을 저임금 직업으로 바꾸는 것도 아니라고 주장한다. 이와 대조적으로, 저임금 직업은 없어지는 추세이다.[36]

기업이 지역의 문화와 전통에 미치는 영향과 관련해서, 필리페 레그레인은 문화가 사람들이 먹고 마시고 텔레비전에서 시청하는 것의 총합보다 큰 개념이며, 비판가들이 생각하는 것보다 훨씬 강력한 것이라고 주장한다.[37] 물론 제품들이 소비자들의 마음을 사로잡으려면 각 문화에 맞게 맞춤형이 되어야(glocalized) 한다. 예를 들면, 맥도날드는 일부 지역에서는 양고기, 맥주, 국수를 판다. 이와 비슷하게, 코카콜라는 라틴 아메리카에서는 입맛을 사로잡기 위해 더 달게 제조된다. 심지어 중국 같은 나라들의 월마트에서는 서구인이 구매는 고사하고 무엇인지도 모르는 식품을 많이 판다. 레그레인은 세계화가 문화적 패권(서구의 지배) 대신에 "문화 교류" 현상으로 더욱 긍정적으로 묘사되어야 한다고 생각하는데, 왜냐하면 요리, 책, 음악, 옷을 대충 살펴봐도 서구인들이 다른 문화들의 영향을 깊이 받고 있다는 것을 알 수 있기 때문이라고 한다.

세계화와 기독교의 가치관

세계화를 공정하게 제대로 평가하기는 어렵다. 그러한 평가는, 고임금의 일자리가 없어졌는지, 공장에서 학대가 얼마나 만연한지, 문화적 변화의 근본 원인이 무엇인지와 같은 사실적인 항목들에 달려 있다. 이런 문제들은 결론을 내리기가 쉽지 않다. 게다가, 사실이란 시간과 환경의 변화에 따라 바뀌기 마련이다. 그렇지만 사실의 저변에 깔린 것, 그리고 종종 그 해석에 영향을 주는 것은, 잘 언급되지는 않지만 반드시 검토해야 할 중요한 가치들이다. 2장을 돌아보면, 그리스도께서 선포하러 오신 하나님의 사명의 주요 부분-샬롬과 **하나님 나라**의 온전한 뜻을 특징으로 삼는 것-은 바로 영적, 육체적, 정서적, 사회적 등 다양한 차원에 걸친 인간의 번영과 변화에 대한 깊은 관심이다. 게다가, 가난한 자, 약한 자, 발언권이 없는 자를 위한 공의가 하나님의 특별한 관심사이다.

이런 이상들을 세계화에 적용할 때 이런 관심사들을 국가나 인종의 경계에 국한시켜야 한다는 말은 성경에 전혀 없다. 우리는 우리의 이웃을 사랑하라는 명령을 받았을 뿐이다. 세계화로 인한 상호 의존성은 이웃의 크기와 범위를 확장시켰다. 구약 전통에서는 나그네도 율법 아래서 태어난 본국인들과 똑같은 대우를 받았다(레 19:34). 예수님은 하나님의 자비가 모든 사람에게로 확장되어야 한다는 것을 분명히 전하기 위해 등장하셨다. 하나님의 나라는 모든 사람을 포괄한다. 그러므로 우리의 이웃은,

따라서 우리의 이웃 사람은 세계적으로 확장되었다.

샬롬의 여러 다른 구성 요소들도 세계화의 빛에 비추어 발전시킬 가치가 있다. 고대 이스라엘의 공동 생활을 지도할 의도를 가진 구약의 많은 율법은 경제적 정의를 보증하게끔 되어 있었다. 예를 들어, 희년(모든 빚이 탕감되고 모든 땅이 원래의 주인에게 돌아가는 해)은, 어떤 사람이 충분한 생계 수단을 잃었을 때, 다시 시작할 기회를 주는 것이었다. 희년이 우리의 현대 경제에서 문자적으로 실천될 수는 없지만, 자비와 기회의 원리는 실천될 수 있고, 또한 실천되어야 한다.

더 나아가, 율법은 또한 분배 정의의 척도를 일부 보증하기도 했다. 예를 들면, 이삭 줍기에 관한 법과 3년마다의 십일조는 가난한 사람들도 충분한 생계 수단을 가질 수 있도록 보장한다. 분명히 말하자면, 정의를 보증하려면 부를 똑같이 분배하는 것이 필요하다는 말씀은 성경에 없다. 강제로 부를 똑같이 분배하는 상황을 만드는 것은 자유를 지나치게 제한하여 인간의 존엄성을 침해하는 것이다. 더 나아가, 부를 다르게 소유하게 된 상황을 만드는 데는 선택, 노력, 재능, 환경의 차이 등도 중요한 역할을 할 수 있다.[38] 하지만 노동 착취의 현실이나 소수의 손에 부가 점점 더 집중되는 현상은 분명 공동체의 삶의 모습이 하나님의 패턴에 따라 형성되고 있는가 하는 의문을 불러일으킨다.

성경은 또한 부 자체가 목적이 아니라고 분명히 말한다. 오히려 경제적 안녕은 사람들이 힘을 얻고 공동체 생활에 참여하는 데 필수적이다. 스테판 못과 로날드 사이더가 말하듯, 경제적 기회에서 배제된다는 것은 사람들이 공동체 생활에 온전히 참여하는 것도 배제시킨다.[39]

이런 틀을 마음에 담아둔 채, 우리는 현재 세계화의 방향을 비판하거나 옹호하기 위해 사용되는 몇몇 논리들(그리고 그 저변의 가치들)을 검토할 수 있다. 그렇게 함으로써 우리는 세계화로 인한 몇 가지 혜택은 조심스럽게 인정하는 한편, 그 내재적 논리의 일부는 배격할 수 있고, 샬롬을 구현하려면 세계화가 개조되어야 한다고 주장할 수 있다.

세계화를 비판하는 사람 중 일부는 일자리 상실과 같은 미국의 이해관계에 너무 좁게 초점을 맞춘다. 한 사람의 생계수단의 상실이 좌절감과 구체적인 손실을 일으킨다는 점은 납득이 되지만, "우리"의 일자리를 보호하는 일에 주로 초점을 맞추는 것은 성경적 관점과 상충된다. 우리의 요점은 미국의 이해관계가 무시되어야 한다는 것이 아니라, 기독교가 말하는 이웃사랑은 국경 너머에 사는 사람에 대한 적극적인 관심을 포함하는 세계-시민의 관점으로 옮겨져야 한다는 것이다. 더 구체적으로 말하자면, 개발도상국의 사람들에게 취업의 기회가 늘어나고 임금도 오른다는 전망이 있는 것을 긍정적으로 봐야 한다는 것이다. 우리 자신의 번영에만 지나치게 집착하는 것은 하나님의 계획에 거슬리고 심지어 때로는 외국인 혐오증을 낳아 "저 사람들이 우리 일자리를 훔쳐간다"는 태도를 가지게 만든다. 사실 이웃사랑을 실천하려면 "저 사람들"을 "우리"로 바꿔야 한다. 그러므로 PBS 〈프런트라인〉의 "월마트는 미국에 도움이 되는가?"라는 에피소드 제목은 너무나 협소한 것이다. 올바로 보자면, 다음과 같이 제목을 바꿔야(이로써 방향을 바꿔야) 할 것이다. "월마트는 지구상의 우리 이웃들에게 도움이 되는가?" 이와 비슷한 맥락에서, 신학자 유진 레미시오는 이렇게 묻는다. "왜 아메리칸 드림을 정의, 평등, 자유, 책임의 견지에서는 전혀 말하지 않는가? 우리가 한 백성과 국가로서 갖는 우리의 정체성이 사물과 사물의 소유로 축약되어야 하는가? 그런 것이 아무리 필요하고 바람직하다 하더라도 말이다."[40]

세계적인 규모로 이웃 사랑을 실천한다는 것은, 세계화가 특히 가난한 사람들과 권리를 빼앗긴 이들에게 구체적이고 실질적인 경제적 혜택을 주는 것을 인정하고 또 기뻐하는 것이다. 시장(특별히 무역과 테크놀로지)의 창조적인 힘은 전 세계적으로 실질적인 경제 성장과 부의 창출에 큰 기여를 했다. 물론 경제적인 부는 인간의 전반적인 행복을 측정하는 충분한 기준은 아니지만, 부가 없이는 육체적 건강, 교육, 그리고 사회적인 힘이 어떻게 개선될 수 있을지 상상하기가 힘들다.

부의 주된 수혜자라고 하면 사람들은 '살찐 고양이'의 이미지를 떠올리지만, 국내와 전 세계의 가난한 사람들 역시, 때로는 극적으로, 혜택을 얻었다. 이는 중국에서 3억 명이 가난에서 해방되었다는 사실만으로도 알 수 있다. 제프리 삭스는 유명한 책 『빈곤의 종말』(The End of Poverty, 21세기북스)에서 다음과 같이 말하고 있다.

> 1978년부터 중국은 세계에서 가장 성공적인 경제를 자랑해 왔고 매년 1인당 평균 경제 성장률이 거의 8%나 되었다. 이 비율로 1인당 평균 수입이 9년마다 두 배가 되었고, 2003년에는 1978년에 비해 모두 8배로 증가했다. 중국에서 극도의 가난이 극적으로 줄어들었다.···1981년에는 인구의 64%가 1달러도 안 되는 하루 수입으로 연명했다. 2001년이 되자 그 수는 17%로 줄었다. 성장 동력은 여전히 강하게 작동하고 있고, 1인당 경제 성장률이 몇 년 전보다 아주 조금 느려졌을 뿐이다.[41]

이런 수치들을 10억(인류 전체의 5분의 1)의 인구에 적용해 보면 실로 어마어마하다고 아니할 수 없다. 그리고 사람들을 경제적 가난에서 벗어나게 할 유일하게 검증된 방법은 새로운 재정적 자원을 창출해서 파이 전체의 크기를 키우는 것뿐임을 인정할 필요가 있다. 현재까지 알려진 바, 이를 이루는 경제 시스템은 시장 기반 자본주의밖에 없다. 물론 얼마나 구속을 받지 않아야(정부의 영향에서 자유로워야) 하는지는 논란거리지만 말이다. 글렌 허바드와 윌리엄 더간은 번창하는 사업 부문과 건전한 규제가

5. 비즈니스와 글로벌 경제

개발도상국의 가난을 줄이는 데 필요한 필수조건이라고 주장한다.[42] 단순히 기존의 부의 크기만 조정하여 재분배하는 것은 거의 효과가 없고, 급진적인 재분배로 인해 발생할 중대한 도덕적, 정치적, 사회적 문제도 고려하지 않으면 안 된다. 그러므로 일자리를 창출하는 시장의 능력과 활발한 사적 부문을 대체하거나 지나치게 간섭하려는 개혁은 수천만, 어쩌면 수십억 사람들이 효과적으로 가난에서 벗어날 기회를 실질적으로 빼앗게 될 것이다.

세계화가 초래한 다른 진보와 연결망 역시 가난한 사람들에게 생명을 선사해 왔으므로 이것도 인정될 필요가 있다. 테크놀로지와 미디어는 과거 어느 때보다도 자연재해(예, 아시아의 쓰나미)에 대해 잘 알도록 만들어 주었다. 그리고 재정적 도움과 다른 형태의 원조(예, 깨끗한 물)가 때로는 잘 갖춰진 상업적 경로를 이용해서 더욱 빠르고 효율적으로 수집되고 분배된다. 어쩌면 아이러니하게도, 우리는 착취 공장에서의 노동 착취, 환경 파괴, 기업의 책임성과 시민권에 대한 관심의 증가 등 인권 문제들도 더욱 잘 이해하게 되었다.

가난을 완화하고 여러 사회적 문제를 해결하기 위한 대담하고 이상적인 계획 역시 꾸준히 개발되고 실행되어 왔다. 키바(Kiva, 기독교 기관은 아니나 기독교인들이 설립했다)와 같은 기관들은 미소기업들과 그들이 사업을 시작하거나 확장하는 데 필요한 자금에 관한 이야기를 들려주어서 우리로 하여금 세계의 가난한 사람들과 연결될 수 있게 해 준다. 그래서 우리(멀리 떨어진 부유한 미국인들)는 정보 통신 기술을 통해 그 사업체에 (중개자를 거쳐) 돈을 빌려주어 그들이 사업체를 확장하고 스스로 가난에서 해방될 수 있도록 도울 수 있다. 키바는 설립 4년 만에 거의 1억 달러에 가까운 돈을 미소기업들에 지원했는데, 빌려주는 돈이 25달러 규모로 커진다는 사실을 고려하면 실로 놀라운 사실이다. 자금을 세계 곳곳으로 자유롭게 또 빠르게 옮길 수 있는 능력과 테크놀로지가 없었다면, 이런 유형의 노력은 있을 수 없을 것이다.

세계화로 인해 가능해진 문화와 경제 교류의 유형과 빈도는 평화와 질서를 유지하는 데도 한몫을 한다. 우리가 레그레인의 표현처럼, "지리의 폭정"에서 탈출할 수 있고 전 세계의 사람들과 연결되고 그들의 문화를 경험할 수 있다는 사실은, 테크놀로지를 이용하든 여행을 하든, 다리를 놓는 데 도움을 준다.[43] 예를 들자면, 컴퓨터를 이용해서 우리는 결코 직접 찾아갈 수 없는 곳의 음악을 듣고 박물관의 예술품을 보고, 다른 문화를 경험할 수 있다. 우리는 전 세계에 흩어져 있는 음악 팬들, 세계적인 가난의 문제나 환경 문제를 해결하는 데 관심이 있는 사람들, 사진작가들, 예술 애호가들, 여행객들 등과 교류할 수 있다.

그리고 서로 무역하는 국가들이나 사람들은 무력 충돌에 말려들기보다는 평화로운 관계를 유지할 필요성을 공감하게 된다. 예를 들면, 토마스 프리드먼이『세계는 평평하다』에서 델 컴퓨터(Dell Computer)의 주된 공급 사슬에 속한 어떤 두 국가도 서로 전쟁을 벌인 적이 없다는 사실을 유머러스하게 지적한다.[44]

퇴역한 장군들인 콜린 파월(전 국무장관)과 피트 페이스(전 합동 참모 본부장)와 같은 이들이 인정하듯이, 국제 개발이야말로 군사력보다 테러리즘에 맞서 싸울 수 있는 훨씬 나은 도구이다.[45] 권리를 박탈당한 사람들이 더 잘 살게 되면, 그들이 권력의 처소를 확보하기 위해 파괴적인 수단을 동원하는 극렬 단체에 포섭될 가능성이 줄어든다.

이처럼 세계화는 많은 유익을 주지만, 세계화의 몇몇 측면들은 변화될 필요가 있다. 더 구체적으로 말하면, 일부 지지자들은 세계화를 물질적이고 경제적인 측면으로 축소해 버린다. 예를 들면, 머티의 정의는(p. 152 참조) 사업의 맥락에서 내려지긴 했지만, 세계화를 원료 조달과 판매로 축

5. 비즈니스와 글로벌 경제

소시켜 버렸다. 이와 비슷하게, 개발도상국에 사는 사람들은 종종 '신흥 시장'으로 언급되곤 한다. 세계화와 사람들을 그 경제적 차원으로 축소시키는 것은 하나님의 창조 의도, 즉 이웃을 사랑하고 그들에게 샬롬을 가져다주는 데 필요한 총체적인 틀을 반영하지 못한다.

세계화를 정의하고 사람의 복지를 측정하는 데 사용되는 일부 용어들을 순전히 세속적인 근거와 범주를 바탕으로 삼는다. 예컨대, **효율적인**, **더 많이**, **더 값싼**, **더 빠른**, 그리고 **신흥 시장** 같은 단어들을 '벗겨 보면' 세계화의 논리와 세계화의 어떤 부분이 기독교 사상과 반대되는지를 알 수 있다.

효율적이고 **더욱 저렴**해지려는 목표는 인간 착취와 더 큰 불의를 낳을 수 있고 실제로 그렇게 된다. 모든 공장을, 또는 대부분의 공장을 착취 공장으로 생각하는 것은 잘못이지만, 악랄한 공장 지배인들의 손아귀에 잡힌 가난한 자, 교육받지 못한 자, 어린 노동자, 여성 노동자들에게 가해지는 학대는 실제로 발생한다. 공장 환경은 세월이 지나면서 아마도 개선될 것이다. 부정적인 여론이 더 큰 책임성과 시찰과 감사 시스템을 가동하게 했기 때문이다. 그러나 감사와 시찰의 횟수는 늘어났어도 무척 제한되어 있다. 어떤 회사들은 시찰이 나오기 전에 미리 알려 주어 악랄한 공장 지배인들이 사전에 그들의 행위를 덮어 버릴 수 있게 한다고 이미 입증된 바 있다. 어떤 공장 지배인들은 시찰단에게 진실을 말하는 직원을 협박하거나 해고한다. 어떤 개발도상국의 정부 공무원들은 착취 공장에서 일어나는 노동 학대를 간과하고 법을 집행하지 않는데, 그것은 사업체 운영에 비용이 늘어나서 일자리가 줄어들까 봐 두려워하기 때문이다.[46] 이러한 현상은 환경 기준이 낮은 국가에서 원료를 조달하거나 그런 곳에서 제품 생산에 드는 비용을 줄이려는 기업체들에게 흔한 일이다.

더 저렴하기 때문에 가능하게 된 것, 즉 (상품의) 양과 다양성이 더 많아진 것이 반드시 성경이 말하는 '풍성한 삶'을 반영한다고 할 수는 없다. 아이러니하게도, 종종 '아메리칸 드림'으로 팔리는 물질적인 풍족함은 영적인 질병은 말할 것도 없고 낭비, 환경 파괴, 심리적 스트레스를 낳을 수 있다.[47] 새로운 시장으로 판매를 확장하는 것은 소비 지상주의의 복음을 퍼뜨리는 길을 닦는 것이나 다름없다. 자세히 들여다보면, 세계화가 헤게모니가 아니라(레그레인이 주장하듯이) 문화적 교류를 상징하는 반면, 상호 작용은 다른 사람을 섬기고 진정한 공동체를 촉진하는 뜻 깊은 관계가 아니라 얕은 **소비**의 범주에(예, 음식, 노래, 옷) 기반하고 있음을 알 수 있다.

부의 창출과 한 나라의 국내 총생산(GDP)의 성장으로 측정되는 **더 많이**는 진보의 일그러진 척도일 수도 있다. GDP는 물론 집합적인 측정(aggregate measure) 방법이지 분배적인(distributive) 방법이 아니다. 그래서 한 국가나 지역의 전반적인 부가 증가되더라도, 그 부가 어떻게 나뉘거나 분배되는지는 언급하지 않는다. 만약 소수의 사람들만 이익을 보고 다른 사람들은 손해를 본다고 해도, 수익이 손실보다 크다면 GDP는 여전히 증가할 것이다. 지금까지 모든 국가가 세계화로 인한 이익을 누린 것은 아니며, 특히 시장에서 '비교 우위'의 기준으로 팔 것이 거의 없는 국가들은 더욱 그렇다. 많은 개인들도 세계적 경제에서 순전한 승자가 되지 못했다. 가난에는 많은 원인이 있어서 세계화가 꼭 탓해야 할 대상은 아닐 수도 있지만, 수입의 격차가 점차 심해지는 것은 눈여겨볼 필요가 있다. 몇몇 연구는 개발도상국에서 증가하는 불평등을 보여 준다.[48] 격차의 크기는 커지고 있는가? 부자들은 가난한 사람들의 희생으로 더 부유해지고 있는가? 무역 정책은 힘없는 사람들을 희생시키면서 기업들에게 특혜를 주는가? 정의의 측면에서 세계는 정말로 조금이라도 "더 편평해지고" 있는가? 만일 이런 부정적인 현상이 지속되고 있다면, 성경이 말하는 정의의 표준이 침해되고 있는 셈이다. 브라이언 그리피스는 다음과 같이 말한다.

기독교인들은 책임감, 공정성, 폭넓은 소유권을 격려하는 세계적 자본주의를 보고 싶어 할 것이다.…기독교적 관점은 경제적 정의에 큰 강조점을 둘 것이다.…타락한 세상에서는 착취와 부패, 불의가 있을 것이다. 권력을 가진 사람들은 그들에게 유리하게 규칙을 왜곡할 것이다. 기독교인은 불의에 맞설 준비를 갖추고, 더 정의로운 사회를 만들기 위해 규칙, 구조, 사회 풍조를 바꾸려고 힘써야 한다. 기독교적 정의관은 부를 재분배하는 것만큼이나 부를 창조하는 것도 포용할 것이다.[49]

구매력 평가 지수(또는 복지를 측정하는 다른 기준)의 증가와 같은 척도들, 특히 경제적 사다리의 하위 절반의 경우야말로 경제 발전의 실질적인 진보를 보여 주는 더 나은 척도이다. 그러나 부는 (총체적인 것이든 개인적인 수준이든) 인간의 복지나 번영을 측정하는 하나의 방법에 불과하다는 것을 기억해야 한다. 경제적 이익은 더 나은 보건 복지, 향상된 영양과 교육, 어쩌면 정치적인 권한의 기반까지 형성할 수 있지만, 사회적·정신적·영적 차원에도 주의를 기울여야 한다. 그래서 가정은 소득의 증가를 맛볼 수 있어도, 그와 동시에 소비 지상주의의 공허한 추구의 부정적인 영향을 경험할 수 있고, 새로운 형태의 계급 투쟁이나 현대화와 전통 간의 갈등을 겪을 수 있다. **발전**의 올바른 정의는 인간의 전반적인 안녕을 향상시키는 것을 중시하는 만큼 이런 여러 요인들도 고려할 것이다. 사람들을 물질적인 요인들로 축소시키게 되면 근로자들을 학대하는 것도 막기 힘들 것이다. "우리가 돈을 더 많이 주니까…"라는 논리가 성립된다는 뜻이다.

더 빠르게는 세계 경제에서 발생하는 '혼란'의 속도를 묘사할 수 있다. 토마스 프리드만은 세계화와 냉전 시대를 대비시키는 여러 적절한 은유를 사용하면서 세계화의 붕괴시키는 힘을 잘 포착하고 있다.

냉전 시기에 우리는 백악관과 크렘린 사이의 '핫라인'에 손을 뻗었다. 그것은 우리 모두가 분열되어 있지만 최소한 누군가, 두 개의 초강대국이 관장하고 있다는 상징이었다. 세계화 시대에 우리는 인터넷에 손을 뻗는다. 그것은 우리 모두가 연결되어 있지만 어느 누구도 완전히 관장하고 있지 않는다는 상징이다.

만약 냉전이 스포츠였다면, 그것은 분명히 일본 씨름이었을 것이라고 존스 홉킨스 대학 대외 협력 교수 마이클 맨델바움은 말한다. "거대하고 뚱뚱한 두 남자가 경기장에서 온갖 종류의 자세를 취하고 의례를 집행하고 발을 구르지만, 실제로는 상대방과 거의 접촉하지 않다가, 경기가 끝날 때쯤 아주 짧은 순간에 냅다 밀쳐서 패자가 경기장 밖으로 밀려날 뿐 아무도 죽임을 당하지 않는 것과 같다." 이와 대조적으로, 만약 세계화가 스포츠라면, 그것은 100미터 달리기를 계속 반복하는 경기일 것이다. 그리고 당신이 얼마나 많이 이겼든지 상관없이 다음 날 다시 달리기를 해야만 한다. 그리고 만약 당신이 100분의 1초로 졌다고 하더라도 그것은 마치 한 시간 뒤쳐진 것과 같을 수 있다.[50]

이런 은유는 사람들이 얼마나 세계화를 불편하게 느끼는지를 보여 주며, 이것은 실제 삶에서 경험되는 것이다. 우리는 이제 여러 번 그런 것(아시아 경제 공황, 테크놀로지의 거품, 주택 담보 대출 위기)을 경험한 만큼, **더 빠르게**는 종종 상호 연결된 경제가 비틀거려서 기업과 개인의 부가 급락할 때 발생하는 공황 상태를 묘사하기도 한다.

회사들은 **더 값싼** 원료와 새로운 세계 시장의 개방으로 이익을 얻는 반면, 피고용인들은 종종 혼란으로 고통을 받는다. 기업의 간부들은 사분기당 이익을 극대화시키라는 압력을 받는다. 종종 이것은 경쟁을 심화시켜 회사가 일자리를 해외로 보내거나 노동력을 줄이게 한 결과 고용 관계가 더욱 빈약해지는 것을 의미한다. 공장은 문을 닫게 된다. 그리고 지난 10년간 화이트칼라 일자리(예, 컴퓨터 프로그래머, 회계 분석가 등)가 아웃소싱 되는 것을 목격해 왔다. 국내 일자리가 사라지거나 총체적인 경제 기준으로는 이동하기만 해도, 분명히 임금 근로자, 가정, 지역 사회에게는 일자리가 사라진 것이다.

전 세계에 걸쳐 농부와 지역 생산자들의 삶이 전례 없는 속도로 황폐해지고 있다. 농부들은, 본국의 농업 이익을 지키기 위해 공정한 경쟁을 효과적으로 제거해 버리는 먼 나라의 무역 정책 때문에 피해를 입을 수 있다. 커피로 대변되고 이제는 초콜릿, 옷, 꽃 등 다양한 상품도 포괄하는 공정 무역 운동은 사실 개발도상국의 농부들에게 미치는 변화의 속도와 범위의 영향을 줄이기 위해 유럽에서 시작된 기독교 운동이었다. 세계의 커피 가격이 수직 하강하는 바람에 농부들은 몇 세대를 이어 온 가업을 저버려야 했다. 이론적으로는 이런 농부들이 그냥 짐을 싸고 그들의 노동력을 더욱 효율적인 경제 부문으로 옮겨야 한다. 이런 이동은 현실에서는 그렇게 쉽게 이루어지지 않는다. 그래서 농부들, 그 가족들, 그리고 노동자들은 종종 비참한 상황에 처하게 된다. '공정 무역'은 그 자체의 단점이 있는 하나의 브랜드가 되었지만, 그 배후의 원동력은 세계화의 분열 세력에 대처하는 것이었다.[51]

더 빠르게를 지향하는 욕구가 테크놀로지와 연결되면 우리를 더 열악하게 만들 수 있다. 속도는 보통 멈춤과 쉼을 특징으로 삼는 안식일적 안목을 수용하는 일을 부정한다. 피고용인의 차원에서는, 어디서나 일할 수 있는 능력은 종종 **모든 곳에서** 일할 수 있을 것이라는 기대감을 안겨 준다. 이제는 직원들이 일하지 않는 시간에도 주기적으로 이메일을 확인하고, 심지어는 휴가를 가서도 노트북이나 다른 기기를 가져가 사무실과 항상 연락이 되기를 기대하게 만들고 있다.

24시간 제품 개발팀들이 개발 주기를 점점 짧게 하지만, 그것은 또한 혼란스런 근무 시간으로 이어질 수도 있다. 매니저들이 지구 반대편에 있는 팀 구성원들과 협력하기 위해 저녁까지 야근을 하거나 한밤중에 회의를 하게 되는 경우도 점점 흔해지고 있다. 물론 글로벌 경제에서는 전통적인 근무 시간 외에도 어느 정도 일해야 하는 것은 불가피하지만(심지어 바람직하기도 하지만) 건강한 일의 경계선을 긋는 것이 쉽게 무시될 수 있다.

이제는 어디로?

비록 현재의 탈세계화 시기는 세계화의 앞날에 장애물이 없지 않을 것임을 상기시켜 주지만, 세계화는 계속 전진할 가능성이 많다.[52] 우리가 살펴본 것처럼, 세계화는 유익과 병폐를 모두 초래하는 힘이었다. 우리는 세계화의 일부를 변혁의 인자로 받아들여야 하고, 다른 부분은 저항하면서 변화의 수령자로 취급해야 할 것이다.

아직 결정되지 않은 것은 세계화의 미래 방향과 모습이다. 인간의 가치들, 특히 하나님의 패턴을 반영하는 가치들이 더 큰 효율성과 이윤을 추구하는 욕구에 짓밟힐 것인가? 아니면 세계화는 성경이 말하는 샬롬을 특징을 삼는 방향으로 더욱 나아갈 것인가? 시장의 창조적인 힘을 인정하면서도 파괴적인 측면 때문에 발생하는 진정한 해악은 줄이는 방법이 있을까?

세계화의 현재 모습을 비방하는 사람들과 지지하는 사람들 모두 우리의 집단 행동이 이런 질문들에 대답하는 일을 도울 것이란 점에는 동의한다. 이 책의 주제와 2장에서 제시된 틀과 일관되게 우리는 이런 질문을 던져야 한다. 만일 사업가들과 기업들이 확실히 다른 관점이나 세계관으로 그들의 일에 접근해서 표준적인 경제적 효율성 논리를 완전히 뒤집는다면 어떻게 될까? 가장 값싼 원료를 공급받고 가장 이윤이 큰 곳에 파는 것과 같은 기준을 바꾼다면, 세계화는 하나님과 파트너가 되고 다른 사람들을 섬기고 그들의 삶을 통전적이고 성경적으로 변화시키는 일에 일조하는 확대된 기회로 볼 수 있을 것이다.

공장은 그저 비용을 절감하는 곳이 아니라 사람들에게(더 정확하게는, 우리의 지구촌 이웃들에게) 정당한 임금을 주고 그들의 기술을 향상시키는 일을 통해 그들에게 (경제적, 정치적, 사회적, 육체적) 힘을 부여함으로써 그들이 억압적인 조건에서 벗어나게 하는 장소가 될 것이다. 안전한 근로 환경, 인간의 필요를 채울 만큼 풍성한 일, 삶의 기술과 공동체 정신과 동료 의식을 쌓는 것은 기정사실이 될 것이다.

이와 유사하게, 신흥 시장은 더 이상 제품과 서비스를 더 많이 팔고 돈을 투자하는 비인격적인 장소나 영역으로 축소되지 않을 것이다. 그 대신, 우리 기업이 제공하는 서비스와 상품을 통해 통전적인 방식으로 더 개선되고 섬김을 받는 지구촌 이웃이 될 것이다. 물론 이것은 우리가 제조하고 파는 상품의 성격과 유익에 관한 질문에 직면하게 한다(우리는 어떤 사업에 몸담고 있는가?). 그 상품은 인간의 삶을 개선시키는가, 아니면 그저 하찮고 낭비적인 것인가?

의심할 것 없이, 이런 비전에 걸맞게 사는 것은 결코 쉽지 않다. 현실 세계는 방금 묘사한 것에 대해 적대적이며 그렇게 실행하기가 어려운 곳이다. 비용 절감을 요구하는 치열한 세계적 경쟁과 분기별 수익 압력과 같은 강력한 세력은 기독교인(또는 다른) 사업가들이 세상을 바꿀 수 있도록 자발적으로 양보하지 않는다. 그러나 이런 유형의 세력이 주는 위협에도 불구하고 승리한 사람들(과 기업들)이 있다. 긍정적인 변화를 일으키려면 좋은 의도보다 훨씬 많은 것이 필요하다. 상상력, 지혜, 용기, 신실함, 그리고 어느 정도의 시행착오 등이 이런 이상들이 실행되는 데 필요한 것이다. 만약 우리의 일이 하나님의 일에 참여하는 것이라면, 이런 한계는 극복될 수 있다.

사업가나 기업에게 모든 책임을 지우는 것은 중대한 실수이다. 피고용인, 투자자, 고객, 시민으로서 우리는 세계화의 모습에 기여하는 많은 선택을 하고 있다. 피고용인으로서, 우리는 우리가 일할 곳을 결정할 때 많은 선택을 내려야 한다. 우리가 직업을 합당한 소명으로 본다면, 우리는 그것을 우리를 고용한 기업의 비전, 가치관, 그리고 행습과 최대한 잘 맞춰야 한다. 어떤 조직도 완벽하지 않아서 우리의 역할 중 일부는 그런 것을 만드는 데 긍정적으로 기여할 수 있다.

소비자로서, 우리는 우리의 돈으로 투표를 한다고 볼 수 있다. 우리가 가격만 보고 쇼핑을 한다면, 우리에게 상품과 서비스를 제공하는 회사들은 낮은 비용을 중심으로 경쟁하게 될 것이다. 낮은 비용을 겨냥하면 그것이 공장과 농장, 환경 파괴에서 발생하는 착취와 불의의 모든 악순환의 시발점이 될 것이다. 만약 우리가 억압적인 환경에서 만들어졌거나 환경에 해로운 물질이나 과정으로 만들어진 제품을 구매한다면, 회사는 계속해서 그런 제품을 공급할 것이다. 반대로, 우리가 노동자들이 더 나은 대우를 받고 환경이 주인의 동산처럼 잘 돌봐지기를 원한다면, 우리는 쇼핑 방식에 의도적으로 이런 사항들을 고려해야 한다.

이와 마찬가지로, 투자자들 역시 세계화에 모종의 역할을 한다. 우리 중 많은 사람들이 시장의 불안정과 경영진이 분기별 수익을 올리라는 압력을 받아서 내리는 빈약한 장기적 결정을 무척 슬퍼한다. 그런데도 우리는 투자의 기준으로서 단기적인 재정적 이득(주식의 가격이나 분기 실적과 같은)만 쳐다보는 바람에 압력을 가하게 된다.

성경적인 청지기 개념은 우리가 돈을 어떻게 **쓰는지**에 국한되지 않는다. 우리가 돈을 어떻게 벌고 투자하는가 하는 데까지 확장된다. 만약 우리가 선한 청지기 정신을 실천하고 지구촌에 긍정적인 영향을 주려면, 우리는 투자의 시야를 넓히고 더욱 장기적이고 통전적인 기초에 따라 판단해야 한다. 이는, 필요하다면 더 큰 사회적 유익을 위해 더 낮은 재정적 수익을 받아들일 준비가 되어야 한다는 뜻이다. 이것은 사회적으로 책임 있는 회사(강한 인권과 환경 기록을 가진)에 투자한다는 의미일 수 있고, 또는 영세 자본 기업과 같은 복수의 밑바닥 기업에 직접 투자한다는 의미일 수도 있다.

시민으로서, 우리는 세계화의 좋은 부분, 말하자면 그 창의적인 능력(새로운 부, 등)을 증진시키는 주도적 정책에 투표하고 지지하는 한편, 세계화의 파괴적인 면에서 발생하는 해악을 줄이는 정책을 지원할 수 있다. 후자와 관련해서는, 기독교의 이웃 사랑은 입법 기관의 정당한 대표성을 지지한다고 볼 수 있다. 그런 법에 영향을 받는 다수는 그들의 이해관계를 표명할 길이 없고 그저 그들에게 강요된 의제만 갖고 있기 때문이다. 더 나아가, 안전망의 제공, 예컨대 뒤쳐지거나 다양한 종류의 혼돈으로 고통받는 사람들을 위한 재교육 같은 것들을 지원해야 한다.

더 나아가, 기업들은 종종 더 적은 규제를 위해 싸우지만, 시장은 정의, 정직한 거래, 공평한 경제적 기회와 참여를 보장받기 위해 정부의 보이는 손이 필요하다. 전 연방 준비은행 이사회 의장인 앨런 그린스펀은 구속이 없는 자유 시장의 열성적인 팬인데도 2008년의 세계 경제 위기와 관련해 자기 이익이 홀로 시장을 제대로 규제하지 못한다는 사실을 인정하지 않을 수 없었다.[53]

세계화는 사람의 손에 의해 그 모양이 빚어졌다. 비록 그 배후에 때로는 기업의 이익이 감춰져 있었지만 말이다. 세계화의 미래 모습은 부분적으로 기업계 지도자들의 결정과 행동에 의해 좌우될 것이다. 세계화가 더 해로운 방향으로 움직일지, 아니면 하나님의 샬롬을 향한 비전에 더 가까운 방향으로 움직일지는 부분적으로 주님의 손과 발인 인간 파트너들에 의해 결정될 것이다.

6
직장에서의 윤리

몇 년마다 주기적으로 기업 윤리가 중대하고 심각한 위기에 봉착하는 것 같다. 가장 최근에는 주택 저당 채권과 금융 시스템이 붕괴되어서 은행, 중개업자들, 투자자들이 곤욕을 치렀고, 이에 따라 심각한 경제 불황을 맞았다.[1] 2000년대 초에 엔론, 월드컴, 아서 앤더슨, 마사 스튜어트 등은 윤리적인 스캔들에 연루되었다. 2000년대 후기에는 그 이름들이 AIG, 컨트리와이드(와 다른 부동산 대부업체들), 그리고 수많은 월 가의 금융 회사들로 바뀌었다. 사실 윤리적 먹구름이 낀 개인과 기업의 수는 뉴스에 자주 나오는 이름보다 훨씬 더 많을 것이다. 일반 대중 사이에는 기업 세계, 특히 금융 서비스 부문은 도덕적 나침반을 잃고 탐욕이 기업 운영을 지배하는 최고 원칙이라는 인식이 널리 퍼져 있다.

그러나 지난 몇 년간의 무절제와 스캔들로부터 깨달은 바는 윤리가 중요하며, 비즈니스를 도덕적으로 경영하는 것이 큰 차이를 낳는다는 사실이었다. "엔론 사태 이후의 체제에 대한 25가지 생각"이란 주제를 다루었던 「비지니스 위크」(Business Week)의 특집은 기업 경영에서 정직성을 가장 중요한 덕목으로 꼽았다. "신뢰, 공정성, 정직은 중요하며, 기업의 최종 실적 보고에까지 중요하다."2

현실 세계에서 한 조직의 사명, 어떤 활동을 위한 비즈니스의 경우, 기업을 하나님과 다른 이들을 섬기는 통로로 보는 비전은 분명히 갈등을 일으키고 윤리적 문제를 야기할 것이다. 당신의 일터에서는 어떤 문제가 있는가? 당신은 회사에서 거친 윤리의 바다를 항해하기 위해 어떤 전략을 가지고 있는가? 조직은 윤리적 행위를 격려하기 위해 무엇을 할 수 있는가?

당신도 다음과 같은 사람들이 직면하는 윤리적 딜레마를 안고 있는지 생각해 보라.

- 데이브는 자신이 경영하는 건축 회사와 관련해 난감한 문제를 안고 있다. 직원 몇 명을 어떻게 다뤄야 할지 몰라 고민한다. 그들은 더 이상 바랄 것이 없는 최고 직원들이고, 회사의 설립 당시부터 정말 많은 도움이 되었다. 그런데 그들은 불법 체류자들이라서 그는 매일 법을 어기고 있는 셈이다. 그리고 그는 일부 직원들에게 급여를 현금으로 주어야 하고, 몇몇은 합법적인 주민등록번호가 없어서 세금을 공제할 수도 없다. 하지만 그 사람들을 길거리로 내모는 것은 옳지 않다고 생각한다. 그는 사람들의 곤경을 이해하고, 그들은 부양가족도 있으며 그동안 충성스럽게 열심히 일해 왔다. 그들이 다른 어디로 가겠는가? 게다가 데이브는 그 직원들을 직접 고용한 것이 아니고 전임자로부터 인계받았다.
- 켄드라는 여기와는 아주 다른 곳에서 비즈니스를 하고 있다. 그녀는 지금 아시아에서 어떤 거래에 관여하고 있는데, 그 거래를 따내려면 현지 정부 관리에게 뇌물을 줘야 한다는 것을 알고 있다. 성경

은 뇌물이 마음을 부패시킨다고 말하는 것을 알지만, 그곳의 삶은 그런 식으로 돌아간다. 그녀 밑에 있는 일부 직원은 하급 공무원에게 뇌물을 주지 않으면 전화, 전기, 우편과 같은 기본적인 서비스도 받을 수 없다. 그녀는 뇌물이 본국에서는 불법인 줄 알지만 해외에서는 어떻게 해야 할까? 그녀는 그 회사가 그곳에서 '관계를 형성하기' 위해 하는 몇 가지 일에도 의구심을 품고 있다. 예를 들면, 그녀의 회사가 가진 스테이플 센터(미국 로스앤젤레스의 운동 경기장)의 특석 제공, 또는 최고 고객들에게 자주 주어지는 선물 같은 것이다. 심지어는 서비스하는 사람에게 주는 팁에 대해서도 의문이 있는데, 특히 서비스를 받은 후가 아니라 받기 전에 지불하는 것은 '빠른 서비스를 보장받기 위한' 것이기 때문이다. 이렇듯 본국에서 행하는 행습과 해외에서 행하는 행습 사이에 어떤 차이가 있는가?

- 빌의 직업은 자동차 정비사이다. 사람들이 그를 신뢰하지 않으면, 빌은 비즈니스를 운영하기가 무척 어려워진다. 하지만 정비사로서 고객에게 '예방 차원의 차량 관리'를 추천하기가 너무나 쉽다. 그런 관리가 당장은 필요하지 않다. 하지만 언젠가는 필요할 것이고, 빌은 당장 돈을 벌고 싶다. 고객들은 그들의 차에 대해 거의 몰라서 빌을 믿고 맡긴다. 그런데 때로는 고객들에게 꼭 필요하지도 않은 일을 권하고 싶은 유혹을 크게 느낀다.

- 린다는 행정 비서인데 거의 매일 윤리적인 문제와 맞닥뜨린다. 상사를 위해 거짓말을 하는 정도의 단순한 문제도 있다. 상사가 자리에 있는데도 사람들에게 없다고 말하는 것, 또는 상사가 자기와 얘기하고 있는데도 회의 중이라는 식으로 말하는 것이다. 린다는 상사가 상대방이랑 얘기하고 싶지 않다는 것은 알지만, 상사가 그 상황을 피하기 위해 린다에게 거짓말하라고 시킨다. 린다는 상사가 회

사 사람들을 어떻게 대하는지도 본다. 그만의 방식인지 모르지만 아주 무례하고 거만하다. 상사가 주변 사람들을 괴롭히는 것을 옆에서 그저 지켜보는 것은 힘든 일이다.

- 트레이시는 회사의 회계 담당 직원이다. 그녀는 회계 수치를 최대한 보기 좋게 만들라는 압력을 지속적으로 받고 있다. 아무도 그녀에게 법을 노골적으로 어기라고 말하지는 않는다. 그리고 사베인즈-옥슬리 법(2002)이 통과된 이후 법이 훨씬 까다로워졌다. 가끔 회사가 투자자들에게 잘못된 그림을 제시한다는 사실을 알고 있지만, 그녀가 그냥 넘어가지 않으면 그녀의 장래가 어두워질 것임도 알고 있다. 하지만 투자자들이 자신의 재무 상태표에 무슨 일이 일어나고 있는지를 알게 되면 어떻게 생각할지 의아해진다.

- 데일은 다양한 용도를 가진 감시 장비를 만드는 회사에서 영업직을 맡고 있다. 그의 상사가 어떤 남자의 집에 장비를 설치하는 일에 입찰하라고 시켰는데, 그 남자는 늙은 어머니와 그녀를 24시간 돌보는 도우미와 함께 살고 있다. 그 남자는 출장이 잦고 자신이 원하는 것보다도 훨씬 자주 집을 떠나 있어서, 그 도우미가 어머니를 소홀히 돌보지 않는지, 어머니의 물건을 훔치지는 않는지 철저히 감시하고 싶다는 것이었다. 그 남자는 몰래 카메라를 온 집에 설치하도록 주문했고 심지어는 도우미의 침실에도 설치해 달라고 했다. 데일은 사생활을 침해하는 것이 마음에 걸리지만, 그의 상사는 그 프로젝트에 입찰하라고 강하게 주장하고 있다. 왜냐하면 이번 분기에 수익이 떨어졌기 때문이다.

당신이 직장에서 직면하는 윤리적인 문제들을 생각해 보라. 당신의 원칙에 어긋나는 어떤 어려움이 있는가? 다른 사람들, 특히 가장 가까운 이들에게 말하기 힘든 것은 무엇인가? 이런 곤경에 처하면 어떻게 대처하는가? 이번 장에서는 당신이 윤리적인 문제와 어려움을 정확히 인지하고 기독교 세계관에 입각해 그런 것들에 대해 생각할 수 있기를 바란다. 직장에서 하나님을 섬길 때 정직하게 행동하는 것이 매우 중요하다는 것은 말할 필요도 없다.

일은 죄의 영향을 크게 받아서 소외와 지루함과 학대를 초래한다. 하지만 죄는 일터에 도덕적 유혹을 불러와서 일의 세계에 더 깊은 영향을 미쳤다. 탐심을 비롯한 다양한 악덕은 우리 타락한 인간 속에 깊이 뿌리내린 나머지 우리의 일터에도 스며들었다. 우리는 결코 윤리적 타락의 가능성에 놀라서는 안 된다. 아울러 사람들이 얼마나 타협의 늪에 깊이 빠질 수 있는지에 대해서도 놀라면 안 된다. 사회 과학은 인간이 한없는 자기 기만의 능력을 갖고 있고 자신의 윤리적 행위에 대해 부인한다는 성경적 가르침을 확증해 준다. 우리가 직장에서 도덕적으로 똑바로 살지 못하는 동시에 직장에서 도덕이 추락하고 있음을 통탄하는 것은 이제 흔한 일이 되었다.

구획화(Compartmentalization)

일터에서 윤리적 문제를 다루기 위한 한 가지 흔한 전략은 두 개의 별도의 세계를 만드는 것이다. 일터에서의 삶과 사적인 삶을 나누는 것이다. 각 영역은 그 나름대로 일련의 규칙과 지침이 있다. 즉, 우리는 직장에서 지킬 일련의 도덕률이 있고 사적인 삶에서는 또 다른 규칙을 따르는데, 후자가 좀 더 높은 수준일 것이다. 일터는 아주 경쟁적인 장소여서 사랑, 동정, 그리고 심지어 공정성과 같은 몇 가지 가치들과 미덕을 제쳐 놓을 필요가 있다는 것을 우리는 알고 있다. 우리는 이런 가치들이 사적인 삶에서는 괜찮지만, 비즈니스 환경에서 성공하기 위해서는 다른 일련의 규칙을 따라야 한다고 주장한다.

우리는 굉장히 의심스러운 기업 행습에 관여하는 동료들을 목격하고, 삶을 구획화하는 일이 그리 드물지 않다는 것을 인정한다. 아마 많은 사람은 다음과 같은 알버트 카의 말을 받아들일 것이다. "갑작스럽게 기독교 윤리를 따른다면 역사적으로 가장 거대한 경제적 대격변이 일어날 것이다."[3] 이는 직장에서 일관되게 기독교 윤리를 실천하는 사람은 경쟁력이 낮을 수 있음을 의미한다. 기독교인으로 자처하는 맥도날드의 설립자 레이 크록은 이런 말을 한 것으로 전해지고 있다. "나의 우선순위는 하나님이 최우선이고, 가족이 두 번째이며, 맥도날드 햄버거가 세 번째이다. 그리고 내가 월요일 아침에 출근할 때는 그 순서가 완전히 뒤바뀐다." 이 말이 무슨 뜻인지는 알 수 없지만 보통은 그가 두 세트의 우선순위를 갖고 있었고, 하나는 직장을 위한 것, 다른 하나는 사적인 삶을 위한 것이며, 각각 그에 부합하는 규칙이 있었던 것으로 해석된다. 카는 이에 대해 "내가 말하고자 하는 바는, 사람들이 회사에 있을 때는 더 이상 사적인 시민이 아니고, 다소 다른 윤리적 기준을 따르는 게임 플레이어가 된다는 의미이다"라고 설명한다.[4]

현행 연구 조사는 이런 구획화의 행습이 조직 안에서 영속적인 부패를 수용하는 데 아주 중요한 구성 요소라고 말한다. 피고용인들을 기존의 규범에 적응하도록 사회화시키는('사회적 고치'를 만드는) 것을 강조하는 조직들은 종종 구획화가 쉽게 꽃필 수 있는 상황을 만들어 준다.[5] 비카스 아난드, 블레이크 아쉬포스, 마헨드라 조시는 그들의 연구에서 다음과 같이 표현한다.

> 개개인이 직장에 발을 들여 놓으면, 그들은 빠르게, 거의 자동적으로 그곳의 규범과 합리적인 신념을 따라 그들의 역할에 빠져들게 된다. 직장에서 퇴근

할 때는 부모와 좋은 이웃 같은 다른 역할의 규범과 신념에 따라 그런 역할에 빠져들게 된다. 그렇다고 그들이 '다른' 자아들을 잊는 것은 아니다. 그저 사람들은 무엇이든 가장 두드러진 정체성을 따르는 경향이 있는 것이다. 가격 책정을 맡은 매니저는 엄마나 교회 멤버로서의 역할에 대해서는 생각하지 않는다.[6]

이런 구획화는 고위직 임원으로 일하다가 감옥에 갔지만 사적인 삶에서는 성실한 사람으로 널리 알려진 사람들의 경우에 뚜렷이 나타난다. 예를 들면, 전 엔론의 CEO였던 케네스 래이는 여섯 번에 달하는 불법 공모와 사기로 유죄 판결을 받았으나 형량을 선고받기 전에 죽었는데, 그는 자칭 기독교인(남침례교)이었고 재직 시절에는 휴스턴 지역에서 자선 활동에 적극 참여해서 박애 정신으로 유명세를 탔었다.[7] 또 다른 예는 월드컴의 CEO인 베르니 에버인데, 현재 교도소에서 복역 중이지만 자칭 기독교인이며 재직 당시에는 미시시피의 한 교회에서 성경 공부를 가르친 적이 있다.

카와 같은 사람들은 구획화의 필요성을 정당화할 때, 비즈니스는 포커와 비슷한 게임이라서 거짓말과 속임수에 대한 규칙이 조금 다를 뿐이라고 주장한다. 실제로 포커는 상대를 속일 수 있는 능력을 전제로 하고, 이기려면 허풍을 떠는 능력과 함께 노는 사람들을 속이는 능력을 발휘해야 한다. 포커에도 규칙이 있지만, 진실을 말하고 정직하고 솔직한 것을 요구하는 사적인 삶의 규칙과는 조금 다르다. 만약 우리가 포커 게임을 하고 있다면, 내가 허풍을 잘 떨어 게임에서 승리했다고 해서 당신이 내가 거짓말을 했다고 비난하진 못할 것이다. 당신은 속임수가 게임의 일부임을 받아들이는데, 그것이 게임의 방식이기 때문이다. 그리고 당신은 정말로 속은 적이 없다고까지 말할 수 있다. 이것이 우리가 일터에 들어갈 때는 게임 플레이어가 된다는 말의 뜻이다. 카는 중고차 거래의 사례를 인용하

6. 직장에서의 윤리

고 싶을 터인데, 거기서는 허풍이 흔하고 모든 사람이 어떤 식으로 게임이 진행되는지 알고 있다. 또는 해외에서 쇼핑하는 사례를 들 수도 있다. 가격은 정해진 것이 아니라 협상에 달려 있다. 이런 것들은 누구나 규칙을 알고 있는 경우들이고, 그것은 사적인 삶의 규칙과 조금 다르다.

그러나 포커는 비즈니스를 논하는 데 정확한 비유가 아니다. 실제로 비즈니스 거래에서는 대다수가 신뢰를 쌓기 위해 어느 정도의 정직함과 솔직함을 기대한다. 이것은 특별히 단골손님에 의존하는 대다수의 사업에서 중요하고, 엔론 사태 이후의 비즈니스 환경에서 더욱 많이 강조된다. 대부분의 비즈니스 상황에서 만약 사람들이 놀이하는 규칙이 각기 다르다면, 많은 사람은 그런 규칙을 모르고 있다. 모든 사람이 무슨 일이 일어나는지 알고 있을 때 허풍을 떠는 것과 대부분의 사람이 게임이 벌어지고 있는지도 모르는데 혼자 다른 규칙을 따르는 것은 확실히 다르다. 우리는 직장에서의 윤리를 평가하는 데 중고차 매매 사례가 기준이 되기를 바라지 않는다. 더 나아가, 포커는 자발적이고 재미로 하는 게임일 뿐이다. 포커 게임을 하는 사람은 언제든 포커 테이블을 떠날 수 있다. 그러나 직장은 그와 다르다. 자발적인 게임도 아닐 뿐더러, 손해를 보는 사람들은 자기가 선택해서 그 테이블에 앉아 있는 것도 아니다.

기독교적인 관점에서 볼 때, 삶을 구획화하는 것은 온갖 문제를 초래한다. 한편으로, 한 사람이 이분법적으로 삶을 오랫동안 영위할 수 있는지는 논쟁의 여지가 있다. 사실 심리학자들은 그런 불협화음이 정서적 고통을 유발할 수 있다고 말한다. 그러나 성경은 우리 삶의 모든 영역을 그리스도의 주되심 아래서 살아야 한다고, 그분이 우리 삶의 모든 측면을 다스리는 상사가 되신다고 아주 명확하게 말하고 있다. 우리 삶의 어떤 부분도 주님의 감독과 지도에서 면제될 수 없다. 그리스도를 따르는 것은 주말에만 국한되지 않는다. 그것은 전임 사역이다. 우리 삶을 구획화하는 것은 그리스도께 헌신한 삶과 양립할 수 없다. 우리의 일터가 진정 제단이라면, 우리는 그 일을 기독교 세계관에서 분리시킬 수 없다. 우리의 일이 사적인 삶의 가치관과 미덕 및 신앙의 영향을 받지 않는다면 그것은 변혁적인 섬김이 될 수 없다. 우리의 일터가 제단이라면, 일터에서의 도덕과 사적인 삶에서의 도덕적 기준 사이에 차이가 없어야 한다.[8]

좋은 윤리와 훌륭한 비즈니스

알버트 카의 말에 감춰진 가정은 직장에서 정직한 것이 좋은 비즈니스 행위가 아니라는 점, 즉 값비싼 대가를 치르는 것이라는 점이다. 하지만 대다수는 직관적으로 그것이 사실이 아니라는 것을 알고, 직장에서 옳은 일을 하면 어떻게든 보상이 따른다고 생각한다. 경영학자인 켄 블란카드와 노먼 빈센트 필 목사는 『윤리적 경영의 힘』(The Power of Ethical Management)의 표지에 "정직함에는 보상이 따른다. 이기기 위해 속일 필요가 없다"고 적어 놓았다.[9] 좋은 윤리와 멋진 비즈니스 사이의 연관성에 대해 생각해 보라.

기독교적 관점에서 보면 좋은 윤리는 언제나 훌륭한 비즈니스이다. 하나님의 관점에서 보면 훌륭한 비즈니스를 구성하는 것은 회사의 결산표보다 훨씬 폭이 넓기 때문이다. 우리가 2장에서 다룬 것 같이, 성경적 관점에서 보면 훌륭한 비즈니스는 우리가 어떻게 사업을 하는가와 어떤 사업을 하는가를 모두 포함한다. 부도덕한 수단을 사용하거나 부도덕한 제품이나 서비스를 제공해서 돈을 많이 버는 회사는 수익성과 상관없이 하나님이 보시기에 성공한 회사가 아니다. 우리 일이 곧 제단이라면, 좋은 윤리는 타협이 불가능하다. 우리는 또한 회사가 탄탄한 윤리를 갖고 있다고 해서 반드시 이윤을 많이 남기는 것은 아니라는 사실도 알아야 한다. 정직하긴 해도 기업 경영에 무능하거나 수준 이하의 제품과 서비스를 제공할 수도 있다.

그러나 일반적으로 사람들이 좋은 윤리와 훌륭한 비즈니스의 관계에 대해 이야기할 때는 훌륭한 기업이란 말을 수익성으로 이해한다. 윤리와 수익성의 관계에 대해 더 자세하게 탐구해 보자. 단기적으로는 좋은 윤리를 유지하려면 비용이 많이 든다. 옳은 일을 하려면 비용이 많이 들기 때문에 윤리적 갈등이 종종 유혹이라 불리는 것이다. 이렇게 생각해 보자. 만약 옳은 일을 할 때마다 항상 이익이 생긴다면 누구나 옳은 일을 할 것이고 윤리에 대한 얘기가 완전히 불필요해질 것이다! 현실에서는 종종 한 사람의 원칙과 그의 자기 이익 사이에 갈등이 있다. 그래서 윤리적 딜레마가 발생하는 것이다.

성경에는 악한 사람들이 번영하는 모습이 많이 나온다. 우리가 앞에서 언급했듯이, 시편 기자들은 악한 사람들이 대체로 그들의 악함 때문에 수익성이 좋은 것을 자주 통탄한다(시 73:1-9). 오늘날 포르노와 불법 마약 거래와 같이 가장 수익성이 높은 산업은 명확히 악한 사업으로 분류될 수 있는 것들이다. 물론 의로운 사람이 번영하는 것도 사실이지만(잠 13:21), 성경에서 의로움과 번영 사이에 필연적 관계는 없다.

장기적으로 본다면 이와 다를 수 있다. 정직성과 (완벽하진 않지만) 재정적 이점 사이에는 더욱 밀접한 관계가 있다. 그 이유는 정직함은 신뢰를 쌓고, 신빙성은 장기적으로 성공적인 기업을 세우는 데 매우 중요한 요소가 되기 때문이다. 어떤 사람들은 자신이 믿는 사람의 물건을 사려고 일부러 찾아오거나 더 비싼 값을 치르기도 한다. 더욱 중요한 사실은 종종 신뢰하지 않는 사람의 물건을 사지 않으려고 굳이 먼 길을 가기도 한다는 것이다. 그 서비스를 제공하는 사람이 높은 수준의 신뢰를 받을 필요가 있을 때, 자동차 수리나 배관 작업, 투자, 의료, 법률 자문과 같이 일반인이 잘 모르는 분야일 경우에는 더욱 그러하다. 그리고 단골손님에게 특히 의존하는 비즈니스도 마찬가지다.

비즈니스 세계의 큰 신화 중 하나는 탐욕이 우리 경제 시스템의 원동력이라는 것이다. 자본주의 이데올로기의 창시자인 아담 스미스가 "탐욕은 좋다"라고 말한 적이 전혀 없다. 그는 계몽된 자기이익(탐욕과는 다른 것)을 자본주의의 원동력으로 보았고, 자유 시장은 개별적인 참여자들이 자기 이익을 억제하는 데 필요한 도덕적 가치들이 없으면 결코 작동하지 않을 것이라고 말했다. 그 가치들은 스미스가 사회적 열정이라 불렀던 것, 말하자면 유대-기독교 도덕의 유산으로 볼 수 있는, 도덕적 여론을 반영한 정의와 동정심에서 비롯되는 것이었다. 무분별한 탐욕은 영속적인 비즈니스를 세우는 데 필요한 대부분의 구성원들, 즉 공급업자, 피고용인, 고객과 사업 파트너 등을 소외시킬 것이다(3장 참조).

사실은 신뢰가 우리 경제 시스템의 원동력이다. 신뢰가 없으면 비즈니스 관계가 발생하지 않고, 사업을 하는 데 필요한 비용은 천문학적으로 늘어난다. 신뢰를 전제로 일어나는 모든 일상적인 거래를 생각해 보라. 말 그대로 하루에 수백만 건의 거래가 성사된다. 누군가 신용 카드로 계산할 때마다 신뢰가 전제되어 있다. 우리는 출근할 때마다 급여를 받을 것이라고 신뢰한다. 지난 몇 년간 전자 상거래가 활발해진 이유는 더 많은 사람이 자신의 개인적·재정적 정보가 오용되지 않을 것이라고 신뢰하기 때문이다. 상호간의 신뢰가 낮은 문화에서 사업을 하면 얼마나 많은 비용이 드는지 생각해 보라. 신뢰도가 낮은 국가와 문화가 투자자를 모으는 것이 아주 어려운 것은 결코 우연이 아니다.

나(스콧)는 테들라를 만났을 때 이에 대한 생생한 교훈을 얻었다. 그는 에티오피아에서 탈봇 신학교로 유학을 와서 철학을 전공하는 대학원생이었다. 그가 캠퍼스에 도착한 지 며칠이 되지 않아 내가 점심을 대접하게 되었다. 우리는 학교에서 조금 떨어진 음식점에서 점심을 먹으며 서로를 더 알아 가는 즐거운 시간을 가졌다. 음식 값을 계산할 때 내가 직원에게 신용카드를 건네주었다. 테들라는 신용 카드를 본 적이 없었고 상품이나 서비스를 신용으로 구입하는 데 익숙하지 않았다. 직원이 청구서를 가져와서 내가 사인을 했고 우리는 일어나 나왔다. 내가 식사 비용을 지불했다는 사실을 테들라가 이해했는지 나는 확신할 수 없다. 사실 그 학생은 윤리학 교수가 점심을 공짜로 먹었다고 생각했을지도 모른다! 그의 나라에서는 이런 신용 거래가 아주 드물다고 설명했기 때문이다. 흔히 물건을 사고팔 때 사는 사람은 돈을 꼭 쥐고 파는 사람은 물건을 꼭 쥐고 있다가 동시에 손을 놓는 방식으로 교환이 이뤄진다고 말했다. 나는 식당은 내 신용 카드 회사가 청구 대금을 지불할 것으로 신뢰한다고 설명했다. 더 나아가, 내 신용 카드 회사는 내가 청구서를 받으면 그 돈을 지불할 것이라고 신뢰한다. 물론 만약 내가 돈을 지불하지 않으면 그들은 내 신용을 더 이상 연장하지 않을 것이다. 그런데 식당에서의 거래는 신뢰를 전제로 하고, 그것이 없다면 매일 일어나는 많은 거래는 아예 발생하지 않거나 많은 비용이 들고 성가실 것이다.

훌륭한 비즈니스는 신뢰뿐만 아니라 다른 중요한 미덕들도 요구한다. 열심히 일하는 것, 근면함, 절약, 주도성, 창의력, 약속 준수, 진실함은 성공적인 개인과 회사의 근간이 되는 몇 가지 미덕일 뿐이다. 우리가 3장에서 지적했듯이, 기업은 실제로 이런 미덕들을 격려하고, 이런 것은 장기적인 성공을 위해 가장 유익한 성품으로 간주되며 고용주들이 늘 찾고 있는 미덕들이다. 물론 이와 정반대도 사실이다. 비즈니스는 탐욕도 조장할 수 있다. 사실, 지난 몇 년간 엄청난 수익을 기대하다 보니 원칙을 무시하고픈 유혹에 저항하기가 매우 어려웠다. 하지만 비윤리적으로 행하는 사람들은 계속 사업에 몸담고 장기적으로 번영하기가 어렵다. 유혹거리는 사업에 뛰어들어 무슨 수를 쓰더라도 돈을 벌고 재빨리 빠져나가는 것이다. 지난 10년간 닷컴 돌풍이 불면서 이런 패턴을 열망하게 되었다. 그래서 대다수의 회사들이 더 이상 존재하지 않는 것은 우연이 아니다. 더 나아가, 주택 저당 채권 위기도 상당 부분 탐욕으로 발생한 것인데, 그 탐욕 때문에 비우량 주택 담보 대출에 서류를 거의 갖추지 않고 진행하는 것이 비교적 위험하지 않은 것으로 보였던 것이다. 그처럼 장기적인 가치의 창조를 고려하지 않고 신속한 이익만을 추구하는 단기적인 안목은 값비싼 대가를 치르게 된 것으로 판명되었다.[10]

짐 콜린스와 제리 포라스의 베스트셀러 연구서는 이 장기적인 가치 창조는 "성공하는 기업들"의 중요한 요소라고 지적한다. 이런 회사의 이윤 극대화에 대한 강조는 보통 고객들과 공동체를 섬기고 그 조직의 사명을 실천하는 일에 종속된다고 그들은 주장한다. 이런 회사들은 그 회사가 견지하는 이상과 그것을 규정짓는 사명의 맥락 안에서 이윤의 중요성을 강조한다.[11] 그들은 다음과 같이 말한다.

> 경영대학원의 학설과는 반대로, 우리는 대다수 성공적인 회사들의 역사를 통틀어 '주주의 부 극대화' 또는 '이윤 극대화'가 지배적인 원동력이거나 최고의 목적임을 발견하지 못했다. 그들은 다양한 목적을 추구하는 경향이 있었고, 돈을 버는 것은 그중 하나였을 뿐이다. 그리고 이것이 반드시 최고의 목적은 아니었다.[12]

이들은 연구 대상 중에 가장 성공적인 회사들은 고객을 위한 서비스를 일차적인 목표로 설정했음을 거듭 지적했고, 그 목표가 잘 달성되면 수익성이 있을 것으로 기대한다. 고객과 공동체를 위한 장기적인 가치 창출의 강조는 우리가 변혁적 섬김이라 부르는 것을 달리 표현한 것이라고 할 수 있다.

그러므로 장기적으로 보면 좋은 윤리가 고객과 직원 모두를 지키는 데 필요한 신뢰의 수준을 쌓기 때문에 곧 훌륭한 비즈니스라고 말할 수 있다. 그러나 항상 그런 것은 아니다. 장기적으로 봐도 비윤리적인 행동을 하면서도 돈을 잘 버는 회사가 있을 수 있다. 그렇게 될 수 있는 것은 그 회사가 해당 산업에서 강력한 힘이 있거나 그들의 상품이나 서비스가 탁월하기 때문이다. 예를 들면, 마이크로소프트 사가 비윤리적인 행동을 해도 시장이 그 회사를 처벌하기가 어려울 것이다. 그 회사의 소프트웨어가 전 세계 대다수의 컴퓨터를 운영하고 있다. 최근까지도 마이크로소프트 사는 너무나 막강해서 시장이 그 회사의 잘못된 행동에 적절한 처벌을 가할 수 없었다. 너무나 많은 사람들과 조직이 그 회사의 제품에 의존하고 있어서 다른 제품으로 갈아탈 수 없다. 사실 사법부가 그 회사에 독점금지 소송을 진행하지 않았더라면, 시장 때문에 회사가 스스로 부적절한 행동을 바꿀 가능성은 거의 없었을 것이다. 그러나 비윤리적인 행동에도 불구하고 장기간 살아남는 회사는 예외에 불과하다. 심지어 마이크로소프트 사도 이제는 컴퓨터 운영 체제 시장에서 새로운 경쟁사를 만났다. 대부분의 경우에, 좋은 윤리는 수익성 제고의 중요한 요소임에 틀림없다.

윤리적으로 경영하면 재정적으로 도움이 된다는 것을 보여 주는 좋은 예는 알트렉닷컴(Altrec.com)의 경우이다. 마이크 모포드가 닷컴 유행의 전성기인 1999년도에 설립한 알트렉은 아웃도어 장비의 온라인 소매업으로 미국 서북부 태평양 연안에 기반을 두고 있다. 열두어 개의 경쟁 업체가 곧 하락세에 휩쓸려 시장에서 사라질 때 알트렉은 살아남아 결국은 성장세에 접어들었다. 회사의 초기에 잠재적 고용인이 알트렉의 사업 계획을 훔쳐 낸 후 자본을 모아 모방 경쟁 업체를 만들었다. 그러나 모포드는 그의 관심을 고객들로부터 돌리고 싶지 않아 '다른 쪽 뺨도 내밀었다.' 법적 소송을 걸지 않은 것은 부분적으로 그 자신의 기독교 신앙에 기초한 섬김의 리더십과 정직성 때문이었다. 머지않아 그 경쟁사는 파산했고 다른 대기업이 그 자산을 인수하게 되었다. 그 대기업은 결국 전 경쟁사의 홈페이지를 운영하기 위해 알트텍과 운용 계약을 맺었다.[13]

그러므로 우리는 좋은 윤리가 장기적으로 보면 훌륭한 사업의 중요한 구성 요소이고, 고객과 투자자 모두를 위한 장기적인 가치 창조의 중요한 일부라고 주장하고 싶다. 그러나 윤리와 수익성의 관계가 시장에서의 윤리적 행동을 지지하는 충분한 이유라는 뜻은 아니다. 기독교적 관점에서 보면, 옳은 일을 행하는 것이 수익성과 상관없이 본질적으로 가치 있는 일이기 때문에 윤리는 중요한 것이다. 비즈니스 공동체에 몸담은 사람들조차 이런 식으로 본다. 예를 들면, 아미르 브하이드와 하워드 스테븐슨은 「하버드 비즈니스 리뷰」에 실은 한 기사-"정직이 이익을 주지 않는다면 왜 정직해야 하나?"(Why Be Honest If Honesty Doesn't Pay?) - 에서 기업인들이 종종 정직한 이유는 이익이 되기 때문이 아니라 옳기 때문임을 실증 연구로 밝혀낸다.[14]

윤리와 법

많은 회사들이 준법 프로그램을 가지고 있는데, 특히 수많은 규제 대상이 되는 업종의 회사들이 그렇다. 하지만 이는 윤리를 강조하는 것과는 다르다. 준법 프로그램은 피고용인들이 법과 특정한 규제 기준을 충실히 지키게 하는 것이 목적이다. 그러나 윤리는 단순한 규칙의 준수를 넘어선다. 법에 순종하는 것은 최소한의 도덕이다. 그것은 도덕적 바닥이지 천장이 아니다. 대다수 윤리적 이슈는 우리가 의무적으로 지킬 법을 얼마나 뛰어넘는지와 관련이 있다. 단지 법에 순종하는 것은 도덕적으로 칭송받을 만한 일이 아니다.

최근에 나(스콧)는 전국 은행 협회의 특별 감사 책임자들에게 강연하면서 윤리와 법의 준수는 다른 것임을 설득시키려고 했다. 나를 초청한 사람에게 그 내용을 알려주었더니 그녀는 마치 내가 다른 행성에서 온 것처럼 나를 쳐다보았다! 윤리와 법의 준수가 같지 않다는 것을 생각해 본 적이 없는 모양이었다. 강연에 참석한 사람들의 반응으로 볼 때, 그녀와 청중을 설득하는 데 결국 도움이 된 것은 내가 정기적으로 자문하는 어떤 조직의 특별 감사 책임자와 나누었던 대화를 이야기했을 때였다. 그녀 역시 윤리와 준법 프로그램은 큰 차이가 없다고 생각했었다. 허심탄회하게 털어놓는 순간에 그녀는 자신의 우선적인 책임이 그 조직의 최고 리더가 감옥에 가지 않게 하는 것이라고 말했다. 즉, 의도적이든 아니든 법에 저촉되지 않도록 책임지는 것이었다. 나는 윤리의 기준을 감옥을 피하는 것보다 더 높이 잡기를 바란다고 응답했다. 단순히 기소장 없이 한 해를 마무리하는 것이 중요한 성취라고 생각하지 않는다고 말했다.

윤리는 법이 아니라 가치와 관련이 있다. 한 조직을 특징짓고 움직이는 가치들과 관계가 있다는 말이다. 한 회사의 가치들이 실제로 그 회사가 옹호하는 것을 결정하고 구조화한다. 그러므로 'CEO'(chief executive officer, 최고 경영자)라는 말은 'chief ethics officer'(최고 윤리 책임자)의 줄임말이 되어야 마땅하다. 물론 대부분의 법은 그것을 뒷받침하는 도덕적 가치가 있다. 그러나 날마다 사람들은 불법은 아니지만 비윤리적인 일을 행하고 있다. 법만으로는 시장이 공정하고 사람들이 옳은 일을 한다는 것을 보증하기에 불충분하다.

윤리와 조직

우리는 이미 우리 경제 시스템이 탐욕이 아닌 신뢰를 기반으로 구축되어 있다는 생각을 논의했다. 신뢰를 바탕으로 매일 발생하는 수많은 거래들을 보면, 제대로 운영되는 경제에서는 신뢰가 아주 중요하다는 점을 확실히 알 수 있다. 더 나아가, 부정부패가 많은 문화는 신뢰가 낮은 환경에서 생기는 불확실성 때문에 해외 투자를 유치하는 데 많은 어려움을 겪는다. 이것은 신뢰가 건강한 경제를 구축하는 데 중요함을 시사한다. 신뢰가 없으면 거래 비용이 상당히 증가하고, 어떤 나라들에서는 기업들이 더 이상 사업을 할 수 없는 지경까지 이른다. 일부 문화는 신뢰도가 낮지는 않지만 가족 이외의 사람들을 신뢰하지 않는 경향이 있다. 외부인에 대한 신뢰가 낮은 것이다. 그것 역시 한 문화가 번영하는 데 영향을 미친다.[15]

이번에는 신뢰가 강하지 않은 어떤 조직 내에서 어떤 일이 일어나는지 생각해 보자. 좋은 윤리는 조직 내의 피고용인들과 신뢰를 쌓는 데 필수적이다. 경영진이 직원을 믿지 못해서 강한 신뢰 관계가 없다면, 조직이 유발하는 비용은 신뢰가 높은 경우에 비해 훨씬 많을 것이다. 만약 조직 내 신뢰도가 낮으면 감시 기구를 설치하는 데 얼마나 많은 비용이 들지 생각해 보라. 예를 들어, 만일 직원들이 컴퓨터를 올바로 사용할 것으로 신뢰하지 못한다면, 컴퓨터에 감시 소프트웨어를 설치하고 컴퓨터 사용을 감독할 사람을 고용하기 위해 회사의 예산이 증대할 것이다. 물론 책임을 묻는 단계가 중요하지만, 직원들을 믿을 수 없다면 더 복잡한 관리 체계가 필요하다.

때로는 신뢰의 결여가 한 산업계에 팽배해져서 값비싼 정부의 규제가 필요하다. 지난 몇 년간의 회계 스캔들의 여파로 미국 의회는 기업 공개를 강화하고 기업의 책임도 더 묻기 위해 사베인즈-옥슬리 법을 통과시켰다. 이 법안의 많은 조항이 필요하고 또 유익하지만, 공개 법인이 이 법규를 따르려면 추가 비용이 발생하고 훨씬 더 부담이 된다는 것은 의심의 여지가 없다.

신뢰의 부족은 돈으로 환산하기 어려운 다른 비용들도 발생시킨다. 신뢰가 낮으면 직원의 사기에 영향을 미친다. 이런 회사에서 열심히 일하는 사람들은 일에 대한 헌신이 약하고, 새로운 생각을 잘 받아들이지 못하며, 조직의 리더십을 따르고 싶은 마음이 별로 없고, 추가로 일할 의지도 사라진다. 의심스러운 윤리적 행습과 그에 상응한 신뢰도를 가진 조직은 이직률이 높고 안정성도 떨어진다. 직원들이 일에 헌신하고 또 최대한 생산적으로 일하려면 소속된 조직에 대해 자부심을 품을 필요가 있다. 신뢰가 낮으면 그 자부심이 냉소로 바뀌고, 회사의 유익을 위해 자신을 희생할 마음도 없어진다.

이런 일이 조직 내에서 어떻게 작동하는지를 설명하자면, 어떤 사람이 성실히 일하기 원하고 옳은 일을 하고자 하면 불리한 입장에 놓이게 된다고 할 수 있다.[16] 우리는 나중에 항상 그런 것은 아니라고 밝힐 생각이다. 하지만 조직이 의도적으로 적절한 단계를 취해 다른 방향으로 나가지 않는다면 그렇게 될 소지가 많다. 이제 우리가 제기할 질문은 '어떤 조직에 몸담고 있으면 어째서 옳은 일을 행하기가 어렵게 되는가?' 하는 것이다.[17]

가장 쉽게 찾을 수 있는 요인은 대부분의 조직에서 우리는 함께 어울리면서 지낸다는 점이다. 대다수 회사는 직원들이 그 회사의 방식대로 일하도록 적응시키기 위해 엄청난 노력을 기울인다. 대체로 이런 노력은 집단의 결속을 다지고 회사가 신입 직원들에게 그 가치관을 전수하기 때문에 아주 가치 있는 일이다. 이런 사회화의 상당 부분은 공식적으로 이뤄지지만, 많은 부분은 비공식적으로(예컨대, 리더가 설정한 이야기들과 사례들을 통해) 전달되고, 어떤 경우에는 의도적으로 그렇게 한다. 사회화는 직원들을 "여기서 일이 이뤄지는 방식"에 순응하게 만들려는 회사의 노력이고, 그 목표는 통일된 팀을 세우는 것이다.[18]

이처럼 사회화 과정의 목표인 팀 플레이어가 되는 것을 강조하다 보면 그 팀의 여론에서 이탈하려는 사람은 불리한 입장에 처할 수 있다. 심지어는 팀이 비윤리적인 방향으로 나가고 있다고 우리가 확신하는 경우에도 우리의 양심을 좇는 것을 단념하라는 말을 들을 수 있다. 이견을 가진 사람들이 조직과 의사결정 과정에서 소외되거나 따돌림을 받는다고 느낄 때, 이것은 바로 소위 '집단 사고'(groupthink)의 증거라고 볼 수 있다. 때때로 리더들은 그 주변에 어려운 질문으로 그들을 도전하길 꺼리거나 그럴 수 없는 사람들을 두곤 한다. 말하자면, '예스맨'으로 둘러싸여 있는 것이다. 이것은 집단 사고가 순조롭게 흘러가게 하고, 사람들로 조류를 거스르거나 옳은 일을 행하기를 더 어렵게 만든다.[19]

신입 직원들은 조직의 규범에 사회화될 뿐만 아니라 기존의 비윤리적 관행에도 사회화될 수 있다. 사실 그와 같은 관행이 존속되려면 신입 직원들이 이런 사회화 압력에 굴복하고 그 관행에 동화되는 것이 필수적이다. 아난드와 애쉬포스와 조시는 신입 직원들은 비윤리적 행동에 대한 보상(단기적으로는 상당할 수 있고 재정적 수익과 직업적 안정을 모두 포함할 수 있다)과 조직에서 소외되거나 해고될 수 있는 위험 때문에 부패한 관행에 흡수될 수 있다고 지적한다.[20]

윤리적인 태도를 불리하게 만들 수 있는 두 번째 요인은 '냄비 속의 개구리' 증후군이다. 이것은 '점진적인 부도덕성' 요인이다. 당신은 끓는 물속의 개구리 실험을 들어본 적이 있을 것이다. 끓는 물에 개구리를 넣으면 개구리는 금방 위험을 감지하고 밖으로 뛰쳐나온다. 하지만 개구리를 상온의 물에 집어넣고 물의 온도를 점진적으로 상승시키면, 개구리는 점진적인 변화를 알아차리지 못할 것이고 곧 끓는 물속에 있는 자신을 발견하게 된다. 조직의 윤리는 이와 유사한 방식으로 작동한다. 스캔들에 휘말린 많은 회사의 직원들은 자신이 어떻게 위법 행위를 하는 지경까지 이르렀는지 늘 놀라움을 표현하곤 한다. 한 번에 작은 한 걸음만 내디뎠고, 그 발걸음이 너무 작아 궁극적으로 어디를 가고 있는지, 거기에 얼마나 가까이 있는지를 알아채지 못했다. 부패가 고질적인 조직에서는 이것이 사람들을 비윤리적인 행위로, 어떤 경우에는 불법적인 행동으로 이끄는 의도적인 전략의 일부이다.[21] 직원들은 처음에는 마음이 불편한 작은 타협을 하도록 요청받음으로써 점진적으로 부패한 관행에 젖어들게 되지만, 많은 경우는 직원들이 그 행위가 용납될 수 있다는 여론에 반발하게 할 만큼의 타협은 아니다.

세 번째 요인은 흔히들 말하는 "누구나 다 하는데!"이다. 사회 심리학의 연구는 사람들이 천성적으로 사회적인 존재임을 입증했다. 우리는 어떻게 행동해야 할지를 주위 사람들의 행동에서 배운다. 더 나아가, 우리는 다른 사람들의 사랑을 받고 싶고, 그래서 우리는 그런 행동이 우리의 소중한 가치관에 거슬린다는 것을 알면서도 주위의 압력에 굴복하는 경향이 있다. 예를 들어, 한 회계사가 수익을 부풀리는 일을 할 수 있는데, 이는 팀 동료들도 똑같이 하고 있거나 그 분야의 일반적인 관행이기 때문이다. 허위 지출 보고서도 흔히 용인되는데, 그것은 회사의 일반적인 관행이기 때문이다. 조직은 "누구나 다 하는데"의 사고방식을 강화시키고, 누구나 다 하는 방식이 틀렸다고 생각하는 사람이 소외되는 것은 드문 현상이 아니다. 사람들이 시스템을 악용하거나 법의 허점을 이용할 때는 종종 "누구나 다 하는데!"라는 생각으로 그런 행위를 정당화시킨다.

윤리에 반하는 행동을 부추기는 네 번째 요인은 "그게 그리 단순하지 않다"라는 생각이다. 이 생각은 종종 "당신은 큰 그림을 볼 줄 몰라"라는 경영진의 반응에 수반된다. 물론 어떤 경우에는 도덕적으로 틀린 듯 보이는 것이 모든 사실에 비춰 보면 용납될 수 있게 된다. 일부 직원들은 그들의 윤리적인 결정을 판단하는 데 중요한 영향을 미칠 특정 정보를 모를 수도 있다. 그러나 많은 경우에는 어떤 것이 도덕적으로 잘못되었거나 불법인지를 아는 데 굳이 큰 그림이 필요 없고, 사안이 복잡하다는 주장은 도덕적 용기를 발휘하려는 사람을 소외시키거나 비판을 비켜 가기 위해 종종 이용된다. 때로는 직원들이 자기 영역에나 충실하고 도덕적 판단은 상관에게 맡겨 두라는 권고를 받는다. 그들은 그저 시키는 일만 하고 그들의 염려를 윗사람에게 넘기라는 것이다. 우리는 "나는 그저 명령을 따랐을 뿐"이라는 변명은 뉘렌베르크 재판부터 지금까지 결코 성공적이지 못했다는 것을 알아야 한다.

조직의 여론에 저항하며 도덕적 용기를 발휘하려는 직원들을 불리한 입장에 빠트리는 이런 압력들이 그들이 처음 비윤리적 행위에 참여할 때 느끼는 긴장을 해소시키려면 일련의 합리화를 동반할 필요가 있다.[22] 이런 합리화가 이용되는 이유는 직원들이 도덕적 결정을 할 때 그들이 직면한 상황을 신중하게 생각할 여유가 없기 때문이다. 이런 합리화는 부인(나는 선택의 여지가 없었어) 또는 책임 회피(그건 내 책임이 아니야),[23] 손해의 최소화(손해 본 사람이 없잖아. 피해자가 없는 범죄야), 또는 손해가 있다면 피해를 최소화하거나 피해자를 비인격화하는 것(손해를 봐야 마땅한 사람이야. 더 잘 알았어야지) 등을 포함한다. 이에 덧붙여, 비윤리적 행동은 그보다 훨씬 나쁜 짓을 하는 사람을 지적함으로써 정당화될 수 있다. 이는 선택적 비교의 합리화이다. 종종 비윤리적인 일에 가담한 사람들은 그들의 성공이나 지위 때문에 규칙에 얽매일 필요가 없다는 신념으로 그것을 정당화시킨다.[24]

직원들에게 가해지는 압력과 비윤리적 행동을 정당화시키는 합리화에도 불구하고, 조직은 구성원들이 정직하고 양심을 따르는 것을 더 어렵게 만들어서는 안 된다. 리더들은 오히려 정직함을 귀하게 여기고, 옳은 일을 인정하고, 집단 사고를 지양하는 분위기를 만들 수 있다. 그런데 의도적으로 그렇게 해야 한다. 말하자면, 계획적인 리더십이 필요하다는 뜻이다. 우리는 회사나 조직에서 지도자 위치에 있을 수 있고, 우리가 변화를 초래할 수 있는 특정한 영향권을 갖고 있을 수 있다. 우리는 어떻게 변화를 도모하는 사람이 되고 윤리적인 일터를 만듦으로써 우리의 일터에 구속(救

贖)의 영향을 미칠 수 있는지 생각해야 한다.

첫 번째 단계는 우리 조직에 어떤 윤리적 문화가 존재하는지를 확실히 아는 것이다. 이것은 소위 '윤리 감사'(ethics audit)를 통해 알 수 있는데, 리더들이 윤리적 행위와 기대치와 관련해 조직이 어떤 상황에 있는지를 판단하는 방법이다. 기업 윤리학자인 린다 트레비노는 리더들이 조직 안의 윤리적 환경을 이해하도록 돕는 질문들을 다음과 같이 제시한다.

1. 조직의 리더들은 정직성의 견지에서 어떻게 인식되고 있는가?
2. 조직의 리더들은 어떻게 윤리적 모범을 보이고 있는가?
3. 직원들은 그들이 부당하다고 생각하는 지시를 받을 때 상관에게 의문을 제기하도록 격려를 받는가?
4. 조직에는 직원들이 알고 있는 공식적인 윤리 강령이 있는가? 그것은 어떻게 간주되고 또 강화되고 있는가?
5. 도덕적 또는 법적인 고민이 있는 직원들이 편하게 털어놓을 수 있는, 비밀이 보장된 경로가 있는가?
6. 윤리적으로나 법적으로 부당한 행동은 징계를 받는가? 어떻게 진행되는가?
7. 신입 직원들에게 정직성을 강조하는가?
8. 관리자들은 윤리적 의사 결정에 관한 훈련을 받는가?
9. 조직 내에 윤리적 문제를 다루는 부서가 따로 있는가?
10. 조직의 영웅들은 누구인가? 그들은 어떤 가치들을 대변하는가?
11. 신입 직원들에게 비공식적으로 전달되는 윤리적 메시지는 어떤 것인가?
12. 불문율로 통하는 윤리 규범은 어떤 것인가? 공식적인 윤리 강령과 일맥상통하는가?[25]

이와 같은 질문들은 단지 시작에 불과하다. 당연히 조직이 속한 업종에 따라 다른 질문들이 추가될 수 있다. 조직의 지도층이 현재의 윤리적 분위기를 일단 잘 이해하면, 필요할 경우 조직문화를 바꾸는 과정을 시작할 수 있다. 어떤 때에는 회사가 법을 위반했을 경우 법원이 선고한 판결에 따라 이러한 윤리감사가 실시되기도 한다. 이 경우에는 트레비노가 말하는 "윤리 문화 변화 중재"(ethical culture change intervention)가 필요할 수도 있다.[26]

윤리적 행위에 더 우호적인 문화를 만들려면 일관되게 "정렬된" 다섯 가지 구성 요소들이 필요하다.[27] 각 구성 요소는 서로서로 정렬될 필요가 있을 뿐 아니라 2장에서 제시된, 회사의 전반적인 윤리를 제공하는 기본 틀과도 맞춰질 필요가 있다. 첫 번째는 **회사의 신조**를 만드는 것이다. 신조(credo)는 광범위한 가치 선언문으로 근원적 도덕 원칙들 및 회사의 전반적인 사명과 목적과 연결되어야 한다. 두 번째는 비윤리적 행동과 긍정적인 윤리적 행위가 행태별로 명확히 설명된 **윤리적 행동 강령**을 만드는 것이다.

나(스콧)는 소규모 건설 회사로부터 첫 번째 구성 요소를 개발해 달라고 요청받은 적이 있다. 그 회사는 30-40명 쯤 되는 직원 대부분이 현장에 나가 있고 사무실에 자주 올 필요가 없어서 상당히 분산된 회사였고 직원들의 근무 패턴을 추적하기가 어려웠다. 사장은 낮은 책임 의식을 우려하며 자신이 비윤리적이라고 생각하는 행위를 직원들에게 명확하게 전달하고 싶은 의지가 강했다. 나는 사장에게, 만약 회사의 윤리 강령이 위에게 아래로 내려온다고 인식되면 아래에서 위로 쌓아올리는 경우보다 성공할 가능성이 줄어들 것이라고 말했다. 즉, 모든 사람이 기여하고 주인의식을 갖게 되면 그 강령을 모두가 동의한 것으로 보게 된다는 말이다. 그렇다고 해서 윤리가 집단적 합의의 문제라거나 집단이 윤리적 행위를 결정한다는 뜻은 아니다. 오히려 그런 훈련은 대부분이 직관적으로 알고 있는 도덕 규범과 기본적인 원칙을 명확히 표현하기 위해 고안된 것이다.

우리는 모든 직원을 한 곳에 모아 반나절 동안 회의를 했고, 회사의 윤리 강령의 초안이 될 내용을 작성하기 시작했다. 나는 직원들에게 그 업계의 관행 중에 비윤리적 행위로 생각하는 것을 다 적고 각각 1에서 10까지 점수를 매겨 보라고 했다(1은 별로 심각하지 않은 것이고 10은 노골적으로 불법적인 것이다). 이후 각각의 비윤리적 행위의 사례에서 침해된 도덕적 가치나 원칙을 찾아보라고 했다. 이 자료는 핵심 가치들을 담은 신조를 만드는 데 중요한 기초가 되었다.

아이디어를 나누는 회의가 끝날 때 사실상 모든 사람이 일련의 비윤리적 행위들에 대해 의견을 같이한다는(그 심각성에 대해선 의견이 갈렸지만) 사실을 발견하고 나는 기뻤고 또 놀랐다. 그 회의는 윤리 강령의 초안에 필요한 원재료에 해당했다. 그리고 직원들이 한 집단으로서 공유하는 가치들을 알아내는 데도 도움이 되었다. 그와 같은 가치들에 대해서는 상당히 합의하는 분위기였다. 나는 강령의 초안을 작성하면서 그룹 토론에서는 언급되지 않았지만 사장이 포함시키기 원하는 한두 가지 항목을 추가했다. 이후 우리는 다시 반나절 모임을 가졌는데, 거기서 직원들에게 초안을 제시하여 그들이 지난 회의에서 제안했던 것들을 다 포함하고 있는지 확인하도록 했다. 예상한 대로 직원들은 내가 오해했던 몇 가지 사항을 수정해 달라고 했고 비교적 순조롭게 진행되었다. 결국 직원들은 일종의 주인 의식을 느끼며 "우리 모두가 동의한 것"으로 인정했다. 그다음에 나는 직원과 공급 업체, 청부업자, 협력 업체 등 다양한 이해관계자들에 대한 회사의 책임을 중심으로 한 최종안을 작성하였다. 우리는 그 윤리 규범을 제정했고, 회사는 연례 윤리 교육 일정을 짰고, 신입 사원 오리엔테이션에 윤리 강령을 교육하는 시간을 할당했다. 어떤 조직은 직원들을 채용할 때 윤리 강령에 서명하게 하고, 일부 조직은 직원들에게 매년 재교육을 받고 다시 서명을 하게 한다.

윤리 강령이 그저 벽에 걸린 종이나 정책 매뉴얼의 한 페이지가 불과한 것이 되지 않게 하려면 **반드시 윗사람부터 모범을 보여야 한다**.[28] 이것이 세 번째 구성 요소이고 이는 타협의 여지가 없다. 회사의 경영진은 회사의 비전, 가치들, 윤리의 수호자와 같은 역할을 한다. 이에 더해, 경영진은 도덕적 나침반이 제대로 작동하고 있는 직원들의 채용을 비롯해, 윤리적 행동에 우호적인 조직의 문화를 조성할 책임이 있다.[29] 누군가 회사의 핵심 가치들과 윤리 규범을 담은 사명 선언문을 작성하기 위해 온갖 노력을 기울일 수 있지만, 조직의 리더십이 모범을 보이지 않는다면 그런 문서는 아무 소용이 없다. 직원들은 리더들의 말보다 행동에 더 주의를 기울인다. 만약 리더들이 문서에 적힌 가치들과 행동 규범을 따르지 않는다면, 차라리 그것을 벽에 붙이지 않는 편이 낫다.

조직의 전통은 전해지는 이야기를 통해 생생하게 보존된다. 종종 이런 이야기는 회사에 중요한 것들을 보여 주고 회사의 사명과 가치들을 포착하도록 돕는다. 그래서 다양한 교육 및 훈련 프로그램에서 종종 공식적으로 전달된다. 하지만 진정한 스토리텔링의 힘은 비공식적으로 전파될 때 나온다. 윤리적 행위에 우호적인 환경을 가진 회사를 만드는 데 필요한 네 번째 구성 요소는 **옳은 일을 할 용기가 있었던 사람들에 관한 이야기**이다. 조직은 회사의 전반적인 사명과 신조에 일치하는 방식으로 행동한 사람들을 본보기로 인정하고 높이 받들어 준다.[30]

윤리적 조직을 만드는 데 필요한 마지막 구성 요소는 (공식적인 것과 암묵적인 것을 포함하여) **업무 실적 평가와 보상 제도를 재검토하는 것**이다. "자업자득"이란 말이 이제는 익숙한 비즈니스 전문 용어가 되었지만, 이는 분명히 사실이다. 만약 우리가 윤리적 행동을 높이 평가한다고 말하면서도 그 과정을 불문하고 (단지 금전적 수입과 성과에 따라 평가한) '최고 실적자'에게 포상한다면, 우리는 직원들에게 혼합된 메시지를 보내고 있는 셈이다. 다른 직원들도 호감을 받는 행동을 보고 똑같이 따라할 것이다. 윤리적인 행동을 이끌어 내려면 적절한 평가 기준(예, 고객 서비스)과 그에 따른 보상이 필요하다.

윤리와 성품

조직의 윤리에는 윤리적인 사람의 고용 이상의 요소가 있는 것이 사실이지만, 개인적인 성품과 정직함을 대체할 수 있는 것은 없다. 개인적인 정직은 종종 수비의 첫 번째 방어선(무언가 잘못되었다고 깨닫는 감각)와 마지막 보루(모든 방어책이 실패했을 때 단호한 입장을 취하는 용기)가 된다. 만약 어떤 사람의 윤리적 나침반이 부서졌다면, 조직적 노력을 아무리 기울여도 그것을 보상할 수 없다. 그러나 기업은 직원들에게 자신의 업무 영역에서 정직한 것이 무엇인지에 대해 교육해야 하고, 신뢰와 윤리를 진지하게 여기는 환경을 조성하는 데 기득권이 달려 있음을 인식해야 한다. 일터를 제단으로 보는 기독교인에게는 직장이 윤리와 정직성에 우호적이란 사실은 아주 중요하다. 물론 다수의 직원들의 경우에는 그들이 받는 공식적인 영향력이 한정되어 있다. 하지만 우리의 일터가 하나님을 섬기는 장소라면, 우리는 우리의 근로 환경을 윤리가 진지하게 여겨지는 곳으로 만들기 위해 노력해야 한다.

많은 윤리적 스캔들에 흔히 나타나는 개인적 윤리의 한 요소는 누군가 규칙보다 위에 있다는 생각이다. 집단 사고와 예스맨에 둘러싸인 리더들이 지닌 한 가지 위험은 그 체제 안에 그들에게 책임을 물을 사람이 아무도 없다는 것이다. 기독교적 관점에서 보면, 윤리 규범과 세속적 법에 대한 책임에서 면제되는 사람은 하나도 없다. 특히 우리의 일이 하나님께 예배드리는 제단이라면, 우리는 궁극적으로 하나님께 책임을 져야 한다. 어느 누구도 자신의 행동에 대한 책임에서 면제되는 위치에 스스로를 교만하게 올려놓을 권리가 없다.

기독교 관점에서 보면 성품이 가장 중요하다. 성경에서 윤리는 단지 하나님의 명령에 복종하는 것 이상이다. 윤리는 그리스도의 성품을 반영하는 성품이나 미덕을 계발하는 것이기도 하다. 바울은 성령의 열매가 영적 성장의 필수적인 요소라고 말한다. 그가 묘사하는 자질은 중요한 기독교적 미덕의 좋은 출발점이 된다. "성령의 열매는 사랑과 기쁨과 화평과 인내와 친절과 선함과 신실과 온유와 절제"이다(갈 5:22-23). 예수님에 따르면, 성품은 내면에서 밖으로 개발되는 것이고, 한 사람에게서 나오는 행동은 그 사람의 내적 성품을 반영한다고 한다(막 7:17-23).

성경은 오늘날의 관점과 아주 다른 고대의 윤리관을 반영하고 있다. 성경은, 윤리가 근본적으로 선택과 딜레마의 문제가 아니고 좋은 사람이 되고 좋은 삶을 사는 문제라고 믿었던 고대의 철학자들과 공유하는 면이 많다. 한 인간으로서의 성공은 무엇을 성취했거나 축적했는지가 아니라 어떤 사람인가에 따라 평가되었다. 그것은 무엇보다도 좋은 성품을 지닌 사람이 되는 문제였다. 아리스토텔레스는 행복을 미덕과 연결시켰고, 덕스러운 사람이 되겠다는 다짐이 없으면 행복해질 수 없다고 믿었다. 에피쿠로스도 "신중하게, 영예롭게, 공정하게 살지 않고서는 즐겁게 사는 것이 불가능하다"고 날카롭게 지적했다. 예언자 미가는 이에 대해 다음과 같이 말하고 있다.

너 사람아, 무엇이 착한 일인지를 주님께서 이미 말씀하셨다.
주님께서 너에게 요구하시는 것이 무엇인지도 이미 말씀하셨다.
오로지 공의를 실천하며 인자를 사랑하며

겸손히 네 하나님과 함께 행하는 것이 아니냐! (미 6:8)

예수님은 사도들에게 "사람이 온 세상을 얻고도 제 목숨을 잃으면, 무슨 이득이 있겠느냐?"(막 8:36)라는 질문으로 이러한 관점을 명확하게 전달하셨다. 우리가 예외적인 경우라고 우길지라도, 우리 분야에서 최고의 자리에 올라갔더라도 성품은 개차반이 될 수 있다. 예컨대, 부와 성공(좁은 의미의 비즈니스 성공)을 이루었으나 좋지 않은 수단을 통해 얻었거나, 거래를 하는 동안 사람들을 비열하게 취급해서 친구 관계가 엉망이고 스스로 가족과 멀어진 사람이다. 비록 그 사람은 좁은 의미의 사업에서는 성공했을지 모르지만 넓은 의미의 성공에는 한참 못 미치고 삶의 다른 차원과 관련해서도 그러하다.

윤리적 의사 결정

그래서 우리가 윤리적 딜레마에 직면하면 어떻게 되는가? 그 문제를 기독교적 관점에서 어떻게 생각해야 할까? 먼저, 우리는 **사실들**을 모은다. 우리는 의사 결정을 위해 이미 아는 것과 알아야 할 것을 자세히 살펴본다. 어떤 윤리적 문제들은 이 단계에서 해결되고, 윤리적 이슈라기보다는 의사소통이나 전략의 문제, 또는 오해로 드러난다. 때로는 사실들을 잘 정리하면 흑백이 잘 드러나서 의사 결정이 쉽게 이루어진다. 둘째, **윤리적 이슈**를 식별하라. 즉, 관련된 당사자들이 누구이고, 각각의 이해관계는 무엇이며, 그 저변에 깔린 가치들은 어떤 것인가? 이것이 윤리적 이슈의 정의(定義)이다. 즉, 두 개 이상의 가치가 걸린 이해관계들 간의 갈등이다. 셋째, 관련된 **가치들과 미덕들**을 명확히 하라. 이 경우에 어떤 도덕적 원리들이 사람들의 이해관계를 뒷받침하고 있을까? 구체적으로, 이 경우에 영향을 미칠 수 있는 성경적 원리와 미덕은 어떤 것인가? 즉, 하나님 나라의 폭넓은 가치들이 어떻게 반영되고 있는가? 또는 반영되지 않고 있는가? 이것이 일반적인 점검표와 구별시키고 거기에 성경적 가치들과 미덕들을 주입시키는 의사 결정 모델의 일부이다. 넷째, **대안**은 무엇인가? 걸려 있는 가치들 전부는 아니라도 대부분을 충족시키는 대안이 있는가? 있다면 그것은 윈-윈 상황이다. 우리는 여기서 창의적이 되어야 하는데, 때로는 예전에 극소수만 생각했던 것이 최선의 해결책임을 알게 되기 때문이다. 다섯째, **가치들의 경중을 따져 보라.** 즉, 어떤 가치는 다른 가치보다 더 영향력이 크다.[31] 예수님은 바리새인의 전통을 열심히 따르다가 더 중요한 모세 율법의 가치는 무시하는 종교 지도자들을 꾸짖으셨다(마 23:23). 여섯째, **선택의 결과**를 고려하라. 그렇다고 결과가 딜레마를 해결한다는 말은 아니지만, 결과가 고려되어야 한다. 일반적으로는 원리를 따르는 것이 최선의 결과를 산출한다. 즉, 결과가 원리를 지지한다는 뜻이다.

물론 이 모델이 소프트웨어 프로그램처럼 자동으로 올바른 윤리적 결정을 낳지는 않을 것이다. 그러나 이것은 우리가 옳은 질문을 다 던지고 관련된 요인들을 모두 고려하도록 도와줄 것이다. 이 모델은 개인의 윤리적 이슈에 사용될 수 있을 뿐만 아니라, 조직이 직면한 여러 이슈들에 관한 집단적 토론을 활성화시키는 데도 사용될 수 있다.

결론

윤리 문제에서 사람의 성품은 중요한 역할을 한다. 우리는 옳은 일을 행하기 위해 우리의 자기 이익에 영향을 주는 결정을 기꺼이 내릴 수 있어야 한다. 많은 윤리적 이슈들은 사실 도덕적 또는 성경적 원리와 우리의 자기 이익 간의 갈등이 있는 일종의 유혹이다. 장기적으로 보면, 정직함을 지키면 우리가 더 나은 기업인이 될 뿐 아니라, 더 중요한 점은, 우리가 더 나은 사람이 된다는 것이다. 하나님이 직장에서 정직함을 요구하시는 것은 수익성을 가져오기 때문이 아니라 그것이 옳은 일이고 하나님을 영화롭게 하기 때문이다. 우리의 일터는 곧 우리의 제단, 즉 하나님을 예배하는 곳이므로 정직성은 타협할 수 없는 미덕이다. 일터에서의 성품과 윤리의 회복은 영적인 변화와 갱신과 연결되어 있다.[32] 기독교적 관점에서 보면, 윤리는 하나님의 성품에 기반을 두고 있고, 하나님의 명령으로 표현되고, 성령의 능력으로 지켜진다. 물론 모든 사람에게 열려 있는 일반 은총이 있지만, 변함없는 성품은 궁극적으로 하나님에 대한 책임감과 성령의 내적 사역으로 빚어지며 본인을 갈수록 그리스도를 닮아 가는 존재로 만들어 준다.

그러나 구조들(조직과 경제 시스템) 또한 우리의 선택을 제한하고, 우리를 '도덕적 곤경'에 빠뜨리거나 긍정적 방향으로 움직일 수 있는 환경을 조성한다. 따라서 조직은 윤리적 행위를 장려하는 방향으로 단계를 밟을 필요가 있다. 전 세계의 경제적 조건이 더 나아지면 이번 장의 맨 앞에서 다룬 시나리오에 나타난 딜레마들(예, 불법 체류자, 뇌물의 문제)의 원인이 줄어들 것으로 예상한다. 아마도 시장을 장기적으로 내다보면 회계사들이 단기적 성과를 실제보다 더 나아 보이게 해야 한다는 압박에서 해방될 것이다. 끝으로, 개인적 차원의 영적 갱신에 덧붙여, 크리스천 기업인들은 하나님의 의도를 잘 반영할 수 있도록 비즈니스 조직과 글로벌 경제 시스템을 변혁시키는 일에도 진지한 관심을 기울여야 한다.

7

리더십과 경영: 직원을 섬기는 것

몇 년 전까지 리치는 개인이 소유한 중간 규모 금융 서비스 회사의 고위 임원이었다. 그는 이 회사에서 일한 지 약 20년이 되었고 일과 조직 문화에 모두 만족했었다. 약 5년 전 그 회사가 복수의 사업을 하는 한 지주 회사에 매각되었다. 새로운 경영진이 들어선 이후 기업의 문화는 훨씬 혹사시키고 분기수익을 올리는 데 초점이 맞춰졌다.

시간이 지날수록 리치는 새로운 소유주의 경영 정책에 싫증을 느끼기 시작했다. 연봉은 빠르게 인상되었지만 그의 부서의 이직률도 급상승했다. 리치 또한 남은 사람들이 직면하는 욕구 불만과 관계상의 갈등과 같은 문제들에 개입하는 데 더 많은 시간을 쓰게 되었다. 새로 채용된 사람들은 주로 돈에 의해 움직였으며 팀워크와 고객의 유익을 도모하는 일에는 별로 관심이 없었다.

3년 전 리치는 용기를 내어 자기 사업을 시작하겠다는 위험한 결정을 내렸다. 그는 소수의 투자자들과 맨 처음 고용한 간부진에게 직원을 훨씬 잘 대우할 것을 약속하며 사업을 시작했다. 그의 회사는 직원의 계발과 더불어, 직원들이 아침에 단지 봉급만을 위해서가 아니라 무언가 의미 있는 것을 성취하기 위해 출근하는 조직 문화를 만드는 일에 초점을 맞추길 그는 바랐다.

최근까지 그의 신생 기업은 성장하고 있었고 약 50명의 직원을 두고 있었다. 사업은 경기가 하락세를 타기 전까진 잘 운영되고 있었다. 현재, 자원은 더 부족해지고 고객의 요구는 늘어 가는 등 여러 어려움에 처한 리치는 자기 이상에 걸맞은 방식으로 조직을 이끌어 갈 능력이 자기에게 있는지 회의를 느끼고 있다. 그는 왜 수많은 책이 효과적인 경영과 리더십에 대해 다루고 있는지 이해하게 되었다.[1] 그는 가장 중요한 결정을 할 때는 직원의 편에 서고 싶지만 직원들의 이익과 투자자, 공급자, 고객의 이익 사이에 균형을 맞추어야 한다.

근로자들은 보통 기업의 이익을 위해 투입되는 자원으로 취급된다. 많은 경우에 작업은 고용주와 피고용인 간의 경제적 교환으로, '공정한 일당을 위한 공정한 하루 작업'과 같은 것으로 인식되었다. 최악의 경우 근로자는 단순한 물체로 취급받는다. 예를 들면, 오래 되었지만 여전히 영향력 있는 '과학적 경영' 학파(프레데릭 테일러의 유명한 시간과 동작 연구에 의해 개척된)는 효과적으로 직원들을 비인간화시키고, 그들을 생산 능력으로 축소시키고 만다.

이와 반대로, 리치는 그의 기업이 직원들을 섬길 수 있는 방법을 찾는 데 많은 시간과 노력을 투자했다. 사람들이 대단한 열정과 목적의식을 품고 그들의 일을 개발하고 접근하는 분위기를 만들려고 했다. 하지만 최근에 그런 목표는 그림의 떡이 되고 말았다. 경기 하락으로 인해 경영진이 상당수 일자리를 줄여야 했기 때문이다. 리치는 그가 잘 알고 존경하던 직원들을 해고하는 동시에 어떻게 잘 섬길 수 있을지 고민하느라 제대로 잠을 못 잤다. 다른 긴장들도 그를 괴롭힌다. 일상적인 경영에서는 어떤 사람들이 목표를 달성하도록 밀어붙일 필요가 있다는 것을 그도 알고 있다. 때때로 사람들을 열심히 일하게 하려면 강제력과 위협에 의존해야 한다. 그렇지 않으면 회사의 사명을 달성할 수 없기 때문이다.

리치는 하나님 나라의 전복적 속성(예, 팔복에서 온유함에 초점을 맞추는 것)에 대한 성경의 묘사와 그런 속성이 어떻게 매우 경쟁적인 환경에서 움직이는 회사의 경영에 적용될 수 있는지에 대해 깊이 생각해 보았다. 혹시 직원들, 공급자들, 그리고 경쟁자들이 이러한 유형의 자질을 약점으로 오해하고 그 자신을 이용하려고 할까봐 두렵다.

더 높은 리더십 자리로 승진하면 다양한 긴장이 생길 수 있다. 그러한 지위에 도달하는 데 필요한 야망은 남을 섬기라는 명령과 충돌을 일으킬 수 있다. 더 나아가, 리더들은 기업 전체에 대해 책임이 있는 만큼 이러한 의무는 각 직원의 필요를 채우는 것과 직접 충돌할 수 있다. 이번 장은 이러한 긴장에 초점을 맞출 것이다. 즉, 성경의 가르침이 기업의 리더십과 직원의 관계, 곧 노사 관계의 행습에 대해 무슨 말을 하는지 탐구할 것이다.

분명히 말하자면, 경영진이 조직의 유일한 리더들은 아니다. 20-30명의 팀을 이끄는 중간 관리자, 작은 부서의 부장, 평등한 직무 그룹에서 영향력이 큰 동료 등은 모두 리더십을 발휘한다. 지위에 관계없이, 만약 당신이 사람들에게 영향을 준다면, 이번 장에서 다룰 원리들이 당신에게 (현재나 미래에) 적용된다.

성경의 가르침 이외에도 건전한 리더십과 그것이 직원에게 미치는 영향이 왜 그토록 중요한지를 가리키는 분명한 실질적 이유들이 있다. 지식 기반의 경제에서 조직의 가장 중요한 자산인 직원들이 매일 밤 건물을 떠난다는 것은 분명한 사실이다.[2] 그러므로 직원들이 그들의 일에 투입되려면 그 사람 전체가 관여하지 않으면 안 된다.

이 책에서 우리가 줄곧 주장하는 바는 이것이다. 우리는 일을 소명(더 정확하게는 우리의 개별적인 소명들 중의 **하나**)으로 보아야 하고, 기업을 하나님과 이웃에 대한 일종의 섬김으로 경영해야 하며, 일과의 지나친 동일시, 탐욕, 지나친 야망과 같은 악덕에 빠지지 않도록 경계해야 한다. 그런데 이렇게 되려면 조직과 그 리더들이 자기네 몫을 다해야 한다. 직원들의 태도를 바꾸기 위해 그들에게 모든 짐을 지우는 것은 충분하지도 않을 뿐더러 리더의 역할을 회피하는 것이다. 직원들이 소명에 따라 살 수 있는 공동체를 만들려면, 직원들이 일에 대한 올바른 관점을 갖도록 의도적으로 그들을 개발하고 교육해야 한다. 이것은 바로 좋은 리더십과 함께 시작된다는 것이 우리의 주장이다.

성경 속의 리더십

성경이 리더십 이론의 교과서는 아니지만 거기에는 리더십에 대한 이야기와 직접적인 자료들이 모두 들어 있다. 성경은 특히 교회와 하나님 나라와 관련이 있는 리더십에 대해서는 직접 다루고 있지만 발전된 형태의 리더십 이론은 제시하지 않는다. 성경의 가르침은 오늘날의 연구 조사와 경험적 연구를 통해 도출된 리더십의 중요한 일부 측면들과 공통된 요소들을 갖고 있다.

보통은 거래 중심적 리더십(transactional leadership)과 변혁적 리더십(transformational leadership)을 따로 구별한다. **거래 중심적 리더**는 때때로 관리자라고 불린다. 그들은 중개인으로 행동하고 "리더와 추종자 간의 전통적인 교환 관계" 안에서 거래를 성사시킴으로써 조직의 목적을 달성한다. 일반적으로, 그들은 체계와 보상을 세우고, 요구 사항을 명확히 하고, 조직의 가치관에 순응하기를 장려한다.[3] 이와 대조적으로, **변혁적 리더**는 변화와 높은 수준의 성취를 고무한다. 그들은 종종 현상 유지에 도전하고 그 조직의 사명과 문화를 변화시킨다. 그들은 또한 추종자 편에 깊은 개

인적인 충성심을 불러일으키고, 직원들이 폭넓은 목적과 목표를 섬기도록 동기를 유발하려고 노력한다.[4]

마틴 루터 킹은 사회적 차원에서 변혁적 리더십의 좋은 본보기이다. 피부색으로 인종 차별을 하지 않는 사회에 대한 비전과 영감을 통해 나라의 인종적 풍경을 변화시켰을 뿐만 아니라 추종자들의 삶과 관점을 극적으로 변화시켜 그들의 목표와 운동의 목표가 더욱 동일시되게 했다.[5]

버나드 바스는 변혁적 리더는 자신을 따르는 사람들에게 "개별적 배려, 지적인 자극, 감동적인 동기 부여와 카리스마"를 보여 줌으로써 그들을 연합시킨다고 강조한다.[6] 변혁적 리더십의 개념은 정치학자 제임스 번즈가 처음 창안했는데, 본래는 "체제 전체의 근본적인 변경, 즉 한 권력 구조를 다른 것으로 대체하는 혁명을 뜻하는" 변동을 주도하고 또 실행에 옮기려고 한동안 인내했던 정치적 및 군사적 지도자들에 초점을 맞추었다.[7]

바스는 이것을 약간의 변화 또는 일차원적 변화와 반대되는 고차원적 변화라고 부른다.[8] 이 리더십은 리더에게 그를 따르는 사람들이 스스로 리더가 되도록 힘을 실어 주라고 요구한다. 번즈는 추종자들 가운데서 개인적인 카리스마와 비전 등 다양한 요인들을 통해 "추종자들을 옹호하고 그들에게 영감을 주는" 지도자들을 부각시킨다.[9] 바스와 아볼리오는 변혁적 리더는 신뢰와 존경을 쌓기 위해 추종자들에게 역할 모델이 되어야 한다고 부연해서 설명한다. 이와 더불어, 그들은 추종자들에게 창의력과 위험 감수를 장려하며 그들이 이끄는 사람들에게 멘토의 역할을 한다.[10] 변혁적 리더십 모델이 지닌 위험은 이런 유형의 리더들이 자기 이익만을 추구할 수 있다는 것과, 영감의 리더십을 강조하면 추종자들이 조종을 받거나 의존적인 존재가 될 수 있다는 점이다.[11]

리더십 연구에서 이와 강조점이 약간 다른 것은 바로 **섬김의 리더십**

(servant leadership)이다.¹² 여기서는 리더의 영감과 카리스마는 덜 강조하고, 리더가 자신을 따르는 사람들을 어떻게 섬기는지를 더 강조한다. 섬김의 리더들은 "자기보다 섬김을 강조하고, 경청을 긍정의 수단으로 삼고, 신뢰를 형성하고, 추종자들을 온전한 인간이 되도록 양육한다."¹³ 섬기는 리더는 늘 다른 사람들의 필요를 돌보는 일에 우선순위를 두고, 집단의 참여적 의사 결정을 장려하고, 자기 인식과 겸손과 이타주의의 본보기를 보여 준다. 섬김의 리더십에 대한 주요한 비판은 그런 리더십은 약하고 순진할 수 있고 조직의 성과를 무시할 가능성이 있다는 점이다.

물론 성경에 등장하는 섬김의 리더십은 완전히 개발된 이론이 아니라 씨앗 수준에 불과하다고 볼 수 있다. 우리는 여기에서 성경이 섬김의 리더십과 비슷한 것을 옹호한다고 주장하겠지만, 그것은 변혁적 리더십과 상당 부분 중첩되는 것 같다. 두 가지 이론 모두 뚜렷한 가치관을 갖고 일하는 지도자를 옹호하고, 추종자를 돌보고 배려하는 것을 강조하며, 유능한 리더를 높은 수준의 동기 부여, 성과, 도덕성을 장려하는 사람으로 본다.¹⁴

성경은 다양한 문학 장르를 통해 리더십에 대해 이야기한다. 예를 들면, 성경의 이야기에는 리더십에 관한 풍부한 자료가 있다. 성경은 좋은 리더와 나쁜 리더에 관한 이야기로 가득 차 있다. 노아는 방주를 지어 홍수에서 살아남기 위해 온갖 조롱에도 불구하고 그의 입장을 지켰다. 아브라함은 이스라엘 민족의 아버지로서 하나님의 지시를 따르기 위해 놀라운 믿음의 발걸음을 내디뎠다. 요셉은 행정가로서 대단히 지혜로웠고 유능했으며, 성적인 유혹에 저항해서 도덕적 순결을 지켰다. 모세는 훨씬 더 강한 국가에 대항했고, 그 자신과 이스라엘 민족을 구원하실 하나님의 능력을 신뢰했다. 드보라는 이스라엘 사사 중 하나로서 그 민족을 군사적 승리로 이끌었다. 에스더는 용감하게 정부의 고위 관리에 맞섰고 자기 민족을 대학살로부터 보호했다. 다니엘은 역경의 한복판에서 하나님을 믿었고, 국가 행정에 대단히 유능한 인물임을 증명했으며, 오랫동안 한결같은 섬김으로 명성을 쌓았다.

이런 위대한 지도자들이 대부분 명백한 결함이 있었다는 것도 주목할 필요가 있다. 노아는 홍수가 끝난 후 "취하여 자기 천막 안에서 벌거벗은 채로"(현대인의성경) 있었다(이는 성적으로 수치스러운 일을 완곡하게 표현한 것이다).[15] 아브라함은 자기 목숨을 구하기 위해 두 번이나 자기 아내를 여동생으로 속이려고 했다. 모세는 사형 선고를 받은 살인자였다. 다윗은 간음을 저질렀고, 그 비행을 덮기 위해 왕의 권력을 심하게 남용하여 그 여성의 남편을 전쟁터의 최전선에 배치하도록 지시했다.

성경에 나오는 위대한 지도자들의 이야기는 그들의 리더십 자질에 관한 것이기보다는 그들의 약점에도 불구하고 더 큰 사명을 이루기 위해 하나님께 어떻게 쓰임을 받았는지에 관한 것이다. 그 이야기들의 영웅은 특정한 지도자가 아니라 바로 하나님이다. 예를 들면, 아브라함의 생애에 관한 진정한 이야기는 아브라함에게 보인 하나님의 신실함이지 아브라함의 위대한 리더십 자질이 아니다. 요셉의 이야기도, 비록 요셉이 이집트의 총리로서 뛰어난 리더십을 발휘했지만, 하나님이 주권적으로 신실한 인물을 영향력 있는 자리에 앉히신 이야기다. 출애굽의 진정한 이야기는 모세의 리더십이 아니라 하나님이 극적으로 이스라엘을 구출하신 이야기다. 이와 비슷하게, 예루살렘의 재건 이야기도 느헤미야의 리더십이 아니라 하나님이 신실하게 그분의 백성에게 장애물을 극복할 능력을 주셨다는 이야기다. 만약 우리가 이런 탁월한 지도자들과 대화를 나눌 수 있다면, 그들은 그 이야기가 그들이 아니라 하나님에 관한 것이라고 말할 것이다. 그들은 스스로 리더십을 열망한 사람들이 아니고, 하나님이 그들의 욕망과 상관없이 그들을 선택하셨다고 말할 것이다. 그렇다고 그들이 우리가 본받을 자질을 지닌 위대한 지도자가 아니었다는 말은 아니다. 그러나 우리가 그들의 리더십을 본보기로 들 때는 그들의 이야기에서 진정한 지도자는 바로 하나님임을 기억할 필요가 있다.

성경은 리더십의 주제를 바울의 디모데전후서에서 직접 다루고 있다. 바울은 젊은 후계자에게 교회를 이끌어 갈 방법에 대해 가르치고 있다. 물론 바울이 기업의 리더십을 다루는 것은 아니지만 디모데에게 준 많은 원리는 일반적인 리더십 역할에 적용되는 것이다.

디모데전서 3장은 교회 리더십의 기준을 나열한다. 바울은 디모데가 책임을 위임하고 자격을 갖춘 사람들과 리더십을 공유할 것으로 생각한다. 디모데전서 3:1-10에 나열된 장로/감독의 기준은 모두 성품에 관한 것으로서 신중함, 절제, 존경스러움, 좋은 평판, 손님 대접, 온유함, 재정과 가정을 잘 관리하는 능력 등이다. 리더십에 관한 한, 특정 분야에 유능한 것도 중요하지만 성품이 그 핵심이다. 리더는 소통할 수 있고 역경을 견딘 적이 있는 인물이어야 한다. 본문은 자기 집을 얼마나 잘 관리하는지도 강조한다. 사적인 삶에서 일어나는 일이 리더십의 자격에 매우 중요하다.[16] 사람들이 돈과 가정을 다루는 방식은 더 큰 책임을 어떻게 다룰지에 대해 많은 것을 알려 준다. 가정은 리더십을 가늠하는 장(場)이고, 사람들이 어떻게 일관되게 신앙을 실천하는지 보여 주는 곳이다.

바울은 디모데에게 리더십에 대한 열망은 좋은 것이라고 강조한다. "어떤 사람이 감독의 직분을 맡고 싶어 하면 그는 훌륭한 일을 바란다고 하겠습니다"(딤전 3:1). 리더십을 열망하는 것 자체는 아무런 문제가 없지만 그런 목표를 갖는 데는 부적절한 이유나 동기가 있을 수 있다. 사람들은 교만, 탐욕, 통제력, 불안정, 자기 사랑, 권력이나 특권에 이끌려서 리더십의 위치를 추구할 수 있다. 또는 소명 의식이 동기가 될 수도 있다. 현실적으로는 그런 위치를 열망하는 동기가 혼합되어 있을 것이다. 하지만 부적절하지 않은 동기를 갖고 있다면, 그런 사람은 그런 은사가 있을 경우 리더십을 추구하도록 권유받아야 한다. 적절한 이유 중에 가장 좋은 것은 세상에서 하나님의 일을 가장 잘 증진시킬 수 있는 위치에서 자신의 은사와 기술과 재능을 활용하기 위해 조직에서 적합한 지위를 발견하고 싶은 열망이다. 달리 말하면, 그것은 가장 중요한 지위에 대한 열망이 아니다. 오히려 하나님과 다른 사람들을 섬기고자 우리의 재능과 은사를 최대한 사용하려는 열망이다.

리더십을 다루는 본문 중에 가장 핵심적인 대목은 예수님과 제자들이 하나님 나라에서의 위대함에 대해 토론하는 부분일 것이다. 마태복음 20:25-28에서 예수님은 하나님의 나라가 임할 때 리더십과 높은 자리를 달라는 요청에 이렇게 대답하신다. 예수님은 제자들의 관점을 완전히 뒤집어놓으셨다.

> 너희가 아는 대로, 이방 민족들의 통치자들은 백성을 마구 내리누르고, 고관들은 백성에게 세도를 부린다. 그러나 너희끼리는 그렇게 해서는 안 된다. 너희 가운데서 위대하게 되고자 하는 사람은 누구든지 너희를 섬기는 사람이 되어야 하고, 너희 가운데서 으뜸이 되고자 하는 사람은 너희의 종이 되어야 한다. 인자는 섬김을 받으러 온 것이 아니라 섬기러 왔으며, 많은 사람을 위하여 자기 목숨을 몸값으로 치러 주려고 왔다.

예수님은 리더십과 위대함은 기꺼이 종이 되려는 의지와 연관이 있다고 말씀하신다. 예수님은 세상에서의 삶뿐만 아니라 기꺼이 십자가의 죽음으로 자신을 완전히 드림으로써 훌륭한 본보기가 되셨다. 이것은 고대 세계에서 리더십이 발휘되었던 방식과 완전히 반대되는 모습이다. 당시의 통치자들은 무자비하고 변덕스럽게 다스렸고, 사람들은 지도자들을 두려워하며 살았다. 지도자는 상습적으로 개인적인 이익을 위해 권력을 남용했다. 리더가 되는 것이 부를 획득하는 가장 흔한 방법이었을 것이다. 예수님은 **마구 내리누른다**는 표현과 **세도를 부린다**는 표현을 교호적으로 사용하셨는데, 이는 권력의 남용이 고대 세계에서 일상다반사였다는 것을 알려 준다. 달리 말하자면, 고대 세계에서의 리더십은 끔찍하게 부패되어 있었다.

오늘날 정부와 기업에서 볼 수 있는 권력의 사용도 분명히 닮은 점이 있다. 권력이 얼마나 자주 남용되는지는 쉽게 눈에 띈다. 권력은 한 사람의 지위에 따른 기능이다. 이런 경우, 권력자는 다른 사람을 "마구 내리누를" 수 있다. 이 말은 지위에 기반한 권력의 남용을 의미한다. 권위 있는 직책을 가진 권력자는 자기가 원하는 대로 다른 사람의 의지를 꺾을 수 있다. 사람들은 원해서가 아니라 어쩔 수 없어서 리더십을 따르게 된다. 그것은 강제에 의한 리더십이지 성품이나 상호 존중에 의한 리더십이 아니다. 그러한 리더는 존경을 얻는 것이 아니라 존경을 요구하는 사람이다.

권력은 오늘날의 직장에서 자기 홍보를 위해 남용되곤 하는데, 종종 다른 사람을 힘들게 하거나 더 큰 목적이나 사명을 무시하게 만든다. 많은 조직에서 한 사람이 높은 지위를 확보하고 유지하는 데 과도하게 많은 시간과 에너지가 소비된다. 종종 이것은 자신이 속한 조직을 희생시키곤 한다. 예를 들면, 어떤 리더가 단지 경쟁자를 약화시키기 위해 유망한 프로젝트를 팽개치려고 어떤 영역이나 일에 대한 통제력을 확대하는 경우이다.

이런 종류의 권력 남용은 종종 매우 카리스마적인 지도자와 연루되어 있고 리더십의 어두운 면을 반영한다. 카리스마적인 지도자는 영감을 주고 상당한 추종자를 거느릴 수 있지만, 노골적으로 자기애에 빠진 인물은 아니더라도 고압적인 에고에 의해 움직이는 경우가 많다.[17] 카리스마가 있는 리더는 높은 수준의 자신감과 강력한 확신을 품고 있다.[18] 그러나 그들은 "비판에 지나치게 민감하며, 남의 말을 잘 안 듣고, 공감의 능력이 부족하고, 멘토링을 혐오하며, 강한 경쟁 욕구를 보여 주는" 경향이 있다.[19] 극단적인 상황에서는 이런 종류의 리더십이 컬트와 비슷한 분위기를 조성할 수 있고, 반대자를 소외시키고 조직에 대한 편협한 관점에서 위험한 복종을 초래할 수 있다. 카리스마적인 지도자의 가장 심각한 문제는 과도한 자아가 리더로 하여금 "순전히 개인적인 필요와 신념을 추종자들의 것으로 투영하게" 할 때 나타난다.[20] 이런 권력의 남용은 결국 직원들을 소외시키고, 필요한 변화가 일어나는 것을 가로막으며, 저지하지 않으면 조직의 붕괴로 이어질 수 있다. 오늘날 그런 사람들이 야기한 심각한 조직상의 피해가 널리 알려지면서 매우 카리스마적이고 유명인 같은 리더에 대한 환멸이 깊게 형성되고 있다.[21]

이런 권력 남용과 나르시스트적인 자기 홍보와는 반대로, 예수님은 하나님의 나라에서 위대한 자가 되려면 종이 되어야 한다고 말씀하셨다. 다른 말로 하면, 우리는 하나님 나라에서 다른 사람을 섬김으로써 위대하게 되는 것이지, 우리 자신이 주목을 받으려고 노력한다고 되는 것이 아니다. 우리는 밑바닥에서 기꺼이 남을 섬겨 꼭대기로 올라갈 수 있다. 우리는 우리의 이익을 챙겨서가 아니라 남을 섬김으로써 그들을 지도한다. 우리는 사람들을 계발시키고 그들이 소명을 다하도록 도움으로써 그들을 지도하는 것이지, 단지 그들이 우리를 위해 할 수 있는 일 때문에 그들을 이용하거나 조종하거나 잘 대우함으로써 지도하는 것이 아니다. 이것은 구속형(救贖形) 리더십이며, 사람들이 하나님의 형상으로 창조되었은즉 그들을 존엄한 존재로 대하며 하나님 나라의 가치관을 반영하는 리더십이다.

더 구체적으로 말하면, 직장에서 권력을 행사하는 올바른 방법은 우리가 이끄는 사람들에게 비굴함이 아니라 자신감을 심어 주는 것이다.[22] 종종 리더는 직원들을 고분고분하게 만들기 위해 그들의 자신감을 무너뜨린다. 섬기는 리더는 직원들에게 무능하다는 생각이 아니라 자기 확신을 품도록 장려한다. 일부 뛰어난 지도자들에게는 사실 고분고분한 추종자가 별로 없는데, 이는 그들이 사람들에게 자신감을 품도록 격려하고 지배적인 의견에 반대할 수 있는 자유를 주었기 때문이다.[23] 이와 비슷하게, 섬기는 리더는 직원들의 성장과 발전을 장려하지 열등감을 부추기지 않는다. 이런 리더들의 목표는 함께 일하는 사람들의 기술과 능력을 신장시키는 것이지 그들의 무능함을 부각시켜 그들을 무시하고 리더들 자신이 높아지는 것이 아니다. 그들은 리더십을 사람들을 이용하는 것이 아니라 **계발시키는** 기회로 본다. 권력을 올바로 행사하면 단순한 복종이 아니라 신뢰감을 불러일으킨다. 복종하게 만드는 권력은 지위, 카리스마, 또는 강제력과 같은 요인에 기반을 두지만, 영감을 주는 권력은 신뢰 관계와 상호 존중에 기초를 두고 있다. 권력의 올바른 행사는 상호 관계를 배려하는 리더들에게서 볼 수 있다. 그들은 보통 아랫사람들을 자기를 위해 일하는 자들이 아니라 자기와 함께 일하는 자들이라고 말한다. 이런 종류의 리더들은 상호소통과 신뢰를 증진시키게 되고 그런 것을 억누르지 않는다. 그들은 아무도 고립시키지 않고 팀으로 일할 수 있는 환경을 만든다.

(매년 「포춘」 지의 "가장 근무하고 싶은 회사" 명단을 발표하는) 로버트 레버링과 그의 동료들은 선구적인 책에서 상호 존중과 신뢰의 가치를 확증한다. 이런 유형의 명단은 사무실에서 하는 비디오 게임, 무료 식사, 긴 휴가 등 관대하고 창의적인 혜택의 이미지를 떠올리지만, 더 깊이 들여다보면 그 밖의 다른 것이 작동하고 있음을 알게 된다. 레버링이 말하듯, "일하기 좋은 직장의 일차적 특징은 경영진과 직원들 간의 신뢰의 수준에 있지 특정한 정책이나 행습에 있지 않다."[24]

성경이 묘사하는 리더십은 지도자의 겸손에 주안점을 둔다. 카리스마에 기반한 리더십과는 반대로, 조직과 직원을 섬기는 리더는 스스로를 현실적인 관점에서 보고 다른 사람들의 안녕에 초점을 맞추는 특징이 있다.

오늘날의 경영 연구는 겸손의 중요성을 부각시키며 겸손을 성공적인 리더십에 꼭 필요한 자질에 포함시켰다. 앤드류 모리스와 그 동료들은 다음과 같은 결론을 내린다.

> 리더십에 있어 겸손은 다양한 잠재적인 기능을 한다. 첫째, 겸손은 리더에게 자기를 높이기보다 타인을 높이는 방식으로 행동하도록 영향을 미친다. 둘째, 겸손은 CEO에게 공적인 칭송을 받고 싶은 마음을 외면하고 그러한 유혹을 떨쳐버리게 한다.[25]

겸손은 또한 이른바 "조직 학습(organizational learning)과 조직 탄력성(organizational resilience)"을 촉진하여 회사의 경쟁력을 높이는 데 기여할 수 있다. 진정한 겸손을 보이는 리더는 다른 리더들에 비해 덜 경직되어 있고, 직원들과 하급자 등 다양한 출처에서 배우려는 마음이 있고, 새로운 정보에도 마음이 열려 있어 필요하다면 진행 경로를 변경하기도 한다. 자신을 현실적으로 평가하는 겸손은 리더에게 과장 없이 평가할 능력을 부여하며, "자신감/자존감과 지나친 확신, 나르시시즘과 고집을 구별할 수" 있게 해 준다.[26]

리더십에서 겸손의 중요성은 경영 컨설턴트 짐 콜린스가 실시하는 연구의 초점이다. 회사들을 "양호한 수준에서 탁월한 수준"으로 변화시키는 요인들을 다룬, 성공하는 기업들에 관한 후속편에는 그가 말하는 "별점 5점 리더십"이 지속적으로 등장한다. 별점 5점 리더십은 "지극한 개인적 겸손과 강렬한 개인적 의지"가 역설적으로 혼합된 것이라고 한다.[27] 콜린스는 별점 5점 리더를 "감동적인 겸손"을 지닌 자로 묘사하는데, 이는 야망이 그 자신이 아니라 회사로 흘러가고, 공개적인 칭송을 피하고, 공로를 그 자신이 아니라 다른 사람들에게 돌리는 것을(흔히 "행운" 덕분으로 돌린

다) 뜻한다.²⁸ 콜린스는 이런 리더들은 그들 자신에 대해 거의 이야기하지 않는 것을 보고 깜짝 놀랐다고 한다. 반면에, 양호한 수준에서 탁월한 수준으로 도약하지 못한 대다수 회사들을 보면, 리더가 회사의 발전을 가로막거나 내리막길로 가게 하는 초대형 에고를 갖고 있는 것으로 드러났다고 지적한다.²⁹

후자의 이유 중 하나는 겸손하지 않은 리더는 종종 후계의 문제를 계획하고 실행하기가 어렵다는 점이다. 그 결과 그들의 조직은 그들이 떠난 후 하락세에 접어든다. 별점 5점 리더들은 야망이 있지만 그 야망을 그들 자신이 아니라 조직에 흘러들게 한다. 콜린스가 연구한 탁월한 회사들의 리더들은 후계 작업을 성공적으로 이루었지만, 그와 비교되는 리더들은 제대로 수행하지 못했다. 콜린스는 "별점 4점 리더들은 종종 영구적인 성공을 위해 회사를 바로 세우는 데 실패한다. 결국 당신이 떠난 후 조직이 무너진다면, 이보다 더 당신의 개인적 위대함을 입증하는 것이 있겠는가?"³⁰

이런 현상은 개인화된 리더십과 사회화된 리더십의 차이를 연구한 브리얀 폴린과 그의 동료들의 연구 조사에서 다시 확인되었다. 그들이 말하는 사회화된 리더십은 섬기는 리더십과 겸손에 대한 강조를 합친 것이다. 반면, 개인화된 리더십은 카리스마적 리더십의 어두운 부분을 반영한다(그들은 "이기적으로 행동하고 다른 사람을 착취하며 그들의 의제에 동의하지 않는 사람을 배척한다").³¹ 폴린은 겸손이야말로 사회화된 리더십의 필수 요소라고 지적하며, 후계 전략을 효과적으로 실행하는 데도 꼭 필요하다고 한다.³²

섬김의 리더십은 자기 아래에 있는 직원들에 대한 중요한 신학적 개념을 전제로 삼고 있다. 리더에게 보고하는 사람들은 하나님의 형상으로 지음을 받은 만큼 내재적 존엄성을 갖고 있으며, 단순히 회사의 기계에 속한 대체 가능한 톱니바퀴가 아니라는 것이다. 그들은 능력과 상관없이 존중받을 권리가 있고 리더에게 천대를 받아서는 안 된다. 이 때문에 이런 리더십의 개념, 즉 직원들이 회사의 사업에 기여할 수 있는 바를 넘어 직원들을 **계발하는** 일이란 개념이 매우 중요한 것이다.

성경은 피고용인을 대하는 자세에 대해 다루고 있는데, 고대 세계에서는 피고용인이 보통 노예나 종이었기에 재산으로 간주되고 주인의 변덕에 따라 이용되거나 학대받을 수 있었다는 사실을 기억할 필요가 있다. 성경은 노예의 신분을 권리와 존엄성을 지닌 집안 피고용인과 같은 지위로 극적으로 상승시켰다.[33] 그들은 가족과 비슷한 수준의 배려를 받도록 되었고, 안식년마다 자유의 몸이 될 수 있는, 주인의 소유를 관리하는 위탁인으로 존중받게 되었다(신 15:12-18). 중요한 점은, 종들이 해방될 때는 주인이 구약 율법에 따라 그들 스스로 살아갈 수 있을 만큼 충분한 자본을 주어야 했다는 것이다(신 15:13-15). 종들이 일을 할 때는 주인이 정의롭고 공정하게 대우해야 했는데, 이는 당시에 노예를 취급하던 일반적인 방식과 근본적으로 달랐다(엡 6:9; 골 4:1). 종들은 주인을 위해 충실하게 일할 책임이 있었는데, 이는 훗날 피고용인이 고용주를 위해 온종일 수고하는 것과 유사하다고 할 수 있다(엡 6:5-8; 골 3:22-25). 그들의 근본적인 존엄성을 강조하는 것은 신학적으로 중요한 개념인데, "그리스도…안에서" 종과 주인 간의 지위상의 차별이 성(性)과 인종의 구별과 마찬가지로 아무런 의미가 없기 때문이다(갈 3:28). 빌레몬서는 바울이 빌레몬에게 달아난 종 오네시모를 다시 받아들이고 형제처럼 대하도록 호소하는 모습으로 이 점을 잘 보여 준다(몬 16).

성경은 노예와는 조금 다른 부류에 속했던 "일꾼"에 대해서도 간략하게 다룬다. 그들은 계약 노동자와 비슷한 듯이 보인다. 성경은 이들 역시 공정하게 대우하라고 명하는데, 이는 "일꾼이 자기 삯을 받는 것은 마땅하다"라는 원칙을 반영한다(눅 10:7; 딤전 5:18). 즉, 피고용인의 경우 경제적 생존이 급여에 달려 있기 때문에 급여를 공정하게 또 제때에 지불해야 한다는 것이다. 이와 유사하게, 열심히 일하는 사람들은 공정한 임금을 받거나 이윤을 나눠 갖는 것으로 노동의 열매를 공유할 자격이 있다(딤후 2:6).

앞에 나온 고대 사회에서의 일에 대한 논의를 상기한다면(1장 참고), 성경 시대에는 일을 인식하는 방식이 크게 달랐다는 점을 기억할 것이다. 당시에는 '의미 있는 일', 또는 개인의 자존감이나 인생의 목적에 기여하는 일에 관한 논의는 거의 없었다. 고대 사회의 사람들은 주로 살아남기 위해 일했지 개인적인 의미를 찾기 위해 일한 것이 아니었다. 그들은 일반적으로 일을 그런 방식으로 생각한 적이 없었고, 일하는 사람 대부분은 날마다 생존하는 것이 목표였다. 고대 사회의 경제 생활을 감안하면 의미 있는 일은 하나의 보너스였다. 그러나 오늘날의 경제 생활은 과거의 성경시대와는 달리 제로섬 게임이 아니다. 시장 자본주의가 안겨 준 일의 다양성과 생산성을 감안하면, 오늘날은 일이 개인의 성장과 발전에 영향을 주고 기여한다고 말하는 것이 일반적이다. 직원들이 근본적인 존엄성을 지닌 하나님의 형상으로 창조되었다는 생각을 확장하면, 좋은 리더는 일을 중요하고 풍요롭고 의미 있는 것으로 보는 환경을 만들 책임이 있다. 이번 장의 남은 부분에서는 이 주제를 좀 더 구체적으로 설명할 생각이다. 지겹게 반복되는 일, 또는 무의미한 일은 사람의 정신에 치명적인 영향을 미치며, 이는 사람들을 하나님의 형상으로 보는 것과 어울리지 않는다. 물론 이 점은 효율성 및 필요한 일의 완수와 균형을 맞출 필요가 있다. 이와 덧붙여, 이곳은 타락한 세상인 만큼 최고의 직업이라도 때로는 무의미하게 느낄 수 있음을 알아야 한다.

섬김의 리더십을 적용하기

경쟁이 치열한 비즈니스 세계에서 섬김의 리더십이란 이상을 실천하는 것은 매우 힘들다. 1장에 나온 최고 경영자 리치는 이런 방식으로 이끈다는 것이 어떤 뜻인지 알려고 고민하고 있다. 그가 회사에서 겸손한 종의 모습을 보이면 구성원들이 그것을 나약함으로 오해할까봐 우려한다.[34] 그는 또한 직원의 해고와 직원을 섬길 의무를 서로 조화시키려고 노력하는 중이다.

비록 섬김의 리더십이 핵심 개념이긴 하지만, 우리는 직원들이 호혜적 의무를 갖고 있고 그저 자선의 수혜자가 아니라는 점을 알아야 한다. 때때로 회사가 어떤 직원들을 자비롭게 고용할 수도 있지만 이것은 정상이 아니다. 직원들은 회사와 상호 의무의 관계로 묶여 있다. 따라서 그들이 그 의무를 다하지 못할 때에는, 리더가 그들에게 책임을 묻고 필요하다면 해고하는 것이 부당하거나 불공평한 처사가 아니다. 물론 섬김의 리더는 그런 직원들과 함께 일하고 또 그 관계를 회복하려고 노력할 것이다. 하지만 만약 직원을 해고해야 한다면, 리더는 해고의 진정한 이유를 제시하고, 직원에게 이야기해서 그런 일이 반복되지 않게 하고, 모든 과정을 거치는 동안 당사자를 존엄하게 대우할 것이다.

리치가 고민하고 있는 문제는 **경쟁 관계에 있는 의무들**이다. 그는 회사의 투자자들을 포함하여 다양한 주주들에게 책임을 진다. 그는 조직을 섬기는 의무와 직원들을 섬기는 책임 사이에서 균형을 맞추어야 한다.[35]

리치가 직원을 섬기려는 마음으로 그들을 해고하지 않고 그냥 두었다고 상상해 보라. 그들이 실직하지 않아서 단기적으로는 도움이 될지 몰라도 장기적으로는 그들을 섬기는 일이 아니다. 직원들이 일을 제대로 하지 않을 때, 직책에 잘 맞지 않을 때, 충분한 일이 없을 때에도 그들을 계속 고용한다면, 그것은 그들의 존엄성을 높이는 데 도움이 안 된다. 사람들은 자기의 은사에 맞는 방법으로 의미심장한 일을 할 필요가 있다는 점을 기억하라. 그들을 가장 잘 섬기는 방법은 그들을 풀어 줘서 더 적합한 곳에서 발전하고 기여하게 해 주는 것이다. 더 나아가, 만약 리치가 해고할 직원을 계속 데리고 있다면, 그는 조직 전체를 섬기지 않고 있는 셈이고, 특히 지금 비용을 절감하지 못하면 나중에 더 많은 사람을 해고해야 할 수도 있다. 물론 리치가 누구를 내보낼지를 결정하고 또 그들을 해고하는 과정은 아주 중요하다. 그는 그들의 존엄성을 지켜 주고 또 그들이 다른 직장으로 옮기는 것을 도움으로써(예, 퇴직금과 인맥 동원) 그들을 섬길 수 있다.

섬김의 리더십은 사람들이 잠재력을 개발하도록 도와준다. 허만 밀러의 전 CEO 맥스 드 프리는 리더십을 예술이라 부르며, 리더십의 예술을 "사람들이 가장 효과적이고 인간적인 방법으로 주어진 일을 할 수 있도록 그들을 해방하는 일"이라고 정의했다.[36] 그는 회사의 직원들을, 그들의 인생을 회사에 투자함으로써 또 다른 범주의 소유권-회사의 사명을 소유하는 자들-을 창조하는 사람들로 본다. 여러 해 동안 드 프리는 폭넓은 직원 주식 소유 프로그램을 통해서 그 소유권을 더 구체적으로 만들려고 시도했다. 한 걸음 더 나가기 위해 드 프리는 매니저들에게 소속 직원들을 자원봉사자와 비슷하게 보라고 권장했다. 그는 이렇게 말한다.

> 사람들이 직장으로 다양한 은사와 기술을 가져오고, 좋은 사람들이 필요하며, 그들은 기꺼이 이동할 생각이 있기 때문에 우리는 대다수의 직원들을 자원봉사자로 대우해야 한다. 그들은 한 군데 머물러 있을 필요가 없다. 그들은 한 회사나 한 지도자를 위해 일할 필요가 없다.[37]

드 프리의 요점은 훌륭한 리더는 직원들의 잠재력을 최대한 개발시키려고 하기 때문에 위계적이고 강압적인 형태의 리더십(거래 중심적 리더십)을 피한다는 것이다.

유능한 섬김의 리더들은 그들이 사람들을 계발하는 작업의 일환으로 공동체를 세우고 있다는 것을 알고 있다. 물론 그들은 수익을 창출하는 특정 상품과 서비스 사업에도 참여한다. 섬김의 리더십이란 현대적 개념의 이념적 창시자로 인정받는 로버트 그린리프는 매니저들과 리더들에게 "당신의 사업은 무엇을 위한 것인가?"라는 날카로운 질문을 던졌다. 그는 스스로 그 질문에 대답했다.

나는 사람들을 계발하는 사업에 몸담고 있다. 더 강하고, 더 건강하고, 더 자율적이고, 더 자립적이고, 더 경쟁력 있는 사람들을 만드는 사업(자신의 소명을 이루는 사람들이라고 덧붙이고 싶다). 이 모든 일의 비용을 지불하려고, 부수적으로 우리는 사람들이 사고 싶어 하는 것을 만들고 팔아 이윤을 남기기도 한다.[38]

2장의 논의에 비춰 보면, 우리는 비즈니스의 제품이나 서비스를 사람을 계발하는 일에 부수적인 것으로 보지 않는다. 공동선을 위한 비즈니스는 회사의 사업인 제품이나 서비스와 함께 시작된다. 그러나 변혁된 공동체는 직원들을 포함하고, 좋은 리더들은 스스로 사람을 계발하는 사업에 몸담고 있다는 것을 인식한다.

코스트코의 CEO인 짐 시네갈은 직원을 대할 때 이런 섬김의 리더십을 실천한다.[39] 코스트코는 소매업계에서 복리 후생 제도(특히 의료비)를 포함하여 급여가 높은 것으로 잘 알려져 있다. 그 업계의 평균 수준을 훨씬 웃돌고 가장 가까운 경쟁자보다 40퍼센트나 높다. 그 결과 직원의 충성도가 매우 높고, 이직률이 높은 소매 업계에서 이직률이 가장 낮은 편이다. 시네갈은 월 가의 분석가들로부터 (주주의 돈으로) 직원 대우가 지나치게 좋다는 비판을 듣자 직원을 잘 대우하는 것이 장기적으로 좋은 사업이라고 응답했다. 소매업에서 직원을 섬긴다는 것은 그들을 존엄한 존재로 대하고 그들이 배려를 받고 있음을 보여 주는 것이다. 다른 회사들도 이와 똑같은 철학을 다른 방식으로 보여 준다. 비전가로 알려진 밥 브룸류 회장이 이끄는 옴니 덕트(Omni Duct)는 모든 직원과 그 가족의 건강 보험금을 지불하고, 가을마다 학교에 다니는 모든 자녀들을 위해 신학기 학용품 구입비를 지급한다. 그는 굳이 그럴 필요가 없지만 그것을 직원을 배려하는 방법으로 생각하고, 이는 거꾸로 그 산업계의 부러움을 사는 회사에 대한 충성심을 만들어 준다.[40]

급여 및 복지 후생과는 별개로, 경영학자 브루노 딕과 미첼 뉴베르트는 **멀티스트림형**(multistream, 메인스트림의 반대) 리더들을 "공동체와 다양한 복지를 증진시키려는 열정에 따라 움직이는" 사람들로 묘사한다. 섬김과 겸손과 같은 기독교적 원리들과 맥을 같이하여, 그들은 권한 부여(enabling, 작업 및 그 상황과 관련된 정보를 공유함), 자질 개발(equipping, 지속적인 교육을 위한 환경을 조성함), 현장 참여(engaging, 제휴를 장려하고 일의 본질적인 의미를 증진시킴), 권한 강화(empowering, 다른 사람들의 내재적 능력과 잠재력을 존중하고 그들이 책임 있는 존재가 되도록 풀어 줌) 등의 특성을 나타내는 리더들을 묘사한다.[41]

유능한 섬김의 리더들은 직원을 그저 일을 시키려고 고용한 피고용인으로만 보지 않고 인격체로 본다. 헨리 포드의 다음과 같은 한탄은 종종 인용된다. "나는 두 손만 필요할 뿐인데 어째서 항상 전인(全人)을 얻게 되는 것일까?"[42] 이는 섬기는 리더십과 뚜렷한 대조를 이룬다. 후자의 경우 직원들은 할 일을 다 하는 동시에 이용되는 것이 아니라 완전한 잠재력까지 도달하고 소명을 이루도록 계발되고 코칭을 받게 되기 때문이다. 직원들을 섬기는 리더는 그들을 경제적 일꾼이나 생산에 기여하는 존재 이상으로 보며, 희망과 열망과 소명 의식을 품은 인격체로 본다. 구체적인 작업과 책임은 그에 따라 설계되어야 하고, 안식일적 안목을 존중하고 권장하며, 올바른 관점에서 일을 배치하는(3장 참조) 조직 문화를 개발해야 한다. 분명히 다른 조직들도 사람들의 잠재력을 개발하지만, 비즈니스는 일하는 과정에서 사람들에게 투자하고 그들의 성장을 도모하는 면에서 중요한 역할을 한다.

다른 말로 하자면, 직원들은 급여를 받는 것을 넘어 무언가 중요한 일을 하고 싶어 한다. 유능한 리더는 직원들이 회사의 사명을 자기의 것으로 삼고 자신의 일을 변화를 일으키는 소명으로 보되 일에 함몰되거나 일을 자기의 정체성으로 삼지는 않도록 하는 균형 잡힌 환경을 조성한다. 훌륭한 비즈니스는 공동체와 개인을 변화시키는 서비스에 참여한다(2장 참조). 즉, 비즈니스는 공동체를 섬기고, 인간의 번영에 기여하며, 창조 세계를 돌보기 위해 존재한다. 서비스 마스터의 전 CEO 빌 폴라드는 "사람들은 그저 돈을 버는 것만이 아니라 큰 목적에 기여하길 원한다"라고 말한다.[43] 직원을 섬긴다는 것은 회사의 사명이 분명한 환경, 그리고 사람들이 회사뿐만 아니라 공동체와 그들 자신에게도 중요한 일을 하고 있다는 의식을 품게 되는 환경을 만들고 유지하는 것이다.

폴라드는 병원의 청소 부서에서 청소원으로 일하는 셜리의 이야기를 들려준다. 외부인에게는 그녀의 직책이 경제적 거래 관계 이외에는 아무런 목적이 없는 막다른 일로 보일 것이다. 하지만 서비스 마스터에서는 이런 직책이 중요하고, 그 목적을 잘 설명하고 강화시켜 주는 것이 매니저의 책임이다. 셜리는 15년 동안 같은 일을 하고서도 여전히 출근하고픈 동기가 유발되어 있다고 폴라드가 말한다.

셜리는 자신의 일을 환자의 복지에 기여하는 일로, 아픈 사람이 완쾌되도록 돕는 팀의 불가결한 일부로 본다. 그녀는 다른 이들의 복지와 건강을 포함하는 큰 목적을 갖고 있다. 셜리가 처음 일을 시작했을 때는 그저 일자리를 찾고 있을 뿐이었다. 그러나 그녀는 자신에 일에 열린 잠재력과 중요한 무언가를 성취하고픈 열망을 가져왔다. 내가 셜리와 그녀의 일에 대해 이야기했을 때, 그녀는 이렇게 말했다. "만일 우리가 양질의 노력으로 깨끗이 청소하지 않는다면, 의사들과 간호사들도 더 이상 일할 수 없지요. 우리가 직접 환자를 섬길 수는 없습니다. **만일 우리가 청소를 하지 않는다면 이 병원도 문을 닫을 거예요.**" 셜리는 우리의 사명을 확인시켜 주고 있었다.[44]

셜리는 자신의 일에 대해 분명한 목적의식을 품고 있었기에 여러 해 동안 계속 출근할 동기가 유발되어 되었다. 셜리의 이야기는 정곡을 찌르는 면이 있다. 만약 매니저들이 바닥을 닦는 일에도 큰 목적의식을 품게 하는 점에서 그들의 몫을 다할 수 있다면, 다른 유형의 일에 의미를 부여하는 것은 그리 어렵지 않을 것이다.

이런 환경에서 일하는 직원들과 관련하여 고려할 중요한 측면이 하나 더 있다. 다음 질문들은 그들로 하여금 좀 더 구체적인 목적의식을 품도록 도와주는 것들이다. 그러니까 직원들에게 그들을 둘러싼 근무 환경에 대해 묻는 질문들이다.

- 내가 현재 하고 있는 일은 중요한가?
- 내가 하는 일이 누군가에게 좋은 영향을 주는가?
- 내가 여기에 와야 할 이유는 무엇인가? (올바른 대답은 급여 이상의 어떤 목적이 있음을 가정한다.)
- 내가 여기서 중요한 사람이 될 수 있는가?
- 이곳에 오는 것이 나의 삶을 풍요롭게 하는가?
- 나는 이곳을 가족에게 보여 주고 싶은가?[45]

사람들은 중요한 일을 하길 원하고 일을 통해 공동체에 기여할 기회를 얻기 원한다. 그들은 자신이 성장하고 발전하고 인정받을 수 있는 일에 헌신하고 싶어 한다.[46]

결론

리더가 직원들을 어떻게 대하는가는 매우 중요하다. 직무만족에 주된 영향을 미치는 요인들을 조사한 연구들에 따르면. 직장 상사와의 관계 및 과업의 중요성과 자율성 같은 직무의 특징이 급여와 보상만큼 (그 이상은 아니라도) 중요한 것으로 드러났다.[47] 더 나아가, 어떤 연구는 직무만족도를 전반적인 삶의 만족도와 연결한다.[48] 그러므로 직원들이 직장에서 어떤 대우를 받느냐는 그들의 전반적인 복리에 영향을 미친다. 만약 당신이 리더라면(또는 장차 리더가 될 것이라면), 당신은 어떻게 기억되기를 바라는가? 당신은 어떤 유형의 직장 경험을 만들어 주고 싶은가? 직원들이 소속된 조직과의 인연이 끝났을 때, 당신은 직원들이 당신과 그 조직, 부서, 팀과 함께했던 시간을 돌아보면서 그저 급여를 받았던 곳으로만 기억하기를 바라는가? 아니면 그들이 스스로 의미심장한 목표와 훌륭한 사명에 중요한 기여를 했던 공동체의 귀중한 일원으로 대우받고, 인격적인 배려를 받고, 소명을 실천하고 그들의 기술과 능력이 개발된 곳으로 회상하기를 바라는가?

8
마케팅: 고객을 섬기는 것

자폐증 환자 치료의 전문가였던 아동 심리학자 클로테르 라파일 박사는 현재 「포춘」지 500대 기업 중 많은 기업을 포함해 상위 100위권에 속한 대기업들 중 절반의 컨설턴트로 일하고 있다. P&G, 네슬레, 보잉, 제너럴 모터스 등 안정된 대기업들이 그의 고객들이다. 라파일의 업무는 회사들이 소비자의 심리를 분석하고 문화적 코드에 맞추어 정서적 공감을 일으키는 제품을 디자인해서 판매할 수 있도록 돕는 것이다.

문화의 요소들을 성공적으로 분해하여 구매 배후의 정서적 동인을 알아내기 위해, 라파일은 포커스 그룹 모임과 비슷한 "각인 세션"(imprinting session)을 실시한다. 30명의 참가자들은 세션의 과정을 거치며 깊은 무의식 차원에서 나오는 연상을 이야기하도록 요청을 받는다. 이후 라파일은 이런 연상을 이용해서 문화의 코드를 열 수 있는 열쇠를 개발하고, 이는 제품을 개발하고 마케팅하는 데 이용된다. 라파일은 소비자 행동을 이해하는 열쇠는 감정과 의미가 놓인 뇌의 "파충류"(reptilian) 수준 내지는 무의식적 각인에 있다고 믿으며 이렇게 말한다. "내 이론은 아주 단순하다.

무의식 수준이 언제나 이긴다는 것. 당신이 지적으로 무슨 말을 하든지 나는 상관하지 않는다. 나에게 파충류를 달라. 왜 그러냐고? 그 무의식 세계가 항상 이기기 때문이다."[1] 라파일은 포커스 그룹 발견 과정을 이용해서 네슬레가 전통적으로 차를 마시는 나라인 일본에서 커피 시장을 개발하도록 도왔다. 그는 다음과 같이 말한다.

그들은 이 문화에서 제품에 의미를 부여할 필요가 있었다. 그들은 일본인에게 커피에 대한 인상을 각인시킬 필요가 있었다. 이 정보로 무장한 채 네슬레는 새로운 전략을 고안했다. 차를 마시는 나라에 인스턴트커피를 팔기보다는 아이들을 위해 카페인은 없고 커피 향이 나는 디저트를 만들었다. 어린 세대가 이 디저트를 좋아하게 되었다. 커피에 대한 첫 인상이 아주 긍정적이라 평생 잊을 수 없는 것이 되었다. 이를 통해 네슬레는 일본 시장에서 교두보를 얻었다.…각인의 과정을 이해함으로써-그리고 그것이 네슬레의 마케팅 활동에 직접 영향을 준 것을 이해함으로써-일본 문화에 진입하는 문이 열렸고 허우적거리던 사업이 완전히 역전되었다.[2]

라파일의 업무는 사람을 조종하는 인상을 준다. 자본주의는 시장에 필요한 정보를 갖고 선택하는 이성적인 소비자들에게 기반을 두고 있다. 무의식(의식적인 것이나 이성적인 것에 반해)을 건드리는 것은 필요를 충족하는 선을 넘어 필요를 창출하는 조종의 영토에 진입하는 듯하다. 소비자를 만들기 위해 아이들에게 어떤 인상을 각인시키고 오랜 행습을 바꾸는 것은 일종의 침범이자 문화적으로 둔감한 짓으로 보인다. 그러나 이와 반대로 어떤 사람들은 라파일의 연구가 최고의 마케팅 연구라고 주장한다. 궁극적으로, 마케팅은 사회적 가치관과 문화적 가치관을 반영하기 마련이다. 소비자를 섬긴다는 것은, 소비자들이 의식하지 않더라도, 그들이 원하는 제품을 제공하는 것이다. 그리고 마케팅과 관련하여 이런 질문을 던질 수 있다. 소비자들에게 그들이 원하는 것을, 원하는 곳에서, 지불하고 싶은 값으로 파는 직업에 무슨 문제가 있다는 말인가?

라파일의 연구처럼 논란이 많은 일 때문에 마케팅은 비즈니스 분야 중에서도 하나님의 일의 연장으로 보기가 가장 어려운 영역인 것 같다. 대충 훑어봐도 마케팅은 종종 우리에게 꼭 필요 없는 것을 파는 기술과 과학으로 불리는 만큼 인간의 안녕을 저해하는 듯이 보인다. 어떤 비평가는 심지어 마케팅의 한 분야인 광고를 "탐욕의 엔지니어링"이라고 불렀다.[3] 스콧 아담스(Scott Adam)의 만화 「딜버트」(Dilbert)에는 "사장님"이 "우리는 가격으로 경쟁할 수 없다. 우리는 품질과 서비스로 경쟁할 수 없다. 이제 남은 것은 마케팅이라 불리는 사기뿐이다"라고 말하는 대목이 있다.[4] 이번 장에서는 마케팅이 과연 공동선을 위한 비즈니스라는 전반적인 비전과 양립이 가능한지 살펴보려고 한다. 우리는 마케팅이 인간의 번영에 필수 불가결한 역할을 수행할 수 있다고 주장하면서도, 아울러 마케팅이 기독교적 비전과 잘 맞춰지려면 일부 행습이 변화될 필요가 있다고 이야기할 것이다. 그리고 기독교적 비전과 함께할 수 있는 마케팅의 형태를 묘사하고, 결론적으로 고객을 배려하는 면에서 높은 기준을 갖고 있는 한 회사(와 그 카리스마적인 지도자)를 본보기로 들까 한다.

마케팅은 어떻게 인간 번영을 가능케 하는가?

라파일이 수행한 연구는 도발적이긴 하지만 마케팅의 좁은 단면만 보여 줄 뿐이다. 어떤 사람들은 대다수의 마케팅이 조작적이거나 현혹적이라고 주장할지 몰라도, 마케팅의 범위는 연구 조사에 한정되지 않고, 특히 숨은 동기에 초점을 맞추는 다양한 논란거리에 국한되지 않는다. 그리고 마케팅은 가장 눈에 드러나는 형태인 광고와 동의어도 아니다. 사실 마케팅은 고객의 필요를 이해하기 위한 연구 조사, 제품과 서비스를 디자인하는 것, 브랜드를 붙이는 것, 포장하기, 가격 책정, 세일즈, 진열/유통 등 폭넓은 활동으로 이루어져 있다.

이런 폭넓은 관점에서 볼 때, 마케팅은 인간의 번영에 기여할 수 있고 또 기여하고 있다. 만일 우리가 충분한 물질이 하나님의 의도 중 하나라고 받아들이고[5] 시장 중심의 경제가 부의 창출의 중요한 도구라고 생각한다면, 마케팅(현재의 모든 형태가 그렇진 않지만)은 필요할 뿐만 아니라, 만약 올바른 가치관에 따라 수행된다면, 유익하다고 할 수 있다.

고객의 입장에서 보면, 마케팅은 정보에 따른 선택을 할 수 있게 도와주고, 제품과 서비스가 설계되는 과정을 들여다볼 수 있게 해 준다. 우리 모두는 영화를 관람하기에 편리한 시간과 장소를 찾은 적이 있고, 자선을 베풀 기회에 대해 알게 되었으며, 우리의 안녕에 기여한 상품과 서비스를 할인된 가격에 살 수 있었다. 따라서 마케팅의 역할에 공로를 돌려야 한다. 우리가 신제품이나 기능이 향상된 제품을 즐겼을 때, 우리가 좋아하는 아이돌 그룹이 공연하러 여기에 온다는 정보를 입수했을 때, 또는 예전에 몰랐던 중요한 특징 때문에 원래 생각했던 것과는 다른 상품을 구매해서 만족했을 때, 마케팅이 부분적으로나마 기여한 것이다.

회사와 사회의 관점에서 봐도, 마케팅은 많은 혜택을 줄 수 있다. 어느 회사든지 통전적인 사명(즉, 고객과 직원과 넓은 공동체를 섬기는 것)을 성취하려면, 제품과 서비스를 효과적으로 디자인해서 효율적으로 사용자의 손에 넘겨주어야 한다. 잠시 이렇게 가정해 보자. 비즈니스의 모든 면에서 기독교적 접근을 하려고 애쓰는 한 회사가 장차 그 분야의 판도를 바꿀 만한 기술적인 돌파구를 찾았다고 하자. 이 회사는 현재의 기술보다 훨씬 낮은 비용으로 수많은 사람의 삶을 향상시킬 수 있는 건강 진단 기구를 만드는 데 엄청난 진전을 이루었다. 더 나아가, 이 회사는 일자리 창출을 통한 경제 개발이 시급한 곳에 제조 공장을 설립하려고 한다.

현 시점에서는 회사가 제품의 개념만 갖고 있을 뿐이다. 이 아이디어로 쓸모 있는 제품을 만들어 필요한 사람들의 손에 넘겨주고, 필요한 지역에 일자리를 만들어 주고, 투자자들에게 공정한 이윤을 돌려주려면 매우 많은 의사 결정을 할 필요가 있다. 제품의 디자인도 다듬어야 하고, 가격 구조도 결정해야 하고, 잠재적 소비자들에게 그 존재와 첨가된 특징도 알려야 하고, 효율적인 유통 경로를 만들어야 한다. 이 가운데 어느 것도 마케팅의 영역에 속하는 다양한 활동 없이는 실행이 불가능하다.

거시적 관점에서 보면, 마케팅은 교환 행위를 촉진시키고 이를 통해 부를 창출하는 데 중요한 역할을 한다. 교환 행위는 둘 이상의 당사자들이 구매자와 판매자로 모여 모두 시작할 때보다 더 낫게 되는 거래를 성사시킬 목표로 함께할 때 이루어진다. 이런 형태의 거래는 제도적 차원에서 보면 완력이나 법령에 의해 제품과 서비스를 얻던 방식보다 훨씬 평화로운 형태로서 역사적으로 비교적 새로운 것이다. 조금이라도 효율적인 거래가 이루어지려면 판매자와 구매자는 적어도 세 가지를 알고 있어야 한다. 서로를 알아야 하고, 제품이든 서비스든 돈이든 상대방이 무엇을 내놓는지를 알아야 하고, 어디서 상대방을 만날지를 알아야 한다. 마케팅은 이 정보를 효율적으로 제공하고 지속적인 관계를 촉진시키는 데 중요한 역할을 한다.

개리 칸즈는 결코 모든 마케팅 행습을 지지하진 않지만, 기독교적 관점에서 보면 교환과 마케팅이 이루는 목적이 기본적으로 일치한다고 지적한다.

교환의 필요성은 인류의 상호 의존적인, 공동체적 본성에 내재되어 있으며, 이는 하나님의 공동체적 본성을 반영한다.…교환과 마케팅은 하나님과 함께

서로의 필요를 채우는 일에 창조적으로 참여하는 방법이다.…그것은 우리의 독특한 은사들을 나누는 깊은 표현이다.[6]

데이비드 하겐부흐는 "기독교적인 직업으로서의 마케팅: 화해로 부름을 받다"(Marketing as a Christian Vocation: Called to Reconciliation)라는 도발적이고 사려 깊은 에세이에서 미국 마케팅 협회가 마케팅을 "조직과 그 주주들에게 이익을 주는 방식으로, 고객을 위해 가치를 만들고 소통하고 전달하고 고객 관계를 관리하기 위한 조직의 기능이자 일련의 과정이다"[7]라고 정의한다고 지적한다. 그리고 이러한 기본 원칙에 따라 행하면 마케팅은 서로 유익한 교환을 촉진하고 사람들을 긍정적인 방법으로 불러 모아 화해를 도모하는 정당한 직업이라고 주장한다.

하겐부흐는 더 나아가 우리가 부당하다고 생각하는 많은 행습이 마케팅이란 이름으로 자행될 수 있지만, 그런 것들은 사실 마케팅의 기본 원칙이나 규범적인 정의에서 벗어난 것들이라고 주장한다. 예를 들면, 소비자에게 필요 없는 제품을 판매하는 것이나 광고에서 속임수를 사용하는 것은 판매자만 유리한 거래를 촉진시킴으로써 화해 보다 소외를 초래한다. 그는 그런 행습이 서로 유익한 것이 아니므로 기독교적 직업관과 어울리지 않는다고 말한다.

광고는 마케팅의 가장 가시적인 형태로서 많은 비난을 받는 대상이다. 광고는 미심쩍은 내용과 우리를 조종하는 힘 때문에 자주 비판을 받는다.

광고는 오용될 소지가 있음을 염두에 두더라도 그 중요한 기여는 인정을 받아야 마땅하다. 광고는 사람들에게 폭넓은 제품과 서비스를 알려주는 정보 제공의 역할 이외에도 사람들의 열망을 장려하여 열심히 일하게 만듦으로써 생활 수준을 높이는데 기여한다. 데이비드 오길비의 고전 『나는 광고로 세상을 움직였다』(Confessions of an Advertising Man, 다산북스)는 윈스턴 처칠의 다음 말을 인용한다. "광고는 사람들의 소비력을 키운다. 광고는 한 사람 앞에 더 좋은 집, 더 좋은 옷, 더 좋은 음식을 목표로 세운다. 그것은 개인적인 분발과 더 큰 생산성을 자극한다."[8]

처칠의 용어가 기독교적 가치관과 어울리지 않는 듯이 보이지만 그의 말은 당시의 상황에 비추어 이해되어야 한다. 그는 광고의 기술이 지금과는 다르고 물질주의가 지금보다 덜 심했던 시대에 그 말을 한 것이다. 물론 적절한 열망과 부러움과 과시적 소비 사이의 선을 쉽게 넘어갈 수 있고 또 실제로 넘어간다. 하지만 우리의 시각을 적절한 수준의 경제적 진보에 맞추게 되면 타인의 유익을 초래할 수 있다. 전 미국 대통령 프랭클린 루즈벨트는 이렇게 말했다.

> 만약 내가 새로 인생을 시작한다면, 나는 다른 어떤 일보다도 광고 사업에 들어가고 싶다는 생각이 든다.…지난 반세기 동안 모든 집단 사이에 일어났던 전반적인 현대 문명 수준의 상승은 광고를 통해 더 높은 수준에 대한 지식을 퍼뜨리지 않았다면 불가능했을 것이다.[9]

광고와 관련된 한 가지 논란거리는 우리가 정말 원하지 않거나 우리에게 필요 없는 물건을 사게 하는 광고의 능력이다. 이 비판을 존중하면서도, 광고업계는 소비자를 설득하는 자신의 능력에 대해 신중하고 불확실한 태도를 취하고 있음을 주목할 필요가 있다. 사실 백화점의 선구자인 존 워너메이커가 한 진술은 그 업계의 경구가 되었다. "나는 광고에 쓰는 돈의 절반을 낭비하고 있다는 것을 알고 있다. 문제는 어떤 절반인지를 내가 모른다는 점이다."[10]

간단한 통계를 살펴보면, 소비자(특히 성인)와 광고주 간의 세력 균형은 비평가들이 주장하는 것보다 더 대등하다는 것을 알 수 있다. 어떤 추정치에 따르면, 텔레비전, 라디오 광고, 로고, 빌보드, 인터넷 배너 등 모든 형태의 광고를 포함하면 우리는 하루에 300-1,500개 정도의 광고를 본다.[11] 1년을 기준으로 계산하면 숫자는 엄청나게 많다. 최소 110,000개로서 깨어 있는 시간당 거의 20개를 보는 셈이다.[12] 하지만 우리는 실제로 그 광고 중 몇 개에나 주목할까? 우리가 한 해에 구매하는 제품이 비교적 적다는 것을 감안하면, 우리가 실제로 반응하는 광고는 그보다 더 적은 것이 분명하다. 광고가 인간의 번영에 미치는 전반적인 영향이란 큰 문제는 아직 풀리지 않았지만, 앞의 통계를 보면, 광고(적어도 개별 광고)는 비평가들의 생각보다 우리로 하여금 구매하도록 조종하거나 설득하는 힘이 훨씬 적은 것 같다고 결론짓는 것이 합리적인 듯하다.

실질적인 차원에서는 회사가 소비자의 필요(또는 욕구)를 무시한 채 단순히 광고를 비롯한 여러 형태의 홍보를 통해 어떤 상품에 대한 수요를 창출하는 것은 대단히 어렵다. 우리는 병에 담긴 생수와 디자이너 의류야말로 수요 조작으로 만든 제품의 본보기라고 주장할지 모르지만, 저변에 깔린 소비자의 필요(욕구)는 이미 존재하고 있었다. 병에 담긴 생수는 편리함의 욕구를 채워 주고, 디자이너 의류는 지위를 나타낸다. 경제적으로 성공한 제품과 서비스는 최종 사용자를 염두에 두고 디자인된다. 마케팅 리서치를 통해 소비자들은 시작 단계부터 관여해 왔고, 대다수 제품은 과연 소비자의 욕구에 맞는지를 살피는 광범위한 시험 마케팅의 과정을 거쳤다. 사실, 많은 제품, 서비스, 또는 사업이 해마다 소비자가 무엇을 원하는지(예, 제품 디자인이나 가격)에 충분한 주의를 기울이지 않아 실패한다. 물론 모든 필요와 욕구가 과연 적절한 가치를 반영하는지와 충족되어야 하는지 여부는 더 중요한 다른 문제이다(조금 뒤에 살펴볼 예정이다).

마케팅의 또 다른 유익한 부분은 브랜딩이다. 브랜딩은, 대기업 브랜드를 그 천박성과 편재성 그리고 세계 문화를 동질화시키는 영향력 때문에 큰 소리로 비방하는 사람들을 결집시켰다. 그 가운데 어떤 비난은 타당하지만, 브랜드는 쉽게 알아볼 수 있는 정체를 통해 더욱 효율적인 구매를 가능케 하는 기능을 할 수 있다. 소비자들에게 브랜드는 품질을 상징하는 역할을 한다. 소비자들은 모든 제품을 구매하기 전에 잘 조사해서 결정할 시간적 여유가 없다. 소비자들은 특정 상표를 보면 좋은 품질이나 낮은 가격과 같은 다른 차원의 가치를 연상하기 때문에 브랜드는 시간을 절약하게 해 주는 고안물의 기능을 한다. 브랜드의 장점이 없다면, 우리가 슈퍼마켓에서 짧은 시간에 그 모든 제품들을 다 살펴보는 데 소요될 시간을 상상해 보라.

브랜드는 또한 시장의 책임(marketplace accountability)을 촉진하는 기능도 한다. 어떤 조직들은 제품의 질에 대한 대체물로 브랜드를 이용하지만, 많은 회사들은 그들의 브랜드의 명성을 지키는 데 철저하다. 결과적으로 소비자들은 더 좋은 품질, 가치, 서비스로 혜택을 보게 된다. 예를 들면, 많은 회사들은 그들이 제조하거나 판매하는 제품에 대해 관대한 품질 보증이나 반품 정책을 갖고 있다. 「이코노미스트」(The Economist) 지의 한 사설은 이렇게 말한다.

[브랜드는] 소비자 보호의…한 형태로 시작되었다. 산업 시대 이전에는 사람들이 고기파이에 무엇이 들어갔는지 정확하게 알았으며, 어떤 정육점 주인이 믿을 만한지 알고 있었다. 그들이 일단 도시로 이사한 뒤에는 더 이상 알 수 없었다. 브랜드는 신뢰성과 품질을 보장했다. 그 소유주는 사람들이 돌아오도록 설득하기 위해 각 파이를 예전의 것과 똑같이 잘 만들어야겠다는 강한 동기를 품게 되었다. 19세기에는 공간적 거리가 브랜드의 필요성을 만들었듯이, 세계화와 인터넷의 시대에는 브랜드가 그 가치를 강화시키고 있다. 책을 사는 사람은 아마존 브랜드를 믿을 수 있다는 경험을 하지 않았다

면 시애틀에 기반을 둔 어떤 회사에 자기의 신용 카드 번호를 알려 주지 않을 것이다.…왜냐하면 소비자 신뢰가 모든 브랜드 가치의 밑바탕이고, 브랜드를 가진 회사는 그 신뢰를 유지하려고 열심히 노력할 만한 크나큰 동기를 품고 있기 때문이다."[13]

마케팅은 어떻게 인간 번영을 방해하는가?

마케팅의 유익과 함께 그에 따른 많은 비용과 문제점들 역시 탐구해야 한다. 우리가 논의할 내용들은 아마 일반적인 마케팅의 정의에서 벗어날 것이다. 앞에서 말했듯이, 현행 마케팅과 이상적인 마케팅 사이에는 큰 간격이 있다. 이런 영역들은 침범, 방법론/기술, 그리고 내용으로 나눌 수 있다.

첫째로, 마케팅은 삶의 육체적, 사회적, 심리적, 영적인 영역 등 많은 영역에 침범하고 있다. 마케팅, 특히 상업적 광고와 브랜딩은 우리 삶의 거의 모든 영역에 항상 존재하게 되었고, 그것을 피할 수 있는 성역은 없는 듯하다. 마크 크리스핀 밀러는 그 창조자들이 (선전의 형태인) 광고를 "단순히 분위기를 채울 뿐만 아니라 분위기 자체가 되기를 원한다. 광고는 우리가 숨 쉬는 공기가 되기를 원한다. 광고는 그것이 우리를 위해 창조한 세계 바깥에서 우리가 길을 찾지 못하기를 바란다"[14]라고 주장한다.

광고는 갈수록 더 편재되고 있는 듯하다. 버스의 측면, 영화의 간접 광고, 텔레비전 쇼, 로고, 컴퓨터 배너 등 보통의 대중 매체 외에도 광고는 눈이 닿는 어디에나 존재한다. 예를 들면, 우리는 공중화장실(게시판)을 이용하고, 자동차에 주유하고(주유기의 스크린), 골프를 치고(골프 코스의 홀 컵 밑바닥), 외식을 하는(치즈케이크 팩토리 메뉴에 있는 타 업체 광고) 동안에도 노골적인 광고를 도무지 피할 수 없다. 한 고등학교 선생은 학생 시험지에 넣을 광고 지면을 지역 업체에 팔아 지역 교육청이 더 이상 지원하지 않는 복사비를 벌기도 한다.[15]

8. 마케팅: 고객을 섬기는 것

마케팅은 특히 상업 광고를 통하여, 수많은 사회적·생태적 문제를 야기하는 소비 지상주의 세계관을 강화함으로써 영적인 가치관의 영역에 침범할 수 있다. 상업 광고는 꿈과 열망을 팔지만, 제임스 포터는 광고의 가장 중요한 산물은 바로 우리라고 주장한다.[16] 전체적으로 볼 때, 상업 광고는 우리를 변화시키되 긍정적인 방식이 아니라 '쇼핑 친화적'으로 바꾸어 놓는다.

우리는 개별 광고가 지닌 설득력은 제한적이라고 주장하는 이들과 의견을 같이하지만, 응집된 형태의 광고는 영향력이 강하다. 이보다 더 중요한 질문이 있다. 광고가 인간의 번영에 어떻게 영향을 주느냐는 것이다. 거의 모든 상업 광고는 무언의 '메타 메시지'(meta-message)를 전달하는데, 그것은 모종의 불만족을 불러일으키고 무언가를 구매함으로 우리의 문제가 풀리거나 꿈이 실현될 것이라고 한다.

광고를 옹호하는 일부 사람들은 광고가 단순히 문화를 반영하고, 효과를 발휘하려면 그래야 한다고 말한다. 광고(와 마케팅)는 사회가 이미 가치를 부여하는 것에서 많이 벗어나지 못한다. 벗어나면 효과가 없어지기 때문이다. 그래서 광고는 가치 중립적이라고 한다. 『거울 제작자』(*The Mirror Makers*)의 저자 스티븐 폭스는 다음과 같이 말한다.

> 광고 거울 속의 형상은 미국인의 삶의 가장 좋은 면을 드러낸 적이 거의 없다. 그러나 광고는 인간의 본성을 있는 그대로 취해야 한다. 우리 모두는 훌륭한 동기를 품고 행동하는 것처럼 생각하고 싶어 한다. 냉혹하고 슬픈 사실은 우리 대부분이 대체로 이기적이고 현실적인 동기로 행동한다는 것이다. 광고는 불가피하게 이런 더 강하고 더 어두운 면을 건드리려고 한다.[17]

광고는 문화적 가치관을 반영한다는 폭스의 말이 부분적으로는 옳지만, 그렇다고 광고가 문화를 형성하는 능력도 있다는 것이 부정되는 것은 아니다. 마케팅은 사회적 가치들을 반영하지만, 리처드 폴레이의 말처럼, 그 형상은 왜곡된 거울에 비친 모습에 가깝다.[18] 더 나아가, 라파일의 연구조사와 같은 마케팅 리서치가 가능한 것은 마케팅이 우리 뇌의 "파충류" 부분에 호소해서 "인간의 본성을 있는 그대로" 취하기 때문이다. 그러나 우리의 이 부분은 우리의 영이나 더 나은 부분이 아니라 우리의 가장 저급한 충동이나 (사도 바울이 말하는) 우리의 육신을 반영할 수 있다(갈 5:16).

똑같은 메시지를 반복하여 보고 듣는 것은 우리에게 큰 영향을 줄 가능성이 높다. 여러 조사에 따르면, 대부분의 미국인은 돈과 물질을 덜 강조하면 우리 사회가 더 나아질 것이라고 믿는다. 하지만 사회학자인 로버트 우드노는 "미국 여론은 우리 사회가 물질주의에 지배되는 것을 염려하고 있지만 그들은 현재 쇼핑센터를 돌아다니고 있다"[19]고 말한다. 국가적으로 우리는 우리가 버는 것보다 더 많이 쇼핑하고 있음을 가리키는 가계 부채를 안고 있다. 이것은 모두 광고 탓인가? 아니다. 광고가 어느 정도의 역할을 했는가? 그렇다. 만약 광고의 효과가 **없었다면**(개별적이든 총체적이든), 회사들은 지금과 같이 천문학적인 돈을 광고에 쏟아붓지 않을 것이다. 미국만 해도 2000년에 연간 2,200억 달러를 광고에 투자한 것으로 추정된다.[20]

소비 지상주의의 임의적인 정의(定義)는 물질적 재화를 얻는 것에 초점을 두지만, 더 깊이 조사하면 소비 지상주의는 하나의 세계관으로서 삶의 다른 영역들에도 영향을 끼칠 수 있음을 알게 된다. 크레이그 게이는 "더욱 심각한 문제는 소비 지상주의가 당장의 욕망 충족에 사로잡히게 한다는 점이다. 그것은 어리석음과 피상성과 하찮음을 함축하고, 이기주의, 개인주의, 소유욕, 탐욕에 의해 개인적 및 사회적 관계를 파괴하는 것을 의미한다."[21]

우리 주변에는 사람들이 점점 더 모든 관계를 "내가 무엇을 얻을 수 있을까?"라는 소비 지상주의적 사고방식으로 접근하고 있음을 보여 주는 증거가 널려 있다. 그리고 결코 만족하지 못하는 모습도 물론 볼 수 있다. 친구 관계, 결혼, 교육, 자녀 양육, 직업 관계는 주로 소비 지상주의의 눈으로 보느냐, 아니면 시민 의식과 의무의 눈으로 보느냐로 나뉜다.[22] 기독교인들도 교회를 예배하고 봉사하고 참여할 공동체로 봐야 하는데 종종 '교회 쇼핑'을 하러 다닌다고 스스럼없이 말한다. 기존의 사회적 가치들을 일부 반영하는 마케팅이 홀로 이런 질병들의 원인으로 비난을 받을 수는 없지만 우리 문화에 팽배한 엄청난 양의 상업 광고가 유익하지 않은 것만은 사실이다.

브랜딩이 유용한 목적을 이루는 데 도움이 되긴 하지만 영적인 경계와 감정적 경계를 넘어서는 데도 기여할 수 있다. 특히 브랜드는 엄청난 문화적 힘을 가지고 있다. 지난 10-20년 동안 마케터들이 브랜드를 단순히 품질을 표시하는 도구가 아니라 제품의 기능이나 품질을 뛰어넘어 거기에 정체성을 주입시키는 데 성공했기 때문이다. 브랜드는 이제 우리의 감정에 호소하고 의미를 지닐 뿐 아니라 소속감, 공동체, 초월성과 같은 연상을 불러일으키기까지 한다. 나오미 클레인은 유명 브랜드들 배후에 있는 "큰 아이디어", "이야기", 또는 "현현"(顯現)을 포착한다.

나이키는 스포츠의 정수이고 스포츠를 통한 초월성의 상징이었다. 스타벅스는 공동체, 즉 집과 일터가 아닌 '제3의 장소'라는 개념이었다. 디즈니는 가족이다. 버진(Virgin)은 일종의 노동하는 반역자, 양복 속의 반역자 집단이다. 베네통(Benetton)은 물론 인종의 다양성과 다문화주의를 마케팅하고 있었다. 바디샵(The Body Shop)은 환경 친화주의를 마케팅하고 있었다.[23]

어떤 마케팅은, 옛날에는 사회 기관에 열심히 참여해야 얻었던 것을 이제는 시장에서 살 수 있다는 메시지를 전달한다. 클레인은 이렇게 주장한다. "그래서 브랜드가 팔기 시작했던 것은 일종의 가짜 영성, 곧 소속감, 공동체 의식이었다. 브랜드들은 소비자만이 아니라 시민들이 예전에 다른 곳-종교나 공동체의 소속감-에서 얻었던 것이 남긴 간격을 채워 주기 시작했다."[24]

마케팅의 어떤 측면들은 중요한 경계선을 넘어 침범할 뿐만 아니라 의심스러운 기술을 이용하고, 소비자에게서 힘을 빼앗아 마케터들에게 넘겨주고, 그 분야의 중심에 있는 교환에 따른 상호 유익의 방정식을 크게 바꿔 버린다. 라파일의 연구가 생각나는데, 취약한 그룹을 공략하는 기술도 그러하다.

어떤 광고주는 특정한 제약 조건이 담긴 업계의 규정을 무시한 채 어린이들을 겨냥하며 그들의 무지함을 이용한다. 다른 광고주들은 노인이나 학력이 낮은 소비자를 겨냥한다.[25] 어린이를 대상으로 한 광고비가 지난 20년 간 급증했다. 어린이들은 가정의 구매 결정에 영향을 미치기 때문에 중요한 표적 시장이다. 더 나아가서, 어린이들이 일찍이 단골 고객으로 길들여진다면, 그들은 이용 기간이 긴 제품과 서비스와 관련해 '평생 브랜드화'될 수 있다.

직접 광고, 학교에 교육 자재 제공, 유행을 선도하는 아이들이 제품을 사용하도록 유도하기, 컴퓨터 게임에 브랜드 붙이기, 영화와 텔레비전 쇼를 통한 간접 광고 등 수많은 전략이 사용되고 있다. 〈애플루엔자〉(Affluenza)라는 다큐멘터리 영화의 유명한 장면 중 하나는 "어린이의 힘"(Kid Power)이라는 마케팅 회의 기록인데, 여기서 화자는 남자아이들의 "호전적인 놀이 방식"을 마케팅에 이용할 필요가 있다며 "아이들을 브랜딩하고 그렇게 아이들을 소유"하는 전략을 이야기한다.[26]

아이들이 구매하도록 설득하는 것, 또는 부모들에게 구매하라고 조르는 것과 더불어, 제품과 잦은 광고와 메타 메시지는 어린이들을 소비자로 양성하고, 성공적인 삶을 유지하는 데 필요한 물건에 대해 아주 왜곡된 시각을 주입한다. 예를 들어, 부모가 주의하지 않으면, 텔레비전 쇼 〈익스트림 메이크오버〉(Extreme Makeover, 단점을 장점으로 개선한다는 의미)는 어린이들에게 잘못된 세계관을 팔 수 있다. 각 에피소드는 영웅주의를 찬양하고, 공감과 관대함을 경험하게 하고, 공동체가 불쌍한 가정들을 위해 협력하는 등 긍정적인 면이 있으나, 이 쇼의 미묘한 메시지는 물질적 실체-(광고주들이 지불한) 과잉된 브랜드로 치장된 아주 큰 집-가 심각한 문제의 **유일한** 해결책이라는 것이다.

다른 광고주들은 "잡동사니를 돌파하려고" 시도하고 다양한 형태의 "위장 마케팅"에 관여하여 소비자의 치밀한 레이더망 아래로 날아간다. 예를 들어, 어떤 사람이 번잡한 시내 중심가에서 최신 휴대 전화로 우리에게 사진을 찍어 달라고 하면, 그는 우리 손에 쥐어진 그 기계를 홍보하기 위해 고용된 사람일지 모른다. 이와 마찬가지로, 잘나가는 클럽이나 술집의 멋진 손님들은 담배 회사나 술 회사에 고용된 홍보 담당자일 수 있다.[27] 다른 광고주들은 홍보와 내용의 구분이 흐릿한 프로그램을 후원한다. 은밀한 또는 '암거래' 마케팅은 전통적인 광고를 꼼꼼히 살펴보고 "바이러스로" 또는 비공식적인 네트워크를 통해 이런저런 것에 대해 듣길 원하는 다음 세대를 겨냥하는 전략이다.

어떤 마케팅, 특히 상업 광고는 침범과 기술의 문제를 안고 있을 뿐더러 그 내용을 통해 해로운 가치들을 강화시킬 수 있다. 어떤 광고는 우리의 가장 저급한 욕망에 호소한다. 가장 자명한 것은 아름다움과 성에 대해 불건전한 개념과 가치관을 강화시키는 광고이다. 어떤 광고들은 인종과 성에 대한 고정 관념을 이용하고, 다른 광고들은 사회적 부적응에 따른 불안정, 또는 선망의 대상이 되고 싶은 욕망에 호소하여 우리를 유별난 소비 행태로 유도한다.

변화된 마케팅

그러면 마케팅이 공동선을 위한 변혁적 섬김의 일에 참여하도록 그것을 어떻게 개혁할 수 있을까? 첫째, 전반적인 관점, 특히 목적을 바꾸는 것이 꼭 필요한 출발점이다. 만약 우리가 비즈니스를 단지 이익 창출의 통로로만 생각한다면 마케팅을 실용적인 관점에서 보게 된다. 마케팅이 단지 더 많은 제품이나 서비스를 팔도록 도움을 주었는가 하는 기준에 따라 좋은 또는 효과적인 마케팅인지를 판단할 것이다. 반면에, 만약 우리가 비즈니스를 더 넓은 관점으로 본다면 마케팅을 전혀 다른 시각으로 보게 될 것이다. 마케팅과 그 방법은 하나님의 뜻에 따라 이해 당사자들이 다함께 번영하도록 도와야한다.

일단 우리가 2장에서 개발한 틀과 일치하는 옳은 관점과 시각을 갖게 되면 이어서 우리의 제품과 서비스를 평가해야 한다. 만약 우리 제품이나 서비스가 사람들의 필요를 채워 주고 그들의 삶을 향상시키는 등 도움을 준다면, 우리는 우리의 마케팅 업무를 비판적으로 검토하는 일을 시작할 수 있다. 다른 한편, 만약 우리가 시시한 제품이나 해로운 제품을 만들거나 판매한다면, 우리는 뒤로 물러나야 한다. 우리의 마케팅을 아무리 바꾼다고 해도, 그것이 인간의 번영을 방해하는 제품을 만들거나 제공하는 일에 참여한 것을 보상할 수는 없기 때문이다.

변혁적 섬김의 일에 참여하려면, 마케팅이란 것을 고객과 공동체의 진정한 관계를 형성하려는 기업의 노력을 통해 교환을 활성화시키는 수단으로 보아야 한다. 마케팅에서 '관계'라는 단어가 이미 자주 쓰이고 있지만, 그것은 일반적으로 이기적인 용도로 사용된다. 고객들을 잘 대우하면 그들과 깊은 정서적 관계를 맺게 되고, 따라서 그들이 우리에게서 더 많이 살 것이라고 기대하는 것이다. 기독교적 관점에서 보면, 진정한 관계는 존엄성, 신뢰, 상호 존중, 그리고 타인에 대한 배려를 바탕으로 쌓인다. 사실 우리가 남을 어떻게 대우해야 하는지를 가리키는 성경의 용어는 **언약**이나 **이웃 사랑**이다. 우리는 거래의 상대편과 기꺼이 입장을 바꿔 볼 생각이 있는가? 한 모범적인 기독교인 사업가는 고객을 소중한 친구로 대우해야 한다는 접근을 취한다. 그렇게 함으로써 그 회사의 마케팅 활동은 고객들이 자신의 안녕을 향상시키는 좋은 결정을 내리도록 돕는 일을 통해 진정한 배려를 표현한다. 물론 우리가 제공하는 제품과 서비스의 품질과 가치에 대한 믿음이 있다면 우리는 이런 방식으로 마케팅에 접근할 수 있다.

구체적인 마케팅 활동들을 재고해 보면, 미국 마케팅 협회의 정의(2007년판)가 좋은 출발점이며, 특히 "고객과 단골손님과 파트너와 사회에 유익한 가치"를 강조하는 부분이 돋보인다. 전반적인 마케팅은 여러 이해관계자들을 위한 가치 창출이란 말이 시사하듯 상호 유익을 도모하는 교환을 촉진시켜야 한다. 하지만 **가치**는 오직 "보는 사람의 눈"에 달려 있다는 식으로 정의되어서는 안 된다. 그렇지 않다면 미국 마케팅 협회의 정의는 아무런 의미가 없을 것이다. 기독교적 세계관으로 보면 **가치**는 통전적인 인간 번영을 도모하는 목적을 지향해야 한다.

따라서 정직성은 하나의 기정사실이다. 속임수, 조작, 또는 고객을 불리하게 만들기 위한 정보의 미공개 등은 이웃 사랑을 보여 주는 것이 아니고 화해에 기여하는 것도 아니다. 소비자 자료가 갈수록 늘어나는 시대에 비대칭적인 정보에 기대는 회사는 그 비즈니스 모델이 급속도로 구식으로 전락하는 모습을 보게 될 것이다.

기업은 저급하거나 무의식적인 가치들이 아니라 더 고상한 가치들이 호소하려고 노력해야 한다. 예를 들면, 여행을 홍보할 때, 일종의 재충전이나 가족 및 친구와의 관계 증진으로 홍보하는 것과 쾌락주의나 타인의 시기와 탐욕을 불러일으키는 것으로 홍보하는 것은 엄청난 차이가 있다. 이와 마찬가지로, 포도주와 같은 알코올음료를 광고할 때도 음식의 하나로 홍보하는 것과 무책임한 파티의 일부로 홍보하는 것은 전혀 다르다. 더 나아가, 아름다움과 건강한 성생활은 하나님의 창조물의 정당한 일부인 만큼 그렇게 인식되어야 하고, 그것을 불건전한 형태로 홍보하거나 거짓 우상의 지위로 격상시키면 안 된다.

변혁적 섬김으로서의 마케팅은 또한 건전한 경계선을 존중한다. 엄청난 양의 상업 광고는 우리를 너무 압도한다. 마크 크리스핀 밀러는 현재 엄청난 양의 잡동사니가 만들어진 나머지 광고가 스스로를 질식시키는 시점에 이르렀다고 생각한다.[28] 상업 광고에서 자유로운 영역이 마케팅의 손길에서 벗어날 수 있을 만큼의 돈을 가진 부자들만의 전유물이 되어서는 안 된다. 제품과 서비스는 의미나 깊은 관계를 찾는 우리의 정당한 욕구를 만족시킬 수 없는 만큼 그런 브랜드를 붙여서도 안 된다. 통계 분석은 연구 목적에는 도움이 될지 몰라도, 고객들이 이런저런 인구 통계의 대상으로 전락하면 안 된다.

어린이와 같은 취약한 대상은 특별한 관심과 배려가 필요하다. 어린이들은 어른들보다 감수성이 예민하고 시장에서 노련하고 현명한 소비자의 역할을 할 수 없다. 이런 사실을 이기적인 목적을 위해 이용한다면, 우리의 어린 이웃은 제대로 꽃을 피우지 못할 것이다. 게다가, 부모의 구매 결정에 영향을 끼치려고 어린이를 겨냥하면 가정에 불화를 일으키고 그들의 중요한 성장 단계에 경쟁적인 소비 지상주의 세계관을 심어 줄 수 있다. 아무도 특히 어린 아이들을 이용해서는 안 된다.

마케팅의 타락한 부분을 재고해서 마케팅이 샬롬과 번영을 증진시키게 하는 것은 실로 어려운 과업이다. 그러한 시도를 하다가 회사가 불이익을 당할 수도 있다. 그러나 신뢰와 상호 존중은 어느 사회나 조직이 잘 운영되는 데 필수 불가결한 요소들이다. 조직은 창의성을 발휘하고 의식적으로 노력하면 진정한 관계를 형성하고 재정의 근간을 해치지 않는 방법으로 마케팅을 실행할 수 있다. 다음은 그런 시도를 하고 있는 비범하고 모범적인 회사(와 그 CEO)의 사례이다.

플로우 모터스(Flow Motors)
노스캐롤라이나의 윈스턴 살렘에 자리한 잘나가는 한 기업은 마케팅을 고객들과의 진정한 관계를 쌓기 위한 수단으로 실행하는 뛰어난 본보기이다. 이 회사는 기독교적 이상이 회사 전체의 가치관, 문화, 행습을 "채색하고, 고무하고, 개혁하게" 하는 데 깊이 헌신되어 있다.[29] 고객에 대해서는 "집에 온 손님"처럼 대우하는 데 깊이 헌신되어 있다. 이런 태도는 고객의 안녕을 보살피는 모습으로 드러난다. 즉, 공정하고 정직하게 그리고 투명한 방식으로 그들을 대하고, 비용이 많이 들더라도 약속을 꼭 지키는 것이다. 이 회사는 그런 행습으로 인해 많은 상을 받았고, 단골손님들은 단 한 개를 구매하기 위해서 몇 시간을 운전하고, 때로는 주 경계선을 넘어서 찾아오기도 한다. 이런 명성은 이 회사만의 것은 아니지만 이 회사가 속한 자동차 세일즈 업계에서는 보기 드문 평판이다.

현재 CEO이자 최대 주주인 돈 플로우가 설립한 플로우 모터스는 34개의 가맹점과 19개의 제조 공장을 가진 일단의 자동차 대리점으로서 노스캐롤라이나와 버지니아에 위치하고 있다. 2007년 말 현재 이 회사는 매출액 6.5억 달러에 직원이 900명이다. 돈 플로우는 꼭대기에서 아래까지 비즈니스 전체를 고찰한 뒤에 최대한 기독교적 이상과 일치하는 방식으로 회사를 세우려고 노력했다. 성공하려면 최소한의 윤리로 운영해야 한다는 생각이 팽배한 업계에서 플로우가 그런 시도를 한 것이다.

플로우는 사명과 목적을 출발점으로 삼고 비즈니스가 어떤 것인지에 대한 전통적인 견해를 뒤집어 놓는다. 그는 비즈니스의 목적이 "샬롬"-진실, 아름다움, 정의, 풍요-을 추구함으로써 "삶의 번영을 향상시키는 것"이라고 본다. 이윤에 대해서 플로우는 이렇게 말한다.

> 부(富)는 결코 최우선적인 것이 아니다. 언제나 두 번째이다. 부를 최우선에 두면, 그것은 우상이 되고 풍요를 창조하는 것에서 삶을 약탈하는 쪽으로 이동한다. 부는 이 세상에서 가치를 창조함으로써 창조되는 것이다. 부와 회사나 사람의 관계는 피와 사람의 몸의 관계와 같다. 정상적인 사람은 아무도 아침에 일어나서 "나는 나의 피를 위해 산다"라고 말하지 않는다. 하지만 피가 없이 살 수 있는 사람은 없다. 부의 창조는 문화와 사람들의 번영을 위해 필요한 조건이지만 건강한 사람(또는 조직)의 존재 이유는 아니다.[30]

플로우에게 이익은 고객에게 양질의 서비스를 제공해서 생기는 부산물이다. 이러한 사명과 목적의식은 회사 전반에 퍼져 있다. 플로우는 자동차의 일부 라인을 생산하기를 거절하고, 사람을 객체화하거나 자동차를 신분 상승의 표시로 선전하는 광고를 하지 않음으로써 고객의 삶을 향상시키는 데 헌신하고 있다.

플로우는 또한 자동차를 사는 경험(보통은 소비자들이 최악의 쇼핑 경험으로 평가한다)을 최대한 공정하고 즐겁고 스트레스가 없는 것으로 만들려고 노력한다. 투명성을 보장하기 위해 플로우 모터스는 컴퓨터 키오스크를 제공하여 고객들이 가격 정보를 찾을 수 있도록 하였다. 대부분의 대리점(소비자들이 협상을 원하는 값비싼 자동차를 판매하는 몇몇 대리점은 예외이다)은 다른 회사의 대리점들이 사용하는 가격 흥정 모델(이는 종종 속임수를 낳곤 한다)을 쓰지 않는다. 이 회사는 거래에 따른 이익에 관한 심층 연구를 실시한 결과, 전형적인 협상 세일즈 모델을 사용하면 교육 수준과 사회 경제적 지위가 높은 사람이 더 많은 정보나 협상 능력이 있어서 더 싸게 구입했다는 사실을 알게 되었다. 돈 플로우는 이것이 약자를 이용하지 말라는 잠언의 훈계를 어기는 것이라고 믿는다. 그래서 플로우 모터스는 거의 모든 대리점에서 정찰제로 판매하고 있다. 이와 마찬가지로, 회사는 한도 대부에 속하는 고객들이 더 많이 지불할 마음이 있더라도 시장의 이자율을 적용하지 않는다. 플로우에 따르면, 이런 경우에 이윤을 극대화시키는 것은 다른 사람의 곤경을 이용하여 부를 얻는 것이라고 한다.

이 회사는 또한 손해를 보더라도 약속을 지키기 위해 어떤 일도 마다하지 않는다. 만약 회사의 기술자들이 자동차를 제대로 고치지 못하면, 추정된 시간에 따라 회사가 차액을 부담하고 고객이 불편하지 않도록 임대 차량을 제공한다. 또한 회사는 고객의 자동차에 대해 자세하게 설명하고 오일을 무료로 교체해 준다.

이런 신념의 진정성을 보여 주고 장려할 목적으로 플로우의 훈련 프로그램, 미터법, 승진과 포상 제도는 모두 고객의 만족을 중심으로 돌아가고 있다. 예를 들어, 훈련 프로그램에 쓰이는 간단한 시험 하나는 직원들에게 가족과 함께 하는 저녁 식탁에서 고객과 나눈 모든 대화와 상호 작용을 이야기하도록 도전하는 것이다.

"당신은 당신의 아내[이것이 남성 우월적인 말로 들린다는 것을 안다(웃음)], 어머니, 또는 딸을 홀로 자동차를 사도록 보내겠는가?" "아무런 코치나 조언이 없이?" 이어서 나는 이렇게 묻는다. "당신은 오늘 밤 저녁 식탁에서 모든 사람에게 오늘 무슨 일을 하고 무슨 대화를 했는지 다 말하겠는가? 만약 당신이 이것을 받아들일 수 없다면, 우리는 무언가 잘못된 일을 하고 있는 셈이다.[31]

이 회사는 고객 관계를 중시하는 것과 더불어 경영 철학과 공동체 참여 활동에도 비슷한 수준의 헌신과 노력을 기울인다. 이 회사는 "전인(全人)이 일한다"라는 철학을 갖고 모든 직원이 제각기 독특하며 중요한 기여를 하고 있다고 인정한다. 직원들은 주택 구입에 대한 보조와 자녀들의 대학 등록금을 지원받을 수 있다. 플로우는 지역 공동체의 자선 사업에도 관대하게 기부한다.

이 회사는 높은 수익성과 직원 및 고객의 충성을 누리고 있지만 반드시 경쟁사들에 비해 더 많은 이윤을 얻는 것은 아니다.[32] 그런 높은 신념을 지키려면 돈이 많이 들기 마련이다. 게다가, 어떤 비즈니스도 완벽하지 않다는 것을 플로우도 인정한다. 자동차는 대기를 오염시키고, 플로우 모터스도 사회적 신분을 이용하는 제조업체들의 전국적인 마케팅 캠페인을 도입하면 상당한 이익을 볼 수 있다. 그러나 이 회사는 여전히 마케팅과 고객의 관계가(그리고 다른 측면들이) 어떠해야 하는지를 보여 주는 뛰어난 본보기로 존재한다.

마케팅이 종종 긍정적으로 보이지 않을지 몰라도, 그것은 교환을 촉진시키고 이로써 물질적 풍요를 가져오는 정보를 제공함으로써 인간의 번영을 장려하는 데 대체될 수 없는 역할을 한다. 그러나 어떤 마케팅 활동은 삶의 다른 영역—영적, 정서적, 사회적, 생태적인 영역—의 안녕을 희생시키면서 물질적 풍요를 증가시킬 수 있다. 무의식적 동기에 집중하는 마케팅 방법과 같은 해롭고 부당한 방법들이 매출액을 높이는 목적은 달성할지 몰라도, 그런 것들은 비즈니스의 궁극적 목적에 대한 기독교적 관점과 양립할 수 없다. 마케팅은 고객들을 섬기고 그들에게 능력을 부여하기 위해 그들과 진정하고도 유익한 관계를 쌓는 도구가 되어야 하며, 사려 깊고 책임 있는 선택을 하는 고객의 능력을 약화시키면 안 된다.

8. 마케팅: 고객을 섬기는 것

9
청지기 정신과 지속 가능성:
하나님 동산과 이웃을 섬기는 것

지난 100년간 우리의 산업은 대기에 이산화탄소(CO_2)를 배출해 왔다. 탄소는 지질학적 형성 과정에서 기체나 고체나 액체의 형태로 지하에 묻혀 있었다. 우리는 그것을 연소시켜 대기로 내보낸다.…내가 보기엔, 기본적인 예방 원리에 따라 당신은 대기 중에 탄소를 감소시키기를 원할 것이다. 문제는 우리가 그에 대해 무엇이든 할 것인가, 하지 않을 것인가 하는 점이다.…우리가 걷는 길은 이 행성을 아주 살기 힘든 곳으로 만들 수 있고, 가장 많은 고통을 받을 사람들은 바로 세상의 가난한 이들이다.…"우리는 이 사람들에게 무슨 짓을 하고 있는가?"라고 자문할 필요가 있다.[1]

이 진술은 어느 환경 보호 단체 대변인의 입에서 나왔을 법한 말이지만, 실은 석유 산업 분야에서 오랫동안 일한 후 최근에 쉘 캐나다의 CEO로서 은퇴한 독실한 기독교인 클리브 매터의 말인 것을 알면 당신도 놀랄 것이다.

이 말의 출처만이 주목할 만한 것은 아니다. 자연에 대한 관심과 인간에 대한 관심의 융합은 흔히들 생각하는 기업과 환경의 관계, 즉 직접적인 교착 관계와 뚜렷한 대조를 이룬다. 예를 들면, 멸종 위기의 북쪽 점박이 올빼미의 서식지였던 태평양 북서쪽 숲에 대한 논쟁은 종종 '올빼미 vs [벌목] 일자리'의 문제로 묘사되었다. 이와 비슷하게, 국내 석유 탐사와 시추 역시 '에너지 안보 vs 지구 구하기'라는 식으로 조명된다.

이런 구도는 물론 부분적으로는 사실에 기반하고 있다. 자연적인 이해관계는 때때로 인간적인 이해관계와 충돌할 때가 있고, 특히 중간기에 비춰 보면 그렇다. 제한된 농지는 옥수수 기반의 연료(에탄올)를 위한 곡식 재배가 식품 가격 인상을 유발하는 상황을 만들어 낸다. 이와 유사하게, '지역 상품 소비' 운동(이는 부분적으로 장거리 수송으로 인한 탄소 배출을 줄이기 위한 것)은 농부들에게 손해를 끼칠 수 있는데, 특히 수출 시장에 의존하는 개발도상국의 농부들에게 그러하다.

그러나 여러 힘을 연결시키는 세계화 현상은 이 중요한 관계에 대해 더욱 복잡하게 생각하도록 만드는 것 같다. 말하자면, 인간의 이해관계와 자연의 이해관계가 불가결하게 연결되어 있고, 양자가 먼 훗날이 아니라 현재 뒤얽혀 있다는 점을 점점 더 인식하고 있다. 토마스 프리드만은 베스트셀러 『코드 그린: 뜨겁고 평평하고 붐비는 세계』(*Hot, Flat and Crowded*, 21세기북스)서 이 문제를 자세히 다루면서 환경 문제와 (여러 차원의) 인간의 행복을 상호적·공유적인 이해관계의 견지에서 이해하는 것이 중요하다고 강조한다.

이 세계 역시 문제를 안고 있다. 세계는 **뜨겁고 평평하고 붐비는** 곳이 되고 있다. 즉, 지구 온난화, 전 세계 중산층의 놀랄 만한 발흥, 그리고 급격한 인구 증가가 서로 수렴하여 우리 행성을 위험할 정도로 불안정하게 만들 수 있다. 특히, 뜨겁고 평평하고 붐비는 것이 합쳐지면 에너지 공급이 어려워지고, 동식물의 멸종을 증가시키고, 에너지 부족을 심화시키고, 석유 독재의 힘을 강화하고, 기후 변화를 가속화시킨다.[2]

만약 프리드만의 견해가 옳다면, 현재 세계적 경제 발전의 양상은, 특별히 전 세계에 걸쳐 서양의 과소비 생활 방식을 지탱하기 위한 재생 불가능한 연료 사용의 급증은 인간의 건강을 해치고 지정학적 혼란을 야기하고 자연을 파괴한다. 게다가, 전 세계 가난한 사람들의 삶의 환경은 기본적인 생활 조건과 건강 관리(예, 의료기관을 운영하고 약을 냉장보관하기 위한 전기)를 지원하는 데 필요한, 갈수록 줄어드는 자원(그래서 가격이 점점 높아지는)을 놓고 경쟁하는 만큼, 그리고 그들의 환경에서 벗어나는 데 필요한 자원(테크놀로지)에 접근하려고 경쟁하는 만큼 더욱 악화될 것이다.

이 목록과 더불어 우리가 후대에 물려주는 짐도 있어서, 인간 번영을 도모하라는 하나님의 사명에 이보다 더 상반되는 결과는 상상하기 힘들 것이다. 지구 온난화에 대해 약간 회의적인 태도를 유지하는 사람들도 이런 문제들을 제쳐 놓지 않는 것이 현명하다. 이런 결과의 다수(예, 건강의 위협, 세계적 불안정, 부족한 자원에 대한 경쟁)는 기후 변화가 아니라 재생 불가능한 에너지 자원에 대한 지속적인 의존이 낳은 부산물이다.

이번 장에서 우리는 비즈니스에 대한 기독교적 관점에서 환경 문제를 검토할 생각이다. 특히 우리는 환경에 대한 성경적 가르침을 검토하고 이런 질문들을 다루려고 한다. 기업의 전략과 의사 결정에서 자연은 어떤 자리와 우선순위를 받아야 하는가? 최근의 지속 가능성 내지는 환경 보호 운동은 비즈니스를 변혁적 섬김으로 보는 관점과 얼마나 일맥상통하는가? 자연은 어느 정도까지 우리의 이익을 도모하기 위해 존재하는가? 그리고 우리가 성경적 이상에서 경쟁이 치열한 현실 세계로 들어가면, 어떤 실제적인 함의와 도전과 한계가 존재하는가?

환경과 기독교 세계관

기독교는 때때로 환경 파괴의 이념적 원인이 되었다고 비판을 받아 왔다. 린 화이트는 오랫동안 환경 윤리 분야의 전통적인 지혜로 간주된 논문(1967년)에서 기독교가 인류의 자연 남용에 대해 책임이 있다고 주장했다.[3] 그는 기독교가 자연 세계를 자연적 객체의 지위로 전락시키며 그 오용의 해로운 영향과 상관없이 인류의 유익을 위해 통제할 수 있는 것으로 보았다고 비난했다. 더 나아가, 기독교가 근대 과학과 테크놀로지의 기원에 한몫을 했다고 고발했고, 후자는 인류에게 자연을 정복하고 환경을 착취할 수 있는 잠재력을 주는 동시에 자연 세계를 보호할 책임은 완전히 무시했다고 주장했다. 물론 교회가 환경 문제에 기여한 역사가 있는 것은 사실이지만, 성경이 그런 행동을 정당화하는지 여부는 완전히 다른 문제이다(그리고 화이트가 스스로 그런 구별을 했을지도 모른다).[4]

오늘날 대다수 종교 단체는 환경적 책임을 옹호하며, 주요 종교 단체 중에서 화이트가 비판하는 그런 관점을 가진 곳은 거의 사라지는 중이다. 확실히 하자면, 기독교 전통의 일부는 아주 최근에야 환경 보호에 헌신하게 되었고, 다른 일부는 정치적인 이유로 여전히 의혹을 받고 있다. 그러나 우리는 기독교를 포함한 온갖 영적 전통이 물질주의와 소비에 한계가 있음을 강조하여 환경을 위협하는 경제 성장의 논리를 견제한다고 말함으로써 종교가 환경 문제에 긍정적으로 기여했다는 입장을 개진할 수 있다.

기독교 세계관에 입각해 환경을 바라보는 것은 창세기 1장에서 시작된다. 여기서 하나님은 만물의 주권적 창조주로서 말씀으로 만물을 창조하시고 모든 것이 보기 좋다고 말씀하신 분으로 묘사되어 있다. 이 창세기 기사에서, 창조 세계는 **선하고 전능하신 하나님의 선한 창조물**이기 때문에 내재적 가치를 지니고 있다. 자연 세계는 **하나님**의 창조물이기 때문에 좋은 것이다. 그러나 피조물 자체는 예배의 대상이 아니다. 창세기 본문은 창조주 하나님과 그분의 창조 세계를 분명히 구별한다. 피조물은 이런 근거로 가치를 지니고 있기 때문에 환경을 하나님 중심적인 관점으로 보는 것이 가장 적절하다. 달리 말하면, 이 관점이 인간 중심적인 관점(환경은 오로지 인간의 유익을 위해서만 존재한다)과 생명 중심적인 관점(모든 살아 있는 것은 살아 있기 때문에 가치가 있다)보다 더 적절하다는 말이다.[5]

창세기 이야기는 인간에게 피조물에 대한 통치권을 부여하되 창조 세계에 대한 하나님의 통치를 확장하는 데 하나님의 손아래 동반자로 일하는 책임 또한 부여한다. 죄가 세상에 들어오는 바람에 이 통치권의 개념이 상당히 복잡하게 되었고, 통치의 초점이 죄의 영향을 줄이고 최소화하는 쪽으로 전환되었다(1장 참고). 인간에게는 피조물에 대해 통치권을 행사하라는 명령과 더불어 청지기의 의무도 따라왔다. 즉, 인간은 피조물을 다스리는 수탁자가 되는 책임이 주어졌고, 창조 세계를 그들의 유익을 위해 사용하되 하나님께 궁극적 책임을 지게 될 것임을 알고 책임 있게 수행하는 역할이 맡겨진 것이다.

통치권의 개념은 교회 역사상 오랫동안 매우 잘못 적용되어 왔고, 종종 인류가 환경적 영향을 고려하지 않은 채 그들의 필요를 채우고 개발을 추구하는 것을 정당화시키는 역할을 했다. 이 때문에 창세기에 나온 바, 피조물을 다스리는 **통치권**을 행사하라는 요청은 피조물을 위한 **청지기직**을 전제로 했다는 사실을 인정하는 것이 중요하다. 통치권은 인간이 환경을 마음대로 지배할 권리를 받았다는 뜻이 아니다. 물론 히브리어로 통치권이라는 단어는 '지배하다'라는 뜻을 갖고 있지만, 성경의 전반적인 문맥에 비춰 보면, 지배하는 것과 섬기는 것은 항상 함께한다(눅 22:24-26). 이것은 창세기 2:15에서 인간에게 동산을 가꾸라고 한 명령으로 더욱 강화된다. 그 명령은 아담과 하와에게 그들이 지배하도록 주어진 것을 섬기고 보호하라고 말하기 때문이다.⁶ 즉, 인간은 그들의 유익을 위해 자연 세계를 이용할 권한을 받았지만, 그들은 또한 하나님의 피조물을 다스리는 수탁자의 역할에 걸맞게 신중한 책임성을 행사하게끔 되어 있었던 것이다. 그러한 역할은 인간들이 장차 피조물에 대한 청지기 직분에 대해 하나님께 책임을 져야 할 것임을 시사한다. 칼빈 데윗은 『어스 와이즈: 환경 문제에 대한 성경적 반응』(Earth-wise: A Biblical Response to Environmental Issues)이란 책에서 이 점에 대해 잘 설명한다.

창세기 2:15은 놀라운 가르침을 전한다. 여기서 하나님은 아담이 동산을 섬기고 또 지키기를 기대하신다. 히브리어로 '섬기다'(abad)란 단어는 가장 최근의 성경 번역판들에 '경작하다', '단장하다', 또는 '일하다'로 번역되었다. 아담과 그 후손은 동산이 잘 유지되고 번창할 수 있도록 그 필요를 충족시켜야 한다. 하지만 도대체 우리가 어떻게 피조물을 섬길 수 있을까? 오히려 피조물이 우리를 섬겨야 하는 것이 아닌가?…

하나님은 또한 아담의 후손인 우리가 그분의 동산을 지키기를 기대하신다. 이 '지키다'라는 단어는 때때로 '가꾸다', '돌보다', '호위하다', '보살피다' 등으로 번역된다. 이런 번역의 기반이 되는 히브리어 단어는 '샤마르'(shamar)이다. 그리고 '샤마르'는 사랑으로 배려하며 지탱하는 유형의 지킴이란 뜻이다. 우리는 종종 예배를 민수기 6:24에 나오는 아론의 축복으로 마치곤 한다. "주님께서 당신들에게 복을 주시고, 당신들을 지켜 주시며." 여기에 나오는 '지키다'에도 창세기 2:15에 나오는 단어인 '샤마르'가 쓰였다. 우리가 우리를 지켜 주시는 하나님의 복을 간구할 때, 우리는 하나님이 우리를 그저 생존하고 비활동적이고 지루한 상태로 지켜 달라고 부탁하는 것이 아니다. 그 대신 생명력과 에너지와 아름다움이 충만한 상태로 우리를 지켜 달라고 간구하는 것이다. 우리가 아론의 축복을 빌 때 하나님께 기대하는 그 지키심은 우리의 가족, 이웃과 친구들, 땅, 공기, 물, 그리고 우리의 하나님과 생명력이 있고 생명이 충만한 관계를 맺게 하고 양성해 주는 지키심이다. 우리는 하나님께 우리와 자연 환경, 우리와 인간적 환경과 관련하여 우리를 사랑해 주시고 돌봐 주시고 지탱해 달라고 간구한다.[7]

하나님은 주권적 창조주이실 뿐만 아니라 **지속적으로 그분의 피조물을 돌보시고 보살피시기도 한다.** 성경이 묘사하는 하나님은 태초에 세계를 창조한 이후 그 창조 세계에 관여하지 않는 이신론의 신이 아니다. 하나님은 그분이 살아 있는 피조물들의 보금자리로 만드신 그분의 세계에 긴밀하게 관여하고 계신다. 시편 104편의 창조 찬송은 자연 세계가 하나님이 그분의 피조물을 위해 제공하신 집이라고 지적한다(시 104:12, 17-18, 26; 욥 39:6). 또한 하나님은 인간을 포함한 그분의 피조물에게 일용할 양식을 제공하기 위해 창조 세계를 이용하시는 것이 분명하다. 시편 기자는 다음과 같이 선언한다.

> 누각 높은 곳에서 산에 물을 대 주시니,
>   이 땅은 주님께서 내신 열매로 만족합니다.
> 주님은, 들짐승들이 뜯을 풀이 자라게 하시고,
>   사람들이 밭갈이로 채소를 얻게 하시고,
>   땅에서 먹거리를 얻게 하셨습니다. (시 104:13-14)

하나님이 그분의 피조물인 인간과 동물에게 거처를 마련해 주시고 먹을 양식을 주시는 데 자연 세계는 반드시 필요하다. 시편 기자는 모든 피조물이 얼마나 하나님께 의존하고 있는지를 이렇게 강조한다.

> 이 모든 피조물이 주님만 바라보며,
>
>   때를 따라서 먹이 주시기를 기다립니다.
>
> 주님께서 그들에게 먹이를 주시면,
>
>   그들은 받아먹고,
>
> 주님께서 손을 펴 먹을 것을 주시면
>
>   그들은 만족해합니다. (시 104:27-28)[8]

하나님의 피조물에 대한 관심은 동물에게도 안식을 주라고 요구하는 안식일의 명령(출 20:8-11; 신 5:12-16)과 동물 학대에 적용되는 율법의 형벌을 통해서도 확실히 드러난다. 이런 명령들에서 하나님은 사람들이 창조 세계와 피조물들을 돌보는 그분의 손길을 본받기를 기대하신다는 점을 분명히 한다. 안식년을 지켜서 땅에게 주기적인 휴식을 주라는 명령은 하나님의 창조 세계에 대한 배려를 강화하며 그것을 땅 자체로 확장한다(레 25:1-7). 이 명령은 아주 중요하게 여겨져서 이를 계속 어긴 것이 결국 이스라엘 민족이 포로로 잡혀간 근거가 되었다(대하 36:20-21).

하나님이 창조하신 생물체에 대한 그분의 관심은 우리가 흔히 간과하는 홍수 이후에 노아와 맺으신 언약에 확실히 나타난다. 창세기 9장에서 하나님은 노아의 언약을 노아와 그 가족뿐만 아니라 지상의 살아 있는 모든 것들과도 맺으신다. 그 언약은 다시는 땅을 홍수로 파괴하지 않겠다는 약속을 포함했고, 이 언약의 중요성은 부분적으로 그 약속에 반영되어 있듯이 살아 있는 모든 것들에 대한 하나님의 배려와 관계가 있다[창 9:8-16, "나 하나님이, 살아 숨쉬는 모든 것들 곧 땅 위에 있는 살과 피를 지닌 모든 것과 세운 영원한 언약"(16절)으로 요약된다].

하나님의 창조 세계는 성경이 강조하는 다른 이유들 때문에도 가치가 있다. 예를 들면, 지혜서는 **하나님이 창조 질서에 그분의 지혜를 심으셨다**

는 점을 명확히 한다. 잠언 8:22-34에서, 지혜는 의인화되어 있고, 하나님이 창조하실 때에 함께 있었다고 말하며, 창조 이전에 태어났다고 묘사되어 있다. 지혜는 하나님 편에 있던 기술자였고(잠 8:30), 하나님이 세계와 그 경계선을 표시하실 때 그곳에 있었다. 이는 자연 세계가 하나님의 작품과 영광을 증언하는 것과 마찬가지로, 창조 세계에는 하나님의 지혜를 보여 주는 그 무엇이 있다는 것을 시사한다(시 19편; 욥 38-41장). 이런 본문은 창조 세계가 단순히 하나님의 속성을 나타내는 도구 이상의 의미가 있음을 가리킨다. 오히려 자연 세계는 하나님의 장엄하심을 비추는 가장 깨끗한 거울이기 때문에 내재된 가치를 지니고 있다는 것을 분명히 보여 준다.

하나님의 창조 세계가 내재적 가치를 지니는 것은 **그리스도께서 다시 오실 때 자연 세계도 구속될 것**이기 때문이다. 하나님의 구속 계획은 단순히 개별적인 인간들보다 더 많은 것을 포함한다. 그것은 사회의 올바른 질서(사 42:1-4)와 창조 질서의 회복 역시 포함한다. 로마서 8:19-21은 다음과 같은 약속을 한다.

> 피조물은 하나님의 자녀들이 나타나기를 간절히 기다리고 있습니다. 피조물이 허무에 굴복했지만, 그것은 자의로 그렇게 한 것이 아니라, 굴복하게 하신 그분이 그렇게 하신 것입니다. 그러나 소망은 남아 있습니다. 그것은 곧 피조물도 썩어짐의 종살이에서 해방되어서, 하나님의 자녀가 누릴 영광된 자유를 얻으리라는 것입니다.

이 본문은 자연 세계가 죄의 저주로부터 해방되고 따라서 하나님의 회복 사역의 대상이 된다고 말한다. 그리고 현재의 창조 세계가 그리스도의 재림 때에 파괴되는 것이 아니라 회복될 것이라고 분명히 밝힌다. 이는 걸작이 원래의 아름다움과 예술성을 되찾기 위해 복원 작업이 필요한 것과 비슷하다. 창조물은 죄의 저주로 손상되고 더럽혀진 원래의 장엄함을 되찾게 될 것이다. 그러므로 오늘날 창조 세계를 보살피는 일은 자연 세계에 대한 하나님의 장기적 계획과 맥을 같이하고 또 필요한 것이며, 하나님이 창조하신 모든 것을 구속하시려는 그 계획의 일부이다.

어떤 사람들은 잘못된 종말론으로 인해 그리스도가 다시 오시면 창조 질서가 파괴될 터이므로 우리가 환경에 신경을 쓸 필요가 없다고 주장해 왔다. 그러나 그런 관점은 성경의 지지를 받지 못한다. 사실 로마서 8장에 나오는 창조 세계의 갱신은 신자의 몸이 새롭게 되는 것과 비슷하다(롬 8:23). 아무도 몸이 장차 부활될 것이므로 현재의 몸을 학대하거나 무시해도 상관없다고 주장할 수 없다. 성경에는 영혼에 대한 소망만큼이나 몸에 대한 희망도 있다. 이와 마찬가지로, 아무도 창조 세계가 장차 새롭게 될 터이므로 현재의 환경을 학대하거나 무시해도 상관없다고 주장할 수 없다. 사실 우리의 몸을 잘 돌봐야 한다는 것은 오늘날 잘 수용되고 있는 기독교적 표준이다. 그렇다면 창조 세계에 대한 배려가, 특히 인간의 번영과 직접 관련이 있을 때, 덜 주목을 받아야 할 이유가 있을까?

비즈니스와 창조 세계의 돌봄

비즈니스는 환경과 복잡한 관계를 갖고 있다. 우리의 번영을 가져오는 놀라운 발명들은 자연 자원, 인간의 창의성, 경제적 동기가 만나서 이루어진다. 컴퓨터를 켜는 데 필요한 실리콘 칩은 모래로 만들고, 전염병 치료에 필요한 약은 흙 속의 드문 화합물에서 추출되며, 바람이 우리의 거처에 필요한 동력을 점점 더 많이 제공하고 있다. 물론 양자의 관계에 어두운 면도 있다. 기업 활동은 환경에 다양한 방식으로 영향을 준다. 최근 멕시코 만에서의 BP 석유 유출은 치명적인 사례이다. 날마다 일어나는 원자재 공급, 생산, 유통, 포장 등은 모두 환경에 영향을 준다. 이를 모두 다 합치면, 이런 과정들이 공기, 땅, 물에 어마어마한 양의 오염물을 만들어 내고 있다. 더 나아가, 비용 절감, 시장으로의 신속한 배송, 보존 기간의 연장 등을 위해 종종 해로운 화학 물질과 첨가물이 사용되곤 한다. 그리고 과대 포장된 값싼 일회용품이 셀 수 없을 만큼 많이 홍보되고 있지만 그 대부분이 생태학적으로 전혀 처분될 수 없는 것이란 사실이 참으로 아이러니하다.

슬프게도, 환경에 대한 고려는 주로 회피할 필요가 있는 제약으로 간주되어왔다. 물론 성실한 노력을 하는 기업이 늘어나고는 있지만, 친환경적이 되라는 대중의 압력이 너무 커지는 바람에 어떤 회사들은 거짓 주장을 내세우며 그런 척하고 있다(위장환경주의). 또 어떤 회사들은 탄소 배출이 줄었다거나 확실히 탄소 중립적이라는 주장을 하려고 재생 가능한 에너지 크레딧(탄소 상쇄)을 사는 것으로 환경 친화적인 길로 나아가고 있다고 선전하지만, 실제로는 탄소 배출이 거의 줄지 않은 경우도 있다.[9]

환경에 대한 성경적 가르침에 비춰 보면 몇 가지 함의를 끌어낼 수 있다. 첫째, 만약 기업 활동이 변혁적 섬김을 그 특징과 맥락으로 삼는다면, 자연 자원을 사용하는 것은 매우 정당하다. 인간의 번영을 증진시키는 것을 목표로 삼는 제품과 서비스의 생산을 지원하기 위해 동산의 자원을 책임 있게 사용하는 것은 얼마든지 허용된다. 하지만 폭넓은 성경적 주제들 및 환경과 우리의 관계에 관한 가르침(특히 창 2:15)과 일관성이 있는 것은 상호적인 관계이다. 비즈니스 역시 동산을 섬기는 데 능동적인 파트너가 되어야 한다.

동산을 보호하는 일이 첫째 단계이지만, 두 번째 함의는 한 걸음 더 나아간다. 동산을 가꾸고 섬기는 일, 변혁과 화해라는 신성한 사명을 추구한다는 것은 단지 덜 나쁜 제품을 만드는 것을 넘어 제품을 다시 온전하게 만드는 영역으로 진입하는 것이 필요하다는 뜻이다. 이 땅에서는 완전한 조건을 만들 수 없겠지만, 동산을 섬긴다는 것은 우리의 궁극적 목표가 제품을 올바로 만들거나 그것을 최대한 조화롭게 변혁시키고 회복시키는 것임을 의미한다. 이에 비해, 최근의 환경적 노력은 대부분 '소 잃고 외양간 고치는' 식이었고, 그저 불가피한 해악을 감소시키거나 최소화시키는 것을 목표로 삼았다(예, "우리의 발자취"를 줄이는 것).

회복과 변혁은 우리를 난처하게 만드는 높은 기준임에 분명하다. 흔히 생각하듯이 자연의 이해관계와 인간의 이해관계가 팽팽히 맞서고 있다고 본다면, 회복과 조화에 이르는 유일한 길은 성장이 없는 상태가 되거나, 더 극단적으로는, 거꾸로 산업화 이전 상태로 되돌아가야 하는 것처럼 보일 것이다. 하지만 앞서 말한 대로, 경제적으로 가난한 사람들이 그들의 상태에서 해방되려면, 재정적인 파이의 크기를 키우는 것이 필수적이다. 그리고 현실적인 문제로, 경제적으로 가난한 사람들은 환경을 더욱 위협하는 (그리고 그 과정에서 우리 모두를 해치는) 방식으로 행동할 만한 직접적인 동인을 갖고 있다. 예를 들면, 수입이 거의(또는 전혀) 없이 가난한 나라에 사는 사람은 땔감으로 쓰거나 상품으로 팔기 위해 (생명을 유지하고, 생태계의 다양성을 지탱하며, 탄소를 억제하는 데 필요한) 나무를 자를 만한 타당한 이유가 있다.

경제 성장에 접근하고 그것을 측정하는 전통적인 방법은 환경에 미치는 영향을 나중에 생각할 문제로 전락시켰다. 사실 성장의 척도로 널리 사용되는 국내 총생산(GDP)은 환경에 미치는 부정적 영향을 포착하지 못한다. 예를 들면, 환경적 위기(예, 알래스카의 엑슨 발데즈 재앙, 멕시코 만의 BP 재앙)가 발생해도 정화 작용에 드는 비용을 **긍정적으로** 보기 때문에 GDP가 더 올라간다는 이야기를 종종 한다. 더군다나, 현재의 성장 패턴은 연료의 가격을 올리고 에너지 빈곤을 유발하기 때문에 장기적으로 보면 경제적으로 가난한 사람들에게 실제로 해를 끼칠 수 있다. 만약 경제적으로 가난한 사람들이 연료비를 더 많이 지출해야 한다면, 수입이 늘어나도 그것을 상당히 상쇄시킬 것이다.

이 퍼즐의 해결책을 찾고 또 통전적인 번영을 추구하려면 경제적 활동을 더 큰 자연적 체계에 어떻게 맞출지에 대한 패러다임 전환이 필요하다. 다른 말로 하자면, 우리는 자연과 조화를 이루는 지속 가능한 성장이 필요하며 자연을 파괴해서는 안 된다는 것이다. 최근에 등장한 삼중적 잣대 운동(성공을 측정하는 **사회적, 경제적, 환경적** 척도들. 때때로 "**사람, 이윤, 행성**"으로 언급되기도 한다)을 약간 수정하면 기업의 책임성을 구상하는 좋은 시발점이 될 수 있다.[10]

환경 보호의 틀을 잡는 더욱 탄탄한 방법은 윌리엄 맥도너와 마이클 브런가트의 책 『요람에서 요람으로』(*Cradle to Cradle: Remaking the Way We Make Things*, 에코리브르)에 제시되어 있다. 맥도너와 브런가트는 산업혁명 이후의 제조방법은 더 큰 시스템의 일부로 설계된 것이 아니라 무계획적이고, 반(反)자연적이고, 직선적이고, 요람에서 무덤에 이르는 과정이었다고 지적한다. 제품은 소비자의 손으로 재빨리 들어가도록 제조되었고, 그 수명이 다하면 소각되거나 매립지로 버려진다. 기껏해야 일부 제품들만 재활용된다 (더 정확하게는, 하향 재활용 된다). 예를 들면, 양탄자는 재활용된 소다 병으로 만들 수 있지만, 그 병들을 한 번도 설계된 적이 없는 형태로 만드는 과정은 처음부터 새로 만드는 것만큼 많은 에너지가 소모되고, 많은 쓰레기를 배출하며, 어쩌면 그보다 더 위험한 첨가물을 더하게 될 수 있다.[11]

맥도너와 브런가트는 "지속 가능성"을 넘어 "좋은 성장"을 가능케 하는 "동반자 관계"로 움직이는 패러다임 전환이 필요하다고 주장한다. 여러 잣대 대신에 환경을 기업의 의사 결정에서 사용되는 "최고의 잣대들"

중 하나로 만들고, "모든 과정의 종착점이 아니라 설계자의 머릿속에서 시작되는" "요람에서 요람으로"의 방향으로 전환시키는 일이 필요하다고 역설한다.[12]

만약 인간들이 진정으로 번영하려면, 우리는 쓰레기의 개념이 아예 존재하지 않는, 영양의 흐름과 물질대사가 작동하는 자연의 지극히 효과적인 요람에서 요람까지의 시스템을 본받는 법을 배워야 할 것이다. **쓰레기의 개념을 없앤다는 것은 쓰레기가 존재하지 않는다는 조건 아래 맨 처음부터 제품과 포장과 시스템을 설계하는 것을 뜻한다.**…제품은 생화학적 분해가 일어나서 **생물학적 순환**을 위한 양식이 되는 물질 또는 **기술적 순환**의 닫힌 고리 안에 머무는 기술적 재료로 이루어질 수 있고, 그 고리 안에서 물질들은 산업을 위한 귀중한 영양소들로 지속적으로 순환하게 된다.[13]

분명히 이런 것은 매우 높은(그리고 도달하기 어려운) 기준들이다. 이 모든 단계를 거치는 일은 많은 비용이 들고 어떤 물질과 교정 방법은 아직 존재하지 않는다. 하지만 맥도너와 브런가트는 무척 현실적이라 이 시점에서는 점진적인 변화만 가능할 뿐이라고 말한다. 아울러 기업도 포함시키려면 "생태 효과적인" 디자인이 경제적으로도 유익해야 한다고 말한다. "요람에서 요람으로"의 디자인 개념을 영입한 많은 기업 고객들 중에는 가구 제조업자 허먼 밀러도 들어 있다. 허먼 밀러는 기독교적 가치관을 지닌 설립자와 임원들과 함께 적극적인 친환경적 행습으로도 유명하다. 우리가 2장에서 언급한 것처럼, 이 회사는 큰 위험을 감수하면서 간판 제품인 임스 의자 제작에 환경 친화적인 나무를 사용한 적이 있다.

오늘날 이 회사는 제조 과정에서 더 이전 과정으로 돌아가 "환경을 위한 디자인"을 실행하는 등 더욱 포괄적인 행동을 취하고 있다.[14] 이 회사의 임원들은 모든 제품의 개발 과정에서 환경에 대해 책임을 진다는 생각을 종합적이고 통합적으로 실천하려고 노력한다. 예를 들면, 에어론 의자와 미라 의자(Mirra Chair)와 관련하여, 회사는 디자인의 화학 성분을 분해하고, 인간 건강과 환경에 미치는 영향을 조사하고, 발견한 사항(과 새로운 물질)을 디자인 과정에 반영하고, 공급 업체가 더 나은 재료를 얻도록 만들었다. 회사의 제품은 이제 궁극적인 재생을 위해 설계된 나머지 버려진 물질들도 제품의 라이프 사이클 안으로 복귀되어 쓰레기와 생태적 영향도 최소화하게 된다.[15]

다른 많은 기업들도 여러 단계를 밟아 왔고 그 가운데 다수는 윈-윈의 틀에 잘 들어맞는다. 인기가 좋은 토요타의 프리우스(Prius)의 하이브리드 엔진은 쓰레기가 될 것(브레이크와 내리막길 운전에서 나오는 것)을 살려 에너지로 변환시키는 디자인을 고안한 예이다. 이 차는 비슷한 크기의 차량들보다 상당히 비싼 가격에 팔리고(종종 대기자 명단도 길다), 연료 효율성 면에서는 경쟁 상품들보다 훨씬 앞선다.[16] 클리프 바(Clif Bar, 영양 바 제조업체)는 포장이 미치는 영향에 대해 고민한 끝에 수축 포장을 없애 상당한 비용을 절감할 수 있었고, 호일 안감의 종이 포장을 대체할 포장 방법을 개발하고 있다.[17] 다른 기업들은 시설의 에너지 효율을 높였고, 부산물을 이용해 새로운 사업을 출범시켰으며(예, 낡은 타이어를 놀이터 바닥으로, 낡은 청바지를 건물 단열재로 활용함), 친환경 제품을 프리미엄을 붙인 가격에 판매했다.

녹색은 과연 새로운 황금인가?

이런 사례들을 감안한 많은 문헌들은 환경에 대한 관심이야말로 이윤을 늘릴 수 있는 검증된 길이라고 주장한다. "우리는 '지구를 지키는' 동시에 돈도 벌 수 있다." 환경 운동의 한 지도자는 "이건 공짜 점심에 불과하지 않고 실은 돈을 받고 먹는 것이다"[18]라고 말했다고 한다. 물론 녹색을 황금으로 바꿀 수 있는 기회가 존재하는 것은 사실이다. 일부 증거에 따르면, 소비자들은 합리적(편협한, 경제적 자기 이익을 따지는) 방식에서 벗어난 행동을 기꺼이 하려고 하고, 친환경(혹은 사회적으로 책임 있는) 제품에 더 많은 돈을 지불할 의향이 있다고 한다. 앞서 언급한 프리우스가 좋은 예이다. 휘발유 가격이 계속 높거나 차량 소유자가 장거리를 운전하지 않는다면, 이 차량은 차량 구입에 대한 세제 혜택을 감안하더라도 투입한 자금의 회수 기간이 매우 긴 것이 사실이다. 그래서 많은 프리우스 소유자들은 사실상 차량을 소유하기 위해 사회적 프리미엄을 내고 있는 것이다. 다수의 공정무역과 유기농 제품들에 대해서도 같은 말을 할 수 있다.

다른 대기업들은 그들의 제품에 꼭 필요한 자원을 유지하기 위해 환경 문제와 연루되게 된다. 예를 들면, 스타벅스는 지구 온난화가 커피 원두를 재배할 땅의 면적을 축소시킬 것이라는 문제를 둘러싸고 기후 변화의 이슈와 관련되어 있다.[19] 이와 유사하게, 코카콜라는 그 핵심 제품이 깨끗한 물에 달려 있기 때문에 이 쟁점에 활발히 참여한다(그리고 이 회사는 깨끗한 물의 고갈을 유발한다고 비난을 받아 왔다).[20]

앞으로 재생 가능한 청정에너지에 대한 수요가 늘어날 것이다. 따라서 점점 더 많은 기업들은 그 점을 장차 더욱 성장할 기회로 본다. 예를 들면, UTC(United Technologies Corporation)의 CEO인 조지 데이비드는 "30년 내에 환경 보존과 유관 영역들이 지금의 제로 상태에서 회사 사업의 30%를 차지하게 될 것"이라고 생각한다.[21]

이와 비슷하게, 2005년에는 GE(General Electric)가 이제는 잘 알려진 '생태 상상(ecomagination)을 위한 캠페인'을 시작했다. 그 프로그램의 전반적인 목표는 기업과 가정이 환경에 대한 부정적 영향을 줄이도록 도울 목적으로 깨끗한 기술에 투자하는 것이다. 전 CEO 잭 웰치가 경영할 때는 환경 보호와 관련해 평판이 좋지 않았지만, 그의 후계자 제프리 이멜트는 회사를 다른 방향으로 이끌었는데, 한편으로는 환경 문제를 의식했기 때문이고 다른 한편으로는 그 자신과 이사회가 장기적인 안목으로 그것을 새로운 수입원으로 보고 이른바 "그린 칼라 일거리"를 창출할 것으로 예상했기 때문이다. 2008년 연례 생태 상상 보고서에 딸린 이해관계자들에게 보낸 편지에는 그 목표가 이렇게 묘사되어 있다. "경제적 회복을 가속화하는 역할, 미래의 일거리를 지원하기, 우리 고객들(과 우리 자신)의 작업이 환경에 미치는 영향을 개선하기, 에너지 독립을 향상시키기, 수익성 있는 환경 문제의 해결책에서 혁신과 성장을 도모하기."[22] 여기에는 오염 물질 배출을 줄이고 더욱 에너지 효율적인 회사가 되는 것과 더불어 대체 에너지 자원(예, 풍력 터빈과 하이브리드 엔진), 정수 기술, 스마트 그리드 에너지(smart-grid-energy) 협력기술 등과 같은 테크놀로지에 투자하는 것이 포함된다.[23]

이것들은 현존하는 기회를 보여 주는 좋은 사례들이나 좀 더 현실적이고 신중한 접근이 필요하다. 친환경적인 방향이 항상 수익을 보장하지는 않는다. 6장에서 다루었던 윤리에 대한 논의와 비슷하게, 지속 가능성과 수익성의 연관성을 장기적으로는 맺을 수 있지만, 단기적으로는 지속 가능한 행습의 채택이 상당한 비용과 위험 부담을 포함할 수 있다. 그리고 이는 주주들에게 재정적으로 부정적인 영향을 줄 수 있다.

환경적으로 지속 가능한 방향으로 나가는 것은 많은 도전거리를 수반한다. 어떤 기업체의 지도자가 제품의 생산과 분배 과정을 친환경적으로 바꾸고 싶어도, 환경 친화적인 투입 물질, 재활용 과정, 또는 수송 방안들이 아직 존재하지 않을 수 있고, 충분한 공급이 가능하지 않거나 가성비가 좋지 않을 수도 있다. 때로는 이상(理想)에 못 미치는 대안들 중에 하나를 선택해야 할 것이다. 어떤 경우에는 친환경 제품들이 다른 종류의 해악을 낳을 수도 있다(예, 연료 효율적인 프리우스 같은 차들은 운전을 더 많이 하도록 부추길 수 있다).

시장의 압력도 현실적인 문제이다. 환경적으로 건전한 행습들 다수가 비용을 절감하지 못하고 오히려 회수 불가능한 비용을 늘릴 수 있다. 경쟁의 관점에서 보면, 환경 친화적이 되기 위해 추가 비용(환경 의식이 있는 소비자들 덕분에 얻을 수 있는 수익을 뛰어넘는)을 지출하는 회사는 그렇지 않은 경쟁사들에 비해 불리한 입장에 처하게 될 것이다. 경영학자 이안 마이트랜드는 이 도전이 공공재 문제를 해결하려고 할 때 발생하는 '죄수의 딜레마' 상황과 비슷하다고 한다. 각 회사가 더 깨끗한 환경을 바란다고 할지라도, 경쟁사들에게 동일한 재정적 투자를 강요할 만한 메커니즘이 없어서 환경 보호를 위한 비용이 불이익을 초래할 수 있다는 것이다.[24]

몇몇 대규모 시도(예, 대체 에너지에 투자하는 것)는 장기적인 회수 전망을 요구하는데, 이는 주주들의 단기적인 기대에 부응하려고 애쓰는 임원들에게는 달갑지 않은 일이다. 게다가, 이런 투자 유형은 위험 부담이 매우 크고, 전통적인 재생 불가능 에너지의 가격이 상승된 채로 유지될 때에만 경제적인 타당성을 갖게 된다. 가솔린 가격이 최근(2008) 최고점에서 떨어지기 시작하자 많은 생태 연료 사업에서 고객들(그리고 투자자들)이 이탈하게 되었다.

상장 회사들, 심지어 폭넓은 사회적 사명을 지닌 기업들은 부가적인 압력에 직면한다. 환경에 대한 책임을 실천에 옮기는 회사를 소개하자면, 아웃도어 스포츠 의류 제조업체 파타고니아(Patagonia)의 경영진이 수익성은 좋지만 환경에 해로운 아웃도어 의류 라인을 취소한 결정을 들 수 있다. 그 회사와 리더십은 칭찬을 받을 만하지만, 파타고니아는 사기업인 고로 경쟁의 부담이 별로 없다. 이와 대조적으로, 주주들이 소유한 상장 회사인 스타벅스는 사회적으로 책임 있는 행동으로 좋은 명성을 얻고 있지만, 점포들이 엄청난 양의 종이 쓰레기를 배출하는 데도 불구하고 재활용 시스템을 받아들이는 데 무척 더디었다. 보다 최근에는 수입을 늘리기 위해 자동차용 창구를 열었다. 천천히 움직이는 차들은 환경 친화적일 수 없고, 운전하고 들어와서 커피를 가져간다는 개념은 그동안 스타벅스의 브랜드와 정체성의 핵심으로 통했던 '제3의 장소'라는 생각과 상반되어 보인다. 하지만 회사는 주주들의 재정적 이익을 존중하고 관대한 직원 의료 혜택과 많은 사회 봉사와 목표를 위한 기금도 마련해야 한다.

유용한 자본의 한계 역시 또 다른 도전거리다. ROI(투자 수익률) 분석을 통해 자본이 얼마나 잘 사용되고 있는지 측정하는 것은 상당한 긴장을 유발할 수 있다. 심지어 환경 친화적인 시도가 긍정적인 보상을 낳는 것을 보여 준 경우에도, 그것은 동일한 자본을 다른 곳에 투자했을 경우와 직접적인 경쟁 관계에 놓일 수 있다. 예를 들면, 「비즈니스 위크」 지에 실린 "작은 녹색 거짓말"(Little Green Lies)이란 기사는 오덴 셴들러의 이야기를 들려준다. 오덴 셴들러는 환경 보호를 위한 노력으로 수많은 상과 칭찬을 받은 리조트 아스펜 스키 회사(Aspen Skiing Company)의 지속 가능한 활동을 지도하는 사람이다. 하지만 장기적으로 보면 비용을 완전히 회복할 수 있는 몇 가지 온건한 제안들(예, 에너지를 적게 사용하기 위해 오래된 숙소를 개조하고 객실과 주차장의 전등을 형광등으로 교체하는 것)이 좌절되었다. 두 가지 경우(숙소와 주차장을 개조하는 일)와 관련해서는, 다른 임원들이 가용한 자금을 고객들이 금방 알아채서 더 즉각적인 결과를 초래하게 될 프로젝트(새로운 스키 리프트, 좋은 가구)에 사용해야 한다고 주장해서 이 제안이 통과되었다. 객실에 에너지 절약용 형광등을 다는 것에 관해서는, 그로 인한 대기실의 분위기 때문에 고객에게 부정적 영향을 미쳐 리조트의 오성(五星) 등급이 위태로울 수 있다는 염려가 제기되어 셴들러의 제안이 좌절된 것인데, 이는 제한된 자본이 초래하는 긴장을 잘 보여

주는 실례이다.[25]

잘 팔리고 또 친환경적인 제품을 제안하려면 시장 리더십과 현재의 수요 사이에 있는 까다롭고 협소한 공간을 항해하는 일이 필요하다. '그린비즈'(greenbiz.com)의 편집장 조엘 마코워는 제품이 넘어야 할 높은 장애물에 대해 이렇게 말한 것으로 「이코노미스트」 지에 인용되었다. "대다수 소비자는 더 친환경적인 제품을 기쁘게 선택할 것이다. 단, 비용이 더 들지 않고, 믿을 만한 제조 회사에서 만들고, 구매하거나 사용하는 데 특별한 노력이 들지 않고, 적어도 대안만큼 좋다면 말이다."[26] 과장일 수도 있지만, 기업의 리더들은 모든 이해관계자들(환경도 포함하여)을 위해 커다란 위험을 감수한다. 그들이 만약 소비자들의 요구보다 너무 앞질러 나가면, 그 대신 더 해로운 대안들이 구매될 것이다. 이 점은 포드 자동차 회사가 더욱 환경 친화적인 방향으로 움직이려고 무척 노력하던 중에 역대 가장 큰 SUV(익스커전)를 생산하기로 결정했을 때 직면했던 논쟁에 잘 드러나 있다. 그 의사 결정과 관련하여, 포드의 당시 CEO이자 현재의 이사장인 윌리엄 클레이 포드(헨리 포드의 직계 후손이며 자칭 평생 환경주의자)는 이런 흥미로운 진술을 했다.

> 고객들이 원하는 것과 완전히 친환경적이 되는 것 사이에 균형을 잡는 것은 미묘한 문제다.…당신이 완전히 깨끗한 차량을 만들 수 있지만, 만약 그것이 팔리지 않아 대리점에 그냥 있다면 그것도 환경을 돕는 일이 아니다. 우리는 그저 이 차량들을 매년 점점 더 깨끗하게 만들 수밖에 없다.[27]

세계에서 가장 친환경적인 자동차 제조 업체가 되고 싶다는 포드의 공적인 발언은 그 회사를 손쉬운 표적으로 만든 한편, 자동차 업계의 다른 회사들도 똑같은 도전에 대처하려고 씨름해왔다. 제너럴 모터스는 최근 하이브리드 쉐보레 말리부/새턴 아우라 모델을 취소하라는 강요를 받았을 때 어려운 교훈을 배웠다. 그 차량이 고객을 끄는 데 실패한 것은 일반적인 가솔린 연소 엔진 모델에 비해 연비는 조금 개선되었을 뿐인데 가격은 훨씬 비쌌기 때문이다(엔진 크기와 옵션에 따라 최대 4천 달러까지).[28] 경기 침체, 낮은 연료 가격, 치열해지는 경쟁 등의 압력을 받고, 토요타조차 프리우스에 더 큰 트렁크, 넓은 머리 위 공간, 연비의 개선, 가격 인하 등의 조치를 취하지 않으면 안 되었다.[29]

 이런 도전을 제기하는 취지는 환경을(그리고 이로써 사람들을) 다룰 때 조화로움을 추구하지 말라는 것이 아니다. 우리는 기독교적 관점과 일치하는 방법으로 기업에 접근하려면 반드시 환경 문제를 고려하는 가운데 의사 결정을 내려야 한다고 확신한다. 고객들이 당장 원하는 바를 제공해서 위험 부담을 회피하는 것은 편리하고 쉬운 평계가 될 수 있다. 이것은 또한 단기적인 시장 이익이 환경의 운명(그리고 결과적으로 인간의 안녕)을 결정하는 데 최종적인 힘이 되는 것이므로 무책임한 입장이다. 그런 입장은 또한 비즈니스가 수행할 리더십 역할을 포기하는 것이고, 비즈니스가 고객의 행위를 형성하는 데 일정한 역할을 한다는 사실을 무시한다. 우리는 소비자로서 상품을 선택할 때 종종 우리가 시인하는 것보다 더 근시안적이고 편협한 이익을 추구하는 편이다. 이런 문제를 기업의 탓으로만 돌릴 수는 없으나, 대다수 제품은 환경에 적합한지 여부를 유념하지 않은 채 설계되고 또 홍보되고 있는 형편이다. 더 나아가, 기업의 소비자 교육과 사회적 홍보가 최종 소비자의 행위를 어느 정도는 변경할 수 있다. 아이러니하게도, 윌리엄 클레이 포드의 증조부인 헨리 포드(회사의 설립자)는 한때 "만약 내가 고객들에게 무엇을 원하는지 물었다면, 그들은 더 빠른 말이라고 말했을 것이다"라고 말한 적이 있다.[30]

 환경 및 우리와 환경의 관계를 더욱 조화로운 방향으로 변화시키고 회복시키는 것은 결코 쉬운 일이 아니다. 깨어진 세상에 성경적 이상을 가져오는 일은 항상 그렇다. 창조 세계의 청지기로서 능동적 리더십을 발휘하려면 단기적인 윈-윈 공간 내에서 움직이는 것보다 훨씬 많은 일이 필요하다. 진실로 헌신적인 노력을 하려면 용기와 상상력, 그리고 생각과 행동의 극적인 전환이 필요하다.

환경에 대한 청지기직을 충실히 수행한다고 항상 경제적 보상이 따르는 것은 아니며, 즉각적인 보상은 기대할 수 없고 때로는 장래의 보상도 없다. 그러나 이 책의 입장에 걸맞게, 재정적 수익은 중요한 고려사항이긴 해도 단지 하나의 요인에 불과하다고 할 수 있다. 비록 재정적 손실(또는 이익의 감소)을 경험한다고 해도, 주주들과 그 가족들은 전반적인 안녕의 면에서 유익을 얻을 것이다. 주주들 역시 숨쉬고, 먹고, 소파에서 쉬고, 컴퓨터를 사용해야 한다. 바라건대, 그들 역시 지구촌 이웃과 지역 이웃이 처한 곤경에 대해 염려할 것이다. 실제로 주주들 중에 임원들에게 직접 이렇게 말하는 사람은 드물다. "우리 아이들이 수영하는 강에 당신들이 버리는 폐수의 양을 줄이려고 너무 노력하진 말고 이번 사분기에 내 주식의 배당금을 조금 높여 주시오." 하지만 그들이 단기적인 경제적 이익만 요구하는 것은 간접적으로 이와 똑같은 메시지를 보내고 있는 셈이다. 우리는 조만간 틀림없이 환경 파괴에 대한 대가를 지불하게 될 것이다. 의료비가 높아지든지 청소비가 늘어나든지 규제 비용이 증가하든지 어떤 형태로든 그럴 것이다. 사실 글로벌 경제에서 "우리 모두는 하향세에 접어들었다"라고 누군가 현명하게 말했다.[31]

필요한 다른 파트너들

기업은 환경을 보호하고 회복하는 일에 꼭 필요한 파트너이다. 적절한 가격 신호, 도덕적 동기 유발, 리더십 등을 감안하면, 기업보다 더 효율적으로 재빨리 혁신하거나 영향을 미칠 수 있는 조직은 없다. 그러나 '적절한 환경'이 없다면 기업이 성취할 수 있는 것에 한계가 있다.

정부는 기업이 장기적으로 공동선을 도모하는 방향을 취하게 하는 데 중요한 역할을 담당해야 한다. 먼저 비즈니스로 인해 발생한 위험 부담을 적정 수준으로 만드는 여건을 조성해야 하고, 이어서 변화를 추구하고 장기적인 방향을 설정하는 데 필요한 올바른 인센티브를 제공해야 한다. 좋은 규제는 놀이터를 고르게 해서 환경적인 노력이 빠져나갈 구멍이 거의 없는 그런 "죄수의 딜레마"에 빠지지 않게 해야 한다. 프리드만의 『뜨겁고 평평하고 붐비는 세계』는 주로 정치인들과 정책 입안자들이 시기적절하게 행동하는 데 필요한 용기와 선견지명이 부족하다는 점을 지적하고 있다. 우리는 이 무질서에서 벗어나는 길을 규정할 수 없기 때문에 시장의 힘과 경쟁적인 힘을 동원해서 혁신에 박차를 가하고 가격을 끌어내려야['친디아'(Chindia, 중국과 인도의 결합어) 수준으로] 할 것이다. 그러기 위해 프리드만은 가솔린 세금과 같은 정책을 지지하는데, 그래야 최저 가격이 존재할 터이고 기업이 안전하게 대체 연료에 대규모 투자를 할 수 있기 때문이다. 그러나 만약 잠재적 시장이 "오랜 불결한 연료"의 큰 가격 변동에 따라 위축된다면 임원들은 대규모 투자를 정당화할 수 없을 것이다.[32] 프리드만을 비롯한 많은 사람은 탄소에 가격을 붙이는 것(세금과 같은 방법을 통해)도 더욱 환경에 우호적인 설계를 장려하는 데 도움이 될 것으로 믿는다. 우리의 취지는 구체적인 정부 정책을 제안하는 것이 아니고 단지 비즈니스가 동반자와 지도자의 역할을 잘 수행하려면 뒷받침이 필요하다는 점을 인식시키는 것이다.

환경 문제는 그저 경제적, 상업적, 또는 정치적 근시안이 유발하는 것이 아니다. 우리가 소비자 개개인의 차원에 속하는 영적인 원인을 무시해서는 안 된다. 제품의 구매자로서 우리는 우리의 선택 중 다수를 재고해야 한다. 만약 우리가 우리의 폭넓은 유익, 우리의 이웃과 자녀들을 배려한다면, 우리는 생활 방식을 바꾸고 편리함과 사치를 누리는 권리의 일부를 희생해야 할 것이다. 우리가 살아가는 방식에서 기존의 생각을 크게 바꾸지 않으면 손쉬운 사소한 행동들은 큰 의미가 없을 것이다.

비즈니스는 우리에게 편의성을 과대평가하도록 강요할 수 없고 또 강요하지 않고(물론 설득할 수는 있어도), 우리가 항상 가장 편리한 교통수단을 선택해야 한다거나 환경에 해로운 제품과 포장 방법을 골라야 한다고 요구하지 않는다. 우리 역시 선택을 내리게 되는데, 그 영향력은 지구촌의 많은 사람들이 우리의 생활 방식을 모방하려고 할 때 전례가 없는 규모로 증폭된다.

쉘 임원으로 은퇴한 클리브 마터는 필요한 동반자 관계를 논의하면서 다음과 같은 적절한 생각을 제시한다.

> 비즈니스가 혁신과 기술, 세계적인 진출 면에서 아무리 많이 성취할 수 있다고 해도, 이것은 단지 비즈니스의 문제가 아니다. 우리가 일종의 '거래'를 원한다면 우리 모두와 관계가 있다. 우리-당신, 나, 대기업, 중소기업, 정부, NGO, 환경 운동가-는 모두 한 배에 탔다. 정부는 정책의 틀을 만들어야 하고, 환경 운동가들과 학자들은 독립적인 연구 조사와 확신을 제공해야 하고, 기업은 상업적 제품을 개발해야 하고, 소비자들은 그들의 습관을 고쳐야 한다. 만약 우리 모두가 똑같이 시기적절하게 반응하지 않는다면, 우리는 모두 자연이 궁극적으로 결정하는 대로 값을 치르게 될 것이다. 저술가이자 자연주의자인 로버트 파일이 상기시켜 주듯, "자연이 마지막 타석에 선다."[33]

존 스토트는 언젠가 성경적 이상을 환경 보호와 연결시키며 이런 감명적인 말을 했다. "창조 질서를 모두의 기쁨과 유익을 위해 변혁시키려고 하나님의 목적을 성취하기 위해 하나님과 협력하는 것은 참으로 숭고한 소명이다. 창조 세계를 돌보는 우리의 손길은 창조주를 향한 우리의 사랑을 반영할 것인즉 이런 식으로 우리의 일은 우리 예배의 표현이 되어야 한다.[34] 오늘날 자연과 인류(특히 가장 취약한 사람들)의 안녕 사이에 긴밀한 관계가 있다는 인식이 점점 커지는 만큼, 스토트의 논리를 한 걸음 더 끌고나가도 좋겠다. 환경의 청지기 직분을 마태복음 22:37-40에 나오는 대위임령(하나님 사랑과 이웃 사랑)의 연장선상에 있는 것으로 봐야 한다는 것이다. 우리의 자녀들, 손자들, 그리고 원근의 이웃들이 잡초와 엉겅퀴와 가시에 둘러싸이는 것을 피하려면, 비즈니스 세계가 능동적인 파트너가 될 필요가 있다. 하지만 환경을 보존하고 회복하는 것(동산을 가꾸는 것)은 헌신과 희생이 필요한 우리 모두의 공동 과업임에 틀림없다.

10
비즈니스의 새로운 동향

우리가 먹는 사과는 대부분 워싱턴 주 남동부의 완만한 언덕에서 재배된다. 큰 도로를 따라 조성된 집단 거주지에는 농장의 외국인 노동자들이 종종 하수도와 전기도 없는 판잣집들을 임시 거처로 사용하고 있다. 스네이크 강 근처 고속 도로의 끝에서 길을 돌면 과수원이 즐비하고 중산층의 집들과 학교가 있다. 피시훅 공원 길을 따라 반쯤 올라가면 어떤 이들이 에덴동산의 일부라고 부르는 장소가 나오는데, 랄프 브롯제와 셰릴 브롯제(Ralph and Cheryl Broetje)가 운영하는 가족 농장이다.¹ 브롯제 과수원의 브랜드인 '워싱턴의 첫 열매'(First Fruits of Washington)는 하나님께 최초이자 최상의 수확물을 바쳤다는 성경의 명절에서 따온 이름이다.

'가족 농장'이라는 이름에 속지 말기를 바란다. 브롯제 과수원은 세계 최대의 사기업 사과 과수원 중의 하나(6백만 평도 넘는다)로 1년 내내 일하는 상근 직원이 대략 1,000명에다 제철에 일하는 계약직 노동자도 900명이나 된다. 이 회사는 매년 5백만 개 이상의 사과 상자를 포장해서 코스트코, 세이프웨이, 알버트슨, 월마트와 같은 대형 소매업자에게 판매한다.

사과는 특별한 상품이 아니지만 가난하고 소외된 사람들을 섬기는 것을 회사의 사회적·영적 사명으로 삼은 것은 그들의 차별성이다. 랄프와 셰릴은 영농 사업을 시작한 초기부터 미국 국경의 남쪽에서 온 계절노동자들이 경험하는 역경을 목격했다. 그들의 자녀들을 통해 그 어려움을 볼 수 있었는데, 아이들은 보호자 없이 집에 방치되었고 일거리를 찾아 자주 이사하는 바람에 학교도 제대로 다닐 수 없었다. 그래서 브롯제 부부는 1년 내내 일하는 상근직을 만들었고 유치원도 설립했다. 그들은 가난한 생활 환경과 건강의 문제에 대해 더 많이 알게 되었고, 그중에는 한 남자아이가 자던 중에 쥐에 물리는 사건도 있었다고 셰릴 브롯제(기업의 '공동체 복지'를 주도하는)가 회상한다. 랄프와 셰릴은 그때까지 저축해 놓은 자금을 방 2개, 3개, 4개짜리 집을 100채 짓는 데 내놓기로 결심했다. 그 집들은 '비스타 에르모사'(Vista Hermosa, 아름다운 전망)로 알려진 집단 가옥을 조성했고 직원과 그 가족들에게 시세보다 훨씬 저렴한 월세로 임대되었다.

브롯제 부부는 처음에는 예상을 못했지만 점점 더 많은 필요를 채워줘야 한다는 것을 깨닫게 되었다. 그들이 말하듯이 금방 사회 복지 사업에 뛰어든 셈이다. 그래서 그들은 기독교 사립 학교와 비행 청소년을 위한 캠프(Jubilee Youth Ranch)를 세웠고, 직원들을 위한 탁아방도 매우 저렴한 이용료로(아무도 하루에 7달러 이상은 내지 않았다) 운영했으며, 채플과 식품점도 건축했다. 방과 후 프로그램과 현장 도서관과 컴퓨터 수업도 개설했다. 직원 자녀들을 위한 대학 장학금도 따로 마련했다. 회사는 매년 세후 수익의 60-75%를 지역과 국내와 해외의 자선 사업에 기부한다(현재까지 5천만 달러에 달한다). 가부장주의가 아니냐는 목소리에 대항해 셰릴은 '비스타 에르모사'를 떠나는 가정의 40%가 나가서 최초의 주택 소유주가 된다고 자랑스럽게 말한다.

브룻제 가족의 신념은 직접적인 경영 행습에도 영향을 준다. 나(켄맨)는 몇 년 전 여름에 그 사업체를 방문하는 영광을 누린 적이 있는데, 브룻제 부부가 매우 신중하고 겸손하게 사업 전체를 설계한 것을 보고 큰 감명을 받았다. 그 회사는 스스로를 공동체로 생각하며 섬김의 리더십 모델을 실천하고 있다. 일부 가족들은 가족 단위로 시간을 보낸 적이 거의 없다는 것을 알고는(아버지들은 아침 일찍 농장에서 일하고 어머니들은 공장에서 오후 교대 근무를 한다) 회사가 최신식 포장 시설을 만들어 예전의 기계와 나란히 운영해서 이른 저녁에 일하지 않아도 되게 했다. 그리고 새로운 시설은 효율성이 높아 직원들이 일자리를 잃을 가능성이 있어서 경제적으로 지속가능한 방식으로 사업을 운영하면서도 최대한 일자리를 유지할 수 있도록 신중한 조치를 취하기도 했다.[2] 지난 2년 동안 직원들로 구성된 위원회는 체리 과수원에서 발생한 수익(종종 몇 십만 달러에 달한다)의 100%를 다양한 운동에 기부하기로 결의하였다. 직원들은 마치 자선 재단의 프로그램 담당 임원처럼 실제로 제안 사항을 제출할 권리가 있다.

회사의 표어는 "언제나 남아 있을 '열매'를 맺는 데 헌신한 양질의 과일 회사"(요 15:16)이다. "물론 우리는 돈을 벌어야 한다. 그렇지 않으면 문을 닫아야 하니까"라고 셰릴은 설명한다.

그러나 이윤이 우리의 주된 동기는 아니다. 이윤은 사람들을 존엄하게, 존중하면서, 상호 의존 관계로, 그리고 모든 의미에서 동등하게 대할 때 생기는 부산물이다. 우리 모두는 자신들을 돌보는 사업을 돌보는 사람들의 공동체를 창조하는 데 일정한 역할을 갖고 있다. 만약 우리가 언제든지 그 일을 멈춘다면, 우리는 내부적으로 파열하게 될 것이라고 믿는다.[3]

브룻제 과수원은 뛰어난 품질의 사과를 기르고 판매하는 사업이나, 브롯제 가족이 말하듯, 사람들을 개발시키는 사업에도 몸담고 있다.

브롯제 과수원은 사회적 결과와 재정적 결과를 직접 융합시키려고 하는 이른바 '사회적 기업' 또는 '사회적 벤처 사업'의 초기 선구자이다. 사회적 기업은, 가난과 환경적 지속 가능성 같은 어려운 사회 문제를 해결하는 데 기업을 직접적이고 의도적인 동반자로 만들려고 노력하는 여러 운동 중의 하나에 해당한다. 이런 운동들은 제각기 기업인, 고객, 대중 매체, 대학 수준의 교육 과정 개발, 그리고 대규모 투자 자금을 끌어들였다. 게다가, 지금은 일부 주류 기업 조직들도 그와 비슷한 행습과 목표를 채택하고 있다.

이제 우리는 기업 세계에서 일어나고 있는 여러 발달 양상에 대해 논의할 것이다. 시작하기 전에 먼저 이런 노력들은 자선사업이 아니라는 사실을 주목할 필요가 있다. 이런 노력들이 인도주의적 이슈에 집중하고 또 다른 목적을 위해 어느 정도의 이윤을 희생하는 것은 사실이지만, 이런 노력들은 전통적으로 영리 부문과 비영리 부문으로 구분했던 그 공간을 창조적으로 공유한다. 이런 새로운 조직들은, 정부 기관과 기부금으로 운영되는 단체들이 할 수 없는 방법으로 혁신과 훈련을 격려하기 위해 경제적 경쟁력과 이윤 동기를 확보할 때 기업이 사회적 이슈를 해결하는 데 능동적인 동반자가 될 필요가 있음을 보여 주는 강력한 증인이다. 비즈니스는 혁신적인 상품과 서비스를 신속히 평가하고, 다양한 시장들과 지리적 영역 사이에 지식을 전달하고, 정부 지원과 기부금에 의존하지 않고 지속가능한 방식으로 운영할 수 있는 독특한 역량이 있다. 다음의 운동들은 자선 사업을 하는 대신에 각각 경제적 및 사회적 가치를 창출하는 데 비즈니스가 가장 잘 하는 일을 잘 활용하고 있다.

우리는 포괄적인 기업의 사회적 책임(Corporate Social Responsibility: CSR), 개발도상국 빈곤 퇴치 사업(Bottom or Base of the Pyramid: BOP), 사

회적 기업(Social Enterprise), 미소금융(Micro-finance), 선교로서의 비즈니스 선교 운동(BAM), 그리고 새로운 소유 및 지배 모델들에 대해 논의할 것이다. 이어서 우리는 그것들이 공동선을 위한 변혁적인 섬김을 특징으로 하는 비즈니스의 비전에 어떻게 들어맞는지 살펴볼 것이다. 이런 발달 양상은 말끔하게 분리될 수 없는 여러 범주들을 표현하고 있음을 주목할 필요가 있다. 어떤 학자들은 모두는 아닐지언정 대다수가 하나로 수렴되는 모습을 본다.[4] 예를 들면, 사회적 기업과 더 탄탄한 CSR 개념을 나누는 선은 무척 가는 듯하다. 이와 비슷하게, 사회적 기업가 정신은 미소금융의 빠른 확산에 분명히 기여했다. 사회적 기업인들과 BAM 리더들 또한 그들의 목적을 달성하기 위해 BOP 전략을 사용할 수 있다. 우리는 또한 보다 전통적인 영역들에서 운영되는 기업들이 세상에서의 하나님의 일에 기여하는 역할을 무시하거나 최소화시킬 생각은 없다는 점을 이야기하고 싶다. 특히 그들 중 다수가 복수의 이해관계자들에게 주는 혜택을 강조하는 방향으로 나아가고 있기 때문이다.

포괄적인 CSR

과거에는 CSR을 '정상적인' 기업 활동을 추구하는 과정에서 명시적인 해악도 끼치지 않는 것으로 정의했다. 많은 회사들은 또한 자선사업에 기부하고 지역 행사에 직원들을 자원봉사자로 보내는 등 지역 사회에 투자함으로써 CSR을 실천했다.

그러나 최근에는 CSR이 훨씬 더 탄탄하고 포괄적인 개념으로 발전했다. 한때는 '정상적인' 기업 활동으로 간주되었던 원자재 공급과 제조 작업 같은 것들도 지금은 근로자에 대한 대우와 환경 보호의 측면에서 (법적인 것을 넘어) 도덕적 기준을 위반하는지 여부를 면밀히 검토하고 있다. 한편으로는 직원들이나 최종 사용자들에게 해로운 방법으로 제품을 생산하면서, 다른 한편으로는 많은 돈을 자선 사업에 기부하던 과거의 불합리한 관행은 더 이상 용납되지 않는다.

사실 최근의 CSR은, 사업체들이 이제 외부적으론 공급 사슬의 첫 단계부터 제품이나 서비스의 최종 사용자에 이르기까지 다수의 이해관계자 집단들에게 기업 활동이 주는 영향에 대해 책임을 지고, 내부적으론 면밀하게 검토하는 만큼 "360도"라고, "수직적으로 통합된" 또는 "매끄러운" 성격이라고 묘사될 수 있다. 사업체들이 이제는 그들의 행동이 투자자, 공급자, 소비자, 직원, 환경에 어떤 영향을 주는지를 종합적으로 고려해야 한다. 맥도날드는 변화하는 CSR의 성격에 영향을 받은 회사의 좋은 예이다. 과거에는 맥도날드가 자선적 기부로 인해, 특히 '로날드 맥도날드 하우스'를 병원 근처에 지어 장기 투병중인 자녀를 둔 가족들에게 거처를 제공했기 때문에 기업 시민권을 획득하고 좋은 평판을 받았다. 하지만 최근에는 그 식품의 영양가 때문에 아동 비만에 일조한다고 비난을 받고 있다. 이런 유형의 비난이 틀림없이 그 회사가 식품 라인을 다시 검토하게 하고 점포 메뉴에 선택의 수를 더욱 늘리게 만들었다.

모두가 다 긍정적인 변화로 받아들이지는 않지만(예를 들면, 일부는 어린이의 식습관에 대한 책임을 부모가 아닌 회사에 묻는 것이 터무니없다고 생각한다), CSR의 진화하는 성격은 여러 세력의 조합으로 형성되어왔다. 변하는 대중의 기대, 정부/규제의 압력, 비정부/옹호 단체, 매체의 감시, 인터넷에서의 정보와 뉴스가 퍼지는 속도와 양 등은 모두 일정한 역할을 담당했다. 그뿐만 아니라, 투자와 소비 결정에서 윤리적인 거름망의 사용이 최근 수년간 극적으로 증가했다.

성실하고 솔직한 일부 기업계 지도자들은 기업 편의 책임을 주도했다. 예를 들면, 펩시콜라의 CEO 인드라 누이는 새로운 종류의 자본주의를 적극적으로 옹호하며 기업이 다수의 결과에 대해 책임질 것을 요구한다.[5]

이와 비슷하게, 클리프 바의 창립자 개리 엔릭슨은 "나에게 주주의 가치는 장기적인 청지기 정신과 지속 가능성이다.…우리는 이익이 필요하다는 것을 알지만, 이익이 우리의 존재 이유는 아니다. 이익은 클리프 바를 건강하게 유지해 주고 오랫동안 좋은 일을 할 수 있게 해 준다."[6] 이런 목적의식은 클리프 바의 다섯 가지 '목표'나 포부로 옮겨진다. 그것은 사업, 브랜드, 사람, 공동체, 지구이다. 빌 게이츠(매우 경쟁적인 기업으로 알려진 마이크로소프트 사의 창립자)마저 가난한 사람들의 필요를 다루는 데 실패한 자본주의에 대해 불만을 토로하고, 경제적 사다리의 밑바닥에 있는 사람들을 돕는 방향으로 재조정된 "창조적인 자본주의"를 만들자고 주장했다.[7]

많은 회사들이 CSR에 대한 더욱 탄탄한 접근을 보여 주는 사례들을 제공한다. 포괄적인 CSR 관점을 가진 CEO(제프 스와츠)를 둔 팀버랜드(Timberland)도 투명성 제고와 이해관계자의 참여를 목표로 연례 CSR 보고를 분기별 보고로 변경했다. 보고서는 열다섯 가지 실적 지표를 다루는데, 거기에는 에너지 사용, 제품의 원료 구성(건강과 환경 보호를 위해), 직원의 자원봉사/서비스, 그리고 공장의 노동 환경 등이 포함된다.[8]

공급 사슬의 맨 아래에 있는 노동자들을 대우하는 문제로 시작해서, 창고형 소매 대형 마트인 코스트코 같은 회사들은 공급자의 농장에서 일하는 직원들이 공정한 대우를 받는지 확인하기 위해 감사를 집행한다. CEO 짐 시네갈에 따르면, 코스트코가 고객들에게 상품을 낮은 가격에 파는 것이 부당 행위 때문이라는 비난을 받고 싶지 않다고 한다.[9] 이와 비슷하게, 스타벅스는 생두 가격을 시세보다 높게 지불하고 커피를 재배하는 국가들의 보건 활동에 투자해 왔다.

CSR에 적극 헌신하는 또 다른 회사인 마텔(Mattel)은 '핫 휠즈'(Hot Wheels)시리즈를 생산하는 공장들이 있는데, 뉴스 매체에 보도되는 중국의 노동 착취 공장과는 전혀 다른 모습이다. 직원들이 똑같은 일을 반복하는 것이 아니라 다양한 부서를 순환하며 일하도록 기획되어 있다. 공장 노동자들이 거주하는 숙소는 중국의 어떤 현대적 기숙사와도 견줄 만하며 에어컨과 탁구대와 노래방 기계까지 비치되어 있다.[10]

월마트와 같은 회사들은 소비자에 대한 더 큰 책임감을 갖고 회사를 운영하고 있다. 요즘 월마트는 칭찬보다 비난을 훨씬 많이 받고 있지만 오랫동안 가정 친화적인 상품을 취급하는 정책을 갖고 있다. 이 회사는 노골적인 폭력을 담은 비디오게임을 취급하기를 거부하고, 상당한 구매력을 이용해 음반 회사들로 하여금 월마트 매장의 가족적 분위기에 어울리는 가사로 만든 특별한 음반을 생산하도록 요구했다. 전 실무 책임자(COO) 돈 소더퀴스트에 따르면, 월마트 경영진은 이런 경우에 돈 때문이 아니라 옳은 일이기 때문에 그런 결정을 했다고 한다.[11]

포괄적인 CSR을 모두가 환영하는 것은 아니다. 앞서 언급했듯이 일부는 CSR의 공정성에 의문을 갖는다. (회사가 최종 소비자에 대해 책임지게 하는 것이 공평한가?, 예를 들면, 맥도날드가 아동 비만에 대해 책임져야 하는가?) 다른 이들은 그것이 소비자들을 달래고 유인하기 위한 겉치레에 불과하다고 반대한다. 또 어떤 사람들은 그것이 이윤 목적을 추구하는 기업의 능력을 침해하고 결국은 회사에 자본을 제공하려고 어렵게 번 자금을 모험적으로 투자한 투자자들에게 손해를 끼친다고 주장한다.

이와 같은 우려를 고려할 때, CSR은 변혁적 섬김의 비전에 얼마나 잘 들어맞는가? 물론 어떤 부분들은 아주 잘 들어맞는다. 기업이 오직 사유재산만을 생성하기 위한 엔진이 되어서는 안 되고 다른 사람들을 섬기기 위한 수단이 되어야 한다는 점을 기억하라. 아울러 구약에 나오는 배상 관련 율법과 우리는 '우리의 형제를 지키는 자'라는 생각은 우리의 결정과 행동이 타인에게 주는 영향에 대한 성경적 책임 윤리를 감지하게 해 준다. 가톨릭의 사회적 가르침 또한 보충성(subsidarity)의 원리와 매개 구조(mediating structure)의 개념을 통해 기업의 책임을 생각하도록 도와준다. 전자에 따르면, "모든 사회적 활동은 예외 없이 본질적으로 사회적인 몸의 지체들에게 도움을 줘야 하고 그들을 절대로 파괴하고 흡수해서는 안 된다."[12] 이는 기업과 정부가, 사람들이 하나님, 다른 사람들, 자연, 또는 그들 자신과 맺는 관계를 해쳐서는 안 된다는 뜻이다. 말하자면, 기업이 개인과 대규모 기관(국가) 사이에 서서 사람들을 사회적인 삶에 통합시키는 데 꼭 필요한 구조들(교회와 학교 같은) 중의 하나가 될 수 있다는 뜻이다.[13]

비즈니스가 글로벌 경제를 바꿀 수 있는 더욱 강력한 동력이 됨에 따라 기업인들과 회사들은 그들의 행동, 특히 힘과 발언권이 없는 사람들에게 안기는 결과에 대해 더욱 큰 책임을 져야 한다. 맥도날드와 같은 회사들은 어린이들에게 직접 마케팅하기로 결정한 만큼 최종 사용자에 대한 책임을 어느 정도 지는 것이 마땅하다.

그런데 중대한 난제는 명확한 책임의 선을 긋는 것이다. 회사들이 자기네 상품의 사용으로 인해 발생한 의도치 않은 모든 결과에 대해 전적으로 책임지게 하는 것은 정당한 형태의 책임 공유를 부정한다. 부모와 정부와 교육 기관들도 담당할 역할이 분명히 있다. 맥도날드가 책임 있는 마케팅을 하고 식품의 영양가에 관해 정확한 정보를 제공한다면, 그 회사에게 그 식품의 과다 사용에 대한 궁극적인 책임을 물어선 안 된다는 주장은 설득력이 있다. 아무튼, (어느 연령이 되기까지) 자녀들을 위해 최종 결정을 내리는 사람은 부모나 다른 보호자이고, 어린이들이 먹을 음식의 비용을 내는 사람도 바로 그들이다.

더 나아가, CSR은 하나의 원을 구성하는 일련의 관계라고 생각하는 것이 더 정확하다. 그 원을 구성하는 선을 따라 존재하는 다양한 지점에 기업인과 회사가 있다. 정부나 가족 같은 다른 사회 기관들은 다른 지점들에 존재한다. 끝으로, 소비자와 투자자 역시 흔히 간과되는 중요한 부분이다. 여러 면에서 우리가 구매 및 투자 결정의 견지에서 어떻게 행동하는지는 글로벌 경제 시스템과 기업 행위의 강력한 추동력이 된다. 포괄적인 CSR은 그 원의 회사/비즈니스 부분에 너무 집중하는 것인지도 모른다.

이 지점에서 또 다른 난제는 기업이 다른 이해관계자들을 대우하는 면에서 얼마나 잘하고 있는지를 측정하는 정확하고 감사 가능한 방법을 개발하는 것이다. 팀버랜드를 비롯한 많은 회사들은 이미 홈페이지에 CSR 보고서를 게시하고 있다. '삼중적 성과 보고'[triple bottom line(3BL) reporting]라고 불리는 최근의 평가 방법은 측정법을 표준화하고 공식화하려는 노력의 하나이다. 3BL의 개념은 유망하긴 해도, 일부 비판가들은 그 유용성에 한계가 있다고 믿고, 사회적 책임 보고로 통과되는 것이 종종 홍보용이거나 실체의 "조작"에 불과하다고 생각한다.[14]

이 운동의 또 다른 한계는 이중적인 동기에 있다. 그리 놀랍지는 않지만, 공개적으로 이런 용어를 사용하는 기업들 중에 일부는 가치관에 입각한 헌신보다는 재정적 기반을 얻기 위해 투자자와 소비자를 끌어들이는 일에 훨씬 관심이 많은 것이 사실이다. 그런데 문화적 가치관이 변하면 어떻게 될까? 포괄적인 CSR은 과연 그 유용성을 상실한 한물간 유행으로 전락할 것인가?

개발도상국 빈곤 퇴치 사업

빈곤 퇴치 사업에 참여하는 기업의 역할을 잘 보여 주는 흥미로운 운동이 있다. 개발도상국 빈곤 퇴치 운동(BOP)은 다국적 기업을 포함한 대기업들에게 그들이 오랫동안 소홀히 했던 사람들, 즉 극빈층에 속한 40억 명(세계 인구의 3분의 2)과 함께 비즈니스를 하는 것을 고려하도록 요청한다.[15]

이 운동의 핵심 사상가에 속하는 C. K. 프라할라드와 스튜어트 하트는 다국적 기업에게 "가난한 이들에게 판매하는 것과 그들의 삶이 개선되도록 문화적으로 민감하고, 환경적으로 지속 가능하고, 경제적으로 수익성 있는 방법으로 제품과 서비스를 생산하고 분배하는 것"을 고려해야 한다고 말한다.[16] 그렇게 해서 여러 목적을 달성할 수 있는데, 거기에는 개발도상국의 빈곤층을 글로벌 시장과 연결시켜 경제적 가난에서 벗어날 수 있는 기회를 제공하는 일도 포함된다. 물론 대기업들이 관련된 만큼 그 목표가 빈곤의 퇴치만은 아니다. 재정적 성장의 전통적인 기반도 강조되고 있다. 연구자들은 가장 큰 18개의 개발도상국의 시장이 1조 7천억 달러에 달하고 모두 합치면 "수조 달러"가 될 것으로 추정한다.[17]

다국적 기업은 실행 가능성에 관한 고정 관념 때문에 대체로 이 시장을 간과했다. 이 경제적 계층에 속한 수십억 명의 경우 구매력 평가(purchasing power parity: PPP)는 미국 화폐로 1,500달러(적당한 생활을 유지하는 데 필요한 '최소 금액') 정도이고, 최하위 십억 명은 하루에 1달러도 되지 않는다. 그래서 대기업들이 상류층 시장에 전통적으로 제공한 상품과 서비스를 최하위층이 어떻게 살 수 있는지 묻는 것은 당연하다. 물론 일부 상품과 서비스를 원하는 사람이 있을지 모르지만 진정한 경제적 수요는 아예 없거나 거의 없을 것으로 가정하였다.

미소금융 운동(나중에 다룰 것이다)이 빈곤층의 경제적 자원과 재정적 습관에 대한 신화를 극복했던 방식과 비슷하게, BOP 운동의 리더들은 상류층 경제에 속한 국가들에 기반을 둔 기업의 경영진에게는 보이지 않는 비공식적인 경제에서 발생하는 활동의 수준을 가리킨다.

그들의 주장에 따르면, 이 시장은 혁신적인 방법과 고정 관념의 타파를 통해 접근할 수 있는데, 거기에는 그 소비자들의 중요성, 필요, 구매 능력에 대한 가정, 그리고 이런 국가들에서 일하기를 원하고 그들의 필요를 충족시키는 일에 도전하는 매니저들의 존재가 포함된다. 프라할라드는 이렇게 말한다.

만약 우리가 가난한 사람들을 피해자나 부담스러운 짐으로 생각하기를 멈추고, 그들을 탄력적이고 창의적인 기업인이자 가치를 의식하는 소비자로 생각한다면, 전적으로 새로운 기회의 세계가 펼쳐질 것이다.…우리에게 필요한 것은 가난한 사람을 돕기 위한 더 나은 접근 방법인데, 그것은 가난한 사람들이 활발하게 참여하고 동시에 회사들이 그들에게 제품과 서비스를 제공해서 수익을 얻는 지속 가능한 윈-윈 시나리오를 만들고 성취하기 위해 그들과 동반자 관계를 그런 방법이다.[18]

그는 이어서 이렇게 말한다. "BOP에 속한 가난한 사람들이 소비자의 대우를 받는다면, 그들은 존중, 선택, 자존감의 유익을 거둘 수 있고 가난의 덫에서 벗어날 기회를 갖게 될 것이다."[19] BOP 리더들은 또한 선진국의 제품과 서비스가 단순히 복제되고 그것을 수십억 명이 더 소비할 경우에 발생할 엄청난 피해를 감안하면, 제품과 서비스를 설계할 때 환경적 지속가능성을 염두에 둬야 한다고 단호히 강조한다.[20]

일단 이런 가정이 바뀌면, 운영과 전략상의 혁신이 많이 필요하다.[21] 가난한 사람들, 즉 소득이 적고 불규칙적이며, 미디어가 별로 없는 지역에 살고, 생산과 유통에 필요한 기술이 없는 사람들에게 제품과 서비스를 제공하거나 고용 기회를 창출하는 일은 많은 어려움을 안고 있다. 게다가, 이런 사람들이 살고 있는 환경은 상류층 경제에서 당연시되는 방식의 거래를 지지할지도 모른다. 예를 들어, 어떤 나라들은 효율적인 경제적 거래를 가능케 하는 좋은 도로, 금융 거래 시스템(예, 수표를 현금으로 바꾸는 것, 전자 예금, 계좌 이체)과 같은 사회 기반 시설이 부족하다.

어떤 BOP 전략들은 매우 단순하다. 예를 들면, 소득이 적고 불규칙적이라서 대량 구입이 불가능한 소비자들을 위해 빨래 비누 같은 품목을 일회용으로 판매하는 것이다. 다른 전략들은 무척 혁명적이다. 예컨대, 영국의 전기 통신 회사인 보다폰(Vodafone, 수익으로는 세계 최대 휴대 전기 통신 회사의 하나)이 케냐에 본부를 둔 사파리콤(Safaricom)과 협력하여 2007년에 M-페사를 출범시킨 것을 들 수 있다. M-페사(pesa는 스와힐리어로 돈이란 뜻)는 케냐에서 휴대 전화를 통해 경제적 거래를 가능하게 하는 서비스이다.

지난 몇 년 동안 통신 비용이 극적으로 떨어지고 선불 서비스가 가능해진 덕분에 휴대 전화의 소유가 극적으로 늘어나는 바람에 M-페사가 개발도상국들에 널리 파급되었다. 적은 비용으로 소비자들이 여러 M-페사 지점 중 한 곳(사파리콤 선불 전화 카드를 파는 작은 가게 등)에 자금을 예치하면 이것이 나중에 휴대 전화 계좌로 보내진다. 그러면 그들은 전화를 이용해서 그 돈으로 상점에서 물건을 사거나(가게 주인의 M-페사 계좌로 전자 송금을 하는 방법으로) 국내 다른 지역에 살고 있는 가족에게 송금할 수 있다. 그 가족은 전화기에 뜨는 예금을 갖고 다른 M-페사 대리점에 가서 현금을 받거나 예금을 이용해서 물건을 살 수도 있다. 예를 들어, 도시에 사는 노동자는 그의 수입 중 일부를 멀리 떨어진 마을에 살고 있는 아내와 아이들에게 보낼 수 있다. 부유한 나라에서는 손쉬운 계좌이체(송금)가 경제적으로 가난한 나라에 사는 사람들에게는 비용, 속도, 신빙성 중 어느 하나를 희생하게 만든다. 그러므로 M-페사가 케냐에서 환영받는 것은 놀라운 일이 아니다. 「이코노미스트」지에 의하면, 2009년 말 현재 M-페사는 700만 명의 사용자를 자랑하고 있다. (케냐의 인구는 3800만 명이고, 1830만 명이 휴대 전화를 갖고 있다.)[22]

BOP 운동에 참여하고 있는 다국적 기업으로는 쉘 솔라(Shell Solar: 에너지/공익 사업), 시멕스(Cemex: 주거), 코닥(Kodak: 카메라), 그리고 유니레버(Unilever: 비누 같은 건강과 위생 관련 제품)의 자회사인 HLL 등이 있다.[23]

최고의 사례들을 보면, BOP에 속한 주민들은 그저 잠재적 소비자로 보이지 않고 유통과 구매의 주요 참여자로 간주되고, 이는 그들에게 생산적인 경제적 기회를 창출해 준다. 예를 들면, 그라민(Grameen)은 휴대 전화를 소유한 여성들에게 소득을 창출할 기회를 제공하는 데 성공했는데, 보통은 이웃을 상대로 한 상업 방송으로 생계를 유지한다.[24] 그리고 선불 카드를 팔거나 수고비를 받고 전화 배터리를 충전해 주는 다른 기회들도 존재한다. 이와 유사하게, HLL의 인도 농촌 지역 유통 전략의 핵심에는 "행상 소매업자들"로 훈련된 수많은 지역 주민들이 있다.[25] 네슬레는 지역 농부들이 제품 원료를 공급하게 해서 농촌의 경제 발전에 박차를 가하도록 도왔고, 우유 생산 지역에서는 지역 주민에게 창고 적재와 출하의 업무를 맡겼다. 경제적 소득 이외에도 영양, 식품 안전, 기반 시설, 훈련, 수의사에의 접근성 등은 이 프로그램이 선사한 여러 혜택들이다.[26]

BOP 운동이 다중 성과(multiple bottom lines)의 달성을 강조하는 것, 즉 경제적 가난의 경감, 경제적인 능력 부여, 지속 가능한 설계의 필요성 등을 도모하는 비즈니스의 주도적인 역할을 강조하는 것은 크게 칭찬받을 만하다. 만약 더 많은 기업들이 그들의 사업에 이렇게 접근했다면 변혁적인 사업이 가능했을 것이다. 그러나 조심스럽게 접근할 필요가 있다. 첫째, 창출되는 부가 과장될 수 있다. 아닐 카르나니는 하위 계층의 시장은 신기루에 가깝다고 주장한다.[27] 둘째, 다국적 기업은 대부분 주주들이 소유하고 있으므로 제품과 서비스가 이윤을 남겨야 한다는 엄청난 단기적인 압력이 존재한다. 그러므로 그들이 섬겨야 할 사람들의 최선의 유익보다 재정적 성장을 선호하는 행동을 취하기 쉽고, 그래서 제한된 자원을 불필요한 구매에 사용하게 함으로써 경제적으로 가난한 사람들을 착취할 수 있다. 선진 경제에서 사용하는 육체적, 사회적, 영적, 환경적 건강을 해치는 모든 제품과 서비스가 BOP에 속하는 사람들에게 정말로 필요한지 의문을 제기할 필요가 있다. 공정하게 말하자면, 이 운동의 리더들은 신중하게 운영할 필요성을 절실히 느끼고 있는데, 본래 기업은 경제적으로 가난한 사람들을 등쳐서 이윤을 남기는 쪽으로 쉽게 넘어갈 수 있기 때문이다.[28]

다음으로, 기존의 BOP 문헌은 대부분 경제적으로 가난한 사람을 '빈곤층'으로 언급한다. 이 행습은 단순한 수사의 문제로 간과될 수 있지만 ('빈곤층'은 많은 분야의 문헌에 흔히 사용되는 단어이다) 가난에는 다양한 차원이 있다. 이 사실을 무시하면 사람들을 경제적 행위자로만 축소시킬 수 있다(5장 참조). 이것은 의도치 않게 경제적 성장과 발달을 동의어로 생각하게 만들고, 결과적으로 사회적 가치 영적 가치 같은 다른 가치들의 창조를 나중에 생각할 사항으로 만들어 버린다.

아울러 사람들을 이웃이 아닌 소비자로 취급할 위험도 있다. 모든 사람을 평등하게 대우하자는 BOP 운동의 의도는 칭찬받을 만하다. 물론 사람을 소비자로 대하는 것은 옳은 방향으로 나아가는 발걸음일 수 있고, 그들을 자선의 대상으로 보거나 심지어 투명 인간처럼 취급하는 태도보다 개선된 것이다. 그러나 기업 실무자들이 그들이 다루는 사람들을 단지 소비자로만 보고 사람들도 스스로를 그런 시각으로 본다면, 인간 번영을 직접 거스르는 결과가 발생하게 된다. 사람들을 존귀한 하나님의 자녀로 대우한다는 것은 그들을 온전한 인간으로 보는 것을 의미한다. 더 나아가, 그들의 창의적이고 생산적인 능력을 그 운동의 일부로 본다면 그들의 경제적 이익을 더욱 도모할 수 있을 것이다.

사회적 기업

통합된 CSR 이외에도 비즈니스를 사회 문제의 해결을 위해 직접적이고 적극적인 파트너로 삼고자 하는 또 다른 운동이 있다(브롯제 과수원이 여기에 속할 것이다). 이 새로운 유형은 사회적 기업(이 자체도 다수의 정의를 갖고 있다)으로 불릴 뿐 아니라 '사회적 기업가 정신', '사회적 벤처 기업', '사회적 동기를 지닌 기업', '혜택 추구(for-benefit) 기업', '이윤 초월(for more than profit) 기업', 그리고 '이윤 병행(not just for profit) 기업' 등으로 불리기도 한다.

조직의 수와 다양성(예, 비영리, 종교적 비영리, 영리)은 이 새로운 부문을 묘사하는 이름들만큼 다양하다. 이처럼 이름과 조직의 형태가 다양함에도 불구하고, 그것들은 모두 공통된 줄을 공유하고 있다. 이번 장의 초반에 소개된 브롯제 과수원처럼, 사회적 벤처 기업은 한때 비즈니스 영역에만 속하는 것으로 여겨지던 기술들(기업가 정신과 혁신 등)과 수입 창출 모델들을 사용해서 한때는 비영리 부문에만 속한다고 여겨지던 구체적인 사회적 목적을 달성하도록 돕는다. 모두는 아니라도 다수가 "융합된 가치를 가진 조직으로서 영리와 비영리 부문을 구분하던 전통적인 선을 희미하게 하는"[29] 역할을 효과적으로 수행한다. 종종 이런 조직들은 스스로 벌어들인 수입으로 재정적 자립을 추구하거나 이미 성취하였다. 요약하자면, 이런 조직들은 인간 번영을 증진하기 위해 더욱 직접적이고 의도적인 방법으로 비즈니스를 활용한다.

이런 조직과 CSR 개념을 수용하는 전통적인 기업을 구별하는 것은 애매해서(특히 둘 다 다중 성과라는 말을 사용하므로) 어쩌면 정도의 문제로 보는 편이 낫겠다. 포괄적인 CSR을 향해 움직이는 조직들처럼, 대부분의 사회적 벤처 기업도 사회적인 책임을 다하려고 한다.

그러나 그들은 앞으로 더 나간다. 저르 보쉬와 짐 맥클러그가 개발한 사회적 기업가 정신의 정의를 원용하면 유익한 정의를 도출할 수 있을 것이다. 보쉬와 맥클러그는 비영리 단체를 묘사하는 가운데 전통적 기업인과 사회적 기업인의 주요 차이점을 다음과 같이 제시한다.

전통적인 기업인은 종종 사회적으로 책임 있는 방식으로 행동한다. 그들은 비영리 단체에 돈을 기부한다. 특정한 유형의 사업에는 참여하지 않겠다고 한다. 환경적으로 안전한 원료와 제조 방법을 사용한다. 직원들을 존중하고 존경하는 태도로 대한다. 이 모든 행동은 훌륭하지만, 그들의 노력은 사회적 문제에 **간접적으로만** 닿아 있을 뿐이다. 사회적 기업인은 그 수입 전략이 그들의 사명과 **직접적으로** 연결되어 있기 때문에 앞의 유형과는 다르다. 그들은 발달 장애자, 만성 정신 질환자, 신체장애자, 가난에 찌든 자 또는 그 밖의 소외된 자를 고용하거나, 특정한 사회문제에 직접 영향을 주는 사명에 근거한 제품과 서비스를 판매한다(예, 잠재적 자퇴생들을 학교에 묶어 두기 위해 그들과 함께 일하거나, 신체장애자들을 돕는 기구를 제조하거나, 노인들이 양로원에서 나오도록 가정 방문 서비스를 제공하거나, 교육 과정을 개발하고 판매하는 일 등).[30]

전통적인 기업인들은 궁극적으로 재정적 성과에 따라 평가된다. 그런 회사의 성공이나 실패는 그 소유주들을 위해 이윤을 창출하는 능력에 좌우된다. 반면에 사회적 기업인들은 이중적 성과, 즉 재정적 수익과 사회적 유익의 융합을 그 원동력으로 삼는다. 수익성은 여전히 하나의 목표지만 유일한 목표는 아니고, 이윤은 주주들에게 배분되기보다는 기업의 사명에 재투자된다.

보쉬와 맥클러그의 정의는 CSR과 사회적 벤처 기업의 중요한 차이를 잘 포착하였다. 그러나 아서 브룩스가 말하듯, 일부 사회적 기업들은 그 성격이 영리 기관일 수 있고 사실상 주주에게 이윤을 나누어 줄 수도 있다.[31]

가장 잘 알려진 사회적 벤처 기업의 하나는 '뉴먼스 식품 회사'(Newman's Own Products)이다. 이 회사의 좌우명은 "철저한 공동선의 추구"이다. 작고한 영화배우 폴 뉴먼과 친한 친구 호츠너(Hotchner)가 1982년에 창업한 이 회사는 샐러드 소스, 팝콘, 살사와 같은 식품을 생산하고 판매하며, 모든 순이익을 자선 사업에 기부하는데(뉴먼의 재단을 통해서), 그 규모는 지금까지 총 2억 5천만 달러에 이른다.[32]

다른 예들도 아주 많다. 보쉬와 맥클러그의 정의에 잘 맞는 어떤 회사들은 본래 비영리 단체의 파생 기관으로 출범했다가 모기업에 이윤을 돌려줘서 그들이 사회적 사명을 유지하는 데 기부금과 정부 지원에 덜 의존하게 해 준다. 예를 들면, 식품 서비스, 상업 세탁소, 문서 파기 사업을 포함한 많은 사회적 기업들은 시애틀에 기반을 둔 노스웨스트 센터(Northwest Center)에서 생겨났다. 이런 기업들은 수익을 창출할 뿐 아니라 자선보다는 질과 가치로 거래를 하고, 자급자족하고, 모기업의 장애인 고객을 직원으로 채용하기도 한다. 이와 유사하게 포장, 제조, 도매 식품 유통을 포함한 여러 개의 수익 창출 사업(운영 예산의 99퍼센트를 제공하는)을 운영하는 파이어니어 휴먼 서비스(Pioneer Human Services)는 전과자를 포함하여 사회 변두리에 있는 사람들을 채용하고, 일정한 급여를 주어 주류 인력으로 돌아오는 길을 제공한다.

다른 (뉴먼스 식품 회사와 같은) 사회적 벤처 기업들은 전통적인 영리 기업처럼 보이지만 비영리(사회적 유익이나 공동체 유익) 단체를 갖고 있거나 적어도 강한 사회적 동기와 목표를 갖고 있다. 아테나 합자 회사(Athena Partners)는 암 치료제를 찾기 위한 기금을 모으기 위해 설립되었다. 암을 극복한 마이크로소프트 사의 전 임원이 설립한 이 회사는 병에 담긴 생수를 판매하는데, 슈퍼마켓의 진열대를 차지하려고 펩시와 코카콜라 같은 거대 음료 회사와 경쟁하고 있다. 이던(Edun)은 U2의 리더이자 빈곤 퇴치 운동가 보노(Bono, Paul Hewson)와 그의 아내 앨리(Ali)가 설립한 회사이다. 이던은 지속 가능한 고용과 상거래 활성화가 절실히 필요한 나라들(남아프리카와 탄자니아 같은)에서 디자이너 의류를 생산한다.[33]

다수의 사회적 기업들은 명시적으로 신앙을 그 동기로 삼는다. 예를 들면, 퓨라 비다(Pura Vida, 스페인어로 '깨끗한 삶'이란 뜻) 커피는 하버드 경영대학원에 다닌 두 친구, 존 세이지와 크리스 던리가 설립했는데, 라틴 아메리카와 남아메리카의 가난한 커피 재배 지역의 아동들을 돕는 기독교 사역(던리가 운영하는)을 지원하기 위한 회사이다. 이 회사는 이윤의 대부분을 비영리 단체인 퓨라 비다 합자 회사로 돌린다. 이 회사의 좌우명은 "선을 창조하라"이고, 지속 가능한 커피를 판매하는 공정 무역의 최대 판매자 중의 하나가 되었고, 대학 캠퍼스들에서도 엄청난 인기를 누렸다.[34]

신앙적인 동기를 가진 회사를 또 하나 들자면 어스와이즈 벤처 기업(Earthwise Ventures)이다. 이 회사는 아프리카의 빅토리아 호수에서 사용할 200대의 쌍동선 모양의 여객용 페리 선대를 건립하려고 한다. 어스와이즈는 그 지역에 경제적 활력을 주는 동시에 재정적 이익도 얻으려고 한다. 탄자니아, 우간다, 케냐의 경계에 있는 빅토리아 호수는 세계에서 두 번째로 큰 민물 호수이다. 현재는 신뢰할 만한 페리 운항 서비스가 없고, 육로를 이용할 경우 호수를 돌아가는 데 하루에서 사흘까지 운전해야 한다. 페리는 버스 요금과 비슷한 약 25달러에 여행을 7시간으로 단축해 주고, 만일 재정 모델이 타당하다면 개인 투자자들이 출자한 어스와이즈에 이윤도 안겨 줄 것이다. 이 사업은 믿을 만한 여행 경로를 재건하고, 관광과 무역, 그리고 훨씬 효율적인 상품 및 서비스 유통의 형태로 경제 활동을 증진시키는 것을 목표로 삼는다.[35]

남아프리카 출신(지금은 시애틀에 기반을 둔) 롭 스미스(Rob Smith)와 우간다인 칼빈 이초두(Calvin Echodu)가 설립한 어스와이즈는 워싱턴 주에서 여러 보트를 만든 다음 해체하여 우간다로 보낼 것이고, 우간다에서 재조립하여 이초두의 리더십 아래 40명의 주민이 팀을 이루어 운영할 것이다. 이 회사는 바이오 연료를 만들기 위해 자트로파 씨앗을 지역 농부들로부터 구매하는 것으로도 지역 경제 발전에 기여할 것이다. 기독교 신앙에서 동기를 찾은 스미스는, "복음은 우리에게 하늘에 가는 티켓만이 아니라 땅에 가는 티켓도 준다. 그것은 우리가 살아가는 방식과 우리 이웃을 대하는 방식도 변화시켜야 한다"라고 말한다. 이어서 "나는 아프리카에서 자라면서, 아프리카에는 좋은 투자가 필요할 뿐 아니라 우리 아이에게 좋은 본보기도 필요하다고 확신하게 되었다.…아이들은 사람들이 생산적인 노동을 통해 생계를 유지하는 모습이 아니라 원조 기구가 해외 기부자들이 보낸 돈을 나눠 주는 문화를 보고 있다"라고 말한다.[36]

사회적 벤처 기업은 또한 BOP 전략을 활용할 수 있다. 예를 들면, 무허마드 유누스가 '사회적 기업'으로 본 그라민과 다논(다논 요구르트 제조 업체)의 제휴 회사는 (가격 책정과 제품 혁신에서) BOP 기술을 사용해 기아 퇴치를 위해 저렴하고 영양가 높은 요구르트를 제공한다. 그리고 전문적으로는 영리 기업이지만, 투자자들에게는 1%의 상징적 이윤만 돌려줄 뿐이다.[37]

변혁적 섬김의 관점에서 보면, 사회적 기업은 환영받을 만한 운동이다. 비즈니스를 사회적 목표와 어떻게 융합시킬 것인지 창의적으로 생각하는 것은 통합의 진정한 본보기다. 그러나 여러 가지 위험이나 어려움도 있다. 한 가지 위험은, 다른 이들에게 유익을 주려면 모든 사업이 명시적으로 "이중적 성과"에 초점을 맞춰야 한다고 잘못 생각하는 것이다. 정도와 의도성의 차이는 있겠지만, 전통적인 기업들도 실제로 사회적 기여를 하고 있고, 다수가 폭넓은 목적을 수용하는 단계를 밟고 있으며, 보다 직접적으로 그렇게 하는 경우도 종종 있다.

둘째로, 앞에서 언급한 CSR처럼 어떤 경우는 동기가 불분명하다. 어떤 기업이 정말로 사회적 사명을 그 추동력으로 삼는가, 아니면 특정한 고객들에게 잘 팔릴 것 같으니 겉모습만 그런 것일까? 셋째, 이중적 성과를 추구하는 일이 어려운 긴장을 불러일으킬 수 있는 것은 어떤 약점 때문이 아니라 현실적인 문제 때문이다. 이를테면, 이중적 성과를 모두 보존하거나 증진하려면 어쩔 수 없이 선택을 내려야 할 것이다. 예를 들면, 가장 도움이 필요한 고객을 채용하고 싶은데 가장 돈이 많이 든다면 어떻게 할 것인가? 어느 성과를 우선시할 것인가?

미소금융

지난 수년간 미소금융(그리고 미소기업 개발이란 폭넓은 범주))은 폭발적으로 성장했다. 2006년 무하마드 유누스와 그라민 은행은 미소금융 분야의 개척으로 노벨평화상을 공동 수상했다. 이와 유사하게, UN은 2005년을 "미소신용의 해"로 선언했다. 이런 현상으로 인해 많은 미국인이 미소금융에 대해 배웠지만, 미소신용 정상 회담(MicroCredit Summit)은 미소금융이 전 세계 1억 명이 넘는 가난한 자들에게 벌써 도움을 주었고 적어도 3,000개의 기관이 그 사업에 참여하고 있다고 추산한다.[38]

미소금융은 대략 지난 30년에 걸쳐 출현해서 가난을 퇴치할 혁명적인 방법으로 칭송을 받았는데, 부분적 이유는 극빈자들을 돕는 데 전통적인 자선보다 기업 모델에 더 의지하는 상향식 개발 방법이기 때문이다.[39]

미소금융은 전통적으로는 비즈니스 영역에 속했던 것들, 즉 대출, 저축 계좌, 보험 같은 소규모 금융 서비스를 가난한 사람들에게 제공하는 일과 관계가 있다. 대출은 몇 달러에서 수천 달러에 이르기까지 규모가 다양하다. 다수의 대출자는 여성으로서 종종 일정한 소득이 없고 담보물이 거의 또는 전혀 없어서 전통적인 금융 서비스를 받을 수 없는 사람들이다.[40] 많은 경우에 그들은 그 지역의 사채업자들에게 돈을 빌려야 하는데, 이들은 터무니없는 이자를 부과하기 일쑤다.

소액 금융은 '손들기'(hand-up) 접근으로 볼 수 있다. 왜냐하면 이론적으로 보면 고객들이 농업, 축산업, 비누 생산, 공예, 섬유, 수송, 소규모 소매업 등의 분야에서 소규모 사업을 시작하거나 정착시키거나 확대시키려고 대출을 이용하기 때문이다. 그런 사업에서 번 수입은 더 나은 영양, 건강, 주택, 그리고 자녀들의 취학 등에 사용된다.

미소금융은 또한 가난한 사람들에 관한 많은 신화, 특히 대출금의 상환 능력과 저축 능력에 대한 여러 신화들을 격파했다. 많은 경우, 대출금의 상환율이 95퍼센트가 넘는 것으로 전해진다. 대출금(처음에는 기부자의 돈과 정부 보조금으로 조달되고, 갈수록 투자금의 비율이 높아지는)이 상환되면, 그 기금이 재활용되고 종종 새로운 대출자에게 다시 대출되기 때문에 새로운 순환이 시작되고 동일한 기금에서 기하급수적인 영향이 발생한다. 더 나아가, 미소금융이 전통적인 개발 노력보다 재정적 지속 가능성이 더 큰 이유는 대출 서비스가 사용하면 사라지는 자선기금이 아니라 상환되고 재활용되는 대출금에 의존하기 때문이다.

처음 미소금융에 관해 듣는 많은 이들은 자산이 없는 가난한 사람들이 어떻게 대출금을 상환할 수 있는지 의아해한다. 여러 요인들이 작용한다. 첫째, 경제적으로 가난한 사람들은 열심히 일하고 힘든 환경에서 살아남는 적응력이 강하다. 특히 개발도상국에서 가난한 사람들 중에 게으른 사람들은 다 죽었다고들 말한다.[41] 둘째로, 미소금융 기관들은 상환을 보장받을 수 있는 방법을 고안했다. 예를 들면, 종종 반복되는 대출 주기에 의존하여 상환이 이루어지면 미래의 대출을 보장받게 만들었다. 그뿐만 아니라, 또래 그룹도 종종 사용된다. 소액 금융 대출은 개인들을 대상으로 할 수 있지만, 많은 대출자들은 자신이 선택한 그룹에 속해서 돈을 빌리기 시작한다. 이 그룹은 신청자의 상환 능력을 검사하고, 또래 지원을 제공하며, 종종 대출의 필수 조건인 의무 저축을 통해 대출금 상환의 보증인 역할을 한다. 미소금융 기관은 또한 빈번한 소액 상환 장치를 이용하여 단번에 목돈을 마련하기 어려운 사람들이 쉽게 상환하도록 도와준다.

어떤 미소금융 기관들은 대출과 더불어 사회적 안전에 기여하는 서비스를 제공하기도 한다. 예를 들면, 어떤 기관은 저축 서비스를 제공한다. 가난한 사람들은 위급한 상황과 결혼에 대비하고 경제적 기회를 이용하기 위해 이미 돈을 모으고 있다. 그러나 안전 문제와 갑작스러운 집안 사정이 생기면 정기적인 저축이 어려워질 수 있다. 그래서 많은 사람은 자신의 자금을 안전하게 지켜 줄 사람을 고용하거나, 순환 저축 신용 조합(ROSCA)과 같은 비공식 단체를 만들어 각 사람이 주별로 또는 월별로 기금에 입금하고 누군가 목돈을 가져가는 방식을 통해 돈을 축적한다.[42] 아직은 초기 단계에 불과하지만, 다른 기관들은 보험 서비스를 제공한다(또는 보험을 제공하는 기관과 협력한다). 경제적으로 가난한 사람들은 자연재해와 가족의 죽음으로 인한 소득 상실로부터 보호받을 사회적 안전망이 거의 없기 때문이다.

미소금융은 이미 진행 중인 다른 개발 프로젝트가 있는 경우에는 거기에 맞춰질 수 있고, 다른 사회적 서비스와 함께 진행될 수도 있다. 미소신용 플러스 모델의 경우에는 많은 기관들이 금융 서비스와 더불어 문해 수업, 사업 훈련, 보건, 영성 교육 및 개발 등 비(非)금융 서비스도 제공한다.

미소금융은 주로 개발도상국에서 실시되기 때문에 가내 수공업처럼 들릴 수도 있지만 실은 빠르게 발전하고 있다. 예를 들면, 지난 수년 동안 정보 데이터베이스, 금융 평가 시스템, 벤치마킹 데이터 등을 개발한 기관들이 자리를 잡았다. 다른 기관들은 역량 강화, 기술적 상담, 기금 마련, 성과와 모범 경영 조사 등에 주력한다.[43] 지금은 거래 비용과 장벽을 줄여서 미소금융이 더욱 확산되도록 많은 노력을 기울이고 있다. 예를 들면, 그라민 재단은 회계와 경영 소프트웨어를 누구나 활용할 수 있는 오픈소스로 개발하고 있다. 다른 기관들은 스마트카드와 휴대 전화 같은 테크놀로지를 이용해서 거래할 수 있게 하고 있다.

많은 기독교 단체들은 초창기부터 미소금융에 참여해 왔다. 오퍼튜니

티 인터내셔널(Opportunity International)은 가장 잘 알려진 하나의 본보기다. 구제와 지역 개발을 돕는 거대 단체인 월드비전은 오랫동안 참여해왔고 최근에는 비전펀드(VisionFund)를 만들었다. 에스페란자 인터내셔널(Esperanza International)과 호프 인터내셔널(Hope International)도 그런 단체들이다.

비즈니스를 변혁적 섬김의 관점에서 보면, 미소금융과 그 업적은 경축을 받아야 마땅하다. 가난한 사람들을 도와주고 가난을 퇴치하려는 노력은 정의를 지향하는 성경적 비전의 직접적인 연장이다. 존엄성 역시 손들기 접근의 사용으로 존중되고 있다. 그리고 재활용되는 기금을 사용하여 지속 가능한 노력을 이룰 가능성은 전통적 자선 모델을 능가하는 발전이라 볼 수 있다.

경제적으로 가난한 이들에 관한 신화가 격파되자 이전에는 상상도 못했던 자본에의 접근이 가능해졌다. 미소금융은 고객들의 높은 상환율(종종 선진국보다 높다)과 높은 이자율 때문에 순전히 이윤을 추구하는 투자자들을 끌어들일 수밖에 없다. 그래서 월 가에 기반을 둔 유명한 기관 투자자들이 자본 제공자로 참여하게 되었다. 그리고 2006년 멕시코에 기반을 둔 미소금융 기관인 컴파타모스(Compartamos)는 원래 정부 보조금과 아시온 같은 NGO에서 빌린 대출금으로 자금을 조달했는데, 실제로 기업 공개를 통해 4억 달러가 넘는 기금을 조성하였다.[44] 물론 어떤 차원에서는 이런 자본을 끌어낸 것은 축하할 만한 일이다. 빈곤층이 빌린 돈을 너무나 잘 갚을 수 있어서 이제는 월 가의 큰 투자자들이 실제로 그들에게 돈을 빌려주려고 줄을 서고 있다! 이런 현상을 누가 예상했는가? 게다가, 더 많은 자본이 미소금융에 동원되는 중이라서 더 많은 사람이 그것을 활용할 수 있게 되고 있다.

다른 한편, 여러 가지 위험도 있다. 첫째, 미소금융은 **가난**의 정의(定義)

를 돈의 부족으로 축소시켜서 인간의 행복을 물질적 부와 동일시할 소지가 있다. 가난을 포괄적이고 기독교적으로 정의하려면 사회적, 심리적, 영적 차원을 포함해야 한다. 그러므로 가난을 이해하거나 경감시키려면 통전적인 접근을 하고 인간의 행복을 물질적, 경제적 견지로만 봐서는 안 된다. 그리고 그 성과를 묘사하고 측정하는 것도 매우 신중하게 해야 한다. 경제적으로 가난한 사람들이 종종 대출을 상환할 수 있고 수혜자에 관한 이야기는 무척 많지만, 그들의 삶이 실제로 개선되고 있다는 증거는 더 많이 필요한 상황이다.[45]

둘째, 그동안에 널리 알려진 것을 고려하면, 미소금융이 효율적인 지역 개발의 열쇠를 쥐고 있는 것처럼 믿기 쉽다. 하지만 미소금융은 개발의 도구상자 속에 있는 **하나의** 도구에 불과함을 알아야 한다. 미소금융이 마치 가난을 완화하는 다른 합법적인 대책들을 대신하거나 대체할 수 있듯이 그것을 과대평가하는 것은 너무 단순하고 해롭다.[46] 사실 미소금융은 적절하게 동기를 부여하고 잘 관리하지 못하면 자금을 사용하는 사람들에게 매우 부정적인 결과를 낳을 수 있다(예, 빚에 대한 부담의 가중과 사회적 수치).[47] 고객의 안전을 더 보장하려면, 단순한 대출보다 종합적인 재정 서비스(저축, 보험, 송금 등)를 제공하는 것이 고객의 필요를 충족시키는 면에서 더 책임 있는 접근이라고 생각하는 실무자들과 학자들이 더 늘어나고 있다.[48]

마지막으로, 최근의 추세 중 일부는 경각심을 불러일으킨다. 미소금융 기관들이 고객의 안녕보다는 (보조금 없이 운영이 가능한) 지속 가능성에 대한 재정적 척도에 더 초점을 맞추고 있다고들 우려한다. 실제적으로 말하면, 대출 상품에 대한 공격적인 홍보가 감행되어 고객에게 불리한 과도한 빚과 부당한 이자(때로는 연간 100%도 넘는)를 떠안겨서 고객이 대출을 상환하느라 삶의 다른 영역을 희생해야 하는 경우가 생긴다. 어떤 기관들은 고객들을 계속 채무자로 남겨 둔다고 비난을 받는다(즉, 다른 서비스를 받으려면 대출을 받아야 한다). 모든 미소금융 기관들은, 고객에게는 유리하지만 기관에게는 수익이 적은 저축 상품보다 대출 상품을 더 강조한다는 비판을 받아 왔다.[49]

이런 비판들은 (이윤 창출을 겨냥하는) 상업적인 자본이 유입된 지난 수년 동안에 더 증가했다. 사실 유누스는 일부 기관들이 고리대금업의 선을 넘었다고 우려한다.[50] 우리도 일부 미소금융 기관들이 고유한 사명을 잃어버리고 고객을 섬기기보다 투자자들을 유인하거나 만족시키려고 더 열심히 노력하지 않을까 우려한다. 가난한 지역 중에는 소액 금융 서비스를 전달하는 데 비용이 많이 드는 지역들도 있다. 재정적인 수익을 고려하다 보면, 이런 고객들은 지나치게 높은 이자를 물거나 아예 배제될 수도 있다(수혜 대상이 매우 제한된다).

높은 이율은 여러 요인(예, 인플레이션, 높은 거래 비용)으로 유발될 수 있고 반드시 고리대금을 금하는 성경적 명령을 위반하는 것은 아니지만, 이윤 추구가 그 방정식에 들어오는 순간 상황은 매우 달라진다. 사적인 이익을 창출하려고 높은 이율이 적용된다면, 이는 더욱 미심쩍은 문제가 아닐 수 없다. 물론 깨어진 세상에 사는 우리는 이런 긴장들 사이에 사로잡힌 것처럼 보인다. 만일 수익을 얻을 수 없다면, 과연 자본이 이 부문으로 흘러 들어올까?[51] 그리고 만약 미소금융 회사가 재정적 성과에 초점을 맞추지 않는다면 자본을 유인할 수 없을 것이다. 하지만 그런 성과에 지나치게 집중한다면 극빈자들을 위한 서비스를 포기하거나 그들에게 과도한 채무를 안겨 줄 수 있다.

이 문제의 부분적인 해결책은 다중 성과 '서비스' 모델을 좇아 사업하는 것이다. 미소금융 조직은 다른 성과들의 달성을 측정해야 하고, 어쩌면 그들의 주된 시장을 섬기기 위해 약간의 수익을 희생하려는 의식적인 노력도 기울여야 할 것이다. 컴파타모스와 같이 상업적인 자본을 지원받는 기관이 존재할 여지가 있다는 논리를 펼 수도 있지만, 지속 가능한 방법으로 도움을 받을 수 없는 극빈층 고객들을 위해서는 언제나 기부자나 정부의 보조금이 필요할 것이고 특히 초기 단계에는 더욱 그럴 것이다.

선교로서의 비즈니스

선교로서의 비즈니스(BAM)는 하나님 나라의 사업으로도 불리며 지난 20년 동안 기독교 공동체의 여러 부문에서 많은 관심과 대화를 불러일으켰다. 세계화로 인해 더 많은 사업이 해외로 진출했던 1990년대에 시작된 이 운동은 아직도 새로운 흐름이라 그 정의와 범위에 대해 여전히 많은 논의가 진행되고 있다. 하지만 최근에 나온 중요한 글들에 따르면, 이 운동은 세계 선교 사역에 비즈니스를 활용하려고 노력한다. 특히 이 운동은 개발도상국의 통전적인 변화를 추구하고 복음 전도의 문이 닫힌 나라들을 강조하는, 기독교인이 소유하고 운영하는 기업들의 사역을 격려하고 촉진시키려고 애쓴다. 요컨대, BAM 기업은 "세상에서 가장 도움이 필요한 곳에 말과 행동으로 복음을 전하는" 역할을 한다.[52]

이번 장에 논의된 다른 운동들처럼, BAM 조직들은 사회적으로 책임 있는 방법으로 행하고, 융합된 가치의 창출에 집중하며, 가난하고 억눌린 사람들의 삶을 개선하고 수익성을 달성하는 것을 강조한다. 그러나 그들은 또한 당사국에서 영적인 변화를 일으키려고 노력하기도 한다.

닐 존슨은 자기의 정의(定義)에 한계가 있음을 인정하면서 이렇게 말한다.

BAM은 기독교인이 이끌고, 의도적으로 하나님의 선교(*Missio Dei*)의 도구로 쓰이는 데 헌신하며, 국내든 해외든 교차 문화적 환경에서 운영되는, 이익을 추구하는 상업적 벤처 기업으로 널리 정의되고 있다. BAM 회사들 자체는 두 가지 차원에서 사역 단체에 해당한다. 첫째, 그들은 비즈니스의 영향권 안에 있는 모든 사람들을 상대로 사역하는데, 근로자와 그 가족들, 공급자와 판매자, 투자자와 채권자, 소비자와 고객, 심지어 경쟁자도 포함된다. 둘째, 그들은 자신이 몸담은 공동체에 관여하고, 사람들에게 영향을 주고 공동체를 발전시키는 통전적인 운동을 착수한다.[53]

BAM 조직은 그 규모가 소기업부터 대규모 다국적 기업까지 다양하고, 그 범위도 공예품 수출업자부터 테크놀로지 회사까지 폭이 넓다.[54] 그 운동의 지도자들은, 이런 조직들―크기나 종류에 상관없이―이 복음 전도와 같은 숨은 의제를 위한 전초 기지보다는 통전적인 긍정적 영향을 미치는, 수익성이 있고 세금을 납부하고 일자리를 창출하는 독립체의 역할을 해야 한다고 강조한다. 복음 전도의 전초 기지로만 작동하는 경우에는 개발도상국에 절실한 경제적 가치의 창출을 외면하게 되고, 비즈니스와 진정한 선교 사역 간의 잘못된 이분법을 조장하게 되고, 현지인에게 적대감과 불신을 불러일으키며, 그 나라 정부에 의해 쉽게 추방된다.[55]

BAM 리더들은 비즈니스와 선교를 통합한다는 생각이 생소하게 보일지 몰라도 실은 다시 출현하고 있을 뿐이라고 말한다. 선구자적 선교사 데이비드 리빙스턴은 영적 변화와 경제적 변화의 필요성을 깨닫고 1857년에 "문명의 두 선구자인 기독교와 상업은 영원히 따로 분리될 수 없다"라고 말했다.[56]

BAM 기업들은 지리적 위치, 규모, 산업의 종류에 있어 무척 광범위하다. 가장 잘 알려진 대기업 중 하나는 무선 안테나 제조업체인 갈트로닉스(Galtronics)이다. 회사가 갈릴리에 있긴 하지만 '갈'(Gal)은 사실 더 깊은 의미를 갖고 있다. '갈'은 히브리어로 "물결치다/구르다"란 뜻으로

"너의 신뢰 위에서 물결치다/구르다" 또는 "스스로 헌신하다"와 같은 어구에서 사용된다.[57] 1970년대 말에 켄 크로웰(Ken Crowell)이 창업한 이 회사는 1990년대에 북 이스라엘에서 최대 고용주가 되었고, 1998년에는 시가 7천만 달러 기업으로 성장했다. 그리고 10억 개 이상의 안테나를 판매하였다.[58]

다른 실례로는 중국에 기반을 둔 대규모 반도체 제조업체인 SMIG (Semiconductor Manufacturing International Group, 직원 3,100명)를 들 수 있는데, 이 기업은 2004년 회사의 시가가 64억 달러에 이르렀다.[59] 이와 다른 회사들은 훨씬 작은 규모로 운영된다. 예를 들면, 2004년 크리스 페이지(Chris Page)가 설립한 '아프리카에서 온 카드'(Cards from Africa)는 르완다에서 온 수제 카드를 생산하고 분배하는 회사로 고아들을 유급으로 고용한다.

BAM은 칭송받을 만한 점이 많다. 이 운동의 통합된 비전은 사업이 단지 하나님의 선교를 재정적으로 지원하기보다 그 선교의 중심이 될 수 있다는 생각을 진지하게 취한다. 비즈니스를 (재정적 또는 영적인 견지로만 보지 않고) 통전적인 변혁의 관점에서 접근하는 것은 엄청난 발전이며, 이 책의 핵심 전제 및 목표와도 잘 들어맞는다. 그리고 만약 이 운동으로 인해 생긴 저술, 대회, 사업, 투자 기금 등이 정확한 지표라면, 이 운동이 장차 세계 선교의 모습을 개조하게 될지도 모른다.

우리가 이 운동에 대해 내놓을 주의 사항과 비판은 많지 않다. 첫째, 다중 성과의 달성을 추구하는 기업과 마찬가지로, 이들도 사명이 흔들리지 않도록 경계해야 한다. 특히 소유주가 재정적 목표를 달성하라고 압력을 가할 때가 그러하다. 둘째, 다중 성과를 추구하면 피할 수 없는 긴장이 생기게 마련인데, 이는 모든 참여자를 위해 가치를 최적화하는 것이 불가능하기 때문이다. 그리스도의 이름으로 모든 일을 행한다고 천명하는 기관들은 스스로 아주 높은 기준과 기대치를 설정하고 있는 셈이다. 이것이 책임성의 견지에선 긍정적일지 몰라도, BAM 실무자들은 어느 한쪽을 양보할 필요가 있을 때 그 사유와 틀과 지표를 매우 신중하게 설정해야 한다.

마지막으로, 이 운동의 범위에 대해서는 계속 논의가 진행 중임을 인식하는 가운데, 우리는 BAM이 지금까지 그랬듯이 통전적인 가치의 창조와 더불어 선교에 참여할 방법을 신실하게 모색하는 한편 일반 회사들의 후원 아래 일하는 비즈니스 종사자들을 포함한다면 더 많은 일을 할 수 있다고 믿는다.

새로운 소유 및 통제 구조

앞의 사례들은 물론 흥미롭고도 감동적인데, 특히 전통적인 주주 소유의 구조로 운영되는 회사들은 이런 방향으로 움직일 수 있는 자유가 얼마나 될까? 회사의 소유권과 통제권은 한 조직이 다중 성과를 위해 일할 수 있는 능력의 견지에서 보면 무척 중요하다(2장 참고).

포괄적인 CSR을 다룬 대목이 보여 주듯이, 상장된 공개 기업들은 시장의 가치 평가를 저해하거나 주주들에 대한 수탁 의무 위반 소송을 야기하지 않으면서 몇 가지 단계를 밟을 수 있다. 이런 회사들은 그들의 정관과 사명 선언문에 다수의 이해관계자 그룹들을 섬기려는 의도를 공개적으로 표기할 수 있다. 그들은 비슷한 생각을 가진 구성원들(특히 직원들, 투자자들, 고객들)을 끌어들일 수 있고, 이로써 시장의 압력을 어느 정도 완화시킬 수 있다. 더 나아가, 미국의 많은 주(州)는 현재 폭넓은 이해관계자들의 이익을 고려하는 경영 의사 결정을 허용하는 비주주 집단 이익 고려법(constituency statutes)을 갖고 있다. 그러나 장차 대규모 운동을 활발하게 전개하려면 기업들을 단기적인 또는 높은 재정적 수익을 요구하는 압

력에서 해방시키기 위해 근본적인 구조 개혁이 필요하다.[60]

이번 장에 언급된 다수의 사회적 기업들이 개인 소유의 비상장 기업이며, 보통은 소유주가 한 명이거나 소수의 동업자들로 구성된 조직인 것은 결코 우연이 아니다. 물론 이런 유형의 소유 구조가 융합된 가치를 성공적으로 성취하는 데 최대한의 자유를 허용한다. 하지만 개인이 소유하는 조직은 소규모이고, 폭넓은 영향을 미치기 위해 성장하길 원해도 필요한 자본에 접근하기가 어려울 수 있다. 또한 회사를 통제할 수 있는 지분을 가진 현재의 소유주(들)의 손에서 소유권이 이전되면 그 사명이 계속 이어진다는 보장도 없다. 게다가, 한 사람이나 소수의 손에 너무 많은 권한이 집중되는 것은 위태로운 상황이다. 이와 같은 이유들로 인해 이론과 실제 양면에서 예전의 형태를 부활하고 조직의 소유권 및 지배 구조의 새로운 형태를 만들자는 여러 운동이 일어나고 있다.

대안적인 소유권의 형태로 널리 시행되고 잘 알려진 것들 중의 하나는 협동조합으로서 요즘은 '이해관계자 소유 기업'이라고도 불린다. 분명히 말하건대, 협동조합과 피고용인이 소유한 기업은 같지 않다. 피고용인은 협동조합을 통해 주식을 소유할 수 있지만, 또한 우리 사주 조합 방식(ESOP)을 경유하는 상장 회사와 같은 전통적 방식을 통해서도 소유권을 공유할 수 있다. 더 나아가, 피고용인들과 더불어 고객들, 공동체 구성원들도 협동조합의 소유주들이 될 수 있다.

스페인의 몬드라곤 협동조합은 세계에서 가장 잘 알려진 협동조합이다. 미국에서는 레저 용품 소매업체인 REI가 떠오른다. 물론 구성원들이 소유한 농업 협동조합과 신용조합도 많이 있다. 미소금융의 선구자 그라민 은행은 거의 고객 회원의 소유(94%)이고, 세금 납부 후의 이윤이 소유자들에게 배당금의 형태로 분배된다. 이 모든 경우에 이해관계자들이 협동조합을 소유하고 경영진은 그들이 정한 목표와 목적을 추구한다. 일반적으로, 조합원들은 규모의 경제, 저비용, 이익과 수익의 낮은 갈등으로 인한 혜택을 누리며 연차 배당 형태로 이익을 배분받는다.

일부 협동조합은 융합된 가치의 추구를 허용하는 한편 전통적 의미의 이윤 면에서도 매우 성공적이다. 하지만 협동조합의 소유 구조 자체가 그 조직이 변혁적 목적이나 통전적인 번영을 추구할 것임을 보장하지는 못한다. 협동조합이 (소유권이 없는) 이해관계자들의 이익을 위해 일해야 할 내재적인 이유는 없기 때문이다. 협동조합 역시 지배 구조와 조합원들에 대한 투명성 수준이 무척 다양한 편이다. 협동조합은 또한 자본의 마련에도 어려움을 겪는데, 그것은 정관이 자본 수익금에 대해 한도를 설정하기 때문이다.[61]

완전히 새로운 기업 구조를 모색하다 보니 여러 형태가 출현하고 있다. 이런 모델들과 더불어 기업 20/20(Corporation 20/20)와 같은 운동들의 결과로 다른 형태들도 나타날 것 같다.[62] 한 가지 구조는 L3C로서 저수익 유한 회사(low-profit limited liability company)로 불린다. 로버트 랭 2세(Robert M. Lang Jr.)와 마크 오웬스(Marc Owens)가 주도한 L3C는 전통적인 비영리 조직과 영리 조직의 혼합형으로 볼 수 있다. 전통적인 LLC(유한 회사)를 이용한 L3C는 주식 회사와 같이 배당 책임의 한계에 따른 보호와 합작 회사의 융통성을 동시에 누리고 있다. 전통적인 비영리 단체와는 달리, 그들은 개인적인 투자(재단, 기관, 개인으로부터)를 끌어들여 사업을 확대할 수 있고, 비록 낮은 비율이라도 자본에 대한 수익을 지급할 수 있다. 전통적인 영리 회사와는 달리, L3C는 세금이 면제되며, 수익 창출이 아니라 사회적 사명을 주요 목적으로 삼는다.

L3C는 자본 유형의 다각화를 통해 재정을 확보하도록 설계될 수 있다. 가장 위험성이 높은 투자는 자선 재단이 프로그램 관련 투자(program-related investment: PRI)의 형태로 부담한다. 자선 재단은 시장 수익

률보다 낮은 투자 수익을 배분받게 되지만, 사회적 목적을 위해 세운 단체인 만큼 이를 수용할 수 있다. 이런 투자 방식을 도입하면, L3C의 재무 상태는 견고해지고 다른 투자자들을 유인할 수 있다. 위험성이 낮은 다른 자본 유형은 사회적 동인을 지닌 투자자들의 경우에 시장의 수익률 수준이나 그보다 낮은 수익률을 수용하는 이들을 포함할 수 있다.

버몬트 주를 선두로 많은 주들이 L3C를 승인했고 연방 정부 차원의 승인에 대한 논의가 진행되고 있다. L3C의 한 예는 메인에 기반을 둔 무밀크(MOOmilk)인데, 유명한 스토니필드 농장으로부터 지원받은 창업 자금과 개인 투자자들과 함께하는, 일단의 농부들이 세운 유기농 우유 회사이다.[63] 2008년 초부터 2010년 초까지 버몬트 주에서만 80개 이상의 회사들이 L3C로 등록했다.[64] 투자와 관련해서는 세금 문제가 여전히 해결되어야 할 이슈라서 2009년 현재 거기에 투자한 재단은 거의 없는 편이다.[65]

많은 관심을 받은 또 다른 신규 모델은 B형 기업(Benefit Corporation) 이다. B형 기업이 되려면 세 명의 스탠포드 졸업생들이 시작한 펜실베이니아의 비영리 단체인 B 랩(B-Lab)으로부터 엄격한 인증 절차를 밟아야 한다. 그 과정에는 회사들이 "포괄적이고 투명한 사회적 및 환경적 기준"을 충족시켜야 한다는 조건이 있다. 그리고 지배 구조 설명서에 폭넓은 이해관계자들의 이익을 기술함으로써 공식적으로 회사의 가치관을 제도화하는 일이 필요하다. 간단하게 말해, 회사의 이사회는 그 이해관계자들의 이익을 존중하는 데 헌신하고 그것을 공식화함으로써 조직의 사명이 소유권, 투자자, 리더십의 변동에도 변치 않게 하려는 것이다.[66] B형 기업의 홈페이지에 의하면, 이런 두 가지 변화를 수용함으로써 회사가 제3자의 검증으로 강력한 시장 존재감을 고객들에게 심어 주고, B 랩을 통해서 공동 홍보의 노력을 창출하고, 비슷한 가치관을 가진 투자자들을 유인하고, 유사한 생각을 가진 기업가들의 공동체와 자원을 획득할 수 있게 된다. B 랩의 설립자들도 B형 기업에 대한 폭넓은 주 단위의 합법적인 승인과 세금 특례가 이뤄지기를 바라고 있다.[67] 2010년에 메릴랜드 주가 이를 처음 공식적으로 승인했으며, 버몬트 주가 두 번째이다.[68]

지금까지 B형 기업으로 공인된 회사들은 거의 30개 주에 50개의 산업에 걸쳐 있는 200개 이상의 회사들로서 총수입이 10억 달러도 넘는다.[69] 가장 잘 알려진 B형 기업들은 버몬트 주에 기반을 둔 무독성 가정용품(예, 청소 도구, 위생 휴지 제품, 기저귀) 제조 업체인 세븐스 제너레이션(Seventh Generation), 펜실베이니아 주에 소재한 신발 제조 업체 단스코(Dansko), 시카고 소재의 쇼어뱅크(Shorebank), 그리고 시애틀 소재의 퓨라 비다 커피 등이다.

대부분의 B형 기업은 비록 전망은 밝지만 「포춘」지 선정 500대 기업에 비하면 여전히 규모가 작고 대규모 영향력을 미치기에는 아직 그 역량이 제한적이다. 대부분의 B형 기업은 그 설립자들에게 철저히 통제를 당하고 있어서 소유권이 바뀌면 사명도 사라질 가능성이 있다.[70] 게다가, B형 기업이 법적인 승인과 보호를 받을 때까지는 그 지위가 주주들에 대한 수탁 의무와 관련한 기존의 주 단위 회사법에 저촉될 수 있다. 만약 그런 회사들이 법적 승인을 받게 된다면, 고객이나 공동체 일원과 같은 이해관계자가 충분한 배려를 받지 못했다고 의무 위반을 내세워 법적 소송을 제기할 수 있을지는 아직 확실하지 않다. 그렇게 된다면 이해관계자에 대한 의무를 공식적으로 제도화하는 일은 위험에 처하게 된다. 만약 그렇게 되지 않는다면, 사람들은 B형 기업의 지위가 실제로 무슨 의미가 있는지 의문을 품게 된다.[71]

이와 다른 조직들은 B형 기업으로 공인되진 않았어도 유사한 관행을 채택했다. 예를 들면, 포틀랜드에 소재한 업스트림 21(Upstream 21)은 지주회사로서 회사의 운영 규정에 이사들이 의사 결정을 할 때 이해관계자들을 **고려해야 한다**고 명시함으로써 회사가 의사 결정을 할 때 이해관계자들을 **고려하도록 허용한다**는 오래건 주 회사법보다 한 걸음 더 나간다.[72]

앞서 언급된 방글라데시 국민의 영양 상태에 관심을 기울이는 그라민과 다논의 합작 회사를 포함하여 다른 흥미로운 모델들도 존재한다.[73] 유럽은 오랫동안 재단이 소유한 회사들의 본고장이 되어 왔다. 그중에 가장 잘 알려진 회사는 스웨덴에 기반을 둔 가구 제조 및 판매 회사인 이케아(Ikea)이다. 그리고 구글의 경우 회사 재단이 연 예산 20억 달러로 "영리 자선 활동"에 참여하겠다고 발표해 많은 사람을 놀라게 했고 어쩌면 당황하게 만들었다. 앞에서 소개한 혁신적인 유형의 대부분은 전망이 밝지만 아직 초기 단계에 있고, 전반적인 비즈니스의 규모에 비해 아직 규모가 작은 것이 사실이다.

그런데 한 회사가 참으로 변혁적 사업을 추구하려면 먼저 구조의 개편과 더불어 다른 여러 문제를 해결할 필요가 있다. 첫째는 조직의 사명이다. 이윤 추구를 넘어서는 모든 사명이 다 인간의 번영을 돕는 것은 아니다. 둘째는 내부적 통제와 지배의 문제이다. 예를 들어, '재단이 소유한 회사'라는 호칭은 이윤이 좋은 목적에 사용될 것이라는 뜻을 함축하고 있다. 하지만 이케아를 소유하고 있는 스티흐팅 잉카 재단(Stichting INGKA Foundation)은 세계에서 가장 부유한 재단 중 하나이나 자선에 조금밖에 기부하지 않아 비난을 받아 왔다. 게다가 이 재단은 "건축과 인테리어 디자인 분야에서의 혁신"을 도모하는 것을 목표로 삼고 있는데, 이는 나쁜 것은 아니지만(사람은 아름다움도 필요하다) 많은 사람이 절실히 필요하다고 생각하는 것과는 거리가 있다.[74] 그래서 정관에 명시되어 있는 지배 구조 및 내부 통제 조항, 주식의 유형 또는 의결권에 관한 조항은 조직의 사명을 실제로 성취하는 방향으로 수립되어야 한다. 퓨라 비다의 소유권의 변동(p. 345 참조)과 유니투스(Unitus, 미소금융의 선구자)의 폐쇄 등 최근의 여러 사례는 이중적 성과를 지닌 통합적 조직을 만들기 위한 노력이 매우 어렵다는 것을 반증한다.[75] 마지막으로, 이 조직들이 어떤 방식으로 일을 수행하는가의 문제도 있다. 사명이 좋으면 반드시 과정이나 사업 운영 방식도 좋은 것은 아니다. 예를 들어, 회사는 모든 구성원들을 공정하게 대우하는가? 회사는 지속 가능성의 이슈에 잘 맞춰져 있는가? 회사는 우리가 2장에서 제시한 지침에 따라 조직을 운영하는가?

이 모든 노력은 비즈니스에 대한 고정 관념을 깨고 나올 수 있는 창의적이고 대담한 방법을 대변하지만, 그것들이 과연 비즈니스의 장래도 대변하는가? 이에 대해선 어느 정도의 확신을 품고 그렇다고 대답하기가 어렵다. 그러나 우리가 입증할 수 있는 바는 우리의 학생들이 이러한 새로운 모델들을 수용하고 거기에 참여하는 일에 무척 적극적이란 사실이다. 1장에 나온 첫 대화와 비슷하게, 많은 학생은 이제까지 의미 있고 효과적인 일은 오직 비영리 단체, 정부 기관, 그리고 어쩌면 교회에서만 가능하다고 생각해 왔다. 그래서 이 새로운 모델들은 세상에 영향을 주는 더욱 직접적이고 의미 있는 방법을 대변할 뿐만 아니라 자선에 쓰일 자금을 풀어서 다른 목적을 위해 사용할 수 있는 영구적이고 지속 가능한 방법을 대변하기도 한다.

제기될 수 있는 또 하나의 질문은 이런 새로운 모델들이 어떻게 더욱 전통적인 공간에서 움직이는 비즈니스에 적용될 수 있는가 하는 것이다. 보잉, 마이크로소프트, 체이스맨해튼 은행과 같은 기업들이 복수의 목적을 가진 새로운 사회적 기업의 유형으로 변화될 수 있겠는가? 그런 기업들의 역사와 소유 구조를 감안하면 그럴 가능성은 별로 없는 듯하다. 하지만 긍정적인 사회적 기여를 하려면 반드시 그들이 그렇게 변할 필요가 있는 것은 아니라는 말을 더하고 싶다. 이 책에서 우리가 줄곧 강조했듯이 비즈니스란 것은, 설사 전통적인 영역에 있더라도, 올바른 동기로 접근하고 정확한 이상에 맞춰 운영된다면 하나님과 이웃을 섬기는 장소가 될 수 있다. 우리가 가장 피하고 싶은 일은 (성스러운 일과 세속적인 일을 구별한 오랜 이분법처럼) 이 새롭게 떠오르는 유형의 조직만이 더 거룩하다고 생각하는 새로운 위계 구조를 만드는 것이다.

그러나 성취 가능성이 더 높은 것은 전통적인 조직들로 하여금 그런 새로운 모델들이 제시한 일부 개념들을 반영하는 사고와 행동의 방식에 참여할 수 있게 하는 것이다(많은 회사들이 더욱 포괄적인 CSR의 방향으로 움직이고 있다). 사실 이런 일이 벌써 일어나고 있다는 증거가 존재한다. BOP 유형의 벤처사업에 참여하는 대기업들의 이름이 한 가지 지표이다. 다른 지표들은 보잉과 같은 회사들이 항공기 운항을 더욱 환경적으로 지속 가능하게 만들고자 많은 노력을 기울이고 있다는 사실에서 뚜렷이 드러난다.

지난 10여 년 동안 많은 경영대학원(하버드와 스탠포드 같은 일류급을 포함한)이 교육 과정을 바꾸고 사회적 벤처 공모전 등 정규 과목과 병행하는 활동을 지원함에 따라, 차세대 비즈니스 리더들은 이런 새로운 아이디어에 노출될 터이고 그것을 실행에 옮길 가능성이 더 많아졌다. 이들 중 일부는 비즈니스의 새로운 모델(몇몇은 우리가 아직 상상조차 못한 것일 테다)로 그 모습을 드러내는 한편, 다른 일부는 전통적인 기업 조직의 경계선을 새로운 방향으로 밀고 가는 모습으로 다가올 것이다.

맺는 말

비즈니스는 가까운 미래와 먼 미래에 어떤 모습을 하고 있을까? 찰스 핸디가 말했듯이 비즈니스는 스스로를 파괴할까? 기업은 자기 이익만을 위해 존재한다는 고정 관념을 뛰어넘을 수 있을까? 대부분의 경영인들은 그저 봉급만을 위해 일하고 다른 것은 거들떠보지 않을 것인가?

틀림없이 이것은 중요한 질문들이다. 이 책을 통해 우리는 비즈니스가 사람들이 흔히 생각하는 것보다 훨씬 많은 일을 할 수 있다(그리고 어느 면에서는 이미 하고 있다)는 것을 보여 주기 위해 설득력 있는 주장과 주목할 만한 사례들을 제시했기를 바란다. 기업은 단지 소유주의 재정적 이익만을 창출하는 것이 아니라 다른 사람들을 섬기는 역할도 할 수 있다. 비즈니스는 또한 직업적 수준의 투자 가치가 있고 시간을 쏟을 가치가 있는 만족스럽고 합목적이고 뜻 깊은 일의 원천이 될 수도 있다.

그러나 비즈니스의 잠재력을 실현하려면 비즈니스의 핵심 목적과 우리의 참여와 관련해 새로운 이야기가 개발되어야 한다. 비즈니스가 하나의 정당한 소명이란 생각은 어느 때보다도 널리 받아들여지고 있지만, **그것이 무엇을 향한 소명인지**는 많이 탐구되지 않았다. 이것이 바로 우리가 이 책에서 조명하려고 했던 핵심 질문이다. 기독교적 관점에서 보면, 비즈니스는 공동선을 위한 변혁적 섬김으로의 부르심이라고 우리가 주장했다. 그것은 하나님을 섬기고 다양한 측면에서 다른 사람들의 삶을 향상시키는 그분의 사명에 참여하기 위한 개인적, 조직적, 구조적 차원의 소명이다.

물론 우리가 높은 이상을 설정한 것은 사실이다. 경쟁자들이 매우 다양한 목표와 동기를 가지고 있는 글로벌 기업 환경에서 그런 이상에 도달하는 것은 쉽지 않을 것이다. 신실한 전략과 과정과 행습을 실행하려면 용기와 헌신, 그리고 많은 시행착오가 필요할 것이다. 더 나아가, 이 깨어진 세상에서 약간의 타협과 '반쪽짜리'를 수용하는 일이 필요할 수도 있다. 그러나 성경에 근거한 이상과 틀이 없다면, 우리는 나침반이 없는 셈이고 단순히 전통적인, 하지만 종종 잘못된 '지혜'의 바람을 따라 표류하게 될 것이다. 더 심각한 경우, 우리는 저항이 가장 적은 길로 내려가서 최근 어떤 사업이 직면한 것보다 더 어두운 바닥으로 떨어지게 될 것이다.

신생 조직과 이른바 전통적인 산업에 몸담은 용감한(많은 경우, 신실한) 비즈니스 리더들은 모두 변혁적 섬김의 비전과 잘 어울리는 개념들을 취했고 그것들을 창의적이고 독창적인 방법으로 적용했다. 그들 중 다수는 하룻밤 사이에 그런 단계에 이른 것이 아니고, 대다수는 실패를 통해 배웠다는 사실을 알아야 한다.

이 책이, 비즈니스가 세상에서 하나님의 목적이 달성되는 데 도움을 줄 수 있다는 우리의 생각과 맥을 같이하여 당신에게 참신한 방식으로 생각하고 행동하도록 도전을 주었기를 바란다. 우리의 의도는 씨앗을 심고, 대화를 심화시키며, 안목과 목적과 가치관과 행동을 변화시키는 것이다. 우리가 최근 경험한 것보다 훨씬 더 기뻐할 만한 미래의 헤드라인을 만들기 위해 비즈니스에 뛰어드는 사람들(기독교인이 많지만, 다른 종교와 신앙을 가진 사람도 많다)의 운동에 당신도 합류하기를 바란다. 우리는 전직 대법관 루이스 브랜데이즈(Louis Brandeis)가 언젠가 사업의 성공을 재(再)정의할 필요성에 대해 이렇게 말한 것에 동감한다. "그러면 '대형 비즈니스'란 용어는 그 부정적 의미를 잃게 되고 새로운 의미를 덧입게 될 것이다. '대형 비즈니스'는 규모가 크거나 권력이 막강한 기업이 아니라, 섬김이 크고 태도가 훌륭한 기업을 뜻하게 될 것이다."[1]

주

서문

1 Charles Handy, "What's a Business For?", *Harvard Business Review*, December 2002, pp. 3-8.
2 일터에서의 신앙과 영성과 관련된 운동에 대하여는 다음을 참조하라. David Miller, *God at Work: The History and Promise of the Faith at Work Movement* (New York: Oxford University Press, 2007); Marc Gunther, *Faith and Fortune: How Compassionate Capitalism Is Transforming America* (New York: Crown Business, 2004).
3 Robert Solomon, *Ethics and Excellence: Cooperation and Integrity in Business* (New York: Oxford University Press, 1992), and *A Better Way to Think About Business* (New York: Oxford University Press, 1999) 참조.
4 Patricia Werhane, *Adam Smith and His Legacy for Modern Capitalism* (New York: Oxford University Press, 1991). 다음 책도 참조하라. Amartya Sen, *Development as Freedom* (New York: Alfred A. Knopf, 1999). 아담 스미스는 경제학자이기보다 도덕 철학자에 더 가까웠다는 점은 주목할 만하다. 그의 대표적인 두 저서(*The Wealth of Nations* and *The Theory of Moral Sentiments*)를 함께 읽어 보면 이런 흐름을 더 분명히 볼 수 있다.
5 J. C. Penney, *Fifty Years with the Golden Rule* (New York: Harper, 1950), *Faith and Fortune*, pp. 19-20에서 인용.
6 *Faith and Fortune*, p. 20.
7 Gary Hamel, "Moon Shots for Management: What Great Challenges Must We Tackle to Reinvent Management and Make It More Relevant to a Volatile World?", *Harvard Business Review*, February 2009, pp. 91-98; quote from p. 92.
8 같은 책, p. 97.

9 다음 책들을 참조하라. Jim Collins and Jerry Porras, *Built to Last: Successful Habits of Visionary Companies* (New York: Harper Business, 2002); Rajendra Sisoda, David B. Wolfe and Jagdish Sheth, *Firms of Endearment: How World Class Companies Profit from Passion and Purpose* (Upper Saddle River, N.J.: Wharton School Publishing, 2007); and Michael Strong, *Be the Solution: How Conscious Capitalists and Entrepreneurs Can Solve All of the World's Problems* (Hoboken, N.J.: John Wiley, 2009).

10 Laura Nash and Scotty McClennan, *Church on Sunday, Work on Monday: The Challenge of Fusing Christian Values with Business Life* (San Francisco: Jossey-Bass, 2001); Robert Wuthnow, *Rethinking Materialism: Perspectives on the Spiritual Dimension of Economic Activity* (Grand Rapids: Eerdmans, 1995); and *Poor Richard's Principle* (Princeton, N.J.: Princeton University Press, 1998).

11 Martin Seligman, *Authentic Happiness* (New York: Free Press, 2002), pp. 165-69. 또한 다음을 보라. 또한 다음을 보라. Amy Wrzesniewski et al., "Jobs, Careers, and Callings: People's Relations to Their work", *Journal of Research In Personality* 31 (1997): 21-33; Amy Wrzesniewski, "Finding Meaning in Work", in *Positive Organizational Scholarship, Foundations of a New Discipline*, ed. Kim Cameron, Jane Dutton and Robert Quinn (San Francisco: Barrett-Kohler, 2003).

12 Ian Mitroff and Elizabeth Denton, *A Spiritual Audit of Corporate America: A Hard look at Religion, Spirituality and Values in the Workplace* (San Frincisco: Jossey-Bass, 1999).

13 Linda Barrington, Lynn Franco, and John Gibbons, "I Can't Get No…Job Satisfaction, That Is", *Conference Board Report R-1459-09-RR* (New York: Conference Board, 2010).

14 "Employee Engagement: A Leading Indicator of Financial Performance", Gallup Organization, n.d., www.gallup.com/consulting/52/employee-engagement.aspx.

15 Steve Crabtree, "Getting Personal in the Workplace", *Gallup Management Journal*, 2004, http://govleaders.org/gallup_article_getting_personal.htm; 또한 다음을 보라. Gunther, *Faith & Fortune*, p. 3.

16 William Werther and David Chandler, *Strategic Corporate Social Responsibility: Stakeholders in a Global Environment* (Thousand Oaks, Calif.: Sage, 2006).

17 Phil Knight, cited in Jonah Bloom, "Recession Provides a Chance to Build a Better Capitalism", *Advertising Age*, December 8, 2008.

18 H. Richard Niebuhr, *Christ and Culture* (New York: Harper & Row, 1951).

19 Dennis Hollinger, *Choosing the Good: Christian Ethics in a Complex World* (Grand Rapids: Baker Academic, 2002).

20 N. T. Wright, address given at InterVarsity Christian Fellowship's "Following

Christ 2008 Conference", Chicago, December 27-31, 2008.
21 다음을 참조하라. "Business as Mission", Lausanne Occasional Paper No. 59, 2004 Forum for World Evangelization, Pattaya, Thailand, October 2004; Stephen Rundle and Tom Steffen, *Great Commission Companies* (Downers Grove, Ill.: InterVarsity Press, 2003); Tetsunao Yamamori and Kenneth A. Eldred, *On Kingdom Business: Transforming Missions Through Entrepreneurial Strategies* (Weaton, Ill.: Crossway, 2003).

1장

1 성경은 하나님이 그분의 영광을 선포하기 위하여 창조 세계도 사용하신다고 분명히 가르치고 있다(시 19편).
2 Gilbert Meilaender, ed., *Working: Its Meaning and Limits* (Notre Dame, Ind.: University of Notre Dame Press, 2000), pp. 2-6.
3 같은 책, p. 2.
4 Dorothy Sayers, 같은 책, p. 45에서 인용. 우리는 인간이 하나님의 형상대로 지음을 받았다는 사실에 기초해, 일의 내재적 가치에 관한 세이어즈의 견해에 대체로 동의한다.
5 이 중요한 논점에 관한 자세한 논의는 Gene Edward Veith, *God at Work: Your Christian Vocation in All of Life* (Wheaton, Ill.: Crossway, 2002)를 참조하라.
6 Miroslav Volf, *Work in the Spirit: Toward a Theology of Work* (New York: Oxford University Press, 1991), pp. 114-118.
7 같은 책, p. 115.
8 위와 동일.
9 Dorothy L. Sayers, *Creed or Chaos?* (Manchester, N. H.: Sophia Press, 1974), pp. 72-73.
10 Charles W. Colson and Harold Fickett, *The Good Life: Seeking Purpose, Meaning and Truth in Your Life* (Carol Stream, Ill.: Tyndale House, 2005). 또한 다음을 보라. R. Paul Stevens, *The Other Six Days* (Grand Rapids: Eerdmans, 2000), and *Doing God's Business: Meaning and Motivation for the Marketplace* (Grand Rapids: Eerdmans, 2006); Wayne Grudem, *Business for the Glory of God: The Bible's Teaching on the Moral Goodness of Business* (Wheaton, Ill.: Crossway, 2003).
11 성경 인용에서 강조체는 추가된 것. 전도서도 죄의 영향으로 인한 일의 헛됨을 선포하고 있다. 따라서 일은 만족과 고통을 모두 포함하는 혼합된 복이다(전 2:17-23).
12 이 점에 관한 더 많은 논의는 Grudem의 *Business for the Glory of God*를 참조하라. 그는 비즈니스는 일의 원초적 선함과 죄가 일에 미친 영향으로 인해 하나님을 영화롭게 하는 도구이면서도 유혹의 원천이라고 주장한다.
13 Tom Chappell, *The Soul of a Business: Managing for Profit and the Common Good* (New York: Bantam Books, 1993)에 나오는 저자의 이야기를 보라.

14 Martin Luther, cited in Charles Colson and Nancy Pearcey, *How Now Shall We Live?* (Wheaton, Ill.: Tyndale House, 1999), chap. 38.
15 이 주제에 관한 고전인 Max Weber, *The Protestant Ethic and the Spirit of Capitalism* (New York: Scribner's, 1958)을 참조하라.
16 Lee Hardy, *The Fabric of This World* (Grand Rapids: Eerdmans, 1990).
17 Frederick Buechner, *Wishful Thinking: A Seeker's ABC*, rev. ed. (San Francisco: HarperOne, 1993), p. 95.

2장

1 여기서는 가명을 사용하고 이야기를 다소 수정하였지만, 앤의 이야기는 실화이다.
2 Jim Collins, "Bult to Flip", *Fast Company* 32 (2000). www.fastcompany.com/magazine/32/bulittoflip.html.
3 다음을 참조하라. Milton Friedman, "The Social Responsibility of Business Is to Increase Its Profits", *New York Times Magazine* (1970), in Scott B. Rae and Kenman L. Wong, *Beyond Integrity: A Judeo-Christian Approach to Business Ethics*, 2nd ed. (Grand Rapids: Zondervan, 2004), pp. 131-35.
4 Milton Friedman, John Mackey and T. J. Rodgers, "Rethinking the Social Responsibilities of Business: A Reason Debate", *Reason.com*, October 2005을 참조하라. (www.reason.com/archives/2005/10/01/rethinking-the-social-responsi.)
5 여기서 우리의 의도는 신학적 접근들을 총망라하기보다는 오늘날의 조직이 채택하고 있는 정설과 대화를 나누는 것이다. 이해관계자 이론(들)과 더불어 다양한 견해들이 제시되어 왔다. 예컨대, 토마스 던피와 토마스 도날드슨은 사회 계약 접근을 제안했다[Thomas Dunfee and Thomas Donaldson, *Ties That Bind: A Social Contracts Approach to Business Ethics* (Boston: Harvard University Press, 1999)]. 그리고 헬렌 알포드와 마이클 노튼은 공동선 접근을 제안한다[Helen Alford and Michael Naughton, *Managing As If Faith Mattered* (Notre Dame, Ind.: University of Notre Dame Press, 2001)].
6 Friedman, Mackey and Rodgers, "Rethinking the Social Responsibilities of Business: A Reason Debate"에 나오는 프리드만의 견해에 대한 존 맥케이의 반응을 참조하라. 이해관계자 이론을 학문적 관점에서 다룬 문헌은 다음과 같다. R. Edward Feeman, *Strategic Management: A Stakeholder Approach* (Boston: Pitman Harper & Row, 1984); Brad Agle et al., "Towards Superior Stakeholder Theroy", *Business Ethics Quarterly* 18 (2008): 153-190; Jeffrey S. Harrison and R. Edward Freeman, "Stakeholders, Social Responsibility, and Performance: Empirical Evidence and Theoretical Perspectives", *Academy of Management Journal* 42 (1999): 479-487.
7 기업이 내부 자원을 희생시키면서 외부 재화를 가치 있게 여기는 경향에 관한 사려 깊은 논의는 다음 문헌을 참조하라. Alasdair MacIntyre, *After Virtue*, 2nd ed. (Notre

Dame, Ind.: University of Notre Dame Press, 1984); Scott Waalkes, "Money or Business: A Case Study of Christian Virtue Ethics in Corporate Work", *Christian Scholars Review*, fall 2008. 또한 다음을 보라. Alford and Naughton, *Managing As If Faith Mattered*.

8 이 주제에 관해서는 10장에서 더 논의될 것이다.

9 Ken Eldred, *God Is at Work* (Venture, Calif.: Regal Books, 2005), p. 67.

10 성경적인 정의와 가난한 자에 대한 하나님의 관심에 대한 심층적 논의는 다음 문헌을 참조하라. Stephen C. Mott and Ronald J. Sider, "Economic Justice: A Biblical Paradigm", in *Toward a Just and Caring Society: Christian Responses to Poverty in America*, ed. David P. Gushee (Grand Rapids: Baker, 1999), pp. 15-45.

11 예수님의 가르침을 중심으로 이 중요한 주제를 자세히 다룬 책은 Allen Verhey, *The Great Reversal: Ethics and the New Testament* (Grand Rapids: Eerdmans, 1984)이다.

12 Glen H. Stassen and David P. Gushee, *Kingdom Ethics: Following Jesus in Contemporary Context* (Downers Grove, Ill.: InterVarsity Press, 2003), pp. 20-21.

13 Max L. Stackhouse and Peter Paris, eds., *Religion and the Powers the Common Life*, vol. 1 of *God and Globalization* (Harrisburg, Penn.: Trinity Press International, 2000), p. 35. 또한 다음을 보라. Hendrik Berkhof, *Christ and the Powers* (Scottdale, Penn.: Herald, 1962).

14 Miroslav Vlof, *Work in the Spirit: Toward a Theology of Work* (New York: Oxford University Press, 1991). 이와 비슷한 사유 노선은 신학자들의 책에서도 찾을 수 있다. Richard Mouw, *When the Kings Come Marching In: Isaiah and the New Jerusalem* (Grand Rapids: Eerdmans, 1983); Darrell Cosden, *The Heavenly Good of Earthly Work* (Peabody, Mass.: Hendrickson, 2006).

15 William Schweiker, "Responsibility in the World of Mammon: Theology, Justice, and Transnational Corporations", in *Religion and the Powers of the Common Life*, ed. Max L. Stckhouse and Peter Paris, vol. 1 of *God and Globalization* (Harrisburg, Penn.: Trinity Press International, 2000), p. 111.

16 Michael Strong, *Be the Solution: How Entrepreneurs and Conscious Capitalists Can Solve All the World's Problems* (Hoboken, N.J.: John Wiley, 2009).

17 Robert Sirico, "The Entrepreneurial Vocaion", in *Beyond Integrity: A Judeo-Christian Approach to Business Ethics*, ed. Scott B. Rae and Kenman L. Wong, 2nd ed. (Grand Rapids: Zondervan, 2004), pp. 60-66.

18 Claudia Willis, "The New Science of Human Happiness", *Time*, January 9, 2005, Citing the work of Sarah Lyubomirksi, Robert Emmons and Martin Seligman.

19 Max De Pree, cited in Sarah Jio, "Good Business", *Seattle Pacific University Response Magazine* 26, no. 5 (2004). 인터넷 주소: www.spu.edu/depts/uc/response/winter2k4/goodbusiness.html

20 Friedman, Mackey and Rodgers, "Rethinking the Social Responsibilites of Business: A Reason Debate."

21 인터넷 출처: Found at www.jnj.com/connect/about-jnj/jnj-credo/.

22 Lee Hardy, *The Fabric of This World: Inquiries into Calling, Career Design and the Design of Human Work* (Grand Rapids: Eerdmans, 1990), p. 95.

23 Jody Heymann and Magda Barrera, *Profit at the Bottom of the Ladder: Creating Value by Investing in Your Work Force* (Boston: Harvard Business Press, 2010).

24 Michael Novak, *The Fire of Invention* (Lanham, Md.: Rowman & Littlefield, 1997). 또한 다음을 보라. Sirico, "the Entrepreneurial Vocation", pp. 60-66; and R. Paul Stevens, *Doing God's Business* (Grand Rapids: Eerdmans, 2006).

25 우리의 '필요성'이 떨어지고 기술적 의존성이 높아짐에 따라 다른 형태의 번영 또는 안녕, 즉 영적 및 사회적 안녕이 희생됨을 경험했다. 그러나 이에 대한 반론으로 우리에게 유용한 현대의 편의성이 없었다면 우리의 삶이 지금처럼 윤택하지는 않았을 것이라는 평가도 있다.

26 Donald Schmeltekopf, "The Moral Context OF Business", address given to business students and faculty at Baylor University, Waco, Texas, on October 20, 2003. 인터넷 주소: www.baylor.edu/business/news.php?action=story&story-34170

27 Timothy Fort, *Prophets, Profits and Peace: The Positive Role of Buisness in Promoting Religious Tolerance* (New Haven, Conn.: Yale University Press, 2008), p. 25.

28 여러 주요 경영 이론에 대한 비판적 견해로는 다음의 문헌을 참조하기 바란다. Bruno Dyck and David Schroeder, "Management, Theology and Moral Points of View: Towards an Alternative to the Conventional Materialist-Individualist Ideal-Type of Management", *Journal of Management Studies* 42 (2005): 705-735. 또한 다음을 보라. Fabrizio Ferraro, Jeffrey Pfeffer and Robert I. Sutton, "Economics Language and Assumptions: How Theories Can Become Self-Fulfilling", *Academy of Management Review* 30 (2005): 8-24.

29 우리는 이 특정 질문과 우리의 틀에 나오는 다른 질문들에 대해 팀 디어본과 크리스 쇼어의 다음 저술에 의존한 바가 크다. Tim Dearborn and Chris Shore, *Doing Business in the Kingdom of God* (Monrovia, Calif.: World Vision, 2006).

30 Jim Collins and Jerry Porras, *Built to Last: Successful Habits of Visionary Companies* (New York: HarperCollins, 1994).

31 Mike Volkema, CEO of Herman Miller, quoted in Gunther, *Faith and Fortune*, p. 177. 또한 다음을 보라. Friedman, Mackey and Rodgers, "Rethinking the Social Responsibility of Business: A Reason Debate."

32 Pietra Rivoli, "Ethical Aspects of Investor Behavior", *Journal of Business Ethics* 14 (1995): 265-277.

33 Hsin-Hsiang Hung, "Kiel Mortgage: Interview with Brent Abrams", MBA class

project for Christian Ethics and Values in the Marketplace, Seattle Pacific University, March 2008.
34 Jio, "Good Business."
35 존 맥케이와 더불어 캔 앨드레드와 돈 플로우도 이 논점을 개진한다. Ken Eldred, *God is at Work*, p. 68; Don Flow, "Christianity, Informing, Infusing and Reforming Business", a speech given at the "Bridging Sunday and Monday Conference", Seattle Pacific University, October 5, 2007.
36 Dave Packard, cited in Charles Handy, "What's a Business For?" *Harvard Business Review*, December 2002, p. 54. 또한 다음을 보라. David Packard, *The HP Way: How Bill Hewlett and I Built Our Company* (New York: Harper Business, 1995).

3장

1 Barry L. Rowan와 2009년 4월 7일에 행한 개인적 인터뷰. 모든 인용은 그 인터뷰를 출처로 한다.
2 이 중요한 주제에 관해 더 알고 싶으면 다음 문헌을 참조하라. Laura Nash, *Believers in Business: Resolving the Tensions Between Christian Faith, Business Ethics, Competition and Our Definitions of Success* (Nashville: Thomas Nelson, 1994).
3 Walter Williams, cited in John Stossel, *Give Me a Break* (New York: Perennial Currents, 2005), p. 244.
4 섬김의 미덕과 관련된 경계선에 대해서는 Henry Cloud and John S. Townsend, *Boundaries* (Grand Rapids: Zondervan, 1992)를 참조하라.
5 이에 관한 더 많은 논의는 다음 문헌을 참조하라. Robert Sirico, "The Entrepreneurial Vocation", in *Beyond Integrity: A Justice-Christian Approach to Business Ethics*, ed. Scott B. Rae and Kenman L. Wong, 2nd ed. (Grand Rapids: Zondervan, 2004), pp. 60-66.
6 이에 관한 논의를 더 보려면 Nash, *Believers in Business*를 참고하라.
7 Stephen A. Covey, *The Seven Habits of Highly Successful People* (New York: Free Press, 1989).
8 Robert N. Bellah et al, *Habits of the Heart: Individualism and Commitment in American Life* (Berkeley: University of California Press, 1985).
9 Amy Wrznesiewski et al., "Jobs, Careers and Callings: People's Relations to Their Work", *Journal of Research in Personality* 31 (1997): 22.
10 Dallas Willard, *The Spirit of the Disciplines* (New York: HarperCollins, 1988), pp. 20, 153.
11 Richard Foster, *Celebration of Discipline: The Path to Spiritual Growth* (New York: HarperCollins, 1978), p. 3.
12 Gilbert C. Meilaender, ed., *Working: Its Meaning and Limits* (Notre Dame, Ind.:

University of Notre Dame Press, 2000), p. 7.

13 일과 여가의 관계에 대한 역사적 고찰은 다음 문헌을 참조하라. Josef Pieper, *Leisure: The Basis of Culture* (New York: St. Augustine's Press, 1998). 원서인 독일어판은 본래 두 권으로 출판되었다. *Musse and Kult* and *Was heisst Pholosophieren* (Berlin: Kosel-Verlag, 1948).

14 고대 사회에서의 일과 여가의 관계에 대해서는 다음 문헌을 참조하라. Leland Ryken, *Redeeming the Time: The Christian Approach to Work and Leisure* (Grand Rapids: Baker, 1995).

15 여기서는 안식일 제도에 관해 종합적인 논의를 할 수 없으므로 다음 문헌을 참조하라. Marva Dawn, *Keeping the Sabbath Wholly: Ceasing, Resting, Embracing, Feasting* (Grand Rapids: Eerdmans, 1989), and *The Sense of the Call: A Sabbath Way of Life for Those Who Serve God, the Church and the World* (Grand Rapids: Eerdmans, 2006); Mark Buchanan, *The Rest of God: Restoring Your Soul by Restoring Sabbath* (Nashville: Thomas Nelson, 2006).

16 "Kairos", in *Theological Dictionary of the New Testament*, ed. Gerhard Kittel, trans. Geoffrey W. Bromiley (Grand Rapids: Eerdmans, 1965).

17 전도서의 견해에 대한 상세한 논의는 다음 글을 참조하라. J. Stafford Wright, "The Interpretation of Ecclesiastes", in *Classical Evangelical Essays in Old Testament Interpretation*, ed. Walter C. Kaiser (Grand Rapids: Baker, 1972), pp. 133-150.

4장

1 Douglas E. Oakman, "Economics of Palestine", in *Dictionary of New Testament Background*, ed. Craig A. Evans and Stanley E. Porter (Downers Grover, Ill.: InterVarsity Press, 2000), pp. 304-305.

2 같은 책, p. 305.

3 John R. Schneider, *The Good of Affluence: Seeking God in a Culture of Wealth* (Grand Rapids: Eerdmans, 2002), pp. 31-32. 슈나이더는 한 사람이 풍요를 즐기는 것이 문제가 될 수 있는 까닭은 "어떤 사람이 필수적이지 않은 것을 소비하게 되면 스스로 다른 사람에게 줄 수 있는 유일한 도움의 수단을 없애는 것이기 때문이다"라고 주장한다(pp. 31-32). 고대 사회에서 부자와 가난한 자들이 가까이 살았던 점을 고려하면, 그런 것을 박탈당한 사람은 당신의 이웃일 수 있다.

4 이 관행은 신약 시대에도 계속되었다. 종종 가난한 사람들은 땅을 완전히 팔아서 소작 농민이 되었다. 다른 경우에는 그들이 돈을 빌리기 위해 토지를 담보로 사용했고 결국은 몰수당했다[Schneider, *Good of Affluence*, pp. 120-21 참조; Justo Gonzales, *Faith and Wealth: A History of Early Christian Ideas on the Origin, Significance and Use of Money* (San Francisco: Harper & Row, 1990), pp. 73-75]. 물론 종종 가족을 그들의 땅에서 분리시키는 다양한 요인들이 존재했는데, 외국이 땅의 일부를 일시적으로 점

령하는 것, 가족이 땅을 팔 수밖에 없게 만드는 높은 과세, 부가 소수의 손에 집중되는 것 등이다. [Christopher J. H. Wright, *God's people in God's Land: Family, Land and Property in the Old Testament* (Grand Rapids: Eerdmans, 1990), pp. 106-109].

5   고대 사회에서 토지 소유와 부의 창출의 관계에 대하여는 다음 문헌을 참조하라. Wright, *God's People in God's Land*, pp. 115-180. 구약에서 사유 재산에 대한 권리는 절대적이지 않았다. 이는 땅을 영구적으로 사거나 팔 수 없었기 때문이다[땅은 궁극적으로 하나님께 속해 있었던 까닭이다(레 25:23)]. 율법은 땅이 가족 내에 머물러 있어 가족의 안정을 제공할 수 있도록 구성되어 있었다.

6   이자를 취득하는 문제에 관한 논의는 과도한 부의 축적을 예방하기 위한 보다 큰 구조적 맥락에서 보아야 한다. 예를 들면, 희년의 제정, 빚에 대한 보증으로서 담보 설정에 대한 제한, 경계석 제거를 금지한 율법과 같은 것들이다[Christopher J. H. Wright, *Old Testament Ethics for the Poeple of God* (Downers Grove, Ill.: InterVarsity Press, 2004), pp. 164-166].

7   Brian Griffiths, *The Creation of Wealth* (Downers Grove, Ill.: InterVarsity Press, 1985), pp. 25-31; Schneider, *Good of Affluence*, pp. 31-32.

8   물론 우상숭배의 유혹도 중요한 관심사였다. 이는 사람들이 그들의 안전을 위해 하나님 대신에 부를 의지하는 것을 뜻한다.

9   예수님 당시에는 사회적 이동이 제한되어 있었는데, 보통은 상위 계층의 누군가와의 결혼의 결과로, 또는 개인적 업적을 인정한 부유한 후견인의 보증의 결과로 그런 이동이 가능했다. 그러니까 자기 분야에서 열심히 노력한 결과가 아니었다는 말이다[D. F. Watso, "Roman Social Classes", in *Dictionary of New Testament Background*, ed. Craig A. Evans and Stanley E. Porter (Downers Grove, Ill.: InterVarsity Press, 2000), p. 1003].

10 실리콘 밸리의 기업인 T. J. Rodgers는 Dinesh D'Souza와의 인터뷰에서, 저개발된 세계에서 빈곤을 근절하는 데 빌 게이츠가 테레사 수녀원과 같은 자선 단체들보다 훨씬 많은 일을 했다고 지적했다. 마더 테레사와 그 수녀들의 영웅적인 일을 얕보지 않고서도 자본주의와 테크놀로지가 세계 인구의 거의 절반을 빈곤에서 벗어나게 하는 데 중요한 역할을 했다고 분명히 말할 수 있다. 빈곤층을 위한 자선 단체 자금의 상당 부분이 자본주의가 창출한 부에서 나온다는 점도 주목해야 한다. 이에 대한 자세한 논의는 5장을 참조하라. 이 인터뷰는 다음 책에 인용되어 있다. Dinesh D'Souza, *The Virtue of Prosperity: Finding Values in an Age of Techno-Affluence* (New York: Free Press, 2000), p. 124.

11 이 주제에 관한 자료는 방대해서 여기서는 부에 관한 성경적 가르침의 큰 윤곽만 그릴 수 있을 뿐이다. 더 많은 논의는 다음 문헌을 참고하라. Schneider, *Good of Affluence*; Craig L. Blomberg, *Neither Poverty Nor Riches: A Biblical Theology of Possessions* (Downers Grove, Ill.: Intervarsity Press, 2001); Wesley K. Willmer, *God and Your Stuff: The Vital Link Between Your Possessions and Your Soul* (Colorado Springs: NavPress, 2002); Ronald J. Sider, *Rich Christians in an Age of Poverty: Moving*

from Affluence to Generosity, 5th ed. (Nashville: Thomas Nelson, 2005); Gonzales, *Faith and Wealth*.

12 Wright, *God's People in God's Land*, pp. 58-65, 119-128. 레 25:23은 토지에 대한 하나님의 소유권을 천명할 뿐만 아니라 사람을 영구적인 주민이 아니라 외국인이요 임차인으로 묘사하고 있다.

13 Gonzales, *Faith and Wealth*, p. 82.

14 솔로몬은 또한 부(富)가 궁극적인 만족을 줄 수 없고 하나님을 대체할 수 없다는 점에서 부의 헛됨을 지적하고 있다(전 5:8-20; 6:1-12). 부는 우상숭배의 대상이 되지 않으면서 하나님의 좋은 선물이 될 수 있으므로 이 둘은 상호 배타적인 명제가 아니다. 솔로몬의 주장인즉, 우리는 부를 너무 높이 평가해서 인생의 퍼즐 조각들을 맞추어 한 덩어리로 만드는 열쇠로 간주하지 않으면서도 부를 하나의 선물이 볼 수 있다는 것이다.

15 Schneider, *Good of Affluence*, pp. 70-74. 물론 풍요의 복은, 슈나이더가 말하듯이, 특히 가난한 사람들에게 관대해야 할 책임과 함께 왔다. 가난한 사람들에 대한 책임에 관한 논의는 Ronald Sider, *Rich Christians*과 동일 저자의 *Just Generosity: A New Vision for Overcoming Poverty in America* (Grand Rapids: Baker, 1999)를 참조하라.

16 팔복에 관한 이 견해에 대해 더 알고 싶으면 Dallas Willard, *The Divine Conspiracy* (New York: HarperCollins, 1998)를 참조하라.

17 개인의 안정과 정체성의 중요한 기반에 관해서는 다음 문헌이 통찰력을 줄 것이다. Craig M. Gay, *Cash Values: Money and the Erosion of Meaning in Today's Society* (Grand Rapids: Eerdmans, 2004).

18 같은 책, p. 90. 물질주의 비판에 대한 더 많은 논의는 다음 문헌을 참조하라. Robert Wuthnow, ed., *Rethinking Materialism: Perspectives on the Spiritual Dimension of Economic Life* (Grand Rapids: Eerdmans, 1995); Robert Wuthnow, *God and Mammon in America* (New York: Free Press, 1994).

19 Gay, *Cash Values*, p. 68.

20 Robert Wuthnow, *Poor Richard's Principle: Recovering the American Dream Through the Moral Dimensions of Work, Business and Money* (Princeton, N.J.: Princeton University Press, 1996), p. 153.

21 이 점에 관한 논의를 더 보려면 다음 문헌을 참조하라. Tom Boudoin, *Consuming Faith: Integrating Who We Are with What We Buy* (Lanham, Md.: Sheed & Ward, 2003); Rodney Clapp, ed., *The Consuming Passion: Christianity and the Consumer Culture* (Downers Grove, Ill.: InterVarsity Press, 1998).

22 Boudoin, *Consuming Faith*, pp. 7-8 (강조체는 추가한 것). 그는 또한 "브랜딩은 당신의 진정한 자아에 대해 말해 주는 일관되고 통일된 정체성을 제공한다. 그것은 한 공동체의 멤버십을 제공하며, 무조건적인 신뢰를 할 것을 제안하고, 회심과 새로운 삶에 대한 약속을 제공한다"(같은 책, p. 44).

23 광고의 목표 중 하나인 이 항목에 대해 더 알고 싶으면 Howard J. Blumenthal, *Brand-*

ed for Life: How American Are Brainwashed by the Brands We Love (Cincinnati: Emmis Books, 2005)를 참조하라.

24 Richard John Neuhaus, "Wealth and Whimsy: On Economic Creativity", *First Things*, August-September (1990), p. 29.

25 Dominic Orr의 이야기에 관해 더 알고 싶으면 Stephanie Mehta, "Confessions of a CEO", *Fortune*, November 2, 2007을 참조하라.

26 Robert N. Bellah et al., *Habits of the Heart: Individualism and Commitment in American Life* (Berkeley: University of California Press, 1985); Amy Wrznesiewski et al., "Jobs, Careers and Callings: People's Relations to Their Work", *Journal of Research in Personality* 31 (1997): 22. 일이 의미를 지니게 되는 맥락에 관한 논의는 Wuthnow, *Poor Richard's Principle*, pp. 95-137를 참조하라.

5장

1 Naomi Klein, *Fences and Windows: Dispatches from the Front Lines of the Globalization Debate* (New York: Picador, 2002).

2 Thomas L. Friedman, *The World is Flat* (New York: Farrar, Straus & Giroux, 2006)-『세계는 평평하다』(21세기북스); David Korten, *When Corporations Rule the World* (San Francisco: Berrett-Koehler, 2001); Jagdish Bagwati, *In Defense of Globalization* (New York: Oxford University Press, 2005); Martin Wolf, *Why Globalization Works* (New Haven, Conn.: Yale University Press, 2004).

3 Kevin Neuhouser, "In a Global World, Who Is My Neighbor?", Seattle Pacific University Weter Lecture, Seattle, Washington, March 1, 2002.

4 Thomas L. Friedman, *The Lexus and the Olive Tree*, exp. ed. (New York: Anchor Books, 2000), pp. 8-9 -『렉서스와 올리브나무』(21세기북스).

5 예, Pankaj Ghemawat, "Why the World Isn't Flat", ForeignPolicy.com, March-April 2007(subCSRiption), www.foreignpolicy.com/articles/2007/02/14/why_the_world_isnt_flat; Pankaj Ghemawat, "Businesses Beware: The World Is Not Flat", *Harvard Business School Working Knowledge*, October 15, 2007, http://hdswk.hbs.edu/item/5719.html.

6 Narayana Murthy, "Commanding Heights", PBS.org, February 5, 2001, www.pbs.org/wgbh/commandingheights/shared/minitext/int_narayanamurthy.html.

7 Naomi Klein, *No Logo: No Space, No Choice, No Jobs* (New York:Picador, 2002) -『슈퍼 브랜드의 불편한 진실』(살림Biz), and *Fences and Windows*; Korten, *When Corporations Rule the World*; Joel Bakan, *The Corporation* (New York: Free Press, 2004); Noreena Hertz, *The Silent Takeover: Global Capitalism and the Death of Democracy* (New York: Harper Business, 2003) -『소리 없는 정복』(푸른숲).

8 주 7에 나온 책들을 참조하라.

9 Timothy Gorringe, "The Principalities and Powers", in *Globalization and the Good*, ed. Peter Heslam (Grand Rapids: Eerdmans, 2004), pp. 79-91.

10 Cynthia Moe-Lobeda, "Offering Resistance to Globalization: Insights from Luther", in *Globalization and the Good*, ed. Peter Heslam (Grand Rapids: Eerdmans, 2004), pp. 95-104.

11 Philippe LeGrain, *Open World: The Truth About Globalization* (Chicago: Ivan R. Dee, 2004); Bagwati, *In Defense of Globalization*; Wolf, *Why Globalization Works*.

12 Brian Griffiths, "The Challenge of Capitalism: A Christian Perspective", in *Making Globalization Good*, ed. John H. Dunning (New York: Oxford University Press, 2003), pp. 165-166

13 예, Charles Fishman, "The Wal-Mart Effect and a Decent Society: Who Knew Shopping Was So Important?", *Academy of Management Perspectives* 20, no. 3(2006); Charles Fishman, *The Wal-Mart Effect* (New York: Penguin, 2006); "Is Wal-Mart Good for America?", *Frontline*, www.pbs.org/wgbh/pages/frontline/shows/walmart.

14 Gary Graffeti, in "Is Wal-Mart Good for America?"

15 예, Fishman, "Wal-Mart Effect".

16 "The Great Hollowing-Out Myth", *The Economist*, February 19, 2004, www.economist.com/displaystory.cfm?story_id=2454530.

17 전 월마트 최고 운영자이자 현재 이사인 도널드 소더퀴스트에 따르면, 월마트는 아무것도 제조하지 않기 때문에 공급자들을 파산하게 만드는 것이 회사에 도움이 되지 않는다고 한다. 사실 동기 유발은 그와 정반대로 작동한다. 월마트는 그들이 판매하는 모든 상품을 공급자들에게 의존하고 있기 때문에 그들을 잘 대우할 만한 충분한 이유가 있다[Albert Erisman and Kenman Wong, "Wal-Mart Way Produces Accolades, Criticism, Growth", and interview of Donald G. Soderquist, *Ethix* 58(2008), http://ethix.org/2008/04/01/wal-mart-way-produces-accolades-criticism-growth].

18 United States Balance of Trade, "Trading Economics", www.tradingeconomics.com/Economics/Balance-of-Trade.aspx?Symbol=USD, and United States Census Bureau, Foreign Trade Statistics, www.census.gov/foreign-trade/balance/c5700.html#2008.

19 이 주제에 대한 더 자세한 논의는 다음 문헌을 참고하라. Tim Kasser, *The High Price of Materialism* (Cambridge, Mass.: MIT Press, 2002); Rodney Clapp, ed., *The Consuming Passion: Christianity and the Consumer Culture* (Downers Grove, Ill.: InterVarsity Press, 1998).

20 Tom Sine, "Branded for Life", *Sojourners*, September-October, 2000, www.sojo.net/index.cfm?action=magazine.article&issue=soj0009&article=000912.

21 이 주제에 관한 더 자세한 논의는 Thomas L. Friedman, *Hot, Flat, and Crowded* (New York: Straus&Giroux, 2008), 특히 chaps. 3, 7을 참조하라.

22 조셉 슘페터는 *Capitalism, Socialism and Democracy* (1942; reprint, New York: Harper Perennial, 2008)-『자본주의 사회주의 민주주의』(북길드)에서 이 경제적 현상을 묘 사하기 위해 이 문구를 대중화시켰다.

23 Jenny Bates, "Putting the U.S. Trade Deficit into Perspective", Progressive Policy Institute Fact Sheet, February 1, 2000, www.ppionline.org/ppi_ci.cfm?knlgAreaID=108&subsecID=(00009&contentID=609.

24 Vicktoria Somogyi, "Lord Brian Griffiths on Globalization", *Zenit*, November 13, 2006, www.zenit.org/article-18173?l=English.

25 Lawrence Summers, "Commanding Heights", PBS.org, April 24, 2001, www.pbs.org/wgbh/commandingheights/shared/minitextlo/int_lawrencesummers.html.

26 Wanda Tseng(moderator), T. N. Srinivasan, Minixin Pet, Jahangir Aziz, "China and India: Expanding Roles in the World Economy", International Monetary Fund, December 14, 2006, www.imf.org/external/NP/EXR/BForums/2006/121406.htm.

27 Nicolas Kristof and Sheryl WuDunn, "Two Cheers for Sweatshops", *New York Times Magazine*, September 24, 2000, www.nytimes.com/library/magazine/home/20000924mag-sweatshops.html.

28 "How Rising Wages Are Changing the Game in China", *Business Week*, March 27, 2006, www.businessweek.com/magazine/content/06_13/b3977049.htm.

29 Siddharthe Srivastava, "Could Rising Wages Diminish India's Outsourcing Competitive Edge?", *Siliconeer*, January 21, 2005, http://newsamericamedia.org/news/view_article.html?article_id=167d1c86c1d28e7607c942fd9891938e.

30 Jerry Hausmand and Ephraim Leibtag, "CPI Bias from Supercenters: Does BLS Know that Wal-Mart Exists?", National Bureau of Economic Research working paper 10712, August 2004.

31 Bruce Bartlett, "Is Wal-Mart Good for America?", National Center for Policy Analysis, November 22, 2004, http://townhall.com/columnists/Bruce Bartlett/2004/11/19/is_wal-mart_good_for_america/page/full.

32 Pankaj Ghemawat, "Business, Society, and the Wal-Mart Effect", *Academy of Management Perspectives* 20, no. 3 (2006): 42.

33 Jacob Funk Kirkegaard, "White-Collar Outsourcing: Myth Vs. Reality", *Globalist*, April 15, 2008, http://petersoninstitute.org/publications/opeds/oped.cfm?ResearchID=916.

34 "Offshoring: Is It a Win-Win Game?", McKinsey Global Institute, 2003; "IT Outsourcing and the U.S. Economy", *IHS Global Insight*, 2004, www.ihsglobalinsight.

com/MultiClientStudy/MultiClientStudyDetail846.htm.
35 Douglas Irwin, "Does Free Trade Kill Good American Jobs?", *American Enterprise*, June 2004, pp. 31-33.
36 같은 책, p. 33.
37 LeGrain, *Open World*, pp. 293-319. 또한 다음을 보라. Philippe LeGrain, "In Defense of Globalization: Why Cultural Exchange Is Still and Overwhelming Force for Good", *The International Economy*, summer 2003.
38 Stephen C. Mott and Ronald J. Sider, "Economic Justice: A Biblical Paradigm", in *Toward a Just and Caring Society: Christian Responses to Poverty in America* (Grand Rapids: Baker, 1999), pp. 15-45.
39 같은 책, p. 23.
40 Eugene Lemcio, letter to the editor, *New York Times*, Oct. 17, 2008, http://query.nytimes.com/gst/fullpage.html?res=9E05E1DF153EF93BA25753C1A96E9C8B63&sec=&spon=&pagewanted=2.
41 Jeffrey Sachs, *The End of Poverty: Economic Possibilities for Our Time* (New York: Penguin, 2005), p. 155 -『빈곤의 종말』(21세기북스).
42 R. Glenn Hubbard and William Duggan, *The Aid Trap: Hard Truths About Ending Poverty* (New York: Columbia University Press, 2009) -『원조의 덫』.
43 LeGrain, *Open World* and "In Defense of Globalization."
44 Friedman, *World is Flat*, p. 421.
45 Albert Erisman and David Gautschi, "General Peter Pace: The Truth as I Know It", *Ethix* 61(2008), http://ethix.org/2008/10/01/the-truth-as-I-know-it/.
46 Philip Pan, "Worked Til They Drop", *Washington Post*, May 12, 2002, www.hartford-hwp.com/archives/55/709.html.
47 Kasser, *High Price of Materialism*.
48 Ann Harrison, ed., *Globalization and Poverty* (Chicago: University of Chicago Press, 2007). 3장(William Easterly)과 4장(Branko Milanovic and Lyn Squire)은 점점 더 무역에 개방되는 것은 개발도상국에서 불평등이 커지는 것과 연관이 있다는 증거를 제시한다.
49 Brian Griffiths, "The Challenge of Global Capitalism: A Christian Perspective", in *Making Globalization Good: The Moral Challenges of Global Capitalism*, ed. John H. Dunning(New York: Oxford University Press, 2004), p. 166.
50 Friedman, *Lexus and the Olive Tree*, pp. 8, 12.
51 Kerry Howley, "Absolution in Your Cup", *Reason*, March 2006, http://reason.com/archives/2006/03/01/absolution-in-your-cup.
52 탈세계화에 대한 논의는 "Turning Their Backs on the World", *The Economist*, February 21, 2009, pp. 59-61를 참조하라.

53 Scott Lanman and Steve Matthews, "Greenspan Concedes to 'Flaw' in His Market Ideology", *Bloomberg*, October 23, 2008, www.bloomberg.com/apps/news?pid=newsarchive&sid=ah5qh9Up4rIg.

6장

1 2008-2009년에 발생한 주택 저당 위기는 사실 다양한 원인이 있다. 개인과 기업의 탐욕으로부터 대출업자들에게 주택 담보 대출을 하도록 부추겼던 정부의 동인 제공까지 다양하다. 원인과 해결책에 대한 더 자세한 논의는 다음 자료를 보라. Robert Shiller, *The Subprime Solution: How Today's Global Financial Crisis Happened and What to Do About It* (New York: Princeton University Press, 2008) -『버블 경제학』(랜덤하우스); Mark Zandi, *Financial Shock: Global Panic and Government Bailouts–How We Got Here and What to Do About It* (New York: Financial Times Press, 2009); Kevin Phillips, *Bad Money: Reckless Finance, Failed Politics and the Global Crisis of American Capitalism* (New York: Penguin, 2008) -『나쁜 돈』(다산북스); Thomas E. Woods Jr., *Meltdown: A Free Market Look at Why the Stock Market Collapsed, the Economy Tanked and Government Bailouts Will Make Things Worse* (Washington, D.C.: Regnery, 2009) -『케인스가 죽어야 경제가 산다』(리더스북). 재정 위기에 대처하는 정부의 역할에 대한 정보는 Andrew Ross Sorkin, *Too Big to Fail: The Inside Story of How Washington and Wall Street Fought to Save the Financial System–and Themselves* (New York: Viking Books, 2009) -『대마불사』(한울)를 참조하라.

2 John A. Byrne, "After Enron: The Ideal Corporation", *Business Week*, August 26, 2002, p. 68.

3 Albert Z. Carr, "Is Business Bluffing Ethical?", *Harvard Business Review*, January-February 1968. Scott B Rae and Kenman L. Wong, *Beyond Integrity: A Judeo-Christian Approach to Business Ethics*, 2nd ed. (Grand Rapids: Zondervan, 2004), p. 28에 인용됨.

4 같은 책, p. 26.

5 A. L. Greil and D. R. Rudy, "Social Cocoons: Encapsulation and Identity Transformation Organizations", *Sociological Inquiry* 54, no. 3(1984): 260-278

6 Vikas Anand, Blake E. Ashforth, and Mahendra Joshi, "Business as Usual: The Acceptance of Perpetuation of Corruption in Organizations", *Academy of Management Executive* 18, no. 3(2004): 16. 다음 자료들도 보라. Blake E. Ashforth, *Role Transitions in Organizational Life: And Identity Based Perspective* (Mahwah, N.J.: Erlbaum, 2001); R. A. Barrett, *Culture and Conduct: An Excursus in Anthropology* (Belmont, Calif.: Wadsworth, 1984); Linda K. Trevino and Katharine A. Nelson, *Managing Business Ethics: Straight Talk About How to Do It Right* (Hoboken, N.J.: John Wiley, 2007), pp. 180-184.

7 Trevino and Nelson, *Managing Business Ethics*, pp. 181-182. 레이가 엔론에서 영속시켰던 문화에 대해 더 읽고 싶으면 Bethany McLean and Peter Elkind, *The Smartest Guys in the Room: The Amazing Rise and Scandalous Fall of Enron* (New York: Portfolio, 2003) -『엔론 스캔들』(서돌)을 참조하라.

8 기독교 세계관에 비춰 본 구획화의 개념에 관해서는, Alexander Hill, *Just Business: Christian Ethics for the Marketplace*, 2nd ed. (Downers Grove, Ill.: InterVasity Press, 2008) -『저스트 비즈니스』(삼육대학교출판부)를 참조하라.

9 Kenneth Blanchard and Norman Vincent Peale, *The Power of Ethical Management* (New York: William Morrow, 1988).

10 Jim Collins and Jerry I. Porras, *Built to Last: Successful Habits of Visionary Companies* (New York: HarperCollins, 2002) -『성공하는 기업들의 8가지 습관』(김영사); Jim Collins, *Good to Great: Why Some Companies Make the Leap and Others Don't* (New York: HarperCollins, 2001) -『좋은 기업을 넘어 위대한 기업으로』(김영사).

11 Collins and Porras, *Built to Last*, p. 50.

12 같은 책, p. 55. 이와 관련하여 휴렛 패커드와 모토롤라의 사례들도 보라(같은 책, pp. 56-57, 83).

13 Peter Santucci, "King of the Mountain", *Washington CEO*, January 2002, pp. 11-13.

14 Amir Bhide and Howard H. Stevenson, "Why Be Honest If Honesty Doesn't Pay?" *Harvard Business Review*, September-October 1990, pp. 120-129.

15 이 도발적인 논지에 대해 더 알고 싶으면, Francis Fukuyama, *Trust: The Social Virtues and the Creation of Prosperity* (New York: Free Press, 1995) -『트러스트』(한국경제신문사)를 참조하라.

16 H. R. Smith and Archie B. Carroll, "Organizational Ethics: A Stacked Deck", *Journal of Business Ethics* 3, no. 2 (1984): 95-100. 윤리적 의사 결정에서 조직의 역할에 대해 더 알고 싶다면, Linda K. Trevino, "Ethical Decision Making in Organizations: A Person-Situation Interactionist Model", *Academy of Management Review* 11, no. 3 (1986): 601-617을 보라. 트레비노는 윤리적 의사 결정은 개인의 도덕적 발달과 감수성이 상황적 요인 및 조직적 요인이 합쳐진 것이라고 주장한다. 둘 다 도덕적 의사 결정 과정에 영향을 준다.

17 매니저들과 임원진이 도덕적 의사 결정을 해야 할 환경인 조직의 특성에 대한 논의는 Robert Jackall, *Moral Mazes: The World of Corporate Managers* (New York: Oxford University Press, 1988)를 참조하라.

18 Trevino and Nelson, *Managing Business Ethics*, pp. 259-261.

19 함께하지 못해서 조직에서 배척받는 현상에 대한 더 자세한 논의는 같은 책, pp. 194-195; Linda Klebe Trevino and Bart Victor, "Peer Reporting of Unethical Behavior: A Social Context Perspective", *Academy of Management Journal* 353 (1992): 38-64를 참조하라.

20 Anand, Ashforth and Joshi, "Business as Usual", p. 14.
21 같은 책, pp. 15-16. General Mars, *Cheats at Work: An Anthropology of Workplace Crime* (Aldershot, U.K.: Dartmouth Press, 1994).
22 이런 흔한 합리화는 Anand, Ashforth and Joshi, "Business as Usual", pp. 10-14에 요약되어 있다. Blake E. Ashforth and Vikas Anand, "The Normalization of Corruption in Organizations", in *Research in Organizational Behavior*, ed. Roderick M. Kramer and Barry Staw (Amsterdam: Elsevier, 2003), 25:1-52도 참조하라.
23 Trevino and Nelson, *Managing Business Ethics*, pp. 202-205. 책임 회피가 어떻게 작동할 수 있는지에 대해 더 알고 싶으면 M. Scott Peck, *People of the Lie: The Hope for Healing Human Evil* (New York: Touchstone, 1983) -『거짓의 사람들』(비전과리더십)을 참조하라.
24 자기가 규칙에 얽매일 필요가 없다는 견해는 다음 책에 잘 입증되어 있다. 대규모 회계 기업인 아서 앤더슨의 몰락을 다룬 Barbara Ley Toffler의 책, *Final Accounting: Ambition, Greed and the Fall of Arthur Andersen* (New York: Broadway Books, 2003).
25 이 질문들은 Trevino and Nelson, *Managing Business Ethics*, pp. 297-298에서 발췌했다. 윤리 감사 개념에 대한 더 많은 논의는 다음 자료를 참고하라. Domingo Garcia-Marza, "Theoretical Approaches to Ethics Auditing", *Journal of Business Ethics* 57, no. 3 (2005): 209-219; Michael Metzger, Dan R. Dalton and John W. Hill, "The Organization of Ethics and the Ethics of Organizations: The Case for Expanded Organizational Ethics Audits", *Business Ethics Quarterly* 3, no. 1 (1993): 27-43.
26 Trevino and Nelson, *Managing Business Ethics*, pp. 298-300.
27 윤리적 행위에 우호적인 환경을 형성하고 유지하는 것에 관한 문헌은 방대하고 여러 학문에 걸쳐 있다. 몇 가지 자료만 소개한다. Patrick Murphy, "Creating and Encouraging Ethical Corporate Structures", *Sloan Management Review* 30 (1989): 81-87; Lynn Sharp Paine, "Managing for Organizational Integrity", *Harvard Business Review*, April 1994; Arleen Thomas and Lynn Gibson, "Management Is Responsible Too", *Journal of Accountancy* 195, no. 3 (2003): 53-55; Dawn S. Carlson and Pamela L. Perrewe, "Institutionalization of Organizational Ethics Through Transformational Leadership", *Journal of Business Ethics* 14 (1995): 829-838; Luis Rodriguez-Dominquez and Isabel Gracia-Sanchez, "Corporate Governance and Codes of Ethics", *Journal of Business Ethics* 90, no. 2 (2009): 187-202; Saul W. Gellerman, "Managing Ethics from the Top Down", *Sloan management Review* 30, no. 2 (1989): 73-79.
28 Trevino and Nelson, *Managing Business Ethics*, pp. 261-270.
29 지원자의 정직성을 판단하기 위한 인터뷰를 구성하는 법에 대해서는 다음 자료를 참조하라. Donna R. Pawlowski and John Hollwitz, "Work Values, Cognitive Strategies and Applicant Reactions in a Structured Pre-Employment Interview for Ethical

Integrity", *Journal of Business Communication* 37, no. 1 (2000): 58-76.
30 Trevino and Nelson, *Managing Business Ethics*, pp. 285-289.
31 가치의 경중을 따지고 신학적 틀을 평가하는 문제에 관한 논의는 Scott B. Rae, *Moral Choices: An Introduction to Ethics*, 3rd ed. (Grand Rapids: Zondervan, 2009), pp. 50-51를 참조하라.
32 사회학적 관점에서 이 문제를 더 논의한 책은 James D. Hunter, *The Death of Character* (New York: Basic Books, 2000)이다.

7장

1 예, Stephen A. Covey, *Principle-Centered Leadership* (New York: Fireside Books, 1992) -『원칙 중심의 리더십』(김영사); Warren Bennis, *On Becoming a Leader* (New York: Perseus Books, 1989) -『워렌 베니스의 리더』(김영사); *Leaders: Strategies for Taking Charge* (1989; reprint, New York: HarperCollins, 2003) -『리더와 리더십』(황금부엉이); John C. Maxwell, *The 21 Irrefutable Laws of Leadership* (Nashville: Thomas Nelson, 1998) -『리더십 불변의 법칙』(비즈니스북스); Peter F. Druker, *The Effective Executive* (1967; reprint, Classic Druker Collection, 2007) -『피터 드러커의 자기 경영 노트』(한국경제신문사); Max De Pree, *Leadership is an Art* (New York: Doubleday, 1989) -『리더십은 예술이다』(한세); James MacGregor Burns, *Leadership* (New York: Harper & Row, 1978) -『리더십 강의』(생각의나무).
2 Marc Gunther, *Faith & Fortune* (New York: Crown Business, 2004), pp. 35-36.
3 저자가 거래 중심적 리더십의 옹호자는 아니지만 이 스타일은 다음 책에 잘 묘사되어 있다. Bernard M. Bass, "From Transactional to Transformational Leadership: Learning to Share the Vision", *Organizational Dynamics* 18 (1990): 19-31; Bass, *Leadership and Performance Beyond Expectations* (New York: Free Press, 1985).
4 거래 중심적 리더와 변혁적 리더의 차이점은 다음 자료에 잘 요약되어 있다. Bruno Dyck and Mitchell Neubert, *Management: Current Practices and New Directions* (Boston: Houghton Mifflin Harcourt, 2010), pp. 447-448; James MacGregor Burns, *Leadership* (New York: Harper Perennial, 1978), p. 4.
5 변혁적 리더십의 많은 실례는 James MacGregor Burns, *Transforming Leadership* (New York: Grove Press, 2003)에 나타나 있다.
6 Bass, "From Transactional to Transformational Leadership", p. 24.
7 Burns, *Transforming Leadership*, p. 24.
8 Bass, *Leadership and Performance Beyond Expectations*, p. 4.
9 Burns, *Transformational Leadership*, p. 26. 번즈가 카리스마에 대한 지나친 강조에 회의적인 이유는 그것이 일종의 전제가 될 소지가 있기 때문임을 주목하라. 그는 변혁적 리더십은 "따르는 사람들을 노예로 만드는 것이 아니라 그들을 해방시키고 그들에게 힘

을 실어 준다"고 묘사했다.

10 B. M. Bass and B. J. Avolio, "Transformational Leadership and Organizational Culture", *International Journal of Public Administration* 17 (1994): 541-552.

11 변혁적 리더십의 잠재적 위험에 대해서는 C. Johnson, *Meeting the Ethical Challenges of Leadership* (Thousand Oaks, Calif.: Sage, 2001); Joanne Ciulla, *Ethics: The Heart of Leadership* (Westport, Conn.: Quorum, 1998)을 참조하라.

12 예수님의 가르침으로 시작된 섬김의 리더십 개념은 Robert K. Greenleaf, *Servant Leadership: A Journey into the Nature of Legitimate Power and Greatness*, 25th anniv. ed. (1977; reprint, New York: Paulist Press, 2002) -『서번트 리더십 원전』(참솔)에 의해 대중화되었다. 다음 자료들도 참고하라. Robert K. Greenleaf, Larry C. Spears, *The Power of Servant-Leadership* (San Francisco: Berrett Koehler, 1998); James C. Hunter, *The Servant: A Simple Story About the True Essence of Leadership* (Rooseville, Calif.: Prima, 1998) -『서번트 리더십』(시대의창); James A. Autry, *The Servant Leader* (New York: Three Rivers, 2001); J. W. Graham. "Servant Leadership in Organizations", *Leadership Quarterly* 2 (1991): 105-119; S. Sendjaya and J. C. Sarros, "Servant Leadership: Its Origin, Development and Application in Organizations", *Journal of Leadership and Orgainzational Studies* 9 (2002): 57-64; B. N. Smith, R. V. Montagno and T. N. Kuzmenko, "Transformational and Servant Leadership: Content and Contextual Comparisons", *Journal of Leadership and Organizational Studies* 10 (2004): 257-283.

13 이 요약문은 R. Daft, *Leadership: Theory and Practice* (Fort Worth: Dryden, 1999)에서 인용했다.

14 John H. Humphrys, "Contextual Implications for Transformational and Servant Leadership: A Historical Investigation", *Management Decision* 43 (2005): 1415.

15 창세기의 이 대목에 대해 더 알고 싶으면 Allen P. Ross, *Creation and Blessing* (Grand Rapids: Baker, 1998); Gordon J. Wenham, *Genesis 1-15* (Waco, Tex.: Word, 1988); Bruce K. Waltke, *Genesis: A Commentary* (Grand Rapids: Zondervan, 2001)를 보라.

16 리더의 개인적 삶과 그의 지도력의 관계를 잘 밝혀 주는 사례 연구와 논평을 보려면, Suzy Wetlaufer의 "A Question of Character", *Harvard Business Review* 77 (1999): 30-34를 참조하라.

17 M. Maccoby, "Narcissistic Leaders: The Incredible Pros, the Inevitable Cons", *Harvard Business Review* 78 (2000): 69-77.

18 R. DeVris et al., "On Charisma and Need for Leadership", *European Journal of Work and Organizational Psychology* 8 (1999): 109-126.

19 Dennis Tourish and Naheed Vatcha, "Charismatic Leadership and Corporate Cultism at Enron: The Elimination of Dissent, the Promotion of Conformity and

Organizational Collapse", *Leadership* 1 (2005): 459.

20 Jay A. Conger, "The Dark Side of Leadership", *Organizational Dynamics*, autumn 1990: 45; Jay A. Conger, *The Charismatic Leader: Behind the Mystique of Exceptional Leadership* (San Francisco: Jossey-Bass, 1989).

21 H. Mintzberg, "Leader to Leader", *Harvard Business Review*, spring 1999, p. 12; R. Hogan et al., "The Dark Side of Charisma", in *Measures of Leadership*, ed. Kenneth E. Clark and Miriam B. Clark (West Orange, N.J.: Leadership Library of America, 1990), pp. 343-354; Beverly Alimo-Metcalfe and John Alban-Metcalfe, "Leadership: Time for a New Direction?", *Leadership* 1 (2005): 54. 흥미롭게도, 이런 자료들은 섬김의 자세를 새로 떠오르는 리더십 모델의 필수 자질로 꼽는다.

22 이 대목에 나오는 자료는 다음 책의 도움을 많이 받았다. Richard J. Foster, *The Challenge of the Disciplined Life* (New York: HarperCollins, 1985), pp. 201-211.

23 Keith Grint, *The Arts of Leadership* (New York: Oxford University Press, 2000), p. 420. 그린트는 성공적인 리더와 고분고분하지 않은 추종자들 간에 상관관계가 있는 이유를 이렇게 설명한다. "리더들이 실수를 할 때―언제나 그럴 수 있다―는 고분고분한 추종자들을 가진 리더는 실패하게 되는데" 그 이유는 토론이 억압되어 왔고 변화를 일으키고 수정하는 데 필요한 자원이 부족하기 때문이라고 한다.

24 Robert Levering, *A Great Place to Work: What Makes Some Employers So Good (and Most So Bad)* (San Francisco: Great Place to Work Institute, 2000), p. 3.

25 J. Andrew Morris, Celeste Brotheridge, John C. Unbanski, "Bridging Humility to Leadership: Antecedents and Consequences of Leader Humility", *Human Relations* 58 (2005): 1325.

26 Dusya Vera and Antonio Rodriguez-Lopez, "Humility as a Source of Competitive Advantage", *Organizational Dynamics* 33 (2005): 398.

27 Jim Collins, "Level 5 Leadership: The Triumph of Humility and Fierce Resolve", *Harvard Business Review* 79 (2001): 68. 이 글은 *Good to Great: Why Some Companies Make the Leap…and Others Don't* (New York: Harper Business, 2001)의 요약본이다.

28 Collins, "Level 5 Leadership", p. 75.

29 같은 책, p. 71. 콜린스는 또한 별점 5점짜리 리더의 특징은 자신의 지위나 명망이 아니라 조직을 세우려는 단호한 결단력에 있다고 지적한다. 그래서 겸손과 결단력은 서로 상반되지 않고 함께하는 관계이다.

30 같은 책, p. 72.

31 Bryan J. Poulin, Michael Z. Hackman and Carmen Barbarasa-Mihai, "Leadership and Succession: The challenge to Succeed and the Vortex of Failure", *Leadership* 3 (2007): 302, 315. 개인화된 리더십과 사회화된 리더십의 구별은 다음 자료들을 참고하라. J. M. Howell, "Two Faces of Charisma: Socialized and Personalized Leader-

ship in Organization", in *Charismatic Leadership: The Elusive Factor in Organizations*, ed. J. A Conger and R. N. Kaungo (San Francisco: Jossey-Bass, 1988), pp. 213-236; J. M. Howell and B. Shamir, "The Role of Followers in the Charismatic Leadership Process: Relationship and Their Consequences", *Academy of Management Review* 30 (2005): 96-112; R. J. House and J. M. Howell, "Personality and Charismatice Leadership", *Leadership Quarterly* 3 (1992): 81-108.

32 Poulin, Hackman, and Babarasa-Mihai, "Leadership and Succession", pp. 319-320.

33 성경의 사회 윤리와 노예제에 관한 더 자세한 논의는 William Webb, *Slaves, Women and Homosexuals: Exploring the Hermeneutics of Cultural Analysis* (Downers Grove, Ill.: InterVarsity Press, 2001)를 참조하라.

34 이 비판은 다음 글에 나온다. Norman Bowie, "Business Ethics. Philosophy and the Next Twenty-Five Years", *Business Ethics Quarterly* 10 (2000): 7-20.

35 이 중요한 점에 관한 논의는 Max De Pree, *Leadership Jazz* (New York: Dell, 1992), pp. 19-20를 참조하라.

36 Max De Pree, *Leadership Is an Art* (New York: Doubleday, 1989), pp. xix, 1.

37 De Pree, *Leadership Jazz*, p. 22.

38 Robert K. Greenleaf, *On Becoming a Servant-Leader* (San Francisco: Jossey Bass, 1996), p. 122.

39 이는 Maxwell, *The 21 Irrefutable Laws of Leadership*, pp. 47-50를 요약한 것이다. 코스트코의 짐 시네갈과 그의 리더십 스타일에 관한 논의는 Albert Erisman and David Gill, "A Long Term Business Perspective in a Short Term World: A Conversation with Jim Sinegal", *Ethix* (March-April 2003): 6-9, 16을 보라. 이는 Scott B. Rae and Kenman L. Wong, *Beyond Integrity: A Judeo-Christian Approach to Business Ethics*, 2nd ed. (Grand Rapids: Zondervan, 2004), pp. 146-151에도 실려 있다.

40 이 행습은 Celeste Navalos, "Sharing Their Success", *Orange County Register*, September 5, 2009, p. D3에 묘사되어 있다. 나(스콧)는 브룸류와의 개인적 대화를 통해 이 회사가 직원들과 그 가족을 위해 모든 의료 보험료를 지불한다는 사실을 알게 되었다.

41 Dyck and Neubert, *Management*, pp. 461, 463-467.

42 헨리 포드의 말. C. William Pollard, "Mission as Organizing Principle", *Leader to Leader Journal* 16 (2000): 3에 인용됨.

43 Pollard, "Mission as Organizing Principle", p. 3. 이 개념은 폴라드의 책 *The Soul of the Firm* (New York: Harper Business, 2000), pp. 45-47 -『서비스의 달인』(낮은울타리)에서도 개진되고 있다. Warren Bennis, *Why Leaders Can't Lead* (San Francisco: Jossey Bass, 1989), p. 23도 보라. 그는 리더십의 중요한 과업 중 하나가 사람들이 스스로 중요하다고 느끼고, 맡은 업무가 도전과 자극을 주고, 배움이 중시되고, 공동체가 존재하는 업무 환경을 조성하는 일이라고 지적한다. 여기에다 우리는 리더가 개개인이 각

자의 소명을 이룰 수 있는 상황을 조성해야 한다고 더하고 싶다. 하지만 이런 식으로 일을 소명으로 간주하면 일과 지나치게 동일시될 수 있는 위험이 있다는 점을 유의해야 한다(3장 참조). 이에 덧붙여, 만약 그 목적이 너무 과장되고 매우 카리스마적인 리더와 결부되어 있다면, 컬트와 같은 환경을 강화할 위험이 있어 반대 의견을 억압하고 위험한 순응을 유도할 수 있다. Tourish and Vatcha, "Charismatic Leadership and Corporate Cultism at Enron", p. 462.

44 Pollard, "Mission as Organizing Principle", p. 3. 이 이야기는 *Soul of the Firm*, pp. 46-47에 더 자세하게 실려 있다.

45 이 질문들은 De Pree, *Leadership Is an Art*, pp. 110-111에서 발췌했다.

46 같은 책, p. 21.

47 Y. Fried and G. R. Ferris, "The Validity of the Job Characteristics Model: A Review and Meta-analysis", *Personnel Psychology* 40, no. 2 (1987): 287-322.

48 J. S. Rain, I. M. Lane, D. D. Steiner, "A Current Look at the Job Satisfaction/Life Satisfaction Relationship: Review and Future Considerations", *Human Relations* 44 (1991): 287-307.

8장

1 Clotaire Rapaille, interview in "The Persuaders", *PBS Frontline*, November 2004, www.pbs.org/wgbh/pages/frontline/shows/persuaders/interview/rapaille.html.

2 Clotaire Rapaille, *The Culture Code* (New York: Random House, 2006), p. 9 -『컬처 코드』(리더스북).

3 David Gill, *Doing Right: Practicing Ethical Principles* (Downers Grove, Ill.: InterVarsity Press, 2004), p. 319.

4 Scott Adams, *Dilbert*, United Madia, September 13, 2007 -『딜버트』(미래미디어).

5 4장에서 물리적 풍요를 의도하신 하나님의 뜻에 관해 논의한 것을 참조하라.

6 Gary Karens, "A Theological Reflection on Exchange and Marketing", *Christian Scholar's Review*, fall 2008, p. 104.

7 David Hagenbuch, "Marketing as a Christian Vocation: Called the Reconciliation", *Christian Scholar's Review*, fall 2008, p. 88.

8 윈스턴 처칠의 말. David Ogilvy, *Confessions of an Advertising Man* (1963; reprint, New York: Ballantine, 1980), p. 133 -『나는 광고로 세상을 움직였다』(다산북스)에 인용됨.

9 프랭클린 루즈벨트의 말. John Hood, *Selling the Dream: Why Advertising Is Good Business* (Westport, Conn.: Greenwood, 2005), p. 4에 인용됨.

10 John Wanamaker의 말. Randall Rothenberg, "The Advertising Century", *AdAge.com*, n.d., http://adage.com/century/rothenberg.html에 인용됨.

11 John Phillip Jones, *Fables, Fashions and Facts about Advertising: A Study of 28 En-

during Myths (Thousand Oaks, Calif.: Sage, 2004). James Potter, *Media Literacy*, 3rd ed. (Thousand Oaks, Calif.: Sage), p. 133에 인용됨.

12 Potter, *Media Literacy*, p. 133.

13 "Why Brands Are Good for You", *The Economist*, September 8, 2001. Steve Hilton and Giles Gibbons, *Good Business: Your World Needs You* (New York: Texere, 2002), p. 128에 인용됨.

14 Mark Crispin Miller의 인터뷰, "The Persuaders", *PBS Frontline*, November, 2004, www.pbs.org/wgbh/pages/frontline/shows/persuaders/interviews/miller.html.

15 Linda Lou, "Funds Sliced, Teacher Sells Ads on Tests", *San Diego Union-Tribune*, November 22, 2008, www3.signonsandiego.com/stories/2008/nov/22/1mc22rbteach114024-fundssliced-teacher-sells-ads-/?zIndex=15188.

16 Potter, *Media Literacy*, p. 133.

17 Stephen Fox, *The Mirror Makers: A History of American Advertising and Its Creators* (New York: William Morrow, 1984), pp. 329-330. Jerry Kirkpatrik, *In Defense of Advertising* (Claremont, Calif.: TKJ Books, 1994), p. 23에 인용됨.

18 Richard W. Pollay, "The Distorted Mirror: Reflections on the Unintended Consequences of Advertising", *Journal of Marketing* 50, no. 2 (1986): 18-36.

19 Robert Wuthnow, *God and Mammon in America* (New York: Free Press, 1994), p. 155.

20 Potter, *Media Literacy*, p. 133.

21 Craig Gay, Robert B, Krushwitz, "Consumerism", *Christian Reflection: A Series on Faith and Ethics* (Waco, Tex.: Center for Christian Ethics, 2003), p. 8에 인용됨.

22 이 주제에 대한 더 깊은 논의는 Robert N. Bellah et al., *Habits of the Heart: Individualism and Commitment in American Life* (Berkeley: University of California Press, 1985)를 참조하고, 자본주의의 문화적 비용에 대해서는 Craig M. Gay, "On Learning to Live with the Market Economy", *Christian Scholar's Review* 24, no. 2 (1994): 180-195를 참조하라.

23 Naomi Klein의 인터뷰, "The Persuaders", *Frontline*, November 9, 2004, www.pbs.org/wgbh/pages/frontline/shows/persuaders/interviews/klein.html.

24 위와 동일.

25 Martin Lindstrom, *Brand Child: Remarkable Insights into the Minds of Today's Global Kids and Their Relationship with Brands* (London: Kogan Page, 2003); James U. McNeal, *The Kid Market: Myths and Realities* (Ithaca, N.Y.: Paramount Market Publishing, 1999); Gene Del Vacchio, *Creating Ever-Cool: A Marketing Guide to a Kid's Heart* (Gretna, La.: Pelican, 1997).

26 John de Graaf and Vivia Boe, prods., *Affluenza* (KCTS Seattle and Oregon Public Broadcasting, 1997).

27 Rebecca Leung, "Undercover Marketing Uncovered", *60 Minutes*, October 23,

2003, www.cbsnews.com/stories/2004/07/22/60minutes/main631317.shtml. 또한 Joel Bakan, *The Corporation* (New York: Free Press, 2005) -『기업의 경제학』(황금사자).

28 Miller, "Persuaders" 인터뷰.
29 Albert Erisman, "Ethics at Flow Automotive: A Conversation with Don Flow", *Ethix*, March/April 2004, pp. 7-12.
30 The Bridging Sunday and Monday Conference, Seattle Pacific University, Seattle, Washington(October 5, 2007)에서 행했던 돈 플로우의 강연, "Christianity: Informing, Infusing, and Reforming Business."
31 Don Flow, Erisman, "Ethics at Flow Automotive", p. 7에 인용됨.
32 Erisman, "Ethics at Flow Automotive."

9장

1 Albert Erisman and Tom Cottrell, "Harmonizing Energy and the Environment: A Conversation with Clive Mather", *Etrix* 62 (2008).
2 Thomas L. Friedman, *Hot, Flat and Crowed: Why We Need a Green Revolution and How It Can Renew America* (New York: Farrar, Straus & Giroux, 2008), p. 5 -『코드 그린: 뜨겁고 평평하고 붐비는 세계』(21세기북스).
3 Lynn White Jr., "The Historial Roots of Our Ecological Crisis", *Science 155* (1967): 1203-1207. 이것은 유일신 종교를 환경 파괴와 연계시킨 역사가 아놀드 토인비가 되풀이한 것이다["The Religious Background of the Present Environmental Crisis", in *Ecology and Religion in History*, ed. David and Eileen Spring(New York: Harper & Row, 1974)]. 이런 비판에 대한 상세한 반응은 다음 자료들을 참조하라. Steven Bouma-Prediger, *For the Beauty of the Earth: A Christian Vision of Creation Care* (Grand Rapids: Baker Academic, 2001), pp. 69-80; Thomas Seiger Derr, "The Challenge of Biocentrism", in *Creation at Risk: Religion, Science, and Environmentalism*, ed. Michael Cromartie (Grand Rapids; Eerdmans, 1995), pp. 85-104, which is reprinted in Scott B. Rae and Kenman L. Wong, *Beyond Integrity: A Judeo-Christian Approach to Business Ethics*, 2nd ed. (Grand Rapids: Zondervan, 2004), pp. 379-391.
4 Derr, cited in Rae and Wong, *Beyond Integrity*, p. 380.
5 생명 중심주의의 한 예로는 Paul Taylor, *Respect for the Nature: A Theory of Environmental Ethics* (Princeton, N.J.: Princeton University Press, 1986)를 들 수 있다. 생명 중심주의는 종종 인간이 아닌 유기체들의 내재적 가치를 지키는 '심층 생태학' 운동과 동일시된다. Bill Devall and George Sessions, *Deep Ecology: Living as If Nature Mattered* (Salt Lake City: Peregrine Press, 1985); Alan Dregnson and Bill Devall, eds., *The Ecology of Wisdom: The Writing in Arne Naess* (Berkeley, Calif.: Counter-

point, 2008); Frederick L. Bender, *The Culture of Extinction: Toward a Philosophy of Deep Ecology* (Amherst, N.Y.: Humanity Books, 2003)도 보라. 생명중심주의에 대한 주된 비판의 하나는 인간의 이익과 자연 세계의 이익이 상충될 때 어떤 우선순위의 등급도 세울 수 없다는 점이다. 즉, 만약 모든 생명체가 생물로서 평등하다면, 대립하는 이익들이 충돌할 때는 그 갈등을 해결하기 어렵다는 말이다. 이에 대해 더 알고 싶으면, Bouma-Prediger, *For the Beauty of the Earth*, pp. 129-132 그리고 Derr, in Rae and Wong, *Beyond Integrity*, pp. 386-390를 보라.

6 Bouma-Prediger, *For the Beauty of the Earth*, p. 74.
7 Calvin B, Dewitt, *Earth-wise: A Biblical Response to Environmental Issues* (Grand Rapids: CRC Publications, 1995), pp. 40-41.
8 시 104:20-22을 보면, 육식동물이 먹잇감을 죽이고 취해서 양식을 얻는 것 또한 하나님이 동물에게 필요한 것을 공급하시는 손길의 일부라고 여긴다는 점을 주목해야 한다. 동물은 인간과 마찬가지로 채식주의자가 되도록 제한되지 않은 것 같다.
9 Ben Elgin, "Another Inconvenient Truth", *Business Week*, March 26, 2007; Ben Elgin, "The Fuzzy Math of Eco-Accolades", *Business Week*, October 29, 2007.
10 예, Andrew Savitz, with Karl Weber, *The Triple Bottom Line: How Today's Best-Run Companies are Archiving Economic, Social and Environmental Sucess* (San Francisco: Jossey-Bass, 2006).
11 William McDonough and Michael Braungart, *Cradle to Cradle: Remaking the Way We Make Things* (New York: North Point, 2002), p. 4 -『요람에서 요람으로』(에코리브르).
12 같은 책, pp. 153-154, 168.
13 같은 책, pp. 103-104.
14 Marc Gunther, *Faith and Fortune* (New York: Crown Business, 2004), p. 170.
15 William McDonough and Michael Braungart, "The Anatomy of Transformation: Herman Miller's Journey to Sustainability", *green@work*, March-April 2002.
16 그러나 완전한 요람에서 요람으로의 설계가 이뤄지려면, 버려진 자원들을 되찾아서 생물학적인 또는 기술적인 영양소로 사용되게 하는 전달 수단이 만들어져야 할 것이다.
17 "The Pioneers: Sustainability Manager, Staff Ecologist-New Job Titles to Consider", *Inc.*, November 2006.
18 Ben Elgin, "Little Green Lies", *Business Week*, October 29, 2007, p. 46.
19 "Tackling Climate Change", Starbucks Coffee, n. d., www.starbucks.com/responsibility/environment/climate-change.
20 Betsy McKay, "Why Coke Aims to Slake Global Thirst for Safe Water", *Wall Street Journal*, March 15, 2007, http://online.wsj.com/public/article/SB117392644638537761-jHOpdgen-F7Wu_P3j6BXV615v8yA_20070323.htm?mod=blogs.
21 "A Change in Climate", *The Economist*, January 17, 2008.

22 Jeffrey R. Immelt and Steven M. Fludder, "Letter to Stakeholders", Ecomagination, n.d., http://ge.ecomagiantion.com/annual-reports/letter-to-stakeholders.html.

23 다른 예를 들자면, 월마트가 고체 쓰레기를 줄이고 점포에서 에너지를 절약하며 운송 수단을 더욱 효율적으로 만들겠다는 다짐, 시멕스가 환경 친화적인 프로그램으로 시멘트를 생산하는 과정에서 재활용 범위를 확장하고 자재, 특히 쓰레기를 재사용하려는 노력, 토요타의 리더십이 하이브리드 차량을 생산하는 시도 등이 있다. Mark J. Epstein, *Making Sustainability Work: Best Practice in Managing and Measuring Corporate Social, Environmental and Economic Impacts* (San Francisco: Barrett-Koehler, 2008).

24 Ian Maitland, "The Limits of Business Self-Regulation", *California Management Review* 27, no. 3 (1985): 132-147.

25 Ben Elgin, "Little Green Lies."

26 Joel Makower의 말. "The Good Consumer", *Ecomonist*, January 17, 2008, p. 16에 인용됨.

27 William Clay Ford의 말. Keith Naughton, "Ford's Green Dilemma", *Business Week* December 21, 1998, pp. 96-97에 인용됨.

28 Lawrence Ulrich, "A G. M. Hybrid that Misses the High Notes", *New York Times*, June 18, 2009, www.nytimes.com/2009/06/21/automobiles/autoreviews/21malibu.html, "GM Cancels Malibu Hybrid, Works on New System", Associated Press, June 11, 2009.

29 Blain Harden, "Toyota Wants New Prius to Be America's Next Top Model", *Washington Post*, June 9, 2009, www.washingtonpost.com/wp-dyn/content/article/2009/06/AR2009060803940.html.

30 헨리 포드의 말. Friedman, *Hot, Flat, and Crowded*, p. 241에 인용됨.

31 McDonough and Braungart, *Cradle to Cradle*, p. 127에 인용됨.

32 Friedman, *Hot, Flat and Crowded*, chap. 11.

33 Clive Mather, "The Business of Climate Change: What's the Deal?" Business of Climate Change Conference II, Ottawa, Canada, October 30, 2007, p. 2. "자연이 마지막 타석에 선다"는 말은 로버트 파일이 한 것이다.

34 John Scott, foreword to *The Care of Creation*, ed. R. J. Berry (Downers Grove, Ill.: Intervarsity Press, 2000), pp. 8-9.

10장

1 Kari Constanza, "A Piece of Eden", *World Vision* 7, no. 2 (2003): 22-27; Jim Rice, "Core Values", *Sojourners*, November-December, 2000.

2 Albert Erisman and Kenman Wong, "An Orchard with Fruit That Lasts: A Con-

versation with Cheryl Broetje", *Ethix*, November 2005.

3   Cheryl Broetje, www.broetjeorchards.com/index.cfm?pageId=A6B922A8-16A8-5F5A-37A77AD149247D85, accessed November 12, 2008.

4   예컨대, 킴 알터는 "사회적 기업"의 깃발 아래 이런 운동들과 조직들을 그룹별로 분류했다(Kim Alter, "Social Enterprise Typology", *Virtue Ventures*, November 27, 2007, www.virtueventures.com/typology).

5   Besty Morris, "The Pepsi Challenge", *Fortune*, February 19, 2008, http://money.cnn.com/2008/02/18/news/companies/morris_nooyi.fortune/index.htm.

6   Gary Erickson with Lois Lorentzen, *Raising the Bar: Integrity and Passion in Life and Business* (San Francisco: Jossey-Bass, 2004).

7   Robert A. Guth, "Bill Gates Issues Call for Kinder Capitalism", *Wall Street Journal*, January 4, 2008, http://online.wsj.com/article/SB120113473219511791.html.

8   Alex Hausman, "Timberland's Journey to Quaterly CSR Reporting", *Environmental Leader*, June, 25, 2008, www.environmentalleader.com/2008/06/25/timberlands-journey-to-quaterly-csr-reporting. 실제 보고서는 www.JustMeans.com에서 볼 수 있다.

9   Albert Erisman and David Gill, "A Long Term Business Perspective in a Short Term World: An Interview with Jim Sinegal", *Ethix*, March-April 2003, pp. 6-9, 16, reprinted in Scott B. Rae and Kenman L. Wong, *Beyond Integrity: A Judeo-Christian Approach to Business Ethics*, 2nd ed. (Grand Rapids: Zondervan, 2004), pp. 146-151.

10 "Mattel's Efforts at Social Responsibility", *Los Angeles Times*, November 28, 2004, p. C1, http://seattletimes.nwsource.com/html/nationworld/2002102819_monitor28.html.

11 Albert Erisman and Kenman Wong, "Wal-Mart Way Produces Accolades, Criticism, Growth: A conversation with Donald G. Soderquist", *Ethix*, March/April 2008, p. 9.

12 *Compendium of the Social Doctrine of the Church* (Vatican City: Pontifical Council for Justice and Peace, 2004), p. 81. Lloyd Sandelands and Andrew J. Hoffman, "Sustainability, Faith and the Market", *Worldviews* 12, nos. 2-3 (2008): 129-145에 인용됨.

13 최근에 중재 기관들이 사회 분석의 수단으로서 재탄생한 것은 대체로 피터 버거와 리처드 존 뉴하우스의 공로이다. 그리고 그런 기관들과 기업의 관계에 대해서는 Timothy L. Fort의 저술을 참고하라. 특히 "Business as a Mediating Institution", *Business Ethics Quarterly* 6, no. 2(1996): 149-63; *Ethics and Governance: Business as Mediating Institution* (New York: Oxford University Press, 2001).

14 3BL에 대한 비판은 Wayne Norman and Chris MacDonald, "Getting to the Bottom

of the Triple Bottom Line", *Business Ethics Quarterly* 14, no. 2(2004)를 참조하라.

15 Allen Hammond et al., *The Next 4 Billion: Market Size and Business Strategy at the Base of the Pyramid* (New York: World Resources Institute, 2007).

16 C. K. Prahalad and Stuart hart, "The Fortune at the Bottom of the Pyramid", *Strategy+Business* 26 (2002): 2; 또한 다음을 보라. C. K. Prahalad, *The Fortune at the Bottom of the Pyramid* (Philadelphia: Wharton School Publishing, 2004) - 『저소득층 시장을 공략하라』(럭스미디어); Stuart Hart, *Capitalism at the Crossroads* (Philadelphia: Wharton School Publishing, 2005) -『새로운 자본주의가 온다』(럭스미디어).

17 Prahalad and Hart, "The Fortune at the Bottom of the Pyramid"; C. K. Prahalad and Allen Hammond, "Serving the Poor Profitably", *Harvard Business Review* 80 (2002): 48-57.

18 Prahalad, *Fortune at the Bottom of the Pyramid*, pp. 1, 3.

19 같은 책, p. 99.

20 Prahalad & Hart, "The Fortune at the Bottom of he Pyramid", p. 4.

21 Ted London and Stuart Hart, "Reinventing Strategies for Emerging Markets: Beyond the Transactional Model", *Journal of International Business Studies* 35, no. 5 (2004): 350-370.

22 "Beyond Voice", *The Economist*, September 24, 2009.

23 이를 비롯한 여러 예들에 대한 묘사를 보려면, V. Kasturi Rangan et al., eds., *Business Solutions for the Global Poor: Creating Social and Economic Value* (San Francisco: Jossey-Bass, 2007); Prahalad, *Fortune at the Bottom of the Pyramid*를 참조하라.

24 그라민 전화 운동은 초기에는 아주 성공적이었지만, 낮은 비용에 따른 휴대 전화의 포화 상태로 인해 그 모델이 이제는 경제적 타산성이 떨어졌다. 하지만 요점은 이와 비슷한 수입 창출의 기회가 존재한다는 점이다.

25 V. Kasturi Rangan, Dalip Sehgal and Rohithari Rajan, "The Complex Business of Serving the Poor", in *Business Solutions for the Global Poor*, ed. V. Kasturi Rangan et al. (San Francisco: Jassey-Bass, 2007), pp. 144-154.

26 Ray Goldberg and Kerry Herman, "Economic Development for a Value-Added Food Chain and Improved Nutrition", in *Business Solutions for the Global Poor*, ed. V. Kasturi Rangan et al. (San Francisco: Jossey-Bass, 2007), pp. 183-189.

27 Aneel Karnani, "The Mirage of Marketing to the Bottom of the Pyramid", *California Management Review* 49, no. 4 (2007): 90-111.

28 예를 들면, Rangan et al., ed., *Business Solutions for the Global Poor*, p. 11를 참조하라.

29 융합된 가치를 가진 조직들의 출현과 사회적 및 재정적 가치의 교차에 관한 사려 깊고 자세한 논의는 Jed Emerson, "The Blended Value Proposition: Integrating Social and Financial Returns", *California Management Review* 45, no. 4 (2003): 35-51을

참조하라.

30 Jerr Boshee and Jim McClurg, "Toward a Better Understanding of Social Entrepreneurship: Some Importnat Distinctions", *Social Enterprise Alliance*, 2003, www.se-alliance.org/better_understanding.pdf.

31 Arthur C. Brooks, *Social Entrepreneurship: A Modern Approach to Social Value Creation* (Upper Saddle River, N.J: Pearson Prentice Hall, 2009), pp. 16-17.

32 Paul Newman and A. E. Hotchner, "Newman's Own Story", *Time*, November 10, 2003, www.time.com/time/magazine/article/0,9171,1006144-1,00.html.

33 "Bono Offers Clothing with a conscience", Associated Press, march 15, 2005, www.msnbc.msn.com/id/7182840.

34 퓨라 비다는 최근 소유권 구조의 변동이 있어서 회사의 사명이 바뀌고 있다. Stephanie Strom, "Hybrid Model for Nonprofits hits Snags", *New York Times*, Octover 25, 2010, http://www.nytimes.com/2010/10/26/business/26hybrid.html을 참조하라.

35 Kristi Heim, "Everett Man Building Fleet of Ferries for Africa's Lake Victoria", *Seattle Times*, August 17, 2009; Julia Youngs, "Earthwise Ventures", lecture given at Seattle Pacific University, Social Enterprise class, November 2009.

36 Heim, "Everett man."

37 Muhummad Yunus, *Creating a World Without Poverty: Social Business and the Future of Capitalism* (New York: Public Affairs Books, 2007) -『가난 없는 세상을 위하여』(물푸레).

38 State of the Microcredit Summit Campaign Report 2007, www.microcreditsummit.org/pubs/reports/socr/EngSOCR2007.pdf.

39 Philip Smith and Eric Thurman, *A Billion Bootstraps: Microcredit, Barefoot Banking and the Business Solution for Ending Poverty* (New York: McGraw-Hill, 2007).

40 Muhammad Yunus, *Banker to the Poor: Micro-Lending and the Battle Against World Poverty* (New York: PublicAffairs Books, 2003) -『가난한 사람들을 위한 은행가』(세상사람들의책).

41 Bryant L. Myers, *Walking with the Poor: Principles and Practices of Transformational Development* (Maryknoll, N.Y.: Orbis, 1999).

42 Stuart Rutherford, *The Poor and Their Money* (New York: Oxford University Press, 2000). 또한 Beatriz Armendariz and Jonathan Morduch, *The Economics of Microfinance* (Cambridge, Mass.: MIT Press, 2007)도 참조하라.

43 Bright Helms, *Access for All: Building Inclusive Financial Systems* (Washington, D.C.: World Bank, 2006).

44 Richard Rosenberg, "Reflections on the Compartamos Initial Public Offering: A Case Study on Microfinance Interest Rates and Profits", CGAP Focus Note No. 42, June 2007, www.cgap.org/gm/document-1.9.2440/FN42.pdf.

45　Aneel Karnani, "Microfinance Misses Its Mark", *Stanford Social Innovation Review*, summer 2007.

46　Peter Greer and Phil Smith, *The Poor Will Be Glad* (Grand Rapids: Zondervan, 2009).

47　Kim Wilson, "The Money Lender's Dilemma", in *What's Wrong with Microfinance?*, ed. Thomas Dichter and Malcolm Harper (New York: Practical Action, 2007).

48　예를 들면, Daryl Collins et al., *Portfolios of the Poor: How the World's Poor Live on $2 a Day* (Princeton, N.J.: Princeton University Press, 2009)를 보라.

49　미소금융에 대한 폭넓은 비판은 Dichter and Harper, eds. *What's Wrong with Microfinance?*를 참조하라.

50　"Online Extra: Yunus Blasts Compartamos", *Bloomberg Business Week*, December 13, 2007, www.businessweek.com/magazine/content/07_52/b4064045920958.htm. 또한 Jonathan Lewis, "Microloan Sharks", *Stanford Social Innovation Review*, summer 2008도 참조하라.

51　Michael Chu, "Profit and Poverty: Why It Matters", *Forbes*, December 20, 2007. 또한 추와 무하마드 유누스가 "가난한 사람들과 사업을 하는 것은 옳은가?"라는 주제로 벌인 직접적인 논쟁은 다음 자료를 참고하라. *World Microfinance Forum Geneva*, October 2008, www.othercanon.org/uploads/Is%20it%20Fair%20to%20do%20business%20with%20the%20Poor.pdf.

52　Steve Rundle and Tom Steffen, *Great Commission Companies* (Downers Grove, Ill.: InterVarsity Press, 2003), p. 25.

53　C. Neal Johnson, *Business as Mission: A Comprehensive Guide to Theory and Practice* (Downers Grove, Ill.: IVP Academic, 2010), pp. 27-28. 이와 비슷한 정의를 보려면, Mats Tunehag, Wayne McGee and Josie Plummer, eds., "Business as Mission", Occasional Paper No. 59; Lausanne Committee on World Evangelization, October 2004, pp. 12-13를 참조하라.

54　이와 관련된 다양한 기업들에 대한 논의는 Kenneth Eldred, *God is at Work: Transforming People and Nations Through Business* (Ventura, Calif.: Regal, 2005)를 참조하라.

55　예를 들면, Rundle and Steffen, *Great Commission Companies*, pp. 22-25를 참조하라. 또한 Tetsunao Yamamori and Kenneth A. Eldred, eds., *On Kingdom Business* (Wheaton, Ill.: Crossway Books, 2003), pp. 8-9와 로잔 위원회의 연구 논문 "Business as Mission"도 참조하라.

56　David Livingstone, Eldred, *God is at Work*, p. 42에 인용됨.

57　Yamamori and Eldred, *Kingdom Business*, pp. 45-48; William Goheen, *The Galtronics Story* (Eugene, Ore.: Wipf&Stock, 2004).

58 Joe Maxwell, "The Mission of Business", *Christianity Today*, November 9, 2007, www.christianitytoday.com/ct/2007/november/24.24.html.
59 Eldred, *God Is at Work*, pp. 227-29.
60 CSR의 한계에 대한 사려 깊은 비판은 Deborah Doane, "The Myth of CSR", *Stanford Social Innovation Review* (Fall 2005): 22-29를 참조하라.
61 Marjorie Kelly, "Not Just for Profit", *Strategy+Business* 54 (2009): 6.
62 Allen White, ed., "The Paper Series on Restoring the Primacy of the Real Economy", from the 2009 Summit on the Future of the Corporation, Boston, June, 2009.
63 Sharon Kiley Mack, "True Yankee Ingenuity Launches MooMilk", *Bangor Daily News*, October 10, 2009, www.bangordailynews.com/detail/124751.html.
64 Malika Zouhali-Worrall, "For L3C Companies, Profit Isn't the Point", *CNNMoney.com*, February 9, 2010, http://money.cnn.com/2010/02/08/smallbusiness/l3c_low_profit_companies/index.htm.
65 "The L3C: Low-Profit Limited Liability Corporation Research Brief", Community Wealth Ventures (2008), www.cof.org/files/Documents/Conferences/Legislative-andregulatory01.pdf.
66 B형 기업의 홈 페이지를 참조하라. www.bcorporation.net/about.
67 위와 동일.
68 Diane Mastrull, "Maryland Adopts New Socially Aware corporation Law", *Philadelphia Inquirer*, April 15, 2010, www.philly.com/philly/business/20100415_Maryland_adopts_new_socially_aware_corporation_law.html; "Vermont Becomes Second State to Pass B-Corporation Legislation", *Outdoor Industry Association News*, June 2, 2010, www.outdoorindustry.org/news.webnews.php?newsId=12600&newsletterId=136&action=display.
69 Danielle Sacks, "John Mackey's Whole Foods Vision to Reshape Capitalism", *Fast Company*, December 1, 2009, www.fastcompany.com/magazine/141/the-miracle-worker.html.
70 Kelly, "Not Just for Profit", p. 8.
71 G. Jeffrey McDonald, "When 'B' Means Better", *Christian Science Monitor*, July 22, 2009. www.csmonitor.com/Money/2009/0722/when-b-means-better에서 볼 수 있다.
72 Kelly, "Not Just for Profit", p. 8.
73 Yunus, *Creating a World Without Poverty: Social Business and the Future of Capitalism*.
74 "Flat Pack Accounting", *The Economist*, May 11, 2006, www.economist.com/PrinterFriendly.cfm?story_id=6919139.

75 Strom, "Hybrid Models for Nonprofits Hits Snags."

맺는 말

1 Louis D. Brandeis, *Business-A Profession* (Boston: Small, Maynard & Company, 1914), p. 12.

감사의 글

이 책의 집필에 기여해서 우리가 감사를 표해야 마땅한 사람은 많다. 나(켄맨)는 대화를 통해 핵심 아이디어를 다듬는 데 또는 특정한 장에 대해 유익한 피드백을 제공해서 도움을 준 사람들을 열거하고 싶다. 다수는 시애틀 퍼시픽 대학교의 동료들, 신학과 경영에 관한 CCCU 프로젝트에 참여한 이들, 또는 기업의 지도자들이다. 로저 베어스토우, 셰릴 브롯제, 카터 크로켓, 데니스 다니엘스, 팀 디어본, 덕 다우닝, 브루노 딕, 알 에리스맨, 랜디 프랜츠, 게리 칸스, 릭 마르티네즈, 블래인 맥코믹, 미취 누베르트, 헨리 피터센, 배리 로완, 마크 러셀, 킴 소어스, 로스 스튜어트, 존 테릴, 제프 반 두저 등. 여러 익명의 비평가들도 유익한 논평과 제안을 제공했다. 원고가 막 작성되기 시작하던 2008년 가을에 안식년을 허락한 시애틀 퍼시픽 대학교에도 감사를 드리는 바이다. 물론 스콧 래에게도 감사하다. 우리가 기쁘게 협동 작업을 한 지 벌써 20년이나 되었다니 도무지 믿기지 않는다. 우리가 정말 그만큼 늙었단 말인가? 가장 심심한 감사를 표할 대상은 역시 나의 가족, 내게 언제나 큰 기쁨을 선사하는 마리카, 칼란, 엘리스, 메일이다. 내가 서재에 틀어박혀 있던 그 기나긴 시간 동안 참고 인내해 준 그들에게 감사한다. 다음에는 멋진 리조트에 가서 한턱낼 생각이다. 끝으로, 나의 부모님-테드와 레니 웡-께 이 책을 헌정하고 싶다. 대다수 이민자들이 그렇듯이, 그들도 일자리를 계속 유지하며 많은 희생을 한 결과 자녀들과 그 후손에게 '소명'을 추구할 기회를 제공해 주었다.

나(스콧)는 이 책의 세부 사항에 신경을 써 준 IVP 출판사의 비평가들과 편집진에게 감사드리고 싶다. 그들은 우리에게 많은 생각거리를 줬고 폭넓게 관여한 결과 훨씬 나은 책을 만들 수 있게 했다. 바이올라 대학교의 탈봇 신학교와 학장들-데니스 더크스와 마이크 윌킨스-에게 특히 감사드리는 것은 2010년 봄 안식년 기간에 이 책을 완성하는 데 필요한 시간을 융통성 있게 제공해 줬기 때문이다. 아울러 탈봇의 철학과 동료들이 베풀어 준 격려도 고맙게 생각하는데, 특히 수년에 걸쳐 한결같은 격려로 큰 힘을 준 오랜 친구이자 동료인 모어랜드 교수에게 고마움을 전하고 싶다. 그리고 바이올라 대학교의 크로웰 경영대학원의 지원에도 감사드리는 바이다. 이 책의 많은 아이디어는 맨 처음 그 대학원의 기업 윤리 과목에서 나눴던 것이다. 그 대학원의 학장인 래리 스트랜드, 그리고 헤롤드 타베르와 랜디 킬고어는 여기서 다루는 주제들을 지지해 주고 이 책이 기업계에 널리 홍보되길 바라는 마음을 표명해 주어 감사하다. 나는 또한 이 프로젝트에 함께 일할 기회를 준 공저자 켄맨 웡에게 매우 감사하고 싶다. 이를 비롯한 여러 프로젝트에 동반자가 되어 줘서 고맙네. 자네와 동역한 것은 참으로 기쁨이었네. 끝으로, 이 작업을 마치느라 초과 근무를 하는데도 참고 인내해 준 가족들-아내 샐리와 세 아들 테일러, 카메론, 오스틴-에게 특별한 고마움을 전하고 싶다. 이 책은 본서의 내용과 관련해 훌륭한 모델이 되어 주신 돌아가신 아버지 월터 래에게 헌정하는 바이다. 아버지의 회사는 공동선을 추구하는 비즈니스의 본보기였다.

공동선을 추구하는 비즈니스

초판 1쇄 인쇄 2018년 2월 21일
초판 1쇄 발행 2018년 2월 27일

지은이   켄맨 웡, 스콧 래
옮긴이   지범하
펴낸이   홍병룡
만든이   홍병룡, 최규식, 정선숙

펴낸곳   협동조합 아바서원
등 록   제 274251-0007344
주 소   서울시 영등포구 도림로 139길 8-1 3층
전 화   02-388-7944   **팩 스** 02-389-7944
이메일   abbabooks@hanmail.net

© 협동조합 아바서원, 2018

ISBN 979-11-85066-71-4 93230

이 도서의 국립중앙도서관 출판예정도서목록(CIP)은 서지정보유통지원시스템 홈페이지(http://seoji.nl.go.kr)와
국가자료공동목록시스템(http://www.nl.go.kr/kolisnet)에서 이용하실 수 있습니다.
(CIP제어번호: CIP2018005162)

잘못 만들어진 책은 구입한 곳에서 교환해 드립니다.